道家
生命哲学

李大华　著

商務印書館
The Commercial Press
创于1897

图书在版编目（CIP）数据

道家生命哲学 / 李大华著 . — 北京 : 商务印书馆，
2023
ISBN 978-7-100-21789-7

Ⅰ . ①道… Ⅱ . ①李… Ⅲ . ①道家思想－生命哲学－
研究 Ⅳ . ① B223.05

中国版本图书馆 CIP 数据核字（2022）第 194838 号

道家生命哲学

李大华 著

商 务 印 书 馆 出 版
（北京王府井大街 36 号　邮政编码 100710）
商 务 印 书 馆 发 行
艺堂印刷（天津）有限公司印刷
ISBN　978-7-100-21789-7

2023 年 9 月第 1 版　　　　开本 880×1230　1/32
2023 年 9 月第 1 次印刷　　印张 14¼
定价：72.00 元

目　录

上篇　生命本体论

中篇　修炼论

下篇　境界论

序

多年前想写一本生命哲学的书，分为三篇，上篇《本体论》，中篇《修炼论》，下篇《境界论》，可是书写成了却少了下篇，书名确定为《生命存在与境界超越》，纳入汤一介、陈鼓应先生主编的《道家文化研究丛书》中，二零零一年由上海文化出版社出版。当时之所以没有写境界论，主要出于以下考虑：境界问题虽然是学术问题，却是中国人最为讲求的体验性的学术问题，如若没有充分的人生体验，对于境界问题也说不出多少道理。故此，我决定暂时将这个问题搁置起来，俟条件成熟的时候再写。自然，当时没有写这个问题不等于就放下了它，后来虽然在做着别的事情，却时常把这个问题拿出来思考一番，期间写过题为《中国宗教的超越性问题》的文章，其中有相当部分是谈境界问题的。二零一九年夏季，才着手写境界论，并于几个月后完成，算是实现了原初的想法。

距离第一次出版，中间经历了很多事情，自己的认识也发生了不小的变化，那么对于这本书的三个篇章是否有具有连续性，以及文字表述是否跨年代的问题，自然是我需要考虑的事情。不过，我的基本想法如下。第一，不应该为了迁就前面的写法而影响到后面的表达。必须承认，只要对于学术与求知存在着某种坚持，那么认识总应该是做上升运动的，今日之我非昔日之我，所以，昔日之我应该迁就今日之我。在这个意义上，对前两篇做出必要的修改是必须的。当时的写作受到哲学概念纯化的影响，力求做出一个哲学的书，而非历史文献的书，在表达方面既对历史文献做了"挤水分"的工作，也在表达上尽力纯粹一点；而在写后面部分的时候，则又经历了一次蜕变，相信纯化的概念还是要还原语境的，这才是有生命的东西，也才能与境界的主题合调。既是如此，那么对原先思考过的东西重新做一次思考是必须的，同时在表述方面也做了一些改动。第二，前后部分既然是同样的生命哲学问题，那么就必然具有连续性，时间割不断它们之间的关系，后面的部分只是沿着前面的路径继续思考而已，而且，只要相信思想是诚实的，那么就会相信是一贯的，今日之我虽非昔日之我，但我还是我。所以，我坚持原先的基本立场。

在思考境界论问题的时候，确乎在有的方面产生了新的想法。写作前两篇时，我用力在历史文献中通过广泛的留心，去发现其中的系统性和完整性，也就是努力去完成生命哲学的共同性和逻辑性，而在思考境界论的时候，则又再次面对之前曾经面对过的生命的个体性问题。这是由境界问题的争议性引起的。人既生活在这个共同的世界，又各自生活在自己的世界，每一个人有自己的生活处境，有自己的生命体验和境界，我们在思考境界的共同性的时候，更需要思考境界的个体性，肯定生命，就要肯定个体性；无视个体性，也就是无视生命。这就要求，在界定生命存在、生命修炼、生命境界的时候，要从个体性开始。这么说并非否定人们存在着共同的境界，如果只有个体性而无共同性的东西，那么境界论就不存在了。只是说每个人的境界总是有差异的，这恰恰应该是界定生命哲学及其境界的前提。这些问题在思考前两篇的时候，也时常碰到，只是当时我从共同性方面考虑得多一些而已。在两个方面都思考过之后，应当圆融一些。

时光如梭，事过境迁。曾忆当时与先师萧萐父先生一起讨论问题的情景，他那激扬的生命热情、独立不苟的学术态度和追求超越的崇高，如高堂明镜。恍惚间，不觉先生仙逝已经十四年了。

感谢编辑朋友们为此书所做的细致周全的编辑工作，使我在新书面世时多了几分放心。

作者识于二零二二年四月

引　言

在一般意义上讲，生命哲学乃是一种近现代的哲学。这是因为在西方，哲学从传统的理性主义、科学主义中间发展出了非理性主义、人本主义的系统学说，更确切地讲，从主客二分的理智的学说中发展出了注重情感、意志的整体性学说。显然，它的兴起与发展以否弃理智为代价，是对传统形而上学的"反叛"的结果。在中国，近现代也出现了一批用生命哲学观念表述的哲学家，从产生的时代背景看，他们的生命学说乃是西方生命哲学之光投射的结果，是 20 世纪中国哲学对西方新生哲学的回应，他们要借"光"返照自身，看清自己。"看清"实际上还是"重新发现"，即重新发现因宗教的迷惘、世俗的偏见而尘封的生命之光。把自己的生命哲学之光投射出去，像梁漱溟、熊十力、方东美、冯友兰等人皆做过这种"投射"工作。因而，其为"回应"，也是民族文化的回护。回护即坚持其所本有。所以说到底，他们的生命哲学乃是一种阐释，当然是创造性的阐释。阐释需要有"本"，他们所依据的"本"是包括儒、释、道三派文化在内的杂合，并不成为系统。然而，儒、释两家文化有生命的观念，无生命的哲学。从根本上说，儒家所追求的是道德的理性，佛教追求的是灭生与涅槃，显然都不乏生命情调与人生境界，但与生命哲学不是一个路数。真正有生命哲学的乃是道教。道教从头到尾都是一种生命的学说。这就是说，中国本来有一种生命的哲学，这是一种不同于狄尔泰、柏格森的生命哲学。以西方哲学的观点看来，具有非理性特征的生命哲学只能产生在科学理性的弊端暴露出来之后；而以中国哲学的实情来看，生命哲学是在科学理性没有形成的时候产生了，而且也不具有强烈的非理性的冲动，自然而然、平平静静地产生了。与其说这是中国哲学的早熟，不如说是不同于西方的另一种文化类型的哲学。

有一种说法：中国哲学只有观念的堆积，没有论证。确乎切中实际。由于没有论证，因而没有系统性与逻辑严密性。以此类推，可以得出许多类似的结论，甚至可以说中国没有辩证法，因为辩证法是以概念、范畴的严格界定为基础的。中国的哲学概念少有明确界定，如有界定，也是描述或"依转"，并不就其结构展开论析。然而回头来看，这样的类推是很有问题的，既然说中国没有辩证法，那么西方人偏偏要学《老子》，学《孙子兵法》，学什么呢？就他们的本意来说，是要学中国的智慧，学中国的辩证法。问题在于中国哲学的表述方法不是逻辑式的，而不加言喻的思维过程却是有逻辑的。同样，在道教的生命观念的连续的呈列之中，也有着系统性与完整性，其观念的产生、思想过程以及从一个观念到另一个观念的推展，要依靠深入的体会、证验与阐释。只是对于这种系统性和观念阐释的过程及其体验性没有人认真追问罢了。

本项研究以道教生命哲学的形成为对象，因而在时间跨度上虽上及先秦，下及明清，但主要还是围绕隋唐、五代及两宋进行，对于这一跨度之外的有关问题也适当涉及，主要是为了说明问题。对在这段时间中的所有道经与人物著述，也不全面铺陈，不直接关涉生命哲学的问题，也一概舍置不论，如外丹药物、教规教派、斋醮符箓等。本书有意选取思想性强且影响大的经典和重要人物的著述，这样可以使所欲论证的问题相对集中一些，而不会因道教中的"杂多"因素干扰对问题的深究，这里就运用到了哲学史纯粹与精选的方法。当然，也力求做到在杂与精、博与约之间寻找到合理性，不至于因精约而疏漏了杂博当中的要点，如此，在我的研究过程中形成这样的一种要求：在专注主要文献的同时，也有一种广泛的留心。但无论如何，我的表述仍然企求以比较纯粹的形式反映历史，因为研究是为了理论地再现历史联系，而不是把相关的历史事件摆出来让别人去发现这当中有着联系。对历史问题的现代考察和分析与叙述历史过程是有区别的，前者的性质是有关"历史的思维"，后者是"重演"和"编辑"。① 笔者选择了前者。况且我们面临的是这样一种特殊的历史：尽管其过程极其驳杂和悠长，然而它追求的目的十分地确定，表现出来的不是事件与情节，而是某种理论的系统性和完整性，这就是道教的生命哲学。在这层意义上说也只有这样的选择。

既是对历史问题的考察与分析，历史材料当然是一切有关历史思维活动的基础，而且选取的历史材料应当是有确定、确切意义的。然而肯定有意义是一回事，使意义显示出来则是另一回事。因而笔者意在通过历史材料来追问历史，追问才能够显示意义。问题自然是我提出来的，但总是历史上本来就存在

---

① 参见柯林伍德：《历史的观念》，中国社会科学出版社 1986 年版。

的，不是假问题。我们看到，道教曾提出和运用过许多形上学的范畴与命题，诸如本体、道气、有无、相对、绝对、性命、了悟、神鉴、知行，等等，以本体这个范畴来说，道教不仅以道气、体用范畴表达了本体的哲学意义，而且也直截了当地多次说出了"本体"这个完整的哲学范畴，所谓"日用流行，无非本体"。既然能够提出和运用这些范畴，也就不能够说不理解它们，因为它们原本不是舶来物。从这个意义来说，近代以来由于对西方哲学翻译的原因，使得人们淡忘了这些范畴乃是本土产生的事实。所以，所做的追问与论证实际上是力求对历史的深入理解。为了求得"深解"，在所论及问题中设置一个参考对照的背景是必要的，如中国佛学的佛性论、儒学的心性论、中国近现代的生命哲学观念、西方的理性主义与非理性主义的思维方式，等等。当然，对照是为了从不同角度看清所论及的对象，绝没有将其装入哪一个套子的意思。尼采说过，叔本华的伟大之处在于"他为了要解释整个生命形象而面对整个生命形象"。[①] 如果不能从多方面直面所研究的对象，就只能编纂没有问题的历史。

　　既然研究的目的是为了追寻意义，即通过研究与追问，将道教生命哲学的各种观念和不同方面论述所含蕴的思想"探发"出来，那么，意义就不局限于道教这种宗教本身，所以我所做的研究就不只是为了述古，而是着力于文化心灵结构、生命价值与情怀，以及它作为一种完整的思想体系对现代社会有何积极意义等。有如在生命哲学看来，本体问题与其说是一个宇宙终极性的结构问题，不如说是一个人本身的原创生命结构

---

　　① 　参见尼采：《作为教育家的叔本华》。

问题，对于本体的论证实际上是在建构生命根本，在本体问题上的二元选择既表露了道教保持自身文化特色的意图，也表现了中国文化的心理根源；又如道教的修炼论也不仅仅是宗教实践问题，它既讲实又讲虚，既讲有又讲无，其真实意义是现实实在与灵魂超越的问题；再如直观了悟的观念当中含蕴了知识与智慧、自得与悟己、认知与显示等问题，其中不乏与西方现当代哲学思潮相吻合之处。

　　但是以上这些多属没有集中而连续表述的观念，要将其意义揭示出来，也就是将观念的陈列变成观念的系统，将其不欲明喻的内容以尽可能体现原有思想的语言表述出来，也就是说出不可说的神秘。尽管说"言不尽象，象不尽意"，可是离了语言就没有了"微言大义"，况且我们面对的是"尘封"的历史。在此基础上按照其本来的思想脉络联结起来，使之成为一个完整的理论系统。由于任何解释都排除不了研究者主观的成分，这似乎是在"立法""重建"，其实其概念、命题、论断及其思想的前后一致性，都是道教生命哲学家自己提出来的，问题是宗教的神秘主义妨碍了他们的表述，而我们今天不必再受历史的局限。

上篇

生命本体论

第一章　道家思想的内在化倾向及其生命观念和生命哲学

道家生命哲学是历史地形成的，又是在中国自生自长的，那么，它就有其形成的历史基础，有其自身的一些特点。

一　道家思想发展的内在化趋势

我们说的道家，或道学，是与儒家与儒学、佛家与佛学相对应的，也就是包括了作为学派的道家和作为宗教的道教。而我们说道家和道教有一个系统而完整的生命哲学，并不是说它一开始就有了，而是说在道家和道教一开始就有了生命哲学的特色，这种特色可以说是各种中国哲学思想流派所共有的，如把宇宙看成一个大生命，生生不息，恒常流转，甚至认为其中不乏意志和力量，但这并不能算是生命的哲学。从有生命哲学特色的学说演变为生命哲学，有一个历史的过程，似乎是必然，却又未必然，因为这里面有着人的因素，是由人的认知与生命境况等许多不确定因素所推动的。这其中有着某种特别的缘由，而且这些都可以追溯到先秦道家那里去。

（一）道论与德论

关于《老子》道篇与德篇的先后问题因不同刻本的发现在学术上有过争论，这种孰先孰后以及由此引起的争论，其实无碍其思想意义的表达。关于"道"，《老子》有多种描述，如"天下母""象帝之先""玄牝之门""众妙之门""万物之宗""道纪"等，无论现代人对它作如何解释，如本根、本源、本质、准则、规律、本体等，有一点是任何解释改变不了的，即"道"是超乎主体之外的某种客观的东西。尽管人们可以说老子在做"道"的规定时本身好像是主观的设定，它的产生也是主体范围内的事情，可是这只能限于概念的产生和程序作如是说。就它所确指的意义来说，它不是主观的。在此意义上，老子的道论乃是有关天、宇宙、自然的论述，如果说到人，人也只是作为自然物当中的一物，是作为宇宙自然现象而存在的，而这所有的存在都是不在人的主观范围内的，从源头上说，人必存在于道中，道不必存在于人中。

关于"德"，《老子》提出"上德"与"下德"，并提出了"得"的观念："天得一以清，地得一以宁，神得一以盈，万物得一以生，侯王得一以为天下正。"（《道德经》第三十九章）上德与下德只是德的层次问题，"得"是对"德"的解释。《韩非子·解老》对此有一个分解："德者内也，得者外也。上德不得，言神不淫于外也。神不淫于外则身全，身全之谓德。德者，得身也。"①陆德明《经典释文》进一步明确为："德者得也。"从身外有所得，然后内化凝结为性质、品行，即是德。从身外得什么呢？当然是得道。从外得道，内化为己，就是

---

① 引自王先慎《韩非子集解》，《诸子集成》第五册，中华书局 2006 年版。

德。韩非子从主体性方向作了理解，而且理所当然是人的主体性。这个理解并不违于原本，道化为德，并不是外在强加的，离了主动性便谈不上得道，所谓"上士闻道，勤而行之；中士闻道，若存若亡；下士闻道，大笑之"（《道德经》第四十一章）。主动的程度与得道程度密切相连。显然，老子的德论所讲述的正是把道落实在德当中的，或者说宇宙精神必然要转化为主观精神，而且它可以被转化。不是道自己化为德，而是能得道者将其化为德。这一点成为道家生命哲学的根芽。不过，老子没有把这种主动性单单赋予了人，他同时也赋予了物，天、地、神、谷，万物皆能得道，都有主动性。这种典型的万物有灵论为道教所继承发扬。然而，这更像是一种自然哲学，不是在自然哲学基础上深化、人化的生命哲学。

（二）外化与内化

在《庄子》内篇中，内外问题就已经有了比较明确的分疏，《应帝王》讲"治外"，《逍遥游》《德充符》《大宗师》讲适性、治内。治外就要"无心而任乎自化"，即随顺物化；治内就要"德充于内"，"物任其性"。外内其实又只是性分与正性而已，从而治外非但不损于治内，而且有益于治内，德充于内，物则应于外，外内玄合。《天下》进而提出个"内圣外王之道"："是故内圣外王之道，暗而不明，郁而不发。"这是试图统合内外。郭象在注解《庄子》时，把庄子治内与治外的思想观念从自然性方面做了进一步推究："通天地之统，序万物之性，达死生之变，而明内圣外王之道，上知造物无物，下知有物之自造。"① 显然，"内圣"是根本，"外王"是外在的应合，外终

---

① 《庄子注·庄子序》，见郭庆藩《庄子集释》，中华书局 2004 年版。

究要归宗于内。庄子主张"万物皆化",一切现象都应纳入"始卒若环"的"化"的链条当中。在宇宙的大化流行面前,任何事物自身的确定意义都显得无足轻重,人的任何执着、偏私都显得格外渺小,所以,他认为人也应当顺应物化,甚至"死生无变于己","道通为一"。庄周化为蝴蝶,蝴蝶复化为庄周,臭腐化为神奇,神奇复化为臭腐,在"化"的过程中,物我、彼此之间没有任何原则不可通约的界限。但是,庄周与蝴蝶的界限虽然没有了,"自喻适志"的我知与不知还是存在的,就是说,"我是什么",这是难以明喻的,"我"或是蝴蝶,或是庄周,或是神奇,或是臭腐,"我"具有非常的不确定性。可"我"肯定是存在的,一切变化都有"我"的参与,都在"我"的关怀之中,只是这个"我"是撇开了具体规定性的。一切物化无关于己,那么一切都归于无意义,所以,顺应物化是无我,物化中有不化的我。此一思想过程实际是:私我—无我—本我。经过无我的否定,超越私我,达于本我,本我即无我之我,是一个大写的"我"。达到本我即是合于道的境界了。

可见庄子在肯定"我"的存在意义时,并没有将其与客观的道作以对置,不是笛卡尔式的肯定"我思"之"我",在庄子那里,"我"不是纯粹理智的思维,而是破除了个体局限的、整体可感其存在的"我"。庄子后学从庄子思想的逻辑性中发挥出了内化与外化的观念,主张"外化而内不化",反对"内化而外不化"(《知北游》)。"内不化"的实质就是要在随顺外化时保持一种内心自我的平静,泰然处之,从而不因外化而失却本我,做到我与道同在。

(三)外篇与内篇

《庄子》在结构上分内、外、杂篇,有学者认为内外之分始于汉代刘向，外、杂始于向秀。[①] 庄子生活时代肯定没有内、外、杂篇之分，后人在行此分别时，一来是为了辨庄子学说与庄子后学，二来也欲标明各篇"以类相从"的内在联系。成玄英《庄子疏》说："内篇明于理本，外篇语其事迹，杂篇杂明于理事。"将内外之分喻为本体与现象的分别当然是道家理论家的有意发挥，但毕竟具有一些根据。《淮南子》也有分内外的意图，《汉书·淮南衡山济北王传》则说刘安作《内书》《外书》。《淮南子·要略》则明确将内外问题与人体内外联系起来："外与物接而不眩，内有以处神养气。"[②] 另外，《汉书·艺文志》列《黄帝内经》十八卷，《黄帝外经》三十七卷；《扁鹊内经》九卷，《扁鹊外经》十二卷；《白氏内经》三十八卷，《白氏外经》三十六卷。葛洪《抱朴子》也分为内外篇："内篇言神仙方药鬼怪变化养生延年禳邪却祸之事，属道家。其外篇言人间得失，世事臧否，属儒家。"[③] 这是把教内之事称为内，教外之事称为外，教外之事为教内之事的延伸，人间得失、世事臧否应合鬼神变化、养生延年。外篇的落脚处还是在内篇，如同葛洪将道家视为"本"，视儒为"末"一样。其实外篇与内篇各自讲的是不同的道理，内篇讲"这个"道理，外篇讲"那个"道理，之间并没有一个客观的内外关系，道家与道教学者（为方便论述，我们把道家和道教统称为道学）标立内与外，实际建立在假想和主观设定基础上，在这样的基础上再来看这个与那个、我与他，甚至道与儒，把自己本欲申述的

---

① 参见崔大华：《庄学研究》，人民出版社1992年版，第52—59页。另见李大华：《自然与自由：庄子哲学研究》，商务印书馆2015年版。

② 刘安：《淮南子》（又称《淮南鸿烈》），中华书局2006年版。

③ 葛洪：《抱朴子外篇·自序》，见《道藏》第28册，文物出版社2005年版。

道理喻为内，把自己所旁及的问题称为外，因而其主体性是显明的。"我"与"他"本来平等，但以"我"来看"他"，"我"就是内，"他"就是外，以我所见为根本，以他所见为非根本，"他见"虽可为我所用，但只是外，而不是内。从而外篇被看作辅助性的，内篇被看成核心的、重要的。似乎在结构上存在着客观的层次性，其实乃是主观心理某种联想，或者说主观心理的需要。这种心理需要却表现了道学理论发展的要求，即将一切可以洞见的道理归结到对于自我的认识与证验。一旦把目光落实在自我上，那么就确实分出内外关系来了。如梁丘子《上清黄庭内景玉经注》"释题"所说："黄者中央之色也，庭者四方之中央也。外指事即天中人中地中，内指事即脑中心中脾中，故曰黄庭。内者心也，景者象也。外象谕即日月星辰云霞之象，内象谕即血肉筋骨脏腑之象也。心居身内存观一体之象色，故曰内景也。"[1]

（四）外丹与内丹

外、内丹学说皆以冀求人的长生为目的，都是有关生命问题的学说，但在学理上有比较大的差异。外丹学以自然物质实体为对象，探究物质结构、物理性质、化学反应以及人与自然应感，其原理是模仿自然，浓缩压缩时空，认为自然演化过程与烧炼丹药过程"同途"。

内丹以人体为对象，探究人体结构、机能、意念、意志、情感，以及透过有形质达于无形质的境界超脱。可以说外丹学乃是一种自然的学说，内丹学是一种生命的学说。生命哲学是其主体、核心。随着内丹学说逐渐代替外丹学说，生命哲学成

---

① 梁丘子：《上清黄庭内景玉经注》，见《道藏》第 6 册，第 516 页。

为整个道学理论的主体部分。在时间先后关系上，先有外丹，后有内丹，但以称谓的由来说，则是先有内丹之名，后才有外丹之称。汉魏晋时期魏伯阳、阴长生、葛玄、左慈、葛洪等人倡炼金丹（又称还丹），不称"外丹"。隋唐时期，苏元朗、张果等既炼金丹，又主张炼"内丹"，把一种新的修炼方法称为修内丹，这才把原先的修炼方法称作炼外丹。到此时，内外不仅具有主体性，且有了客观上的内外层次关系。既然自我就是一个小宇宙，样样俱足，相对于外部世界来说当然就是一个"内"，外界大宇宙只是在我需要时才有存在的意义，实际上大多数情况下是不需要的。同样，外丹不再被看作是必需的，在内丹家看来，它是可有可无的。

从外内之分可以看出道家、道学思想家的心迹以及他们所做的主观努力，在外内的表面结构的平衡中，他们把重点投在内，所以在分量上外与内实际是不平衡的。尤为重要的是，外似乎只是为了通向内才设定的，其"入居"才是其目的与归宿。尽管这个思想过程不是某个人可以完成的，但前后相续的思想过程毕竟朝着同一个方向，这中间的共同倾向性是显明的。到内丹学说的成立，标明道学实现了对自己认识的转变。希腊时期苏格拉底提出"认识你自己"的哲学任务，西方哲学从中开出对自己的理性认识的传统，这个传统现在遭到非理性主义的批判，认为这样实际上肢解了人自身，而人应是一个整体。道学对自己的认识则是一个对于生命的整体性认识，其中不排除对理性能力的认识，尽管这样的认识常常被非理性的东西所淹没。在我看来，对自我的整体的全面性认识，正是中国道学生命哲学最为基本的一个特点。

二　道学的生命观念与生命哲学

如果说道学是一种最为推崇生命的学说，其哲学则可以说是一种生命的哲学。

（一）生命观念是道家哲学的核心观念

人们追求"道"，而道有多种蕴意，道学信仰的是哪一种蕴意呢？应该说，凡是道所包蕴之意，人们都予以信仰。但是从哪一种意义开始信仰的呢？或者说他们最根本的信仰是什么？按照恩格斯的观点，宗教崇拜是对超自然力的崇拜。这是一般情况，道学也不例外。可是，中国的道家和道教有它的特殊性，它不只是慑于超自然的能力。《道德经》说："道乃久"，"德乃长"，道久德长恰为道家创始者将道作为最基本信仰的起始原因。道之所以能长久，在于它能使天地万物产生，所谓"道生之，德畜之，物形之，势成之"（《道德经》第五十一章）。而道自身却超出"产生"之外，所谓"生而不有，为而不恃，长而不宰，是谓玄德"（同上），"天长地久，天地所以能长久者以其不自生，故能长久"（《道德经》第七章）。有产生就有死灭，超出产生也就无死灭。在所有道典中，道家理论家都不忘对于宇宙本原与本体的论证，其根源在于基本的信仰上。在本原与本体问题上，他们是从本原说到本体，先有生成，后有体用。对现象与本体的关系，虽讲即体即用，体隐用显，最终都从根源性上做了追问，即把本体与现象作了本原与现象生成的理解，这个理解说到底是对生命的理解。这种关联性在后来因道家各种派别的分野变得模糊，但在早期道家的典籍中还是比较显明的。《老子河上公章句》中对《道德经》所说的"常道"，河上公理解为"自然长生之道"①。《老子想尔注》所理解的"道"，也是一种"长生之道"，人"能得道，故能自生而长久也"（"天长地久"注）。②魏华存所传《黄庭经》，其曰："内景黄庭，为不死之道。"③道学以"杂而多端"著称，但在这里却表现得何其一致！道教的前身为黄老、方仙道，即求长生的原始宗教，为了摆脱生死的困扰，乃求助于远离世俗社会的蓬莱仙岛，想象在那个岛上住着不知生死的神仙。长生乃是道教产生之前的第一个观念。尽管天师道、太平道在创教与兴教过程中带有浓烈的社会革命与救赎苦难的性质，但这种性质归根到底只是对于一种特殊宗教的产生起到了助生的作用，当社会进入平静的发展时期，它就要正本清源，重塑自己的宗本。与其说葛洪"改革"了道教，即将民间道教改造为神仙道教，不如说他"改正"了道教，恢复了道教承传的正宗，解除了道教过多的社会政治责任，使其归宗于道家生命长久的信仰。以后，葛洪所引《龟甲文》"我命在我不在天"成了道家生命哲学的一个标宗立帜的象征性信念。④道家所传扬的神仙，多为长生不死、自在自如、逍遥无穷的形象，不像《旧约》中的威力无穷的神，也不像佛经中佛法无边、智慧全能的佛。长生的观念亦即生命的观念贯穿在道教发展的始终，一切道家和道教的分派都是对于生命问题的不同角度的追究与实践。

---

① 参见王卡：《老子道德经河上公章句》，中华书局 1993 年版。

② 《老子想尔注》，见饶宗颐：《老子想尔注校证》，上海古籍出版社 1991 年版。

③ 务成子注：《上清黄庭内景经序》，见《云笈七签》，齐鲁书社 1988 年版，第 51 页。

④ 葛洪：《抱朴子内篇》，见《道藏》第 28 册。

（二）生命哲学的形成标志道学理论的成熟

很难说道家生命哲学确定的形成日期，它不是由某一位思想家完成，但它必定形成于某个时期，不是有了宗教形式就有了生命哲学，尽管道家来到这个世上就有着深藏的生命哲学观念。六朝以前，作为信仰形态的道教，虽然继承了老子、庄子的思想，但它本身的理论在当时还是粗放的、不成熟的，教义教规多过教理，为数不多的教理的阐述又缺乏哲学的支持，所以，那个时期，道教还不能算是道家合格的继承者。在与佛教争高低的思想辩论中，道教总处于劣势。佛教徒嘲笑道教理论贫乏、浅陋，而道教除了摆出华夏正宗的王牌之外，没有别的办法与佛教论争，道教的苍白与尴尬反映了道教理论在当时不成系统。理论的不系统状态与道教在理论上的不自觉相关。在魏晋时期，道教在外丹炼造方面有了系统的方法，这些方法注重于实际操作，思想性不强，能够说出来的道理不多。思辨的哲学总是有关主体自身的哲学，没有对人自身的心理、精神活动的系统的分析，便不会产生系统的思辨哲学。按照道家、道教学说"内化"的趋势，道教会产生系统的关于人自身内在化的生命哲学，但也许过程会长一些。六朝时期，内修内炼的方法不可谓少，如咽津、房中、呼吸吐纳、导引屈伸、存思存神等，各种方法之间没有统摄关系，单就某一种方法来说，又不能满足道者经年修持、深入体验的需要，而且这些方法并没完全上升为形上学的思考。佛教的刺激加速了道教哲学思辨化的过程，而思辨化又总是沿着生命的体验与长生的目标发展的。到隋及唐初，已经出现了一大批纯粹思想性的道经，诸如《常清静经》《阴符经》《升玄经》《本际经》；在唐代，则出现一大批道家和道教思想家及其著述，他们既创造性地阐释了道家的经典，又阐扬了自己对宇宙、社会、人生及其心理的深刻体验。其思想盛况蔚为大观。贯穿隋唐道家道教思想发展的有两条脉络，一是重玄的思潮，这一思潮形成了对本体论与思想境界的深度探讨；二是修心炼气的宗教实践，这类实践逐渐地使六朝时的各种内修方术理论化。形上学的思考与深入的宗教体验在五代、北宋初期，终于凝成了以性命双修为特征的生命哲学。显然，这种学说乃以生命观念，更确切地说以生命理性为基础，因而它所涉及的所有问题都是与这个基础相关的。然而，一旦生命哲学形成了，就意味着这种理论的成熟，它不仅有了本体存在论、人体修炼论，还有了境界论，每个方面都能圆融无碍，自成其说，三个方面又融作一体，自性俱足，不假外求。

第二章　自然本体

　　生命哲学所论述的"存在论"乃是本体存在论，它不是单纯的讲述个别的存在。生命哲学在探求本体存在论上实际作了两向的思维：首先，从现象的丰富生动性中，思索着必有某种根源性，从根源中衍生出多样性，这根源之所以能衍生多样，不仅在于它具有根源之"意义"，还在于它具有可以分为多的实在性，这实在性不是简单的概念抽象的实在，它在某种意义上说，就是实体的存在。其次，通过单个的存在者掘出普遍的存在，透过存在者的行为捕捉行为的本体意义，也就是从具体的存在者中找寻本质的存在，因此，它并不排除本质的普遍性。在这个意义上可以说，生命哲学的存在论乃是实体存在的与非实体存在的、普遍性的与非普遍性的。看起来有些矛盾，事实上生命哲学就是在类似的两相背离的对执中实现思维一致性的。"执两用中"是儒家的思维习惯，道家也有"守中"的思想，老子说"多言数穷，不如守中"，只是与儒家"过犹不及"的守中略异其趣，道家的"守中"意在对立的两极思维中寻求恰当、适当、正确与公平性，在庄子那里被描绘为"道枢""环中"之意，也就是道的不偏不私的关键。

　　在展开生命哲学"存在论"之前，有一个问题应当提出来，即道学为什么要讲存在论？或者说：为什么要对宇宙、生命的本体论做矢志不移的追究？对这一问题简单明了的回答有两条。第一，道学的"传统"。从早期道家到道教，无一例外地要论天道，从天道说到人道，从本体说到现象，从"一"说到"多"。第二，从逻辑、因果关系来说，生命哲学是有关生命问题的形上学，而生命须先有存在，后才有生命运动。运动是存在的运动，存在是运动的前提。存在并不是个别的存在，而是本体的存在；同样，运动也不只是单个生命的运动，而是一切生命的运动。但是，如此回答似言犹未尽。由于生命哲学所说的本体存在带有显明的实体性，那么其生命哲学不仅仅意味着是从本体存在讲到生命运动，而且意味着是从生命实体的存在作为其学说的开端。问题是：这并不能作为唯一的理由或者生命哲学的固定模式。生命哲学家可以从个别生命讲起，也可以从生命运动或生命意志讲起，不必一定先从本体存在讲起。

尼采的哲学在一定意义上讲，是一种有关生命的哲学，可他撇开了本体存在论问题，从生命的冲创意志讲起。而且尼采的生命冲创意志不是在普遍的、一般意义上讲的，而是在个别意义上讲的，在他看来，"我们"没有"设定生命全现象的任何权利"。[①]同样，生命的意识现象当然也不具普遍本质意义，它只是"总生命的个别，也就是与总体相关的一部分"[②]，从而上帝作为普遍本质的存在乃是对生命存在的"诽难"。这便不仅在本体存在论上，也在存在的普遍性上与道学生命哲学相区别了。柏格森的生命哲学也不以存在论作为基础，在他看来，

———

① 〔德〕尼采：《权力意志——重估一切价值的尝试》，张念东、凌素心译，商务印书馆 1991 年版，第 317 页。

② 同上。

生命的本质不在于本体存在，而在于运动，生命就是运动。而他所说的生命不过是"心理的东西"，因而其"生命之流"、生命的"创造"，不过是一种心理的创造运动，与作为本体的实体是完全对立的，生命的运动在于战胜、克服物质实体，又创造物质实体。如此，实体存在不是生命运动的前提，而是生命运动的结果。在上述意义上，对存在论问题的两个回答做进一步的追问是必要的，即道学为什么有这个"传统"？生命哲学为什么要坚持先有存在，然后才有生命运动？即在知其然的基础上知其所以然。

我们知道，西方哲学有着一个主客两分的传统，这一思想传统是从柏拉图开始的。在他那里，理性与意识从人当中分化出来，它不仅成为一种独立的精神，而且成为唯一的实在，现象界不过是其投射的影子。理性既然已经从整体的人当中脱离出来，它就不再属于人，"实际上属于另外一种本性"①。即非人的超人的实在，是自在自为的绝对。亚里士多德尽管没有把理性当作唯一的绝对实在，但他对人的理性的颂扬异乎寻常，在他看来理性生活简直就是最高级最愉快的生活，而且他为理性的至上性"找到了一个形而上学的根据，这就是整个存在的可理解性都依据第一因"②。从柏拉图、亚里士多德树立起来了理性的权威，其意义不只是引来了工具理性的形成以及科学的昌明、理论理性的严密以及思维能力的提高，而且产生了可与客观世界相对立的理性实在，以至于客观世界的可靠性都值得怀疑，理性的可靠性倒不必要怀疑。从而，主客的分道扬镳使

---

　　① 〔美〕威廉·巴雷特：《非理性的人》，段德智译，上海译文出版社1992年版，第86页。

　　② 同上书，第92页。

得属人的理性成了能够使人信赖的本体。这种情形恰恰不适用于中国哲学。

中国哲学在先秦有过灿烂的争鸣时期，其辩证思维水平在当今仍不失其光泽。从理性方面说，老子有关"道"的抽象不可不说是一种极高明的理性，孔子的伦理学说是"早熟"的道德理性，墨子后学的名、辞、说及其故、理、类是一种典型的工具理性，然而，中国哲学的理性从来不是一种纯粹理性，理性没有从经验思维、感觉直观与个人体验中分离出来，没有从具体事理中分离出来。柏拉图在将理性分离出来时，是以贬低诗歌和神话、贬低现实为巨大代价的。中国先哲则恰恰强调寓理于事，主张在物事中体认其中的道理。孔子说"朝闻道，夕死可矣"，这是把理性价值看得比生命更可贵，但这个"道"仍然是不脱离社会伦常关系的有限的理性。理性服务于经教政治，这是先秦中国哲学理性的特殊的有限性，"从未放手发动思想来考虑宇宙问题"，"从没有独立出来过"。① 即便是老子哲学与现实政治保持了相当距离，也仍然具有史官特色，甚至可以说其哲学也是一种高蹈的政治学说。荀子的学说被公认为先秦诸子百家的总结，其《非十二子》对当时的"显学"做了一一评判，而其评判不是以是否合乎理性，而是以"仁人之事""圣王之迹"为标准，可见先秦中国理性有着显著的现实政治的价值取向。理性不能独立，意味着主与客未能分离，任何主观的精神都要在客观现实中找到存在的理由与根据，从而理性的精神终究不能作为与客体相背离的本体，尤其不能放弃客体，归宗主体的理性。至今人们仍认为中国文化精神的

---

① 顾准：《顾准文集》，贵州人民出版社 1994 年版，第 243 页。

"天人合一"观念,乃是各种文化派别共同的观念。这个观念的内质就是主客应当融合,而不当分离。由于这个观念的根深蒂固,在道家有关道与理的精神抽象中总含蕴着物质实体性。在老子《道德经》中已表述过:

> 道之为物,惟恍惟惚。惚兮恍兮,其中有象;恍兮惚兮,其中有物;窈兮冥兮,其中有精,其精甚真,其中有信。(第二十一章)

老子这种道中有物的描述为以后道学二元本体论的形成播下了根芽。理性既没有彻底高扬并得到充分肯定,它就不能与物性割断联系从而取得独立自存的资格,那么在根本意义上讲,它的存在是值得怀疑的,把包括经教政治在内的整个现实建构在并不纯粹的有限理性上,为中国思想家们所不欲。只有将一切立论的基础建构在非常可靠的基础上,才能心安理得,为了安身立命,先要从宇宙论和本体存在论讲起。道家和道教是这一传统的最忠实继承者,而且这一思想情结对中国哲学产生了深远的历史影响,无论怎样强调都不算过分。

一 道本体

哲学意义的"本体"概念,在中国哲学史上应该很早就存在了,但作为一个哲学概念的"本体",要晚得多。西晋时候的司马彪在解释《庄子·骈拇》说道:"性者,人之本体。"[①] 而在宋代乃至元明时期的道家、道教的某些典籍中用的就比较多了,如北宋时期张伯端《青华秘文》说过"日用常行,无非本

---

① 见郭庆藩:《庄子集释》第二册,中华书局 2004 年版,第 12 页。

体"①，明代尹真人弟子《性命圭旨》说过："心性者，本体也"②，"故不知有虚空，然后方可以言太虚天地之本体"③。但是，本体的问题却是早就存在了，在早期道家文献中，所说的"本"或"体"，都是直指本体之义，只是那个时候人们为了节省笔墨，多用单音节词，双音节词在那个时候不流行罢了。后来的道教在教理上承袭了道家学说，其生命本体以道家自然哲学为基础，故而其自然本体皆以道家自然本体为依据。

（一）道本体论思想来源的考察

"道"范畴作为哲学本体观念提出来，其功劳归于老子。道，原来只是一个有限的概念，其原始意义具体地确指道路，其文字意义是指人在道上行走。在语言中又是无特定指称的语词"言说"。后来有一定程度的抽象性，有"天道"，《国语·越语下》："天道皇皇，日月以为常，明者以为法，微者则是行。"有"人道"，《左传·昭公十八年》述郑国子产的话："天道远，人道迩，非所及也。"有"神道"，《易传·象》："圣人以神道设教。"有"王道"，《洪范》："无偏无党，王道荡荡；无党无偏，王道平平；无反无侧，王道正直。"有人伦之"道"，《论语》："志于道，据于德，依于艺。"（《述而》）"人能弘道，非道能弘人。"（《卫灵公》）"朝闻道，夕死可矣。"（《里仁》）此类关于道的概念的运用已表明脱离了一定的具体，有了属类的意义，但这种抽象性是很有限的，不具有最高的普遍性。最高的普遍性只有在排除了具体与个体的情形下才是可能的。即是说，道不是作为本体来看待的。甚至可以说这

---

① 《青华秘文》，见《道藏》第 4 册，第 364 页。
② 尹真人弟子：《性命圭旨》，上海古籍出版社 1989 年版，第 20 页。
③ 同上书，第 345 页。

种有限的抽象尚属习以为常的观念积累的结果，虽然这样的积累属于理性的积累，即认定一类事物有一类的道理、规则与方法，却不是极度而普遍的抽象。换句话说，人们在运用道的概念时，并非有意识地将道从具体事理中提升出来，更不会意识到这种提升会带来怎样的结果。因而，人们在代代相承中不自觉地给从上一代人继承过来的观念添进一点自己的主观性，既有人行之道，则有天行之道，从而又应有神行之道、王行之道，而对道概念本身既不加以描述，更不加以界说，只是如此运用而已。"道"这个范畴只是在老子这里才取得了最高的普遍性，才成为了绝对的实在和绝对的理念。

1. 道的一元性

"道"范畴在老子那里取得了这样的思想成就：它不再是有限的抽象，不再是多样的杂和，也不再是人们不自觉的思想行为；它是脱离了具体人的主观抽象的普遍的绝对，是绝对的理念，是隐而不显的纯粹的本质，它有资格充当世界本体。老子取道路之"道"，似与八卦取象、五行取方位有关，然而其深层的视而不见的真实动机则潜藏在"道路"之外。《老子》说：

　　　道可道，非常道，名可名，非常名。（第一章）
当你欲以名相的道来理解老子所说的道时，不可能见到真正的本体之道，本体存在的道在名相之外，现象可于名相处见，本体则超言绝相。虽名为"道"，其实不过是勉强暂时地给其一个名号，"吾不知其名，字之曰道"（二十五章），它本身是没有名称的，"道常无名"（三十二章），"道常无为"（三十七章），把道作为本体存在的名称，乃是不确切、不确定的，只是不得已才叫作道，因为这个宇宙万象背后的本体如果没有一个大家都叫得出来的名号，人们便不知其所云。如果人们以为道就是这个"绳绳不可名"的本体的确定表示，便如同给其穿上了一件过小的衣服一样，名是有限的、相对的，无名的本体是无限的、普遍的。所以老子强调说："道隐无名"（四十一章），"道者万物之奥"（六十二章），道是"玄之又玄，众妙之门"（一章）。如果人们欲以显而可见的方法来理解它的话，则只会见到有限的具体、万物之偏，从而摸不到道门。"无名"谓本体存在超于言相，"万物之奥""玄之又玄"谓本体存在于现象的深微难识处。这两层意思应该说都是原典中喻明了的，只是老子并不做进一步的界说。从语言结构上来说，老子对本体存在——道的论述都是描述性的，他说出了道的概念，并说道不是什么，不说是什么。当他说"道者万物之奥"，在语言结构上好像有了"是"，而"是"之后的宾词却同样运用了不确定的描述，"万物之奥"是什么，没有人能用准确的语言界定，这等于说"是"也是描述性的。黑格尔对老子的道从理性主义方面理解，他认为老子的道有理性、本体、原理的意思，老子的道论表明了中国的"原始的理性"，超"自然的理性"。因为在他看来，老子的道论获得了一种抽象的普遍性。当然他也看到语言的不确定，使得"规定（或概念）停留在无规定（或无确定性）之中"。①

由于语言及其文化背景的隔膜，黑格尔不可能领会老子道论所表述出来的全部意蕴。单从理性的角度来说，他所持看法合乎实际，老子的道确乎是一种理性，超越了具体形态的绝对，抽象的普遍性达到了无以复加的地步，是一种真正的形上

---

① 〔德〕黑格尔：《哲学史讲演录》第1卷，商务印书馆1995年版，第128页。

学。问题是，老子的道不仅仅是理性的，撇开中西哲学语言上的差异，以理性方法也不能完全把握住老子的道。黑格尔基本上采用了以文字可见、可定义的方法来理解老子之道，如他对道就从"交通媒介"引申开的，"道就是道路、方向、事物的进程、一切事物存在的理性与基础"①。

　　而老子的道除了理性的一半外，另一半恰恰在理性定义域之外。这是理性的局限所无能为力的。海德格尔也从"道路"开始理解老子的道，但他不是从字义可见处着眼。他认为道的原本的（eigentlich）含义就是道路，但他反对将这道路轻率和浮浅地说成是连接两个地点的路程，从而将道（Tao）翻译成理性、精神、理智、意义、逻各斯。他认为要在"Tao"能够是那移动一切而成道的道路的意义上来理解，"很可能，在'道路'，即'Tao'这个词中隐藏着思想着的说（Sagen）的全部秘密（das Geheimnis aller Geheimnisse，玄之又玄者）"，所以道不是沉静的死物，它如同巨大的湍流之道，它驱动一切并造成一切，"并作为此湍急之道（reissenden Weg）为一切开出它们的途径"，所以，"此道路乃是那达到我们自身之路"。②海德格尔对道的阐述，实际上也是对黑格尔以来以理性方法理解老子道的批评，在他看来，以本质主义的方法不足以理解道，道不是对象化的绝对，它存在于人的体会、觉悟与行动创造活动中，它的目的性需要通过人的活动来实现。在这里海德格尔的方法既表现了非理性对理性的诘难，也再现了解释学的意义，要求我们身处历史之中体验历史。可是，海德格尔也只

---

　　① 〔德〕黑格尔：《哲学史讲演录》第1卷，商务印书馆1995年版，第126页。
　　② 《语言的本质》，引自张祥龙编译：《海德格尔论"道"与东方哲学》，见《道家文化研究》第六辑，上海古籍出版社1995年版。

解释了道的非理性的这一面，而道本身毕竟又还是理性的，否则我们不能理解道含有的本质普遍性这一确定事实。

庄子及其后学者对老子的道的绝对性、普遍性主要从认识论的角度做了理解，他将老子道与物的关系以无与有及全与偏做了诠释。物是有限，造物者（"物物者"）是无限，"物物者非物"（《知北游》），能够使万物产生的只能是不受物形局限的无限而普遍的"无"。而"有"所以不能产生万有，在于它是有限，是偏，《齐物论》说："道昭而不道，言辩而不及。"当人们对道的理解一旦陷于有限和偏时，就不再是真正地在谈论作为本体的道了。当人们说到有所指称的具体的"有"时，便是有所选择了，而"选则不遍，教则不至"（《天下》）。冯友兰说："道是一切事物的'全'，可是这个'全'就是无事物，因为一有事物它就是偏而不全了。"①

庄子说"道通为一"（《齐物论》），就是说道是超越了物事之间的等差、成毁、圆缺、贵贱、大小，等等，是一个无物的"全"，所以它能将自己的普遍性、无限性贯彻到底，"道则无遗者矣"（《天下》）。一切差别都能以道的同一性统一起来。所以，当庄子在讲述泯灭等差、齐同万物的道理时，其实是在论述道的普遍性。

《管子·心术篇》：

> 虚无无形谓之道，化育万物谓之德。

《韩非子》：

> 夫道者弘大而无形，德者覆理而普至。②

> 道者万物之所然也，万理之所稽也。理者成物之文

---

① 冯友兰：《中国哲学史新编》第 2 册，人民出版社 1984 年版，第 126 页。
② 韩非：《韩非子·扬权》。

也。道者万物之所以成也。①

《黄帝四经·道原》：

> 恒先之初，迵同大（太虚）。虚同为一，恒一而
> 止。……小以成小，大以成大。盈四海之内，又迶其
> 外。……万物得之以生，百事得之以成。人皆得之，莫知
> 其名。人皆用之，莫见其刑（形）。

《淮南子》：

> 夫道者覆天载地，廓四方拆八极，高不可际，深不
> 可测，包裹天地……②

> 道至高无上，至深无下，平乎准，直乎绳，圆乎规，
> 方乎矩，包裹宇宙而无表里，洞同覆载而无所碍。③

以上可见，自老庄将道作了形而上的理解之后，秦汉道家各从
不同角度论述了道的形上特点，道作为一个宇宙本体的代名词
固定下来，它不仅抽象无形，而且是万有现象的万条事理的根
本依据和持凭，因为有了它，万有现象才获得存在的权利，万
条事理才成其为理。同时，它在小大、高下、表里、方矩、深
浅等各个方面都具备极度的普遍性，而普遍性的获得最根本的
一点就是它超于名相，虚而无形，所以它能出入名相和有形实
体，成为普遍而深刻的本质。在道家后学中，有关道的抽象本
质表述得最为深刻、哲学本体论意味最浓的莫过于王弼。他说：

> 夫物之所以生，功之所以成，必生乎无形，由乎
> 无名。无形无名者，万物之宗也。……然则，言之者失
> 其常，名之者离其真，为之者则败其性，执之者则失

---

① 韩非：《韩非子·解老》。
② 刘安：《淮南子·原道训》。
③ 刘安：《淮南子·缪称训》。

其原矣。①

在《老子指略》中，王弼除了重复《老子》所说过"字之曰道""谓之曰玄"外，几乎连道的字眼都极不愿提起，他认定老子勉强地称道称玄，并不真正地将本体存在叫作道、玄，作这种称谓其实不过是为了说明本体是"不名"，道、玄其实什么也不是，正是在"什么也不是"的背后才是真实的本体存在。因而，王弼更愿意把老子的道称为"无"：

> 道者，无之称也，无不通也，无不由也，况之曰道，寂然无体，不可为象。②

如果认为王弼把世界本根、本原、本体看作虚无，恰恰是误解。"无"也不过是假名。"无"不是什么也没有，它是实存实有的，但你不可说它"是"什么，当你一说它"是"什么时，就将它陷入有限的局促中了。有所"是"，则必有所"不是"，所以做出"是"的判断意味着有所选择、有所排斥，而作为万象背后的本体是没有什么选择和排斥的，它不仅是真实的存在，还是通融一切的。王弼的这种深层认知往往为人所不理解，而他关于道的抽象本质的认识显然发展了老子的"道"论。

2. 道与"一"

当老子以道的一元性统一了多样性时，在宇宙本体问题上实现了由多因向单因的归宗，然而道的非定义性又使得道难以通晓，它需要通过某种功能性的作用描述显现它的存在意义，

---

① 王弼：《老子指略》，见楼宇烈《王弼集校释》上，中华书局1980年版，第195、196页。

② 王弼：《论语释疑》，见楼宇烈《王弼集校释》下，中华书局1980年版，第624页。

"一""混元""常"等用语就起到了这种作用。《老子》说：

> 道生一，一生二，二生三，三生万物。万物负阴而抱
> 阳，冲气以为和。（四十二章）

> 视之不见，名曰夷；听之不闻，名曰希；搏之不得，
> 名曰微。此三者不可致诘，故混而为一。一者^①，其上不
> 皦，其下不昧，绳绳不可名，复归于无物。（十四章）

> 昔之得一者，天得一以清，地得一以宁，神得一以
> 灵，谷得一以盈，万物得一以生，侯王得一以为天下贞。
> （三十四章）

关于这个"一"，历来有不同的理解，一是把它看作
"道"，二是把它看作"气"，这种分歧一直延续到近现代。朱
谦之《老子校释》："道生一，一者气也。"张舜徽《先秦道论
发微》："道也，德也，一也，三名而实一物耳。……可知一即
'无为'，'无为'即'道'。故《管子》之言'执一'。"任继
愈《老子新释》："一即是'道'。"

很难说哪一种理解得正确与错误，与其说"理解"上的问
题，不如说原文所表述的意思模糊，因为从两条路径都能开出
合理性解释。当你从道生一、一生二、二生三、三生万物的
逻辑序次类推，"一"很自然地被看作"气"，气分阴阳，阴
阳两气和而生三、生万物，一之上还有道，道才是归宗之处，
当你从夷、希、微混而为一，从"绳绳不可名，复归于无物"
的语意来看，只能得出一即道的结论。还有，当你说天、地、
人、神、谷、万物、侯王得道而清、宁、灵、盈、生、天下贞
时，可以圆全，而当你欲将此"一"作气解时，则有难圆之

---

① 《河上公章句》本无此"一者"二字，但马王堆甲乙本皆有此二字。又朱谦
之《老子校释》按："傅本'一'下有'一者'二字。"

处。我认为，一、二、三作为数的抽象，既有其确定性，又有其不确定性。从道生一、一生二、二生三、三生万物的模式表示的过程来看，它是确定的，意味着宇宙的本体从一元到多元的产生过程；从一、二、三的数字本身的固定意义上讲，它是不确定的，"三"未必确指三件事物，"一"未必只代表道而不代表气。凝固地、僵化地理解这几个数不合老子本意，需要从抽象的流动来看它们。所谓抽象的流动，是说一、二、三要放在流动中考察，在谈"一"时，应同时顾及"二"和"三"；在谈"三"时，又应想到"一"和"二"，不可以割裂开来。数有始数，有成数或满数，周易以八卦为"小成"之数，以四十九为"用数"，以五十五为"天地之数"，以一万一千五百二十为"万物之数"（见《系辞》）。相形之下，老子所要表明的不是繁芜的数当中的神秘机巧，而是要借以表明本体与现象、起源与产生、一与多的内在根据和矛盾运动。在一、二、三的程式中，"一"表示了数之始，"三"表示了数之成，"二"表示了数之用。

数之始也即万物之始。《淮南子·原道训》说：

> 道者，一立而万物生矣。是故一之理施四海，一之解际天地，……万物之总，皆阅一孔；百事之根，皆出一门。

王弼《老子注》说：

> 一，数之始而万物之极也。①

"万物之总""百事之根""万物之极"都是表明"一"就是宇宙的根源。同时，"一"还是"三"的归宗，也即万物的归宗。

---

① 王弼：《老子注》，见楼宇烈《王弼集校释》上，第105页。

由一而三表示生，所以"一"不是某种具体，而是原则的抽象。
赵纪彬先生认为："作为道的开始的'一'，一方面是融合抽象
而成，另一方面'一'本身也还是一个抽象；却是统御万物，
阐明古今的道理。"[①]由三而一表示返，《老子》说：

　　万物并作，吾以观其复。夫物芸芸，各复归其根。
（十六章）

"万物并作"指由一而三，"复归其根"指由三返一。由一而三
表示了单因本体由简约产生多因繁芜现象的过程，由三而一表
示多样性归宗返本的过程。一而三，三而一，这是一个运动流行
的循环。这一思维模式为包括道教、儒学在内所有文化派别所
采取。老子关于"一"的抽象性与毕达格拉斯学派"万物本原是一"
的命题极相近，毕达格拉斯学派就认为"从完满的一与不定的
二产生出各种数目"，从数目中再产生出点、线、面、体以及各
种形体。[②]抽象的"一"何以能生"二"、生"三"？这是老子道
本体论的一个至关重要的问题。五行、八卦学说以多元杂和与
多因推演为立论根据，老子将世界的起因归结到道一元论上，
那么他须有足够的理由说明一元如何产生多元。这个问题的解
决须引进辩证思维方法，尤其是矛盾分析法，这种方法有力地
支持了本体论，并因此而形成了一套老子特有的矛盾辩证法。

　　对立相因的观点是其道论的根本观点："万物负阴而抱阳，
冲气以为和"。阴阳在《老子》书中运用的次数并不算多，关
键在于他将这一两极对立的观念引入了纯粹形上学的道论当

---

　　① 《老庄与"一""二"》，见《中国文化》第三期，生活·读书·新知三联书店
1991年版。

　　② 《著名哲学家的生命和学说》，见《西方哲学原著选读》，商务印书馆1984
年版，第20页。

中，并且展开论述了这种观念，有恶才有美，有不善才有善，从而有无、难易、长短、高下、音声、前后都是相因相成的关系。在宇宙生成论上，"道"——"一"之所以能够生二，在于"一"中能够氤氲并从中开出对立的两极来（"二"）；"二"之所以能生"三"，在于两极对立的"冲"与"和"，从而产生多样化的东西来。这种思想为道家学者所普遍继承，尤其为《易传》所传扬，"一阴一阳之谓道"（《系辞》上），"一阖一辟之谓变"（同上），"刚柔相推而生变化"（同上），从而阴阳矛盾变化的观念成为流行的常识。然而，"一"既能从中开出二、三、万物，那么它本身拥有某种包容性是毋庸置疑的。它作为单因、一元，只是在与多因、多元的现象比较时才是有意义的，它自身并不是一个"纯粹"，在这一点上，老子的道与毕达格拉斯的纯粹的"一"或黑格尔的"绝对观念"是有区别的。"道"——"一"是不纯粹的。而老子也明确地表明了这一点，道乃是希、夷、微"混而为一"的，作为一切现象起因，它甚至就是"混沌"，"有物混成"以及"道之为物，惟恍惟惚"，正是指这种两仪未分的混沌状态。如果说"道可道，非常道"的描述更切近于将道看作一个纯粹概念抽象的话，那么"有物混成"则不可如是观。"混沌"更近于某种原初的实物实体状态，其混合性质显而易见。据庞朴先生考察，混沌最早表示的就是某种类似"混蛋"的实物。[①]

以上可见，老子的"道"虽然是一种最高抽象，但它始终不是纯粹观念，主观的概念没有与客观的东西完全脱离，从而，道既是观念，又是实体或实在，这种模糊性对道学生

---

① 见《国故新知：中国传统文化的再诠释》，北京大学出版社1993年版。

命的形成与发展产生了深刻的影响。

（二）道本与道理

道教从道家那里继承了道的形上本体学说，又将其改造成更适合宗教性质的道本体论，道学者们一再宣称其学其教皆宗于老子，甚至要归宗返本于老子，但其思想内容发生了许多变化，已经是"往而不返"。然而就思想形态来说，确也有发展复归的性质。他们提出道本、道理的论证，这是沿着道本体抽象化方向的发展。宗教是一种精神现象，它不仅表现为人们的精神的依赖与信仰，还表现在它自身就是精神的抽象，是普遍有效的本质。宗教信仰的就是那种普拯无遗的精神，因此它不能拘于有限，它必定是不可限定的无限性。因而，道教将宇宙的本体——道作为自己的信仰对象，是完全可以理解的，而且它自然地会朝着抽象本质方向发展。越是抽象，越是具有普遍性，既不遗人，也不遗物，一切都在这种宗教精神的关怀之下。

1. 本迹与一

本迹原来只是表示事物与它的表现，后来逐渐引申为本质与现象。运用这对范畴意在表明：道是不见行迹的抽象本质，而任何行迹、现象却都是本质的表露，所谓"因迹显本"。先秦时期有"本末"运用，不见"本迹"范畴，《论语·学而》："君子务本，本立而道生。"本指事物的根本、主体；末指事物的末梢、尾端。《孟子·梁惠王》上："明足以察秋毫之末。"本末在事理中表示重要的和不重要的。"迹"在字源上指足迹，《庄子·天运》：

> 夫六经，先生之陈迹也。岂其所以迹哉？今子之所言，犹迹也。夫迹，履之所出，而迹岂履哉？

《淮南子·说山训》：

> 足碾地而为迹。

> 循迹者非能生迹者也。

这是把履与迹、生迹与循迹、所以迹与迹严格区别开来，其中已包含着把前者看作产生迹的"本"，把后者看作本所产生的"迹"。但这只是形象比喻，并不构成一对严格意义的哲学范畴。《前汉书·平当传》在讲述事理时偶将两者联系起来：

> 迹其道而务修其本。

在这里，本迹不仅作为一对范畴出现了，而且与"道"联系起来。《太平经》中使用了"道本"概念，其《以乐却灾法》中说：

> 乐乃可和合阴阳，凡事默作也，使人得道本也。[1]

在道家思想发展史上，以本迹关系来解说道，出现在《云笈七签·玄门大论》、初唐孟安排《道教义枢》、成玄英《庄子疏》和顾欢《道德真经注》。《玄门大论》录臧玄靖语：

> 夫妙一之本，绝乎言相，非质非空，且应且寂。今观此释则以圆智为体，以圆智非本非迹，能本能迹，不质不空，而质而空故也。[2]

成玄英《庄子疏序》说：

> 内则谈于理本，外则语其事迹。[3]

其《道德真经注》说：

> 顺理则契于妙本，顺俗则同尘降迹。[4]

---

① 王明：《太平经合校》上，中华书局 2014 年版，第 12 页。

② 《玄门大论三一诀》，见《云笈七签》卷四十九，齐鲁书社 1988 年版。

③ 成玄英：《庄子疏序》，见郭庆藩《庄子集释》，中华书局 2004 年版。

④ 引自李大华、李刚、何建明：《隋唐道家与道教》，人民出版社 2011 年版，第 113 页。李刚在"成玄英、李荣的重玄思想体系"章中说道："成玄英的《老子》注疏已散佚，散见于强思齐《道德真经玄德纂疏》和顾欢《道德真经注疏》之中。"这里引述成玄英的《老子注》采用的是严灵峰《无求备斋老子集成初编》中的成玄英《老子注》。

此类说法也出现在唐玄宗《御制道德真经疏》和晚唐杜光庭《道德真经广圣义》中。如《御制道德真经疏》说：

　　　摄迹归本，谓之深妙，若住斯妙，其迹复存，与彼异名等无差别，故寄又玄以遣玄，欲令不滞于玄，本迹两忘，是名无住，无住则了出矣。[1]

"迹"显而易见，"本"则深微难识，将迹与本对置，目的在于喻明道是极度抽象玄妙的，不可以形质、言相来看待，人们可以语其"事迹"，不可言其根本。这种抽象的"本"却不是空无，它是"实存"的。形质与空无都不足以描述其存在，故而它"不质不空"。既不是"形质"，又不是"空无"，它是什么呢？回答其实是空灵的"圆智"。很明显，这里既欲把道描述成绝对抽象的本体，又想把它描绘成有其形迹可观。在思想方法上，运用了重玄哲学的方法论，以不断遣除偏执、不落两边的"中道"路径，把道描述为"玄玄"。[2]佛教在两晋时期已经有了"本迹"概念，经敦煌竺法护和龟兹鸠摩罗什两度翻译的《妙法莲华经》就专门论述了"诸佛降灵之本致"，其曰："本迹者，前诸一时，迹也。久远实得之一时，本也。"又说："本迹释者，一佛为本，三佛为迹，中间示观，数数唱生，数数唱灭，皆是迹也。唯本地四佛，皆是本也。"道者们接受了佛家的思想影响是肯定无疑的，接受佛教概念的影响是南北朝时期较为普遍的现象，适应了道学重塑本体存在论（"道本"）及其思维抽象化的需要。

　　在道本体的抽象化方面，道者们也用"一"来表述，"妙一之本"，即是说"本"就是"一"。其所以为"妙一"，就

---

① 《唐玄宗御制道德真经疏》卷一，见《道藏》第 11 册，第 750 页。
② "重玄"的问题，我们在后面的境界论部分会专门谈到。

是说它什么也不是，它只是数的抽象，唯其如此，它有资格充当了万物宗本的角色。《太平经钞乙部》说：

> "夫一者，乃道之根也，气之始也，命之所系属，众心之主也。"（《修一却邪法》）①

> "夫道何等也？万物之元首，不可得名者。"（《守一明法》）②

《老子想尔注》说：

> 一者道也。……一在天地外，人在天地间，但往来人身中耳，都皮里悉是，非独一处。（"载喜魄抱一，能无离"注）③

"一"可以是"道之根""气之始""万物之元首"，也可以说它什么也不是，因为它不可能既作为道根，又作为气始，还作为万物之首。说它什么也不是，意谓它表现为本质抽象，并不表现为任何具体。说它为道始、气始、万物之首，意谓它为最普遍的"是"。难以想象存在着某种没有"初始"——"一"的现象。既然任何事物皆有"初始"，那么"一"就存在了。

"一"之所以可以作为最普遍的"是"，在于它自身在时间关系上没有"初始"，它是一切初始的初始，一切现象都在时间之中，它却逃逸于时间之外；在空间上，它既不处于此，也不处于彼，"非能在一处"，故而它既存在于此，又存在于彼，在非此非彼的否定中实现了它作为普遍的存在。如此看来，"道者一也"并不是一种界定，而是用"一"来描述"道本"。

道学也用"道性"来说明道的抽象特性，这方面在后面要

---

① 王明：《太平经合校》上，中华书局 2014 年版，第 12 页。
② 同上书，第 16 页。
③ 《老子想尔注》，见饶宗颐：《老子想尔注校证》，上海古籍出版社 1991 年版。

专门谈到，这里从略。用来表述道的抽象本质的最为典型的是
"理"范畴的运用。论"理"的本意是为了使极度抽象的道变
得"落实"一些，以免不可捉摸，即从道说到理，从"天上"
说到"地上"，而方法却是理性的方法，表明宇宙的本质从具
体的抽象到抽象的抽象。

2. 道与理

道家重道不重理。《老子》只讲道，不讲理。《庄子》着重
阐道，虽也谈到理，甚至说："道，理也。"（《缮性》）但不是在
本体论意义上说的，《庄子》谈到的"道"有多种意义，只是在
"治道"层面上才说道就是理，所以，《庄子》所说的理是具体
的方法、理路，就像庖丁解牛须"依乎天理"。《黄帝四经·经
法》谈到"循名究理"，所谓理，其实指物事的名理，与其所论
"道"相去甚远。这种情形在秦汉道家思想中没有多少例外。道
教早期也只讲道不讲理，《太平经》说："太阴、太阳、中和三气
共为理。"（《名为神诀书》）[1]这里的"理"似为理路、方法，与
作为本体的"道"殊异。晋时葛洪提出了"本理"的观念，《抱
朴子内篇·对俗》：

> 若责我求其本理，则亦实复不知矣。[2]

似乎欲表明这本理就是事物背后的本质，但仍然看不出与他所
阐扬的"玄道"有什么关系。道家与早期道教皆不论理，其缘
由大概在于：（1）老子在创立道家学派时就将"道"定位为宇
宙万象的本原、本体，这成为道家、道教的宗本。（2）道与理
在一些具体问题上可以互解，却不能通释，尤其在宇宙本体问
题上是如此。从字义发生来说，道指人所行道，理指治玉，《说

---

① 王明：《太平经合校》上，中华书局 2014 年版，第 18 页。
② 王明：《抱朴子内篇校释》，中华书局 1980 年版，第 44 页。

文》：“玉之未治谓璞。”两者并不能直接意转。后来“道理”并用，中间存在不少的环节，段玉裁《说文解字注》解释为：“道引申为道理，亦为引道。”从哲学观念的发生来说，《老子》认为道“绳绳不可名”，《管子·心术》则认为理“明分以谕义”，显然，前者隐，只可描状，不可界定；后者显，强调明确具体的界定。所以，《韩非子·解老》中说：“思虑熟则得事理。”在先秦及两汉思想家看来，道所具有的极大的普遍性与抽象性是理所不具备的，道属形而上，理却不属形而上，不可以将形而上的道与非形而上的理等同起来。（3）庄子哲学实现了个体性原则的充分肯定，但庄子把个体性作了整体性的理解，在个体中实现对整体的把握，他反对支离破碎，反对“成心”、偏见，欲以作为个体的自我一次性把握整体的客观的道，所以，在认识论上他把作为具体属性的理排斥在整体性的道之外。

　　既讲道又讲理是重玄学说兴起才有的事。重玄学家几乎都不回避“理”概念，而且都把它作了形而上的终极性的理解，理就是道。重玄学家大谈妙理妙体，其中缘由值得推究。

　　第一，在将道作了极度的抽象时，道获得了最大的普遍性，同时它也失却了自身的具体生动性，这样一来，等于说找到了它作为世间一切现象的根源、至上性和神圣性，却丧失了它的世俗性。道家在设定道的规定性时不只是做了本原意义的设定，也做了本体意义的设定，作为本体的道来说，它不能割开与具体的现实之间的联系，所以，如果离现实生活太玄远，难免缺乏可感性。中国人是讲求体验的，而体验不都是超现实的，它需要在日常遇到的或当下的社会事务中来实现。道家的任务不只是设定一个玄远幽深、具有极普遍意义的、适合于永恒的追求与终极关怀的极乐思想境界，而且要考虑到与现实生活的联系，使其在普遍性之中寓有具体的适用性。这种适用性的前提条件是在现实生活的丰富多样的表现中能够找到它的存在。作为宇宙本体的道，不仅高高在上，同时也普现于一切物事之中。这个问题也是理想与现实的关系问题，把契合于道作为人生的终极追求，这是道家所设定的路径，但道不应当太遥远，彼岸世界与此岸世界之间应当能够找到某种桥梁，或者说，道的理想境界需要在现实生活中找到依据，有了这种依据才是可望可及的，否则便会失去吸引力。这还是一个道与俗的关系问题。道与俗自然是两种境地，道家既将两者严格区分开，又要承认两者有着一定条件的相通性，俗人可以修道得道。道的原则是无偏无私，普拯无遗，它不能有意让一部分人脱离生活的苦难，而把另一部分人留在苦海里。在道的面前，人人都是平等的，人人都有权利信道修道，人人也都有可能得道，问题只在你做得够不够。这是一个必须面对也必须解决好的问题。道家曾经流行"仙人有种"的观念，意谓只有先天具有成仙根性的人才能修得道，成得仙，葛洪提出"仙人可学致"，欲破除陈见，但毕竟没能从理论上根本解决问题。宗教所有问题的解决最终都要依赖于宗教哲学问题的解决，在理论上说不通，就难行得通。理论家先要说服自己，然后才能说服别人。重玄学家在"道"范畴的基础上，推出一个"理"范畴，便是欲在论理上根本解决问题的一个努力。

论理的过程就是道的具体化的过程。通过论理，使游离的道落实下来。这主要表现在两个方面。首先，使道落实在具体事理当中。《西升经》说："道非独在我，万物皆有之。"按照习惯，每一件事每一物皆有"事理""物理"，理为事物的性质的规定，一定活动范围的规律性，或者说就是现象背后的本质。重玄学家所要说明的只是这些事理、物理其实正是道的体现，道使得事事物物得了存在的意义，使得它们有了自己的规定性。其意义、规定性不是事物自有的，而是道的具体体现。在先秦思想史上，道与理有着一定程度的通约性，如《庄子·秋水》所说"知道者必达于理"。理是具体的抽象，道是抽象的抽象，知道自然就能知具体的理。对于重玄学家来说，既然理是道的体现，理中有道，何尝不可以将理称作道呢！如此，道便不再是悬空的，而是落实的。不过，重玄学家在作这番等同时，并不心安理得，他们担心把作为道的体现的理与事事物物的细枝末节之理相混同，以致人们因得了物事之理而忘了道，所以他们把自己所说的理加以限定，称作"妙理""理本""玄理""至理""虚通之理"，欲提醒人们不要拘泥于细枝末节之细理，而要通过物事去追求那存于其中的根本性的理，也就是要契于"理本"，不流"事迹"。其次，使道落实在人的日常行为当中。宗教实践过程也是宗教认识过程，修行者做完一件事，就应对这件事有一次体验和认识，即识理，每一次识理都要有利于识道，日用功课或社会行为的积功累德，都有利于识理识道。学与行的结合是宗教认识论的特点，重玄思想倾向很强的《升玄经》就强调"不学为学，不求为求，不行为行"①。把识道下放到识理的层面，有利于修行者实行，如张果所说："心冥理合，安之善也。"（《阴符经注》）如果人们所欲追求的道与他们的日用之间相去太远，令人难以把握，从而一切宗教实践变得没有意义，这种情况是有成熟理论的宗教所应避免的。

---

① 参见〔日〕山田俊：《稿本升玄经》，日本东北大学文学部 1992 年印。

　　第二，重玄学家论理，适应了理论化建设的需要。南朝宋齐之际顾欢所作《夷夏论》引起的一场佛道论争，对于道教是一个强烈的刺激，尽管道教自居华夏正宗，但在理论建设上与佛教相比之下的弱势，并不能有助于道教占据正宗地位。道教经典以"简而约"为特征，佛教经典以"繁而显"为特征。佛教徒攻斥道教简则"简陋"，幽则"妙门难识"，而佛教自诩"博非精人所疑"，"显则正路易遵"。① 与佛教之间的论争关系到道教的生存权利，于是一向"不崇辞说"的道者们不得不拿起批判的武器，与佛教争个高低。其直接结果是重玄学说的兴起与道教的理性化。既要与佛教论辩，没有论辩术是不行的。重玄学论理既是论辩化的需要，又是理性化的需要。原先道教所论的"道"乃是一个整体性的最高抽象，对它既不可支离分开理解，也无须说出来，只要整体领悟就行了，因而没有多少道理可讲，该讲的老庄都已讲过了。现在不同，为了论辩不能不说，而且要支离开来说，像佛教那样，尽管"第一义不可说"，还是不能不说。"说"当然是从具体义推开来说，也就是从"明处渐渐推去"（朱熹语），即从能识见到的"理"开始说起，由显及隐，逐次说到道。

　　对于重玄学说本身来说，它主要由两部分构成，一是重玄方法，二是重玄境界。② "方法"既是实现宗教超越的方法，又是论辩的方法；"境界"则是在方法基础上建构起来的宗教哲学体系与神灵的境界。重玄论理不是孤单地论理，而是借论理展开了对概念、范畴的辨别与分析，如有无、非有非无、非

----

　　① 参见谢镇之:《与顾道士析夷夏论》，朱昭之:《难夷夏论》，朱广之:《疑夷夏论》；俱出僧佑《弘明集》。
　　② 参见拙文"重玄哲学论"，《哲学研究》1994 年第 8 期。

非有非非无、体用、本迹、同异、境智、形神、观照、理法，等等，其中有的是从佛教借用过来的。在论证方法上，重玄学家使用了从个别到一般，从具体到抽象，以及超越有限趋于无限的方法。他们承认个别、具体与有限，甚至认为这是思维过程的必经阶段，却强调不能滞着。成玄英说：

> 一曲之士，偏滞之人，亦何能剖析于精微，分辨于事物者也？（《庄子疏·齐物论》"辩也者，有不辩也"疏）

他们主张"三绝""四超""离彼百非"。重玄学家大多都借用了"荃蹄""言意"之喻[①]，他们再三提醒人们应不断地扬弃认识工具与手段，紧追认知的目的，不可因滞着于工具与手段而妨碍了对目的的追求。唐玄宗说：

> 夫至理精微，玄宗隐奥，虽假言以诠理，终理契而忘言，故了悟者得理而忘言辩说也。（《御注道德经》"知者不言"注）[②]

尽管重玄学家所追求的最终认知目的是不言不辩，然而为了达到目的，却不能不言辩，由此出现了类似佛教那样的论辩证理，其精彩微妙之处，并不逊于佛教。

重玄学家既是着眼于使道落实在物事及其日常生活当中，那么他们就必定把存在于其中的理阐释为道。成玄英把与道等同的理称之为"无为之妙理""自然之正理""真理""玄理""至理""虚通之妙理"，等等。他说：

---

① 荃蹄、言象之辩，原是《庄子·外物》中提出的命题："荃者所以在鱼，得鱼而忘荃；蹄者所以在兔，得兔而忘蹄；言者所以在意，得意而忘言。吾安得夫忘言之人而与之言哉！"后来这一命题为魏晋时期的王弼充分论证，并得出"得鱼在忘荃，得兔在忘蹄"的论断。

② 唐玄宗：《御注道德经》，见《道藏》第 11 册。

> 至理无塞，恣物往来，同行万物，故曰道也。(《庄子疏·天地》"行于万物者，道也"疏)

> 道者，虚通之妙理。物者，质碍之粗事。(《庄子疏·秋水》"以道观之，物无贵贱"疏)

李荣认为：

> 道者虚极之理也，夫论虚极之理，不可以有无分其象，不可以上下格其真。("道可道，非常道"注)①

杜光庭认定理是"万物深妙之理"，他说：

> 极万物深妙之理，究尽生灵所禀之性，物理既穷，生性又尽，以至于一也。②

他们都是把道与理作了等同。无疑，这乃是一次道者们的自我超迈。这意味着宇宙万物的最高本体并不脱离具体事物，它存在于具体事物的本质之中。道与理皆为思想抽象的结果，然而道的抽象由于脱离了具体事物而变成了空洞的抽象，理的抽象不离具体事物，故而是具体的抽象。将道、理做一次等同，为的是使空洞的抽象变得不再空洞。把道解释为理，不但没有影响抽象思维，反而起了促进作用。只有在具体的抽象基础上进行分析推理，才会有抽象思维的过程，如果只有结果没有过程，那是谈不上抽象思维的。实际情形正是如此，隋唐道家和道教的抽象思维是伴随着具体析理的思维过程发展起来的。尽管重玄学家们念念不忘地告诫人们要扬弃有限的具体，把握无限的整体，但他们的扬弃却是从具体开始的，这具体的开始也正是

---

① 李荣：《老子注》(《道德真经注》)，见《道藏》第14册。强思齐《道德真经玄德纂疏》引为"虚极之理体，不可以有无分其象，不可以上下极其真"，见《道藏》第13册。

② 杜光庭：《释御疏序》下，见《道藏》第12册，第332页。

宗教理论化的开始。在思维来源上，魏晋玄学家王弼曾提出"理虽博，可以至约穷"（《论语释疑》）。姚秦时鸠摩罗什所译《庄严经论》提出了理事范围，初唐玄奘所译《佛地经论》详述了理事关系。重玄学家接受了玄学和佛学的思想影响，但接受影响是一回事，把道阐释为理是另一回事，这之间有一个不小的思想距离，不是简单的抄袭关系。关涉道教的思想基础，需要深思熟虑。在重玄学家中，最多论到"理"的成玄英，在他的《庄子疏》及《老子注》中，几乎每一段话都不离一个"理"字，而且运用得极其圆熟，可见重玄学家在这个问题上的精微深入。

重玄学家虽则欲把道落实在具体事理当中，但在坚持道—理的整体性上没有任何动摇，他们仍然相信理是不可分的，所谓"理无分别，而物有是非"①。就是说，你可以在物事当中发现理，但你却不可以分开来理解，要么你通过物事一次性地认识了理，要么你与理无缘。而且在此人此时此情景下认识的理与彼人彼时彼情景下认识的理只能是同一个，之间没有任何差异。这便是华严宗"理事无碍"论与宋代理学家"理一分殊"论所同样关心的问题。重玄学家作如是理解，出自两方面原因：一是道家的思维习惯把道看作一个整体，真理不可分，可以分开来说，不可以分开来理解，重玄学家不肯脱离这一习惯与宗脉；二是重玄学家所谈的道、理不只是抽象的本质，它还是实体、本体，他们称之为"无为理体""理极""玄体"。怎样处理道、理与物事之间的关系，这是与论理过程随之而来的无法绕开的问题。前面已经谈到人人所识之

---

① 成玄英：《庄子疏·齐物论》，"故分也者，有不分也"疏。

理皆是同一个理，那么，散见之理与普天下之宗本的道之间便无间隔，理即是道。关于理与物事的关系，成玄英既反对把理"离析"开来看，又肯定理不离物事。他说：

　　　"理既不逃于物，教亦普遍无偏也。"①

在他看来，物之所以为物，根据在于有理；物之所以有规定性，在于"物各自得"②，"自得"即自得其理。显然，这是道家根深蒂固的"意义"观念的理论表现。信仰的关怀总是最为广泛的关怀，世间存在的一切事物都是受到关怀的，道不遗物，在这种普遍关怀下，一切又都是合乎预先设定的、疏而不漏的目的和意义。物事存在的意义在于其中有理，或者说理使物事的存在变得有意义。因此，成玄英所说"理不逃于物"并非理依赖于物事而存在，而是说理总是存在于物事之中，它不是悬空的。相反，他认为物事之所以必定是有意义，根本原因是"自然之理通生万物"③，从物事产生的那一刻开始直到终极，其理"同行万物"，须臾不离。唐玄宗、杜光庭在物事与理的关系问题上，与成玄英的意见相佐，也认定理不离物，尽管理是深妙的，却是万物的深妙之理。由于过分坚持道——理的整体性，重玄学家在道、理、物关系的论证上便有难圆之处。他们一边说理就是道，另一边又强调存在于物事中的玄理妙理才是道，欲表明玄理妙理与细枝末节之理是有区别的；他们关心了分殊的玄理妙理与本体的道之间的关系，却不理会玄理妙理与细末之理之间的关系，而事实是理不仅是分殊的，物物事事之理也是各不相同的。

---

①　成玄英:《庄子疏·知北游》，"至道若是，大言亦然"疏。

②　成玄英:《庄子疏·骈拇》，"彼正正者，不失性命之情"疏

③　成玄英:《庄子疏·齐物论》，"夫大块噫气，其名为风"疏。

重玄学家在谈道、理、物时，多从认识、体悟着眼，与其说他们乐意于论道辩理，不如说历史情势所使然。只是道学的发展需要辨明普遍的道与个别的事物、抽象的理与个人的行为、最高的原则与个别的原则等关系，才展开了"推讨"。他们随时提醒，不要滞着于个别，而忘了普遍的理。因而，他们讲求的认识方式不是从认识个别物事，到认识普遍的抽象，而是甩掉物事，直认其理。理在物事之中，却不是认识物事而认识其理，理是理，物事是物事，两不相干。杜光庭所谓"穷极万物深妙之理"，也不是认识物事之理，而是说理遍于物事之中。现象因其本质才成为现象，本质则不因其现象而有其本质，认识本质无须经过认识现象。所以，重玄学家大讲"休心""忘言""妙悟"，尽可能地不去留意现象，尽可能地放弃对物象的判断，也不必层层推理，只需任自己的本心体悟妙理妙道，成玄英称作"顺其自然之妙理"①。其所谓"是非息，妙理全"！因而他们所主张的认识过程不是从物到理，而是从理到物，认识了理再反观其物，物皆应理，"以理遍观，则庶物之应备"②。

重玄学说的论理论辩乃是道家和道教在六朝至隋唐发展的历史机遇促成的。不过，以后的发展并没有继续沿着论理的思辨化方向发展，而是沿着超理性的方向发展了。

（三）道意

在《道德经》中，作为本体的"道"并不直接体现为某种意志，道不仅"无名"，也"无为""无欲"。其中"道"与

---

① 成玄英：《庄子疏·刻意》，"去知与故，循天之理"疏。
② 成玄英：《庄子疏·天地》，"以道汜观而万物之应备"疏。

述道的"吾"、"为无事之事，行不言之教"的"圣人"、"善为士者"以及"侯王""君子"并不是同一个意思。"吾不知其名"的"吾"一般认为指老子，"吾"在讲述道，但"吾"并不是道本身，因此，"吾"有意志、情识，并不能说明道是有意志和情识的，所谓"天道无亲"（七十九章）。"圣人""侯王""士""君子"为学道者，学道者依道行事，能取得"无不为"的功效，但不能因此说其人之所为不是道本身之所为，道无为自然有"无不为"的功效。人"无为"，实际是有意地无为，以期得到"无不为"的效果。这一点老子说得清楚："道常无为而无不为。侯王若能守之，万物将自化。"（三十七章）在老子那里，道与人之间存在着距离，道是客观存在，它通过自然必然性来实现自己的意志，但是道并不必通过人来实现自己的意志，人也不能将自己的意志活动加于道。当然，这并不等于说人不能通过修习达到与道同一的存在状态。"道者同于道，德者同于德"，遵循道的人可与道相同，遵循德的人可与德相同。同样地，"同于道者，道亦乐得之；同于德者，德亦乐得之"（二十三章）。在这里的"乐得之"并非说道德有一种自我意识认同追随者，而是道没有主观选择性和排他性，不管谁真正地追随它，它都无例外地接纳。而学道与不学道，学道有信（真诚）与无信，这才是人的意志、情识的表现。所以说，人们对"道"的崇拜原本应当是对超自然的抽象本质的崇拜，崇拜的根源在于万物皆有生而有死，道可以为天下母，而它自身却无生无死，其中无生是无死的决定性条件，"天地所以能长且久者，以其不自生，故能长久"（七章）。可是道与人的距离感，以及道无选择性地接纳所有的人和物，满足不了信仰的需要，因为，信仰不只是精神崇拜，也是意志的崇拜，信仰需要意志，崇拜对象就应具备意志。意志通常是通过人格化表现出来的，这几乎是一个通例。在基督教里，宇宙精神、最高的意志通过上帝本身表现出来，"我"就是宇宙精神，就是最高意志；而《道德经》却通过"吾"来描述，于是为适应宗教的需要，"道"与其表述者"吾"就逐渐地合而为一，老子就是道。信仰的需要将老子与道合同起来，其突出特点是使原本不直接表现为生命的道变成生命体，在老子的神化过程中，老子不仅成为道的活体，而且也有起始，相传"元始天尊"（当为老子的前世身）生于天地日月未形的时候。然而，有了起始（生），就在语言的逻辑上难说"无死"，有生就应有死。解决这种逻辑矛盾的办法是：一方面，将道的活体的诞生时间往前推至一切时间的起始，甚至不是盘古开天地，而是老子开了天地，在老子身上册加了许多名号，如"玄玄道君""太上老君""元始天尊"等，在内在意义上与老子相同，却在时间上远远早于作为史官的老子，这犹如佛家所传的"三世佛"的说法；另一方面，主要还是在抽象本质与意志方面进一步深化道的内涵，将道作为人格化的抽象意志表现出来。尽管道家发展史上许多次老子显化垂迹的故事，但这些故事多与宗教派别之间的政治斗争的需要有关。平实而论，道的教化是通过抽象意志来实现的，并非人人都有机会面向"道君"的，只有道德修养极高的人才可以入太虚境体会君临一切的道的存在。人们有比较多的机会向处于"道君"之下的众神反映愿望，而众神也只是深领道意，依道行事，众神可以具体化，道并不总是能够具体化的。由于信仰的关系，对道的崇拜总要变为对神的崇拜。对老子的神化从西汉以后就开始了，东汉时期已有人将老子作为神来供奉，

《后汉书·襄楷传》记载说，汉桓帝于宫中"立黄老浮屠之祠"，表明此时将黄帝、老子和佛（浮屠）一起供奉。在葛洪的《抱朴子》中进而做了生动离奇的描绘，《抱朴子内篇·杂应》："老君真形者，思之，姓李名聃，字伯阳，身长九尺，黄色，鸟喙，隆鼻，秀眉长五寸，额有三理上下彻，足有八卦，以神龟为床，金楼玉堂，白银为阶，五色云为衣……"①云云。以后在陶弘景的《真灵位业图》、杜光庭的《道德真经广圣义》以及赵道一《历世真仙体道通鉴》中一步一步地细致清晰化。但是，对老子的崇拜总体上乃是精神的崇拜，道教原本不树偶像，只是在北魏时期受佛教的影响才造神像。法琳《辨正论》：

> 考梁、陈、齐、魏之前，惟以瓠卢盛经，本无天尊形像。按任子《道论》及杜氏《幽求》云：道无形质，盖阴阳之精也。《陶隐居内传》云：在茅山中立佛道二堂，隔日朝礼，佛堂有像，道堂无像。王淳《三教论》云：近世道士，取活无方，欲人归信，乃学佛家制作形像，假号天尊及左右二真人，置之道堂，以凭衣食。梁陆修静亦为此形。②

另外，敦煌道经《太上业报因缘经》：

> 太上答普济曰：致则有轻重，造我形（真）像真（随）应众生忘想，不可系睹我真容（像），便生念想，想念既生，故称（为）第一，从迷起悟，皆登道果。③

---

① 王明：《抱朴子内篇校释》，中华书局1980年版，第249页。

② 法琳：《辨正论》，见《广弘明集》卷十三，上海古籍出版社1991年版，第192页。

③ 〔日〕大渊忍尔：《敦煌道经目录编》，福武书店，第93页。

这部道经道佛参半，亦可见道家造像所受佛家影响。中国文学、书法、绘画等所受道家影响最大的方面也就在于道重写意，生动中带有突出的印象与朦胧的特色，此中"真意"往往通过自然的、似不经意的形式表现，越是具体，越不真实。相对而言，"道意"的表述更为真实，更符合宗教的精神，这是因为信仰与崇拜在本质上乃是对具有无限性和统一性的宇宙本体的崇拜，而"道意"比"道像"更能体现这些特点。费尔巴哈在分析基督教的本质时说道："理智之统一性，就是上帝之统一性。"①在这一点上，道教与基督教有共同之处。

前面说到在道家那里，道看起来是无意志和无情识的，而以意志反映出来的道则显然地体现了主体与生命的意识，不再是"泛意识"。这里的"泛意识"是指自然抽象基础上的意识，并不体现人的主观性。而以意志反映出来的道当中，"我"在宇宙精神中的分量加重了，"我"之所以有意志，在于"我"首先是生命体。尽管在信道者看来，这个"我"其实是崇拜对象的"道"，是"他"，道意乃是他（道）的意志，可问题是"他"只是人们自身的对象化而已，"宗教是人跟自己的分裂：他放一个上帝在自己的对面，当作与自己相对立的存在者。"②《太平经钞》说：

> 天行道，昼夜不懈，疾于风雨，尚恐失道意，况王者乎。……相去远，应之近。天人一体，可不慎哉？（《守一明法》）
>
> 自然守道而行，万物皆得其所矣。天守道而行，即

① 〔德〕费尔巴哈：《基督教的本质》，荣震华译，商务印书馆1984年版，第76页。

② 同上书，第67页。

> 称神而无方。上象人君父，无所不能制化，实得道意。
> （《安乐王者法》）

道意不仅体现为宇宙自然的秩序，也体现为社会人伦秩序，天、地、人都应恪守道意所体现的秩序。这里的秩序不只表现为普遍适用的自然规律，而且表现了类似于人的主观意志，当然是对象化了的超人和超自然的意志。从而人欲得道，首先要得道意，"人之得道者，志念耳；失道者，亦志念耳。"（《太平经·是神去留效道法》）道表现为意志，信道者也以意志信道，以个体赤诚的意志应对道的无蔽的意志，就能达到某种沟通，领会了道意也就领会了道。这不仅人格化，也人情化了。《老子想尔注》说：

> 人君欲爱民令寿考，治国令太平，当精心凿道意，教民皆令知道真；无令知伪道耶知也。①

> 天能久生，法道故也。人法道意，便能长久也。②

这里同样既把道意看成在社会与人生中广泛有效的原则，又将其视为意志。当然，《想尔注》作者更注意从生命的意义去看待道意。在《想尔注》中，我们可以看到作者竭力给"道"贯注一种主体性，使之更适宜于表现出"意志"。《老子》说："吾所以有大患，为我有身；及我无身，吾有何患。"《想尔注》将其中的"我""吾"都解释为"道"：

> "吾，道也。我者，吾同。"③

《老子》说："将欲取天下而为之，吾见其不得已。"《想尔

---

① 《老子想尔注》"爱民治国而无知"注，见饶宗颐：《老子想尔注校证》，上海古籍出版社1991年版。

② 同上书，"天能道，道能久"注。

③ 同上书，"吾所以有大患，为我有身"注。

注》将"吾见其不得已"这句话截断，分而析之：

> 吾，道也。同见天下之尊，非当所为，不敢为之。①

葛洪《抱朴子内篇》专门论述了"道意"问题，他认为本体即"玄道"，而玄道并不是某种纯自然的东西，也非僵化无生命的。它的活动自始至终带有人的主观性那样的目的性，甚至通常还表现得有情性意愿。他说：

> 夫道也者，逍遥虹霓，翱翔丹霄，鸿崖六虚，唯意所造。②

道按照自己的意志而存在和行动，它的意志通过现象界的公正性和合理性体现出来。葛洪描述道，它能使发出的声而成声，发出的响而成响，使物形成为具体的形状，使影子成为具体物形的影子。方形的东西因它而安于平静，圆形的东西因它而能运动，下降的东西因它而成俯冲姿态，上升的东西因它而成仰承姿态。它不仅是造物之主，它也使成物得到自身的规定，还使一切事物之间变得和谐有序，方之为方，圆之为圆，方圆各得其宜。由于道的这种意志性表现在现象之中，所以说"道不远人"，人们可以通过现象的合理性与公正性中领会到道意的存在。葛洪从中得出一个结论，认定天地当中存在道能赏善罚恶、体大而网疏的"精神"。

> 山川草木，进灶洿池，犹皆有精气，人身之中，亦有魂魄，况天地为物之至大者，于理当有精神，有精神则宜赏善而罚恶，但其体大而网疏，不必机发而响应

---

① 《老子想尔注》"将欲取天下而为之"注，见饶宗颐：《老子想尔注校证》，上海古籍出版社1991年版。

② 《抱朴子内篇·明本》，见王明：《抱朴子内篇校释》，中华书局1980年版，第172页。

耳。①

道以意志的形式表现出来，其实是为了在现象中贯彻某种主观目的性，而这种主观目的性与其说是道自赋的，还不如说是道赋予人的，使人主动地追求道意。道既有意，那么它就不是与人无关系的天外之物，道意与人意之间存在同质的关系，可以沟通。以人的意志追求道的意志，这正是道家所要阐明的意思，其所谓"天人一体"。

自董仲舒确立"天人感应"学说以后，对中国思想史的影响非常深远，道教作为本土宗教自始至终贯注了这一观念，其中道意说的根源可追溯到"天人感应"说。"道意"说在魏晋、南北朝的时期颇为流行，在《升玄经》《西升经》中皆能找到这种观念，孟安排的《道教义枢》对"道意"说做了总结，其曰：

> 道意者，入道初心，归真妙趣，断生死之累，成慧鉴之明，绝有欲之津，证无为之果。……道意者，谓是正道之心。②

在这里，更为显明地将客观的、普遍的宇宙精神作了主观方面的理解，即把前者看成与后者相关，尽后者之意志，就能得前者。《道教义枢》还将道意分为五种：即自然道意、研习道意、知真道意、出离道意、无上道意。

可以看到，道意论实现了以下目的：第一，将客观精神主体化，在主观与客观之间架起通道；第二，使抽象的本体生命化，使之带有像人一样的活动的目的性；第三，在生命化时，

---

① 《抱朴子内篇·微旨》，见王明：《抱朴子内篇校释》，中华书局1980年版，第114页。

② 孟安排：《道教义枢·道意义》，见《道藏》第24册，第822页。

又避免生命活体的局限，力图使生命意义以抽象本体的形式表现出来。

（四）道体

这个概念自提出来始就已属形上学的，它表示的是宇宙的本体。《老子》《庄子》《淮南子》《关尹子》，甚至葛洪《抱朴子》都不曾用过道体这个概念，这一用法兴于南北朝时期。"道"本来就表示宇宙本体，为什么要在"道"字后加一个"体"字呢？这中间隐含了对宇宙本体的根本观念及其思想变化背景。简单地说，道与体合用表露了把宇宙本体看作某种实体的观念，而且它与体用、本末观念分不开。

"体"原意指实体、形体。《说文》："體，总十二属也，从骨，豊声。"意谓体指的是人体的骨骼。《诗经·谷风》："采封采菲，无以下体。"这里"体"指草木植物的根。《诗经·庸风》："相鼠有体，人而无礼，人而无礼，胡不遄死！"这里指动物的完整的形体。《诗经·卫风》："尔卜尔筮，体无咎言，以尔车来，以我贿迁。"这里又指卜卦之相体。这三种用法表示人们对"体"的基本观念，它是根源，是完整的形体。《庄子·达生》："天地者，万物父母也。合则成体，散则成始。"又《天下》："氾爱万物，天地一体也。"这是把天地看作一个整体。《荀子·富国》："万物同宇而异体，无宜而有用为人，数也。"又《天论》："天有常道矣，地有常数矣，君子有常体矣。"又《解蔽》："夫道者，体常而尽变。"荀子把"体"不仅理解为完整的个别单体，也提出了单体的功用。体与用开始联系起来，同时把它看作"常"，常与静能够互释，"常"通常被看作静，"常体"谓固定静止的体态。而且，荀子运用这一观念来阐释"道"，其体静止稳定，但它能以不变应万变。这一阐释成为一种思维模式，影响深远。不过，荀子并不将道看作某种实体，在他看来，道只是某种规则、规律，因而他对道的阐释中所说的"体"不是在形体、实体上使用，而是在静止、稳定的形容词意义上使用，从而，在这个阐释中"体常"既不是具体，也不是本体，但有了思维的抽象性。我们知道，形容词当中有一类通过感觉可直接把握，另一类则要靠想象来把握，而想象总带有抽象特性，荀子就是在抽象的想象意义上来使用的。《易传·系辞上》："范围天地之化而不过，曲成万物而不遗，通乎昼夜之道而知，故神无方而易无体。""易无体"意指易无固定的形体。[①] 又曰："显诸仁，藏诸用，鼓万物而不与圣人同忧。"[②]"用"指作用、功用。显然，在《易传》里体、用算不上形上学范畴，更没有在本体论意义上使用。将体、用变为形上学范畴的是玄学本体论。王弼《老子注》说：

> 本在无为，母在无名，弃本舍母而适其子，功虽大焉，必有不济。……万物虽贵，以无为用，不能舍无以为体也。（不能）舍无以为体，则失其为大矣，所谓失道而后德也。（三十八章）[③]

"本"为本末之本，为根本、本体之义。"母"为母子之母，道为母，天下万物为子，故"母"也即母本。其曰：

> 母，本也。子，末也。得本以知末，不舍本以逐末也。（五十二章）[④]

《老子》说："三十幅共一毂，当其无，有车之用。"这个"无"

---

① 见高亨：《周易大传今注》，齐鲁书社 1979 年版。

② 同上。

③ 王弼：《老子注》，见楼宇烈：《王弼集校释》上，中华书局1980年版，第94页。

④ 同上书，第 139 页。

是有形中的无形，是具体的个别的无。而王弼《老子注》中所用的"无"都是在事宗物主、崇本息末意义上讲的，无为道的代名词，无就是本体之无。无为体也就是道为体，体非个别的形体，而是现象背后的隐而不显的道体。这里的"体"因为脱离了具体，且在本体意义上与道、无、本、母互释，故它已是形上学的一个范畴了。汤用彤说过："魏晋玄学者，乃本体之学也。"[1] 玄学的突出贡献在于，它以本末、体用有无等范畴的运用，使得本体意义比秦汉以生成、根源来探讨世界的统一性，显得更为突出。以前对形上本体的讨论要在穷根究底的溯源功夫上进行，在生成的链条上寻求终极的意义，现在则方便多了，以致在谈论任何问题又都是在讨论形上本体，从任何的"有"可想到"无"，从物体的功用可想到本体，从细枝末节可想到本根。有一个事实应引起注意：尽管玄学以虚、玄、无来描述现象背后的本体，却并没有把本体看作虚无。王弼以体用表述本体与现象，表明他把本体实际上看作某种实体。只是他不愿把有形的实体与作为本体的实体混同，凡有形的实体都会陷于有限，而有限不能体现无穷大（"失其为大"），只有无形的实体才不失其为大，所谓"夫大之极也，其唯道乎！"（三十八章）

初唐高宗、武后时孟安排《道教义枢》以体用关系论述了道体问题。《道教义枢》（以下简称《义枢》）所论具有综合枢要的性质，所论观点材料出自南北朝及隋代的《升玄经》《本际经》《度人经》《玄门大论》，以及臧玄静、徐素、孟智周、杨羲等人。《义枢》所论体用为妙体妙用，说：

---

[1] 汤用彤：《理学、佛学、玄学》，北京大学出版社 1991 年版，第 224 页。

> 精之绝累即是神，精之妙体即是气，亦神之智照即
> 是精，神之妙体即是气，亦气之智照即是精，气之绝累
> 即是神也。三一既圆，故同以精智为体。三义并圆而取
> 精者，名未胜也。①

所谓"妙"，就妙在精气神名虽为三，却不为名称之异而有真正的分别（"名与胜"），三相圆融，精能为气（炁），气能为神。三者之所以能圆融无碍，根源在于三才"同以精智为体"，即有共同的本体作为基础，精、气、神不过是本体的三种暂时的现象而已。"精智"是什么？这里并未交代。可以看得出，"以精智为体"，意在不愿把本体解释成某种具体形质，而欲以空灵精神来标志。但是，仅仅是标志，标志也只是一种描状，并不表示"是其所是"，即没有揭示其本然，能够揭开本然的乃是其"混元"。

《道教义枢·混元义》中引《洞神经》说：

> 大道妙有，能有能无。道体本玄，号曰太易。元气
> 始萌，号曰太初，一曰太虚。其精青，其形未有。气形
> 之端，号曰太始，一曰太无。其气黄，其形未有。形变
> 有质，号曰太素，一曰太空。其气白，其形亦未有，形
> 质已具，号曰太极，一曰太有，一曰太神，一曰太气，
> 又曰太玄，又曰太上，又曰太一。其形赤黄，质定白素，
> 白黄未离，名之为混也。杂糅未分为沌，万法初首为元，
> 故两半、三才、五常、万物等法体未别，是曰混元形
> 象……旧云混元之中有粗有妙，妙者道气惟一。②

太易、太初、太虚、太始、太无、太素、太空，等等，世界皆

---

① 《道教义枢·三一义》，见《道藏》第 24 册，第 826 页。
② 同上书，第 828 页。

存在于超越的境界之中，难以捉摸，但透过这想象世界可以看到，道家亟欲表明一种世界本体观，在有形质的东西之上存在着无形质的东西，而在无形质的东西之上君临着杂糅未分的"混元"（混沌），混元之中为极致的东西是"道气惟一"之妙。到这里可见，作为世界本体的东西原是某种混沌未分之体。尽管它不同具体形体，却也不是空无。

《道教义枢·有无义》还论述了体用关系：

> 有以体凝为义，无以空豁为义，此就粗为释。若妙无者，非体非凝，能体能凝，不豁不空，能空能豁。今为四句通释，一者有有名、无无名，名本召体，有体可召，所以有名；无体可召，所以无名。二者无有名、有无名，有是假伪，未足可名，无是真实，始是可名。故《本际经》云：无无曰道，三者具如孟法师释，亦是有无之名相待。[1]

这里把体用分为两个层面，一是从"有无"来看，凡有形质的东西皆为有体，有体又都有无之功用，所以为有我名、有体。从"妙无"来看，有无都属假相，因为有体，有名都不足以道出妙无的真实意义，所以"妙无""超出有无、体用"，同时又能为有为无，能体能用，有无、体用在妙道看来，都是其本体的适用，都是现象。有无、体用的分别在妙无那里只是其表演的方式，如果人们执着于表演的方式，便不能了知真实的本体。显然，第一层面的"体"是假体，所谓"假立称谓体用"，第二层面的"体"是真实的道体。借真体、假体，所要表述的意思其实是：本体即现象。本体为现象背

---

① 《道教义枢·三一义》，见《道藏》第 24 册，第 835 页。

后的真实存在，它既与现象完全不同，它又不远离现象。《道教义枢》既属综合枢要性质，它本身在思想上便不成严密系统，但它反映了南北朝、隋及初唐道学理论的思想背景。当说"无无曰道"，可见与玄学思想有牵挂；说到"空""假名""无住"，又可见与佛学有关。南北朝时期为道学理论化建设的重要时期，大批有思想见地的论著和经文产生了，同时又具思维面宽却驳杂这一突出特点。

我们注意到，魏晋时期及其以前的道家经典不谈体用问题，而在南北朝大谈体用、本迹等问题。尽管魏晋玄学已把体用问题抬到了显著地位，这个时期的道家理论家似不大愿意接受，如葛洪对玄学的虚玄之风就颇多微词。相反，佛学对玄学不仅竭力吸收，且颇为缘附。即使在南北朝时期佛学亟欲与玄学别同异，还是保留了大量玄学思想内容，其中有不少的玄学范畴。僧肇《般若无知论》说："用即寂，寂即用，用寂体一，同出而异名，更无无用之寂而主于用也。""寂"指体，"用寂体一"，体用不二。天台慧思在《大乘止观法门》中说："但以世谛之中，一一事相即是真谛全体，故云体用无二。以是义故，若真谛摄世谛中一切事相得尽，即世谛中一一事相亦摄真谛中一一事相皆尽。"这是以真世二谛义证体用不二道理，物体与作用、功能体用一致，用不离体，体不离用；本体与现象也是体用不二，本体就在现象之中，现象不离本体。周、隋之际出现的佛学经典《大乘起信论》以体、相、用的关系论述了体用问题，其曰："所言义者，则有三种。方何为三？一者体大，谓一切法真如平等，不增减故；二者相大，谓如来藏具足无量性功德故；三者用大，能生一切世间、出世间善因果故，一切诸佛本所乘故，一切菩萨皆乘此法到如来地故。""体"是真如实性，真如本体；"相"是理体所显无量功德；"用"是理体所生一切善因果。体大、相大、用大，首先是体大，体大无增减，故能智照周遍，从而使得相大，用亦大。可以看到《起信论》的目的在于"证体"，体不仅无限大，且能应一切相用，有关这一点，熊十力说道："因为体是要显现为无量无边的功用的……用就是体的显现，体就是用的体，无体即无用，离用元无体。"①由这些联想到玄学所谓本体"不失其为大"与"大之极"，可知《起信论》的体大、相大、用大的思想渊源在玄学那里。龚隽《大乘起信论与佛学中国化》一书也认为："体用不二，实际上是先秦以来，道家之'道'与万物，儒家之'道不远人'等思想的进一步提炼与概括，并在魏晋玄学当中形成了方法论原则。"②当然，在思维方法上，玄学着重将有限产生并归结于无限，其所谓"崇本息末"；佛学着力于本质高于现象的论证。佛学"体用不二"乃是中国化的思想成果，其直接动机是要解决魏晋以来所围绕的出世间法与世间法的关系问题，以表明佛法不只是超世的，也是现世的；不仅追求本体界，也留心于现象界。由"体用不二"进而产生随世顺世的观念。在《道教义枢》中出现的是相反的情形，不仅有与无、有名与无名对置，且体凝与空豁，真与假亦对置，可见受佛学思想影响不小，即道学从佛学吸收了空灵精神。

道学专论"道体"的是通玄先生所著《道体论》。号通玄先生的有两人，一为中唐张果，二为五代张荐明，据任继愈主编《道藏提要》考证，"其观点及方法皆颇近王玄览"，我认为这个推断有合理性。张果著述不少，如《太上九要心印妙

---

① 熊十力：《新唯识论》语体本，见《熊十力全集》第三卷，第79页。
② 龚隽：《大乘起信论与佛学中国化》，文津出版社1995年版。

经》《玉洞大神丹砂真要诀》《阴符经注》等，这些书是比较纯粹的道家之言，并非道一半，佛一半。五代张荐明曾注羊参微《还丹金液歌》，并著《玄珠歌》，两篇皆内丹书，亦非道佛杂陈。且中唐以后，道者的论著多有意识地与佛学区别开来。像《道体论》这样理论性、思辨性强的著作中道佛混合的情形，当不会发生在晚唐五代。很可能这是初唐一位道家隐者所著。

《道体论》是典型的糅合道佛两教的著作，其所论述的道体，既取道学的混成、混沌之义，又取佛学常寂、圆通之义。其曰：

> 道生混成之体，无名之始，理周万物，妙极环中，恍兮惚兮，不可言有，其中有物，不可言无。①

> 虚玄之体，混寂无别，故名词；混据收物，寂则无体，故名为异。②

道体本是混寂无别，即混成与常寂的玄同，由此推衍，"混成"毕竟是有某种物，混成之物继而生天下万物，所以，"混成之体"是天下万物的根据。可"寂则无体"，一切物质现象皆"大空托寄，即色随消"，一切物形之体都是妄体，其名其分皆假名妄分，所以贯通一切物形的是空灵真实的常寂。混成常寂兼而取之，此是作《道体论》的动机。关于"常寂"，体现为二。第一，圆通，常而能圆，寂而能通。其曰：

> 道以圆通为宗，德以自得为义，圆通则无理而不能，自得则无性而不得。③

圆通为道的本性，而圆通实际为理，即超物形的空灵精神之通。

---

①《道体论》，见《道藏》第 22 册，第 881 页。

②　同上书，第 882 页。

③　同上书，第 881 页。

德是物物之自得，自得实为得道性，而德本是为了彰显道的，即得道性而显道之功用，也就是"就功迹以显称"，所谓"性起于道，形生于德"。第二，既体即用。体是用之体，用是体之用，离体无用，离用无体。物物皆有体用，体、用有名义上的分别；若从道体来看，道为体，物物皆为用，物物之体用分别就成为无意义的了。从而，体、用只是暂时的为名分别，不可执着一端。其曰：

> 问曰：广周之道，与物为同为异？答曰：常存常异，物以道为体，道还以物为体。①

"常存常异"也就是常同常异。道本是物的本体，物是道的显现作用，然而，道的作用却要借物之体以显现，所以，道物还相为体。就道普存于物来说，道与物同；就道毕竟不同于物而言，道与物异。"常"为真常，即寂能通。这也如同"混成"，与大象之同异：

> 问曰：混成之与大象，为同为异？答曰：亦同亦异，何以得知？大象是名，混成是体，名体义别，故知是异。然则名无别体之称，即名此体，体无异名之混，即名为体，故言是同。②

混成是本体，大象是名用，就名义分别而言，体是体，用是用，体用殊异，若就体用不二而言，名用是本体的名用，本体是名用的本体，体用合同。关于"混成"，也有二义。第一，"混即是物"。讲道体常寂，只是道体的单面，若仅看到这一面，就会认定道体空无。还要看到道体的另一面，即"即寂常混"。道体并非空无，道体实有其物。从空间上看不出道之实有，能

---

① 《道体论》，见《道藏》第22册，第881页。
② 同上书，第882页。

看到的只是"妄辨"的物体。若以时间上看，就能看到道体不空，"经云有物混成，先天地生，故知始终，而无不混"。在一切现象的起点上，存在着混成之物，所谓道，所谓体，在"混上"起始意义上，就是混成之物。从而"混即是物，物即是道，道物无别。"第二，道生。道体与道用不只是即体即用的通约消解，它们之间从根本意义上讲，是一个通生的关系。其曰：

> 道者通生之称，通生则有迹，有迹则可名，是以可道可名，非常者也。[①]

迹之所以有，在于由本而生；同样，现象、功用之所以存在，在于由道体而通生。从而道体对于现象之通，不只是虚理之通，而且是道生之通。由此可以看到，《道体论》既要采佛学常寂、圆通之义，又不愿放弃混成、通生之宗本。以两种理论糅合一起，将道体表述为空而不空、实而不实、虚实相益的形上本体。《道体论》作者告诫人们，尽管混与寂相矛盾，但不可执着，要看到"混寂常隔，复有通时"。其曰：

> 妄除即混为寂，真染即寂为混。真妄无定，混寂从机。通隔之义，略判如此。[②]

两者本无定住，其分别与合同须依具体情形而定。

王玄览《玄珠录》以道体为"清净"，以道用为"众生"。"清净"无死生，故为"常"；"众生"有死生，故为"变"。他从认识论角度看待体用关系，"清净"本属人内心修养的状态，他认定清净就是本体，而修道正是以修用归于识体。其曰：

> 识体是常是清静，识用是变是众生。众生修变求不

---

① 《道体论》，见《道藏》第 22 册，第 881 页。
② 同上书，第 882 页。

变，修用以归体，自是变用识相死，非是清净真体死。[①]
王玄览显然地受到《清净心经》的影响。《清净心经》即以"真常"
之道为常清静，正是把认识修养的终极目标常清静作为道体来
看的，"人能常清静，天地悉皆归。"《清净心经》与《常清
静经》为同一经文的两种传本。司马承祯沿着这种思路，以本
心的状态与道体联系起来，主张"心体以道体为本"（《坐忘
论》）[②]。而强思齐《道德真经玄德纂疏》则顺着成玄英的理路，
认为"体"即理体，有与无为理体的运用。

以上我们已经看到，道学既将本体论往抽象化方向发展
了，又将其往实体化方向推进，而实体论证中始终保持了混成
有物这一根性，所以，即使在其抽象形上学最隆盛时，也没排
斥二元分体的可能，只不过欲以理论上的"圆通"抹去二元分
体的界限罢了。而实际上，在汉末到隋唐的长时期里，也确实
存在着一种与道有别的实物本体论，即气本体论，与道本体论
形成二元互补的格局。

二　气本体

道学在拥有一个道的本体存在论的同时，又具有一个气的
本体存在论。在很长的历史时期里，都不对道与气的先后问题
做出置评，一个基本原因是道者不欲将两者之间的关系认作统
摄与被统摄的关系，对两者都作了根源性的理解。这是否意味
着在道之外另立一个本体呢？从历史实情看，也未见得，在汉

---

① 王玄览：《玄珠录》，见《道藏》第23册，这里采用朱森溥《玄珠录校释》，
巴蜀书社1989年版，第117页。

② 《坐忘论》，见《云笈七签》，齐鲁书社1988年版，第518页。

末到魏晋南北朝，道者有时将两者等同看待，有时将道与气看作不同。当作等同看待时，表明了一种意愿，即欲将世界的本质、现象的本体理解为同一种根据，不应该有两种根据，如果存在两种根据，其说就难圆通。当作不同看待时，表明了道学在继承前人思想成果时所做出的选择，当然这种选择中含蕴了深刻的历史原因。从直接的关系来看，道、气本来是不同的，道本体与气本体原本是两种不同观念的本体论，而道学承认了差别，又保留了差别，并努力泯灭差别。承认差别时，又认定两者是有关系的，道总与气有关，气总与道相联，这种关系成了以后泯灭两者差别的依据。

（一）道、气不同源

道、气作为形上学概念，并非出于同一思想泉源。我们看到，当老子将道作为哲学本体概念提出来时，气还不完全是一个哲学的概念，尽管老子提到"气"字，如："道生一，一生二，二生三，三生万物。万物负阴而抱阳，冲气以为和。"（四十二章）杨上善注道："万物尽从三气而生，故人之形不离阴阳也。"[1]冯友兰和杨柳桥认为"万物负阴而抱阳，冲气以为和"是对"道生一，一生二，二生三，三生万物"的"例证"和"注解"，谓"阴阳二气"涌摇融和而为"三"，以生万物的意思。[2]无论是"例证"或"注解"，气都只是道生万物图式下的一个有限性的概念，是"道"的"注脚"。甚而是某种模糊的有形质的东西，而道是无限的形而上的概念。两者绝不可以等同。

在《庄子》书中用"氣"而不用"气"。尽管《说文》将

---

① 引自朱谦之：《老子校释》。
② 李存山：《中国气论探源与发微》，中国社会科学出版社1990年版，第80页。

两字区别，"氣"指"馈"，谓"馈客刍米"；"气，云气也，象形"，后人还是将两者通用。《庄子》所说的"氣"，有时指"游气"[①]："野马也，尘埃也，生物之以息相吹也。"（《逍遥游》）有时指"云气"："若夫乘天地之正，而御六气之辩，以游无穷者，彼且恶乎待哉！"（同上）司马氏注为："阴阳风雨晦明也。"支道林注为："天地四时之气。"古今注"六气"，各不相同。[②]有时指阴阳二气："阴阳之气有沴，其心闲而无事"（《大宗师》）；"阴阳者，气之大者也"（《则阳》）；有时指天气、地气："天地不和、地气郁结、六气不调"（《在宥》）；有时指"云气"："云气不待族而雨"（同上）；有时还指人"神气""血气""志气"，等等。

《庄子》对"气"的规定主要是：（1）虚而无形。"气者，虚而待物者也。"（《人间世》）"杂乎芒芴之间，变而有气，气变而有形，形变而有生，今又变而之死，是相与为春秋冬夏四时行也。"（《至乐》）（2）有阴阳两性。"自以此形于天地而受气于阴阳。"（《秋水》）"阴阳者，气之大者也。""乘乎云气而养乎阴阳。"（《天运》）（3）弥漫无端。"而游乎天地之一气。"（《大宗师》）"人之生之聚也，聚则为生，散则为死，……故曰：通天下一气耳。"（《知北游》）看得出来，《庄子》的气论已有了思辨性质，有了哲学意义。不再是某种具体形式的物质，虚而无形超出了具体形式的有限性，属于超越具体的抽象。在性质上有了阴阳两性的明确规定，甚至是根本的规定（"气之大者"），这种性质的规定具备了自我矛盾运动而产生第三者的

---

①　郭象《庄子注》："野马者，游气也。"引自郭庆藩：《庄子集释》，中华书局2004年版。

②　俱见郭庆藩：《庄子集释》，中华书局2004年版。

条件，即自身有了"产生"的动力，而阴阳两性的性质本身已是抽象思维的结果。气的弥漫无端，即广延性、可入性，又为气存在的普遍性提出了根据，既然"通天下一气耳"，那么就没有什么事物能够排除气的存在。

但是，《庄子》所说的"气"并不是单纯的普遍，因而其普遍性只是存在的普遍性，不是由一而多的普遍性。《庄子》所论的"气"尚且没有获得单纯的规定性，而是模糊、不确定的，如天地之气与人气是否属同一种气，并没有明确，在庄子那里，气本身也是多样的。所以《庄子》虽然表达了气存在的普遍性，却不像是通过这种普遍性找寻多样性中的单一性和统一性。而且，《庄子》的"气"也并不是作为本体意义的终极性概念，不是作为"第一义"提出来的，庄子哲学作为本体意义的概念是"道"，道不仅"有情有信，无为无形""先天地生""长于上古而不为老"（《大宗师》），为"万物之所由"（《渔父》），而且"覆载万物"（《天地》），"于大不终，不小不遗"（《天道》），"道通为一"（《齐物论》）。即道不仅是唯一的根源，而且是一切现象的最高本质和原则。庄子的道论与老子的道论一脉相传，都是把道看作先于天地万物的本体。王夫之曾针对"先天地生"的道提出批评："道者，天地精粹之用，与天地并行而未有先者也。使先天地以生，则有有道而无天地之日矣，彼何寓哉？"[①]王夫之把道看作规律、规则，反对把道从具体事物中抽取出来作为脱离具体的抽象本质、本体，更不能在天地之先就存在。他的批评既针对老子，也针对庄子。这也表明在老庄那里，"气"概念没有获得充当一切现

---

①　王夫之：《周易外传》，中华书局1988年版，第2页。

象的本体的资格。尽管气比起以具体元素（如水、火等）更具有抽象性，更少"物质"性，它却不被作为本体看。因为它在老庄那里不是"一"，而是"二"，或"三"。作为本体的东西只能是"一"，一切其他事物均由这个"一"产出，因而"一"永远是一切其他事物的本体。"道"就是这样一种"一"。

可是气的观念的出现和运用与道的观念及其运用原本没有多少关系。据于省吾《殷契骈枝》和《甲骨文字释林》的解释，甲骨文中的"三"即今之气字，不过在甲骨文中的用法并不同于后来，它指'乞求'的"乞"（如"气雨"），或指"迄"（"乞至五日丁酉"），或指"讫"（"之日气有来"）。这几种用法都只表示了动作或语法上的介、助词，并不表示某种名词概念。只是在金文《行氕玉佩铭》上有"氕"的概念，近人陈家梦认定"行氕"就是"行气"①。这个气与后来形成的养气、专气、浩然之气的气属同一种气概念。暂且不论《行氕玉佩铭》中所说"氕"与"气"的相同，仅就甲骨文中无"气"概念来说，也不能说明甲骨文时代无"气"的观念。回顾许慎《说文解字》释"气"："云气"。而"云"则释为"山川气也"。也就是说，古人对气的认识开始于对山川之云气。而云气在甲骨文时代乃是与农业生产关系最为密切的自然现象，为了祈雨，首先要看天上有无云气。《殷墟文字二编》有一条写道："癸卯十，贞，兹云其雨？"表明占卜者对天上的云气（兹云）能否降下及时雨的一种关切。同样，"风"也被看作某种气，《尔雅·释天》说："日出而风为暴，风而雨土为霾，阴而风为曀，天气下地不应曰，地气发天不应曰雾。"风

---

① "五行之起源"，载于《燕京学报》第24期，引自李存山：《中国气论探源与发微》，中国社会科学出版社1990年版，第4页。

可为暴、为霾、为噎、为雺、为雾，那么风也就是云雾的走动状了。日本学者平冈祯吉认为"风是气的异名"，"以风来作为抽象的气，因为风最易体验得知气的变化，而且风有南风、北风等称呼，与人们的生活有着重大的关系"。[①]"地"也被视为与气有关，《考工记》中有"地气"的说法。《说文》："元气初分，轻清阳为天，重浊阴为地。"另外，《诗经·曹风》中有"我嚘叹"的说法，《说文》释为"大息貌"；《尔雅》释"郁，气也"，"愾，……静也"。这些说明气与人的呼吸及其躁动与宁静有关。《说文》《尔雅》虽然是在后的，但作为最早的文字释义书，能够反映比较原始的观念。

尽管在殷商甲骨文时期没有气的概念，但人们对它已有广泛的认识，只是当时不叫作气罢了。至于西周末期，气不仅成为人们广泛的共识，且在概念上及其内涵上都已有了较深刻的认识，《国语·周语》记载伯阳甫论地震时，把"天地之气"的序次看作自然灾害的原因，其中阴、阳两气的阳伏、阴迫性能否正常，为最深刻的根源。即使如此，气也不成为一种根本的概念。它虽然有了普遍性，也有了抽象性，它不是中心或核心的，它可以引起各种物质现象的变化，但它对于各种抽象来说始终是外在的，既不是其本质也不是其根源，对于物质结构来说，它起不了作用。在这个时期，"五行"比"气"更为根本，因为五行能生物，气却不能。"先王以土与金木水火杂"，能够生成百物，那也能生成整个世界，五行不仅是具体物质现象的根本，也是世界的根本。这也就是说，气的观念与概念出现并不晚，作为哲学概念出现却比较晚。如果说在《老子》

---

①　引自小野泽精一、福永光司：《气的思想》，上海人民出版社1990年版，第19、20页。

《庄子》中气成为有哲学意义的概念的话，那也只是有限的，不是最高的抽象。日本学者小野泽精一等认为"气"概念作为哲学概念，当在战国时期的齐国形成。[①] 这主要是《管子》书中提出来的。

张岱年说："战国时的道家，有以为万物都是一气之变化者。"[②] 应当说，这是稷下道家在《管子》中表述出来的。关于《管子》气论的哲学性质及其思想来源，冯友兰《中国哲学史新编》认为是老子道家向唯物主义方向发展之一派，这已成为当今学术界的共识。尽管集中表述气论的《心术》上下、《白心》《内业》等四篇的作者是否宋钘、尹文仍有争议，其思想性质及学脉渊源还是可以肯定的。有两个最有力的证据：第一，稷下学派始终运用了"道"的范畴，我们说"道"作为哲学概念来使用，乃属老子的发明，凡道家后学者无不以道标宗；第二，稷下学派确实是坚持精气唯物的，这成为其有别于老庄思想的重要标志，再者，齐威王世曾宣称"高祖黄帝，达嗣桓文"[③]，黄帝为长生久视的象征。但是在我看来仅仅把稷下道家理解为道家思想中开出来的一个唯物主义派别，远不足以肯定其哲学历史意义。首先，我们看到稷下道家所说的和运用的"道"，其实指的是"精气"，不过戴着"道"的帽子而已。《内业》说：

> 凡道无根无茎，无叶无荣，万物以生，万物以成，命之曰道。

① 引自小野泽精一、福永光司：《气的思想》，上海人民出版社1990年版，第19、20页。

② 《中国哲学史大纲》，中国社会科学出版社1982年版，第39页。

③ 引自冯友兰：《中国哲学史新编》第1册，人民出版社1984年版，198页。

此言"道"是使万物得以生成的东西。又说：

> 夫道者，所以充形也，而人不能固。

此言"道"是使人成其为人的形体的东西。《枢言》说：

> 道之在天者，日也；其在人者，心也。故曰：有气则生，无气则死，生者以其气。

此言"道"是能成物、成天、成日、成人的东西。但接着又说"生者以其气"，前面言"道"，后面话题未变，却把能成物、成人的东西称为"气"，这是否偷换概念？仔细辨来，可发现前面的话似为转借之言，后面为己所述之言，作者的真实意图是要说明那个成天、成地、成物、成人的"东西"就是"气"，这在其他论述中可得到应征。如《心术》下说：

> 气者，身之充也。

又如《内业》所说：

> 道满天下，普在民所。

"满""普"，此为气态弥漫普在的物质状态，非绝对抽象的道。冯友兰说"稷下黄老之学认为'道'就是'气'"，这有充分的根据。但这在逻辑语义上有问题。如果气是用来解释道的，那么气便不应同样是需要解释的概念。对于概念的解释只能依靠明了的判断，或者描述，以概念来解释概念只能使解释复杂化，因为解释者本身也需要解释。如果解释者本身是自明的或共晓的尚且罢了。问题是"气"作为哲学概念还是生疏的。如果一个正名，另一个是偏名或假号，也能说得过去，如同人有姓名，还有字和号一样。可是道与气哪个是正，哪个是偏呢？从实际情形来看，稷下道家所要论述的是"气"。其次，"气"范畴在稷下道家那里真正地成为哲学范畴，而且以哲学本体的形式表现出来，这主要体现在以下三点。

（1）稷下道家将泛义的气与本体意义的气区别开来，像"浩然之气""志气""呼气""天气""地气""神气"等都属于泛义的气，本体意义的气称"精气"：

> 精也者，气之精者也。（《内业》）
>
> 其细无内，其大无外。（同上）

精气在空间的大小两个方面无限展开，它却不因弥漫空间而丧失自身的规定性。它是一种纯粹的带有物质性的单体。尽管它在形式上虚而无形，却不是空无：

> 天之道，虚其（而）无形。虚则不屈。无形则无所位（王引之云：当作抵捂），无所抵捂，故遍流万物而不变。（《心术》上）

正因为其形态虚，故而有抽象性，能将其存在的普遍性贯彻到底。即能"遍流万物而不变"，那么它并非随物迁移而流失自身，它是一种有确定内容的"物"。黑格尔在评述泰利士以"水"为万物始基时说道："但是水从直觉中消失而变为概念，也就不再是一个物体；有如我们说氢气、氧气时，坚持总有这么一个事物存在，——亦即消灭不了的观念中的物体性或物质原则。"[①]这对"精气"学说也是适应的，精气不再是直觉能把握的，但它仍是以观念表述出来的可作万物之本体的某种"物"。

（2）精气被看作一切物质现象的总根源，"万物以生，万物以成"。《内业》说：

> 凡物之精，此（比）则为生；下生五谷，上为列星；流于天地之间，谓之鬼神；藏于胸中，谓之圣人。是故民（名）气。

---

① 〔德〕黑格尔：《哲学史讲演录》第1卷，商务印书馆1995年版，第185页。

这样便解决了世界的统一性问题，世界的多样性产生于单一的精气。这种统一性从根本来说乃是带有抽象性的物质结构的统一性。

（3）精气说也揭示了生命的来源。《内业》说：

> 气道（通）乃生，生乃思，思乃知，知乃止矣。

又说：

> 凡人之生也，天出其精，地出其形，合此以为人；
>
> 和乃生，不和不生。

在稷下道家看来，生命的产生来自于精气这种单纯体之间和谐的结合。从而在生命基础上的精神现象相对于物质性的精气具有从属的、第二性的性质。

在吸收前人气论思想成果基础上，小野泽精一等人《气的思想》和李存山《中国气论探源与发微》具述稷下道家所受庄子、惠施、孟子以及墨子等学说的影响，成功地从中开出了精气唯物的学说，精气不再从属于道，它自身就是一元的、第一性的本体。从而，精气学说以此开出了精气唯物的传统，以后的各种元气唯物学说的根源都要追溯到稷下道家那里。道家生命哲学不主张精气或元气唯物，可是接受了影响，在其生命本体论当中精气唯物保留了不小的地盘，以致带有突出的二元绝待的性质，对这个问题，我们在以后章节里还要专门谈到。生命哲学形成之前，自然本体论甚至完全笼罩在精气、元气论的影响之下，实际上徘徊、依傍于道本体与气本体之间。道教与稷下道家的联系除了"同宗"因素，另一个深层的原因在于稷下道家强烈的生命观念及其对生命来源的追寻。

（二）气本体

道学以老子《道德经》作为宗本，而其哲学本体论当然应当是道本体论。但是，在从自然本体向生命本体的发展过程中发生了某种偏离。虽然这种偏离在《道德经》的道论虚实二相性中可以找到根芽，可实际情形并不是从中生长出这种偏离，它的偏离是接受精气（元气）论的直接结果。这种偏离体现在确立道本体的同时，承认气本体；在道本体论中引入气论的思想。

稷下道家的精气论经秦汉较长时期的消化积淀，在东汉王充那里得到一个正面的回护。中间大约 300 年似乎没有某种显学张扬过精气唯物思想，却在道或玄道、天道的统摄下细化了气的学说。哲学史家评论王充元气论学说时，认为王充提出了"元气一元论的体系"。[①] 还应当说，王充确立了元气一元论的权威。王充将"道"与"元气"做了分离，认为万物自生，皆禀元气[②]，"天地合气，万物自生"[③]，而"道"不过是自然无为的规则而已。在王充看来，元气就是世界一切物质现象的本始，元气之上并无悬空的道体存在，元气是实体，道为非实体。这是典型的以物质结构分析世界统一性的一元论。从而对稷下道家道、气等同所带来的概念的含混做了最为明确的分界与规定。《说文》："元，始也。"在《淮南子·天文训》中已有"元气"概念：

> 道始于虚霩，虚霩生宇宙，宇宙生气。气有涯垠，清阳者薄靡而为天，重浊者凝滞而为地。

《太平御览》引用这段话为："宇宙生元气。"王念孙解为：此当为"宇宙元气，元气有涯垠"[④]。另外，董仲舒《春秋繁露》

---

①　萧萐父主编：《中国哲学史》上册，人民出版社 1982 年版，第 282 页。

②　王充：《论衡·言毒》。

③　王充：《论衡·自然》。

④　引自刘文典：《淮南鸿烈集解》上，中华书局 1989 年版，第 79 页。

说"元气和顺"，扬雄《解嘲》也说"大者食元气，细者入无间"。即是说，西汉时期"元气"已成流行观念。可是，元气在那时并未获得应有的哲学意义，元气只是道化生万物的一个中间环节。在董仲舒那里，元气是实现天的意志的手段；在扬雄那里，在元气之上凌驾着"玄"。元气之为本始之气，获自王充。稷下道家所说的"精气"侧重于气的精微之义，表现了世界有某种统一的物质结构；王充的"元气"侧重于气的元始之义，表述了世界的根源在于某种无形有实的物质性。这两个方面的哲学论述完成了这气本体论的理论形态。这一学说在东汉王符的《潜夫论》中得到进一步确认，王符把老子所谓"道""德"视为人对事物与现象的规律及其规定性的把握。其曰：

> 道者，所以持之也。德者，所以苞之也。[①]

这是把事物和现象的根源与本体归结为元气。他还说：

> 上古之世，太素之时，元气窈冥，未有形兆。万精合并，混而为一。莫制莫御。若斯久之，翻然自化，清浊分别，变成阴阳，阴阳有体，实生两仪。天地壹郁，万物化淳，和气生人，以统理之。是故天本诸阳，地本诸阴，人本中和，三才异务，相待而成，各循其道。和气乃臻，玑衡乃平，天道曰施，地道曰化，人道曰为。[②]

按他的理解，《老子》所谓"混沌"，并非抽象的精神性的道，而是混而未分的元始之气。虽然它无形而见，却不是纯粹的抽象，它是实物。它不仅是在天地之先的自在之物，也是自为之物，它自在、自生、自分、自体，自有其规律（道）。因而"道"不是先生的，而是后成的。

---

①　王符：《潜夫论·德化》。

②　王符：《潜夫论·本训》。

作为一种完整的有系统的学说，元气论对中国哲学，包括对道学产生深远影响。道学接受元气论，主要表现在以下两个方面。

第一，承认与道并存并相关的气本体。《太平经》在道与气的关系问题上显得含混，一方面认为道是"万物之元首"，同时又认为"元气不缘道而生"。其曰：

> 夫道者何等也？万物之元首，不可得名也。六极之中，无道不能变化。元气行道，以生万物。天地大小，无不由道而生者也。故元气无形，以制有形，以舒元气，不缘道而生。[①]

既把道看作"元首"，那就要承认天地大小由道而生。可是后面又把"道"看作某种规则、原理，道的作用在于促使变化发生，这样"元气行道"就不是说元气从道而生，只是说元气遵循道而生万物。按照这一理路，最后只能承认元气不缘道而生了。这种观念在《安乐王者法》中更为清晰地表示出来：

> 道无所不能化，故元气守道，乃行其气，乃生天地……自然守道而行，万物皆得其所矣。[②]

"生天地"只是"行气"的结果，即气生成了天地。只不过元气应当遵循道的规则而已，或者说道使元气生成变化。在天地万物的根源问题上，《太平经》既把道看作"一"，也把元气看作"一"。其曰：

> 夫一者，乃道之根也，气之始也，命之所系属，众

---

① 《太平经·守一明法》，见王明：《太平经合校》上，中华书局2014年版，第16页。

② 《太平经·安乐王者法》，见王明：《太平经合校》上，第21页。

心之主也。①

"一"被道家、道教普遍认为是一切现象的本始、根源、本体，这里有意混同道与元气的区别。再如"性"，一般被理解为道在具体中的再现，《太平经》却把"性"说成元气："元气自然，共为天地之性也。"（《名为神诀书》）"元气恍惚自然，共凝成一，名为天也；分而生阴成地，名为二也；因为上天下地，阴阳相合施生人，名为三也。"（《太平经钞》戊部）如此混淆道与元气的层次，很难说是无意的。道本体乃是道家学说的既成理论，也是道教理论的根本所在，不可能否弃道本体论；同时，又明显地想要接受元气论学说，解决两难选择的最好办法是两者共存，甚至模糊两者的区别。我们看到，《太平经》肯定元气本体论，却不想把元气规定作为能动自为的本体，它作为本体，其生成变化要通过道来实现，道仍然君临其上。不过，在多数情况下《太平经》不把道看作实在的本体，而看作抽象的意志，所以，《太平经》不乏"道意"的说教。这一特殊性可能是《太平经》作者建立宗教学说的显证，因为意志论比本体论更适合宗教的需要。

中唐时期的吴筠的《元气论》也将道与元气作了同等地位的理解，甚至认为元气在先，道后生。他说：

> 混浊之先，太无空焉，混沌之始，太和寄焉。寂兮寥兮，无适无莫，三一合元，六一合气，都无形象。窈窈冥冥，是为太易，元气未形，渐谓太初，元气始萌，次谓太始，形气始端，又谓太素，形气有质，复为太极，质变有气，气未分形，结胚象卵，气圆形备，谓之太一。

---

① 《太平经·修一却邪法》，见王明：《太平经合校》上，第12页。

元气先清，升上为天，元气后浊，降下为地，太无虚空之道已生焉。……夫自然本一，大道本一，元气本一。一者，真正圣元纯阳一气，与太元合体，与大道同心，自然同性……①

这里并不认为在元气之先存有一个道体，元气就是天地万有的根本和起始。自然、大道、元气都是"本一"，而"本一"不是别的，只是"纯阳一气"。显然，吴筠不愿将道看作一个实体，他宁愿把它看作用以规范元气生成运动的抽象本质，所以说元气"清升上为天"，"浊降为地"之后，才有"太无虚空之道已生焉"。那么"混沌"是什么呢？在吴筠看来，"混沌"不是道，而是未形之气，其曰："有物混成，然虽成其气，未可得而形也。"② "有形""有名"为现象的万有，"无形""无号"为原初的一本，这已是常识，问题在于将这"无形""无名"看作什么。扬雄、何晏、王弼、葛洪看作玄、本无、玄道，吴筠看为元气。其曰：

元气无号，化生有名，元气同包，化生异类。同包无象，乃一气而称元；异居有形，立万名而认表。③

"同"又称"玄同"，玄同就有混沌同包的性质；"异"指有别殊类，指无尽万有的现象。元气既是玄同、同包、无号，那么它也就是本质、本体了。因此他进一步陈述：

元气本一，化生有万，万须得一，乃遂生成万。④

同样是中唐时期的司马承祯在道与气孰先孰后问题上表现

---

① 吴筠：《元气论》，见《云笈七签》卷五十六，齐鲁书社1988年版，第306页。
② 同上书，第307页。
③ 同上。
④ 同上。

了含糊的态度。他说：

> 夫气者，道之几微也。几而动之，微而用之，乃生
> 一焉。①

这是说道有几微、显著两种状态，道的几微状态就是气。从而，
"一"不是在先的，而是在后的，由气之动用才生出"一"来。
其含糊态度实质上表明在承认道本体的同时，也承认了气本体。
只是在他看来，秦汉时期道与气两种本体论不仅有着分不开的
联系，甚至就是同一。

《升玄经》主张以道为体，可在追问"道根"时又把道作
了"玄元始三气"的解释。其曰：

> 夫道玄妙，出于自然，生于无生，先于无先。挺于
> 空洞，陶育乾坤，号曰无上玄老太上三气。三气，玄元
> 始也，无上正真道也。神奇微远，不可得名。②

无论《升玄经》将道说得多么玄妙难识，有一点可以看得出来，
即并不想把道说成虚无，而是欲表明它的实质不是抽象的精神，
道就是实在性的气。所以说论其大，能包含天地，弥罗无外，
在它面前，天不谓高，地不谓低，"无大不大"，大无不覆；
论其小，能入于细微毫芒之间，不足为比，"无小不小"，小
无不入。这与稷下道家的论述法有相同之处，好像在论说道，
其实在论说气，难免有偷换概念之嫌。

第二，道本体中援气实道的倾向。以道为本体的思想是道
学本体论上的主流。这种主流思想同样也染上了气本体论的色
彩。问题在于，并非被动地"染上"，以避免道陷入虚无与顽
空。《河上公章句》是主张以道为本体的。对《老子》的"有

---

① 《服气精义论》，见《云笈七签》卷五十七，齐鲁书社1988年版，第315页。
② 参见〔日〕山田俊：《稿本升玄经》，日本东北大学文学部1992年印。

物混成"句，精气、元气论者以实有其气来理解，《章句》则解释为"无形"之道。其曰：

> 道无形，混沌而成万物，乃在天地之前。（"有物混
> 成"注）

"无形"似还不明确，无形之中可以有气。《章句》又补充说：

> 一无形状，而能为万物作形状也。……言一无物质，
> 而能为万物设形象也。（是"谓无状之状，无物之象"
> 注）

"一无形状""无一物质"，这才是抽象得彻底，不留一点物质性。可是，《章句》在做到这一步时，又产生了另一个担心，即担心如此的规定缺少确定的内涵，从而成为无规定的规定。故此，《章句》在道论中又援引了气论，试图起到补益充实的作用，表现在一方面讲"道生万物"（"生而不有"注），另一方面又在"道生"当中贯注元气，其曰："言道禀与，万物始生，从道受气。"（"以阅众甫"注）无异说，万物产生之直接源头在于气，气即元气、精气，只是元气并不能孤立地产生与生成，元气既不是先于万物的自在（它有"禀与"道的关系），又不能自作主张随意地生成，它要遵从道的原则。《章句》还说道：

> 天道与人道同，天人相通，精气相贯。（"不窥牖，
> 见天道"注）

道为元气的源头，元气又为万物的来源，在道与万物之间充溢着实在的元气。如此，既不使"道生万物"的论断显得唐突武断，同时使人想到道不是悬空的，道当中自有元气赖以形成的根芽，无形无物之中存在着无形而有形的元气的根据。

《老子想尔注》也主张以道为宗源，既说"道微"，又说

"道甚大",但并不将道作单纯的理解。单纯的"道"似乎只体现了意志的特性,作为一切自然物象的根源和宗本,道离不开气,《道德经》中所说的"朴""道",《想尔注》都作了气的理解。道与气在《想尔注》那里实现最初的混合,出现了"道"概念。其曰:

> 道炁(气)常上下,经营天地内外。所以不见,清微故也。("其上不皦,其下不忽"注)[1]

> 道气在间,清微不见,含血之类,莫不钦仰。("天地之间,其犹橐籥"注)[2]

这样的混合其实不是将道化解为气,也不是将世界的宗源解释为气,而是不愿把道看作纯粹的抽象精神,意在表明道中是含气的,作为万物来源性的气也并不是最初端的源头,气是道之气,人们所说的精气也只是道之"别气"。其曰:

> 所以精者,道之别气也。("其中有信"注)

东汉时期,元气学说颇为流行,《想尔注》要想甩开元气说是不现实的,所以,以道冠元气之上,意思是说道不脱离气而存在,这样可以为道论寻一个圆通的说法。既然元气之上有道,那么元气就不应称"元气"。在《想尔注》中可以看到,宁愿说"道气""清气""精气",也不愿提"元气"这个词。因为《想尔注》已经把元("元,根也")和"一"这样的属性给予了道,其曰:"一者,道也。"("载营魄抱一能无离"注)

南朝时期的陶弘景《真浩》以道为体,也纳气实道。

> 君曰:道者混然,是生元气,元气成然后有太极,

---

① 见饶宗颐:《老子想尔注校证》,上海古籍出版社,1991年版。
② 同上。

太极则天地之父母，道之奥也。(《甄命授》)[1]

《真诰》不说"混然"是物是气，却说混然能生元。混然为道的另一种说法，或谓道的存在状态，这是没有问题的。"混然"是什么？"混然"自身有无一个确定的内涵？当然可以说"混然"是道，但这样做等于没有解决任何问题。因为道不可言说，道甚至只是世界本体的一个假号，假号非真。唯其如此，才要以"混然"来表示或描述它，所以对"混然"的理解不可以反问本已是超言绝象的道，而要从"混然"带来的后果来追问它本身，如同说能生出孩子的必定能做称得父母的人，照此类推，能生得出实在性的元气的东西也一定属于实在性的东西，生成的结果与生成的起因总应该有某种可以通约的条件。《真诰》不想说出"混然"是什么，却愿向人们指出"混然"是有确定内涵的，它不是空无，它能产生元气，再通过元气产生万物，就是要找到着落，从而实现其意义。尽管不明说似乎盲目的"混然"有何目的性，其"意义"却始终如一。再把"混然"与"混沌"联系起来看，两者异名同实，都是为了表示某种实在性，虽则"混然"与"元气"有着实在性这种一致关系，可是《真诰》决不愿把道说成元气。同《河上公章句》和《想尔注》一样，《真诰》只不过是想援引元气来充实道本体而已。

道学接受了元气论的影响，但道学的本体论不只是受影响的、无自性的学说，它是接受影响又自我生长的学说。这也从两个方面表现出来。

(1) 把实在性看作本体论的前提条件。纵观道学源流，可以领受道学所有思想家的一种情感，即始终不愿把自己的思想

---

[1]　陶弘景:《真诰》，见《道藏》第20册，第516页。

解说成没有现实根据的主观遐想，不愿像巴克莱那样把自己的思想看作存在的设定者，也不愿像柏拉图或佛教那样把现实世界理解为观念的模仿、影子或虚幻不真。道学更愿把身内外的所有事情都看作真实，这种真实性来自这些事情的根据是实在的。而且，其"实在"不只是精神、思想或意义的实在，它是"物性"的实在。归根到底，如此的情感其渊源在本体论。即从本体论上开出并培养了如此的情感。道学树立了一个道的本体，又竭力为其找到现实的根据。在道者们看来，理性的规定容易落空，从而变得无规定性，失却内涵，现实的规定性才是可靠的。不管元气是否有形质，它总是可靠的实在，可以作为根据。《鹖冠子》卷上说："道有稽，德有据。"此谓道、德是有稽可查，有据可依。其依据正是道与气有关联，不可以将道看作无依凭的东西。道学为道在现实中找到了依据，也在历史上找到了依据。所以说道学受元气论影响，又是主动的选择，意义正在于此。

　　吴筠《形神可固论》引《龟甲经》说："故《龟甲经》曰：'我命在我不在天。'不在天者，谓知元气也。"[①] 杜光庭《老子说常清静经注》说："凡学道之人皆因经戒而成真圣，圣人未有不假经戒而立，不因元气而成道者也。"[②] 修道的过程也是修气的过程，依持气的修炼才能达到修道的理想，"知元气"成为实现修道长生的先决条件。同样，道之称为道，在于有气，无气则陷于空乏苍白，从而变得难以理解。金岳霖在谈到"道无'无'"这个命题时说道："前面那个无字是普通有无的无，后面那个'无'字是不可能的无。由无底意义可以推到有

---

①　《宗玄集·形神可固论》，上海古籍出版社 1992 年版，第 20 页。

②　杜光庭：《太上老君说常清静经注》，见《道藏》第 17 册，第 182 页。

底意义。"① 当道家说道是无名无称、无为无形时，其意义同于此，在"无"的背后深藏着"有"，当道家说道是无物时，其实是指无具体形状的物，无形状的物并不等于彻底的空无，中间隐含了超言绝象的"物"。

受这种追求实在性的影响，道者们把本体与现象之间的关系不分作两截，而认为本体即现象。气本来被看作现象，道是本体，由于道中有气，从而本体的道并不远离现象，寻求本体的道，只要在气中寻觅就行了。在形神关系上，主张形神不离，长生成仙也要形神俱升，精神不能撇下形体独自飞升。因为神要离开了形，神也不复存在。其根源当然在于道不离气。从本体论当中还可以推出道学世俗特点的根源，人们说中国宗教不像西方基督教那样把神灵的净化放在首位，中国宗教具有强烈的功利化的特色，其实这种宗教表现出来的现象，实质还在于本体论上的分疏。与基督教不同，道学的本体既超越现实，又不离现实，从而道学的理想也不远离现实，理想在现实生活中升华实现。可以说，道学的"致太平盛世"的政治理想、积功累德的道行观、在世长生的生命观等都是不离气本体论观念的变现。

道学的本体论不仅对自身的发展产生根本性影响，也对整个中国文化产生巨深影响。朱熹在论理气相依关系时就坚执理不能离气，道——理一定要"依傍"或"挂搭"在气上，如果没有气，理便无着落，从而悬空了。中国哲学并不纯粹为了论理而论理，也不为了求真求知识而花那么大力气论证宇宙本体论，在本体论上的一切论证都只为了两个目的：第一，为经教

---

① 金岳霖：《论道》，商务印书馆 1994 年版，第 26 页。

政治找到"落实"的依据；第二，为了自己安身立命。如何能"落实"？如何能安身立命？这两个出发点决定了在本体论上的两个角度展开而又吻合，即既要高远超越，又要现实可靠。这两点刚好在道学的本体论中合理地体现出来了。

《中国通史》（范文澜）和《顾准文集》都强调中国文化是"史官文化"，这个论断似点睛之笔。只是其"史官"特色不仅仅限于服务于经教政治方面，在道问学的方式及其思维方法方面还表现为：突出思想结果的根据和效验。其所谓"根据"，就是历史的根据，言必有据，在上古文献经书上找到根据或在现实生活中找到根据。所谓"效验"包括身体的体验或见闻所知。老子也是史官出身，其所开创的道家及其衍生的道教也自然带有史官的根性。道教在本体论上不仅沿用道家思想作为"根据"，也在本体结构中找"根据"，道论当中含蕴的气论就是这样的"根据"。至于"效验"，当然不属严密逻辑推论性的，而是经验思维式的，这一点我在后面还要专门谈到。

（2）把生命存在作为生命运动的基础。把气论引入本体论，就是要确证生命的现实存在，本体的论述总是关系到生命的存在。开初，道学引入气论时其生命哲学的理论还不成系统，但这并不说明道学不关心生命问题，前面已讲到，道学的崇拜开始于生命的崇拜，因而道学的任何理论上的建构与嬗变都与生命相关。所以，引入气论既是为道论找合理的根据，也是为生命的存在找依据。我们知道，气在以后生命哲学的发展中逐渐地被看作为命体、形体，即生命的基础。尽管在开初的本体论述中没有以后的那种明确性，却并不能表明没有把气看作生命存在基础的意识，应当说，这种联想和意图甚至是很强烈的。既然气是道借以标志其现实存在并与现实生活发生联系的根据，那么它也应是生命存在的根据。至少"气"比"道"更易于表现生命的存在，有关这一点，不光是道家学者意识到了，秦汉凡对生命问题关注的其他学派也都意识到了。《素问·生气通天论》说：

> 自古通天者，生之本，本于阴阳。天地之间，六合之内，其气九州、九窍、五脏十二节，皆通乎天气。

在关乎生命的中医学中，"气"自始至终就是基础。人体内的九窍五脏本指人体生命构成的不同部分，都以气来贯通，如五脏通常称为五气。传统的五行，本指金木水火土，却也以五气贯之。《想尔注》说："五藏所以伤者，皆金木水火土不和也。"（"挫其锐"注）气畅而生、气索而死成为一种常识。

　　道作为道者追求的对象，未必不表示生命，但道者们显然不满足，因为道更像是抽象理性，而理性只适合于表示精神生命，表示生命的意义与价值的追求，不适合于表示生命的活体，表示生命的现实性。按照狄尔泰的观点，人的生命不只是精神或意识生命，更重要的是心理生命，而心理的生命不能完全通过概念、判断和推理等思维活动方式表现出来。观念形态的生命只存在于观念之中，并不是现实的生命。道学选择了气，就在于气能反映生命的活性与现实性，也便于反映生理和心理的生命活动，因为生理和心理生命具有较意识、精神更为直接的感受性。生命在于运动。柏格森的"绵延"讲的正是生命运动的连续性，任何中断都会窒息生命。理性的概念运动也可以象征生命的运动，但概念可以有中断，可跳跃式的运动，像老子所说的那样，"反者道之动"，"夫物芸芸，各复归其根"。但这种运动是撇开了过程与条件的，不能生动再现生命过程，也不能反映生命的结构。当精气、元气被看作世界统一性基础时，是以结构论立论的。气不仅体现一切物质结构，也体现生命结构，气的聚散状态关乎生命的生死，气在空间的散布状态的无端涯及其在时间上的无终始，使得生命在任何地方或任何时候成为可能。道学理论家在建构本体论时，选择和引入了元气论，不能说对生命哲学有充分的考虑，但能够说有基本的考虑，引入元气论就是为了给生命长生在本体论上找根据。精神生命与生理、心理生命都是生命现象，仅仅有精神生命是不完整的，而道学的生命观正是要追求完整的生命。

问题在于，道学在本体论上引入了气论，并不等于马上就能解决好两种生命现象。首先，在本体论上就有两种本体论并存两行的状况，道者们实际上常常徘徊、彷徨于两者之间，未能克服理论上的矛盾，如果说道学"杂而多端"，那么应当说是从本体论上"杂"起的。所以，道学生命哲学的理论形态的完成，要从克服本体论上的矛盾开始入手。这块"基石"打好了，才能安得身，立得命。这里有必要说一下"气"与"炁"的关系。前面已论述了气的形成及其原始意义，在道书中气、炁经常含混不清。先秦时期无"炁"字，只有"气"，《说文》《尔雅》皆不收"炁"字。《想尔注》气炁并用：

> 道炁常上下，经营天地内外。[1]

> 道气归根，愈当清静矣。[2]

《辞源》释"炁"："云氣，同氣。《周礼春官眡祲》'掌十辉之法'汉郑玄注：'郑司农（众）云：辉，谓日光炁也。'

---

[1]　"其上不皦，其下不昧"注，见饶宗颐：《老子想尔注校证》，上海古籍出版社 1991 年版。

[2]　同上书，"归根曰静"注。

释文八：'炁，音氣，本亦作氣。'《关尹子》：'以一炁生万物。'"近人王季星有文《行氕剑邲文考释》，认为，炁字从氕（氣）字"诡变"而来，"斯后更一变为道家书之炁字矣"。①

---

① 该文载《学源》第二卷第三期，该文还引郑珍《汗简笺正》卷四字笺："此形气之变也，汉隶作氣字，其字有作乞者（见朱龟碑）即与无近。又有作乞者（见《史晨后碑》），四点即近火，诞人合二体为之，遂别成炁字。"

第三章　生命本体

　　自然本体论是面对自然的结果，生命本体论是面对自我的结果。当人们面对自然时，惊叹于自然的伟力，折服于自然的生命力，从而引发对于自然何以有此伟力与生命力的追问，最后归落到超自然的本体。而当人们面对自身时，又一次惊叹、折服，发现自我与自然比起来一点不逊色，自然所拥有的，我自身都有，最大的发现是自然的本体其实就潜藏于自我的深处。从而，当人们把注意力从外部移向自我的生命深处时，没有感觉到天地缩小，却发现对象范围的无限扩大。注意力的转移意味着从自然哲学向生命哲学的过渡。前者更具有知识的性质，后者更具有直觉与体验的性质。

一　道气

　　如果说将气论引入道本体表露了张扬生命意义的动机的话，那么将道与气合体成为二元绝待的本体论，其意图更为昭然。气能体现生命的现实性，道能体现生命的超越性，生命的超越在现实的生命深藏着，现实的生命则必定要走向超越。把生命意义与超越置于本体论之中，这是道学生命哲学的特殊性。当然，从分体的二元到合体的二元绝待，有一个过渡。

（一）道与气的最初合同

最初将道与气合同看待的要算《老子想尔注》,《想尔注》中多次将道气不加分别地并用。其曰：

> 道气在间，清微不见，含血之类，莫不钦仰。（"天地之间，其犹橐籥"注）[1]

> 夷者，平且广；希者，大度形；微者，道气清；此三事欲叹道之德美耳。（"视之不见曰夷"句注）[2]

> 道炁（气）常上下，经营天地内外，所以不见，清微故也。（"其上不曒，其下不忽"注）[3]

> 道气隐藏，常不周处。（"朏若浊，浊以静之徐清"注）[4]

> 道气归根，念当清净矣。（"归根曰静"注）[5]

前面已述,《想尔注》主张以道本体论吸纳气论思想，所以，其所谓"道气"并不是主张道气同一的绝对论，在援气实道这方面表露了理性自觉性，但这种自觉性仅限于此。既不愿承认道与气是同一种东西，又没有进一步论述道与气之间的关系。道、气本来分属两个不同概念，在这里《想尔注》却将两者结合起来，作为相关联的范畴提出来。由于没有进一步论述，且在论及道的作用时比较宽泛，因而"道气"的提出带有偶然性，道气既可看作同一个概念，又可看作"道和气"，在后一种情形下，道和气只是连续性的本体根源到现象自然的序次。但是，不管是否真的把道气作为一个概念，仅就《想尔注》将道气作

---

[1] 见饶宗颐：《老子想尔注校证》，上海古籍出版社 1991 年版。

[2] 同上。

[3] 同上。

[4] 同上。

[5] 同上。

为同一性印象的概念提出来，已经是对道学生命哲学的一个贡献，对于擅长寻找"根据"的道教来说，《想尔注》毕竟是一个根据。有了这个根据，以后的道气论也就成了有根据的论述了。六朝时期"道气"成为普及性概念，《黄庭外景经》说：

"天迴道气八道运，道气含和，阴阳逐恋。"

其"含和"，就有和同之意，道中有气，气中有道，如同阴中阳，阳中阴。显然，《外景经》不把道气放在静态中考察，而放入在动态中，在静态中道、气为凝固的无生气的僵死概念；在动态中道、气活动起来便不分你我了。很明显，《外景经》坚持概念只有在运动中才有其存在意义。《升玄经》说：

太上曰：当于彼国，闻此国中有张道陵不？大士答曰：昔来闻有，但未见耳。昔闻其人在于西域，劳勤积德，上恭道气，下以治民，其法多奇。人之若鱼，道之若水，鱼得水而生，失水而死，道气不居人身，人身则空，人身既空，何得久生。[①]

上面一段话"上恭道气"，谓恭敬天地道气；下面一段话"道气不居人身"，谓人之根本。既然是同一个"道气"，那么天地道气与人之根本的道气就相通了，它既存在于外，还存在于内；既作为宇宙本体，也作为生命本体。前面说到，《升玄经》欲突出的是气，而不是道，故而在将道气合同方面，实际是以气为主，以道为辅，如同孟子"善养浩然之气"，"配义与道"。只不过孟子欲以气培养一种超越的精神，《升玄经》则肯定超越的道本来潜藏于气之中，所以他把气理解为传统的道。其曰：

三气，玄元始也，无上正真道也。[②]

---

① 参见〔日〕山田俊：《稿本升玄经》，日本东北大学文学部1992年印。
② 同上。

《升玄经》在将道气作等同时，突出了生命性质，同时也讲究生命的规范意义，生命不是盲目的、泛化的，它要按照某种目标实现自己的意义，所以气不能与道分离。《道教义枢·混元义》说：

> 混元之中有粗有妙，妙者道气惟一，粗者品物众多。①

"妙"通常看作体，"粗"通常看作用，"道气惟一"既是在"妙"的层面上，那么它就是本质、本体的。"惟一"是说在最初开端的玄同绝待，道气无有分别，混然一体，这是在六朝至唐初最为明确的一次有道气关系的表述。

道气的合体实与道学的人体内修内炼有关。这在《真诰》就已显端倪：

> 萧条斧子和心凝静。道气虽妙，乘之亦整。澄形丹空，攉标霄领，其神以晖，其光将颖。②

陶弘景不说"道气"为何物，且说它的妙用，妙用正用在澄心凝静的修炼上。当《升玄经》说"道气不居人身，人身则空"时也表明道气与人的内在修炼有关。对于养生炼气来说，气非一种，道学将气分为亿万种以上，其中有一种气是根本性的，即"神气"，神气与道相关，甚至就是道的替身。这在《太平经》中就表露出来，其曰：

> 今是委气神人，乃与元气合形并力，与四时五行共生。凡事人神者，皆受之于天气，天气者受之于元气。神者乘气而行，故人有气则有神，有神则有气，神去则气绝，气亡而神去。无神亦死，无气亦死。……又五行乃

---

① 《道教义枢·混元义》，见《道藏》第24册，第828页。
② 《真诰》，见《道藏》第20册，第514页。

得兴生于元气，神乃与元气同身并行。(《四行本末诀》)[1]
《太平经》首先把神与气看作两种东西，但在人体之中两者合为一途，神不能离气，气亦不能离神，从"合形并力"到"同身并行"，蕴含着将两种本体的合同以及宇宙本体内化为生命本体的愿望。吴筠在《宗玄集·服气》中说，胎息与气相同，明白了胎息，就明白了元气，而元气与神相同，"气者神也"[2]，这是气与神关系的最为明了的沟通。《道枢》提出了神气相变的观念，其曰：

> 故在气变神，在神变气，气在则神存，神去则气散。[3]

《道枢》的神气相变的思想乃是六朝至隋唐修神炼气思想的总结，是比较定型的观点，因而，不一定代表魏晋六朝时期的思想，但从定型的观点可以窥见不定型的神气相通观点的成熟过程。

神既然与道具同一性，而气（炁）与神又相变相通，那么神气（炁）也就是道气（炁）了。从中可以窥见，道、气两种不同的本体论在生命的修炼中实现了合体。从历史过程来看，主张内修炼的道学上清派是道气合体思想的主要阐扬者。尽管在隋唐时期上清派成为主流派，其思想随着学派本身的扩张而成为流行的思想，但在魏晋、六朝时期却不被普遍接受，至少有来自两个方面的反对。

第一是主张炼外丹者。在炼外丹者看来，道在人外，不在人内。炼外丹其实是要炼出一个固化的丹，丹即是道，服丹即服道。人服用了丹，意味着将外在的道置于人体内，道不离

---

①　见王明：《太平经合校》上，中华书局2014年版，第101、102页。
②　《宗玄集》，上海古籍出版社1992年版，第20页。
③　《道枢》，见《道藏精华》第四册，岳麓书社1993年版，第367页。

身，人能长生。炼气不是没有作用，但作用极其有限。在刘向的《列仙传》中，所谓神仙皆服食桂芝之类的自然药物，在葛洪的《神仙传》中，升仙者皆需服用金丹。关于历史传说中人物彭祖，《神仙传》说：

> 彭祖曰：欲举形登天，上补仙官，当用金丹，此九召太一，所以白日升天也。此道至大，非君王之所能为。其次当爱养精神，服药草，可以长生，但不能役使鬼神，乘虚飞升。身不知交接之道，纵服药无益也。[①]

在阴长生传中，《神仙传》说得更为明白直接：

> 不死之要，道在神丹。行气导引，俯仰屈伸，服食草木，可得延年，不能度世，以至于仙。[②]

在葛洪的《神仙传》和《抱朴子》中，得道的观念甚强，而"道"在葛洪那里被理解为纯粹的精神、理念，道不杂乎气是葛洪的玄道本体论的基本思想，因而得道就是得纯粹理性之道，而不是得"道气"。至于行气炼养，葛洪说：

> 此乃行气者一家之偏说耳，不可便孤用也。[③]

即认为行气是服丹得道的一种辅助性手段，气并不能因此渗入到道本体之中。

第二是来自佛学。佛学弘理，自然容不得道中有气或道、气合体的思想，佛学认同了老子的"道"，却以"理"释"道"，认为道只是纯粹的理，极力反对以气释道。《三破论》强调"道者以气为宗"，佛学对此提出尖锐相反意见，说："至道宗极，理归乎一妙，法真境本因无二佛之至也，则空玄无

---

① 《神仙传》，见《道藏精华录》下，浙江古籍出版社 1990 年版。
② 同上。
③ 《抱朴子内篇·杂应》。

形而万象并应，寂灭无心而玄智弥照。"僧顺《析三破论》说："夫道之名，以理为用。得其理也，则于道为备。"①佛学的做法很明显，欲将道学所宗承的道中所含气的内容抽空，空玄无形才能万象并应。既已将气从道中驱赶出去，剩下的就只有纯粹的无物质性的理了。僧顺还抓住庄子"有生气也，聚而为生，散而为死"的命题，说如把这一命题与《三破论》"道者以气为宗"的命题连接起来看，既然气有聚散、生死，那么道不是也有生有死么！这对于道学的攻斥无异是非常有力，其方法是以气的相对有限性来攻击道的无限性，既然道没有逃离气的聚散的有限性，与气相连的道的无限性也值得怀疑。所以，佛学称"佛圣得道之宗，彭聃（彭祖、老聃）居道之末"②。佛学以理释道的做法对道学产生不小影响，以致在《道教义枢》《玄珠录》《道体论》等道书中都可见到踪影。但是，道学并不会因此而改变初衷，"气"是道学保持自己文化特色的一个根本观点，决不会因此而放弃。随着内修内养方法的完善化、系统化，佛学所攻斥的问题也在道学的生命哲学中消化了。

（二）二元绝待的道气本体

我们已经知道，道气概念的出现是道学生命哲学兴起的结果，原本是两个本体，现在却合体为一，而合体为一也并不能完全泯灭差异，只是同一性远远比差异重要，以致差异被同化于同一体中了，所以称之为"二元绝待"。《庄子·齐物论》："化声之相待，若其不相待，和之以天倪，因之以曼衍，所以穷年也。"相待、无待为庄子相对主义观点的一种表述。佛学应用为相待、绝待，相待指有条件的相对的对执、

---

① 俱见僧佑《弘明集》。
② 同上。

矛盾，绝待指无条件的绝对的和同，是一种消解矛盾对立的思想方法。道学将道、气这一对对执体以二元绝待方式同一起来，消解矛盾的过程为思想实现同一性的过程，也是宇宙自然本体实现向生命本体转化的过程。成玄英说："夫彼此是非，相待而玄立，反覆推讨，举体浮虚。"又说："夫绝待独化，道之本始，为学之要，谓之道枢。……是非无穷，以应无穷也。"[1]雅斯培说："凡是被认作对象的任何东西都不是存有。"[2]道学生命哲学从自然哲学向生命哲学的转变中，一个根本性的变化就是把原先属于对象的东西变为非对象的、属我的东西。产生宇宙万象的本体既存在于宇宙现象之中，也存在于我的身心中，我的身心为小宇宙，宇宙万象为大宇宙，两种宇宙在大小结构上没有原则的不同，所不同的在于宇宙现象被动地接受道的润浸，我的身心主动地领受道，主动地修正自身以契合于道。从《老子》的道与德，到秦汉道家的外内关系，再到道学生命哲学的道气二元绝待，总算完成了向生命哲学本体论的转变。这种本体论的一个突出特点是，它具有"自我意识的本能"，能"在对象上反思自身"。[3]从这一点出发，道学生命哲学坚持认为自然宇宙本体不仅存在于自我之中，而且只有通过我，它才能得到理解，才能获得存在的意义，道的根本意义就是"长生久视"，只有人才能做到这一点。

　　将道、气有理性自觉性地合体并产生巨大作用的要算唐初

---

[1]　《庄子疏》，见郭庆藩：《庄子集释》，中华书局 2004 年版。

[2]　〔美〕W. 考夫曼《存在主义》，商务印书馆 1994 年版，第 151 页。

[3]　〔法〕亨利·柏格森：《创造进化论》，王珍丽、余习广译，湖南人民出版社 1989 年版。

成玄英。成玄英为初唐道学大家，其《老子注》《庄子疏》至今影响犹存。他在注《老子》"专气致柔，能如婴儿乎"一句中说道：

> 专，精专也。炁，道也。致，得也。柔，和也。只为专精道炁，致得柔和之理，故如婴儿之无欲。[①]

将《老子》的"气"改为"炁"，并非无心而为。作为道者们所创造的别体字，就想表明它与传统的"气"有所不同，"气"容易被泛义地理解，"炁"则有专门之义，这个"炁"确乎与本体及其生命相关，而且后世道者也的确是把气与炁做了区别的。成玄英的目的是想表明作为绝对精神的"道"其实就是存在于人体内的"炁"，因为道、气之间具有直接的同一性，专精"炁"，也就是专精"道炁"，通过这样同一，宇宙的本体就内置于人体内了。既与道同体，那它就是根源性的。而气不一定被理解为根源性的。我们知道，成玄英对老子、庄子的"道"从抽象的"理"方面发展了，所谓"妙理""玄理""理本""理体""理境"，等等。但当面临回答道是否悬空无实的问题时，他则又偏向于气。在疏《老子》"道之为物，惟恍惟惚，惚兮恍兮，其中有象"句时，他说：

> 恍惚中有象，惚恍中有物，中有物即是神，神妙物为名也，虽复非无非有，而有而无，故是妙也。中有象即是炁，虽复非象非色，而为色为象，故是炁也。言道

---

① 顾欢《道德真经注疏》在引用成玄英的这段话的时候，把"炁"写成了"气"："专，精也。气，道气也。致，得也。柔，和也。只为专精道气，致得柔和之理，故如婴儿之无欲也。"（见《道藏》第 13 册，第 280 页）看来炁、气混用的情况还是普遍存在的，但是，在需要区别两字的时候，道教家是明显地有这个区别的。

种种变见（现），故不物而物，不象而象也。①

成玄英是想说道中含蕴着炁，尽管人们不可将此作有形有象的形而下的理解，却绝不是无物，它是可以为象的。成玄英的这个思想完全可以理解，纯粹的"理"难与佛学区别开，保留炁，即保留道学的根本观点。

唐玄宗《御注道德经》也直接认定道炁为身心根本，修炼身心就是修炼道炁。他说：

> 人既知身是道炁之子，从冲炁而生也，当守道清净，不染妄尘，爱炁养神，使不离散。（"既知其子，复守其母，没身不殆"注）②

唐末杜光庭对"道气"的论述可谓最详，在《老子说常清静经》中，他肯定在本始意义上，道就是炁。他说：

> 道者虚无之炁也，混浊之宗，乾坤之祖，能有能无，包罗天地。道本无形，莫之能名。无形之形，是谓真形；无象之象，是谓真象。先天地而不为长，后天地而不为老，无形而自彰，无象而自立，无为而自化，故曰大道。③

杜光庭似在说道，但同时也在说气，他将气与道完全等同，而气也显然不是存于具体的被派生的层面上，它与本始的道同为"混沌之宗""乾坤之祖"。其所谓"无形之形""无象之象"，与成玄英的"而有而无""不象而象"何其一致。前面已述，当道本体盛行时，元气并没有取得应有之义，因为元气统摄在理——道本体之下，便不可称为"元"。在杜光庭那里，元气

---

① 强思齐：《道德真经玄德纂疏》，见《道藏》第 13 册，第 408 页。

② 唐玄宗：《御注道德经》，见《道藏》第 11 册。

③ 杜光庭：《太上老君说常清静经》，见《道藏》第 17 册，第 183 页。

才真正获得元始之义。他说：

> 本者元也，元者道也。道本包于元气，元气分为二
> 仪，二仪分为三才，三才分为五行，五行化为万物，万
> 物者末也。人能抱元守一，归于至道，复于根元，非返
> 于末。①

本、元、道，都是起始意义的，它们自身无所谓起始，或者说
无起始，在一切现象形成之前，它们以其本然状态存在，而现
象产生之时，它们就标志其起始。这种属性在道本体论者那里，
只赋予了道，气没有享有这种属性。现在不同了，元气之称为
"元气"，它自身就是起始，在它面前，不存在起始的起始。
所以，杜光庭明确地讲："道本包于元气。"即元气不在道之
后，而存在道之中，它是道的内质，是其基本内容。杜光庭论
述的方式同样是以生成的模式，"顺藤摸瓜"。看起来是从本、
元、道、气顺沿，推论一切现象产生程序，其实是从现象摸到
本始，即从显入微，要终而原始。

道者们相信存在九万九千九百九十亿万种气，像董仲舒的
乐气、哀气、喜气、怒气等都包括在内；其中只有"玄元始"
三气为道气，玄元始三气与玉清、上清、太清三清境相对应，
分而为三，合而为一，三位一体，三清境指境界，玄元始指现
象的起始。杜光庭认为，在道与器之间还存在着"形气"，众
形由道（道气）而立，先道而后有形。道在形之上，形在道之
下，所以说"自形而上谓之道，自形而下谓之器"，形（形气）
处"道器两畔之际"②，它虽在器（有形质可用）上却不谓道，

---

① 杜光庭：《太上老君说常清静经》，见《道藏》第 17 册，第 184 页。
② 杜光庭：《道德真经广圣义》，"有之以为利，无之以为用"义疏，见《道藏》
第 14 册。

它虽在道下却不谓器。《云笈七签·元气论》说："窈窈冥冥是为大易，元气未形渐谓太初，元气始萌次谓太始，形气始端又谓太素，形气有质复为太极，质变有气，气未分形，结胚象卵，气圆形备，谓之太一。"将气分这么多层次，其实还是为了表明作为本体的道气与千差万别的具体的气是根本不同的。杜光庭进一步说：

> 混元以其道气化生，分布形兆，乃为天地。而道气在天地之前，天地生道气之后。（《道德真经广圣义·释御疏序》下）①

> 阴阳虽广，天地虽大，非道气所有，大圣所运，无由生化成立矣。（《道德真经广圣义·释老君事迹氏族降生年代》）②

> 道之深也，无不吞纳，无不制围，圆盖之高，方舆之厚，明之照，动植之繁，皆道气所育。（《道德真经广圣义》"道者万物之奥"义）

"混元"为道的别名，当道要实现从混元变现、生成天地时，须以道气的形式。天地亦为阴阳，天地、阴阳以及乾坤，之所以形成"二仪"并转相生之、生万物，根源在于混元的道气。道气既为混元、本始，它就是无对待的"一"。杜光庭还不仅仅想说明道气的根源性及广大与深奥性，而且想说明道气是有着现实的目的性的，道气既是宇宙的本体，也是生命的本体。他说："人之禀生本乎道气。"③杜光庭还曾强调，要"知身

---

① 《道藏》第 14 册，第 334 页。
② 同上书，第 317 页。
③ 杜光庭：《道德真经广圣义》，"我好静而民自朴"义疏，见《道藏》第 14 册，第 519 页。

是道气之子"。宇宙本体的道气一旦使人禀生，人就同时获得
了道气的规定，道气就落实在人身之中。道气不仅使人有了形
体，也有了心神。形体、心神的根源在于道气，但落实在人之
中的道气就不再是外在的，它成为生命的最根本规定，从而使
得生命体获得了完全的主动性。

　　无论是援气实道，还是道本包于元气，当道学生命哲学将
道、气作为二元绝待体看待时，总有一个先承认二元差别，再
混合绝待的思想过程。尽管你可以把道看作气，或把气看作道，
二元差别是先在于作如是观的。道总符合于抽象的规定，气总
是符合于生命的规定，两者的混合绝待总得有一个圆通之理。
虽然人可以将牛马不相及的两件事说成一件事，但不能说服人，
而宗教哲学是要追求理论的彻底性的。《老子想尔注》《真诰》
及《升玄经》等将道气合体而称，不言道气何以能合体；成玄
英将道直接与气作了等同，是一次理论自觉，但也不言等同的
根据。这个问题在杜光庭那里有了一个明确的说法。他说：

　　　　道，通也，通以一气化生万物，以生物故，故谓万
　　物之母。（《道德真经广圣义·释御疏序》下）①

道的特性在乎"通"，气的特性在乎"生"，因为能通生万物，
道气才被称为"万物之母"。通，贯通之义。《道教义枢》强调，
道具有三种特性："理、通、导"。②杜光庭在解释《道德经》
时同样从这三方面阐扬了道性，可见他是从抽象原则方面来理
解道性的。而对于气的性质，他实际上作了实体实物的理解，
他坚信虚无不能生物，但"明物得虚无微妙之气而能自生"（《道

----

　　① 见《道藏》第 14 册，第 334 页。
　　②《道教义枢·道德义》："道者，理也，通也，导也。德者，得也，成也，不
丧也。"见《道藏》第 24 册，第 804 页。

德真经广圣义》"物得以生谓之德"义疏）①。故而气的特性就是"生生不已"。如果说道是一个本体，气是一个本体，这两个本体的合体难免牵强。现在不同了，道是抽象的规定，气是实体实物的产生，这两者合二而一圆融无碍，道不能单纯存在，道离了气就是空虚无，所以说"道"就说的是"气之道"；气也不能单纯独自产生，离了道就陷于盲目凝滞，因而说"气"就说的是"道之气"。道气的规定获得这样一种圆满。道就是气，气就是道，道、气取得了完全的同一性。

从道、气到道气，从道气生天生地到道气生身心，标志道学完成了自然本体到生命本体的理论建构。然而，这仅仅限于本体构成的论述。道学树立这一本体不是为了束之高阁。本体论述是为了给生命找到来源，找到了来源还要推论其运用，即本体对生命的作用。因而道气在生命中有生命中的表现形式，这就是精气神。

在先秦及汉代道家那里，"精"指气之精，即精气，《易传·系辞》："精气为物，游魂为交。"稷下道家所说的气都是精气，精气同于后来扬雄、王充所说的元气。甚至在汉代的《老子河上公章句》中，精气还指充满宇宙的外在之气，其曰："道养育万物精气，如母之养子。"（第二十五章"可以为天下母"注）"道清静不言，阴行精气，万物自成也。"（同上"天法道"注）河上公把人身之气称为"和气"，其曰："人生含和气，抱精神，故柔弱也。人死和气竭，精神无，故坚强也。"（第七十六章"人之生也柔弱，其死也坚强"注）他把人的生存与死亡看为和气的存与去，而且草木的荣枯也在于和气

---

① 《道德真经广圣义》，见《道藏》第14册。

的存与去。他将精与神合称，相当于今天所说的"精神"。但在《老子想尔注》和《太平经》里，"精"与气相连。《想尔注》说："所以精者，道之别气也，入人身中为根本，持其半，乃先言之，夫欲宝精，百行当修，万善当著，调和五行，喜怒悉去……精乃导之。"（"其中有信"注）[1] 显然，《想尔注》把精看作道气在人身中的变现，精就是人体精气，所谓"人之精气满藏中"（"金玉满室"注），精气为人身根本，或曰人身本体。精气既为"道之别气"又为人身根本，那么它应为人的精神产生的来源，所以《想尔注》说"道教人结精成神"（"持而满之，不若其已"注），"精结成神，阳气有余"（"富贵而骄，自遗其咎"注），"神成气来，载营人身"（"载营魄抱一能无离"注）。[2] 如果说《想尔注》已经喻明精、气、神之间相互转化之义，但表述不很明确的话，那么《太平经》说得比较直截了当：

> 夫人本生混浊之气，气生精，精生神，神生明。本于阴阳之气，气转为精，精转为神，神转为明。[3]

精、气、神之间不过是递"相转"的关系。不过，《太平经佚文》不是从精转相生气、生神，而是气生精、精生神。葛玄《老子道德经序诀》则把"神气"作为人身根本，其曰："内观形影，则神气长存。体洽道德，则万神震伏。"[4] 葛玄将精、气、神简化为"神气"，这意味着人体生命的根本与宇宙根本的"道气"接近了。

---

① 见饶宗颐：《老子想尔注校证》，上海古籍出版社 1991 年版。
② 同上。
③ 《太平经佚文》，见王明：《太平经合校》，中华书局 1960 年版。
④ 葛玄：《老子道德经序诀》，见敦煌道经 S75、P2584 等，参见贞松堂老子写本。

魏晋的所有道书中，凡说道、元气的，皆指外在于人的宇宙自然本体；凡说精、气、神的，皆指非外在的人身根本。凡人们把精、气、神看作人身根本时，还没有敢把人身根本看作宇宙自然的本体，大概人们还只敢说道在天地之间，不敢说道在己身。尽管已经在宇宙自然本体与人体根本之间建立了自然联想，人们也只能说"我分得了宇宙精神之一部分"，谁也没胆量说"我得了宇宙精神之大体"。魏晋时期，外丹学方兴未艾，外丹学的根本观点是将道引入体内，服金丹的过程就是接引宇宙精神入内的过程，所以葛洪在《抱朴子内篇》中引用《龟甲文》"我命在我不在天，还丹成金亿万年"时显得谨小慎微，战战兢兢，尚自语道："古人岂欺我哉？"[①] 如此一种不自信的态度全可以理解，因为道原本不在内而在外，那么人修炼精、气、神不过是内炼自己，静以待道，自我意识和自信心的建立是道学生命哲学形成的一个重要标志。当人们感悟到对自然的认识必须回复到对自我的认识时，生命的意义就凸现出来了。

《洞真九丹上化胎精中记经》采取了《太平经》的思路，从宇宙自然推及人体自然。其曰：

> 夫天地交运，二象合真，阴阳降气，上应于九天，流丹九转，结气为精，精化为神，神变成人。故人象天地，气法自然。自然之气，皆是九天之精化为人身。含胎育养，九月气盈，九天气普，十月乃生。[②]

这里的论述思路是"降迹"与"流转"，天地之气降迹落尘，由气到精，再到神，依次流转化生。人的产生不过是天地之气

---

① 《抱朴子内篇·黄白》，见王明：《抱朴子内篇校释》，中华书局1980年版，第262页。

② 《无上秘要》卷五，见《道藏》第25册，第12页。

流转的一个结果，而且这个结果未必是最终的，流转理当无限数，这个思路将贯穿宇宙的精神与人的精神连通了，从而属人的根本也属天地根本。但是，由于人未见得是最终结果，天地根本未必就满实在人之中，相对于人来说，它可能是"过客"，从而人也不大可能充满自信地说：道在我身！看得出来，这一说没有摆脱外丹说的影响，"流丹九转"就是一种丹道的观念，丹即是道。《洞真九丹上化胎精中记经》在另一处又补充说：

> 凡人生，皆禀九天之气，气凝为精，精化为丹，丹变成人。

"丹变成人"实际是道入人内，使人成其为人。《西升经》说："含养阴阳道，随倚以为亲。生道非一类，一切人非一。本出于虚无，感激生精神。"此言阴阳道气和合生人，气有偏正，所生人有智愚差别，但原始要终，一切人类都是道气所生。关于最后两句韦处玄解注说："虚无者，道也。言人物生化，本出于道。精气和合，更相感激，遂生精神。精神结化，为人身神。"（《西升经集注》卷一）在道化自然生人精神上，《西升经》与《太平经》等无异，只是在道与人之间的同一性上并不看得那么直接，人的精神既是"感激"而生，它多少也带有"自生"的性质，从而与道有点差异。恰恰是这一点"自生"性与差异使人产生了一种精神上的自主与自信以及区别内在与外在关系的自我意识。顺着这一思路能使人产生这样的感觉：我的精神与天地精神是相通相同的，却又是我自身产生而俱足的。

陶弘景既炼外丹，又上承上清派清修宗脉，外内并举。但在他的内修言论中，其观点并不成系统，这可能与他着重从具体修炼方术上着眼，没有从本体论看问题有关。他在《养性延命录》中所说的"元气"其实是呼吸之气，其曰：

服元气于子后，时导引于闲室，摄养无亏，兼饵良药，则百年耆寿是常分也。[①]

这种呼吸之气在以后较成熟的内丹修炼家看来并不与道气相关，而是后天之气。他所说的"精"，有时指肾精，其曰："凡养生，要在于爱精。"（《养性延命录》）有时则指精气，其曰："精气清净，乃与道合。"（同上）有时又将精看作精神，其曰："精者体之神，明者身之宝。"（《真诰》）他所说的神气却与精气相当，其曰："淡然无为，神气自满，以为不死之药。"（《养性延命录》）精气、神气都指人身根本，且相对应于道气。

陶弘景内修理论的不成系统是与整个南北朝时期内炼内修理论的不成熟、不成系统有关。在外丹学说流行的情形下，"行气者乃一家之偏说"，要将这旁门小术的"偏说"上升为正宗学说，首先要将内在修炼与天、地、人之本体的学说连接起来，要说明人的精气神与天地道气的关系，也就是说，先要证得本体，而后才能证得修炼。南北朝道学的大量理论化建设注意力正好就投注在这方面。精、气、神为三，可是本体不可能有三，只能是一。为要证"一"，道学采用"三一"模式。《云笈七籤·三一诀》说：

三一者正一而已，三处授名，故名三一，所以一名三一者，一此而三彼也，虽三常一，故名三一。

从本体看是一，从差别看是三，"彼三"可以归为"一此"。《云笈七签·玄门大论》综合了《洞神经》《升玄经》及孟智周等人的观点，认为精气神是"混一会三"的关系，又如同希、

---

① 《养性延命录·序》，见《道藏》第18册，第474页。

夷、微，精指虚妙智照之功，神指无用绝累之用，气指方所形相之法；夷是精，希是神，微是气。孟智周说，精气神"用则分三，体则常一"，精气神在人体之运用为三，虽分为三，就其本体来说乃是一。《道教义枢》引臧玄靖语：

> 夫妙一之本，绝乎言相……三一圆者，非直精圆，神气亦圆，何者？精之绝累即是神，精之妙体即是气，亦神之智照即是精，神之妙体即是气，亦气之智照即是精，气之绝累即是神也。三一即圆，故同以精智为体。三义并圆而取精者，名未胜也。[①]

"圆"是圆智，亦为智照，智照是"如何看"的问题，即不要只看到精气神之"三"，而要从中看到"妙一之体"，所以要"绝累"，即不为"三"所累；"体"是本体，不是"如何看"的问题，本来是"一"，尽管有"三"之用，毕竟归于"妙体"。显而易见，这是一种本质论的观点。《老君太上虚无自然本起经》提出精气神互相包含的观念，其曰：

> 夫三始之相包也，气包神，神包精……三一混合，名曰混沌。……夫人形者主，包含此三一，故曰三生。[②]

相包相含的观念仍然没超出物质结构论，实际上把精、气、神看作不同而相通的物质实体，精、气、神相互包含，因而其统一性在"混合"的混沌。相对来说，本质论比结构论理论性更强，所以，精气神的统一性的论证没有沿着结论方向发展。

精、气、神既有统一性，统一于哪个方面呢？虽说精、气、神合三混一，但在归根到底的意义上毕竟不能说既归精，又归气、神。从宇宙本体的论证中已可看得出来，宇宙的本体

---

① 《道教义枢·三一义》，见《道藏》第 24 册，第 825、826 页。
② 《云笈七签》，齐鲁书社 1988 年版，第 46 页。

既为道气，生命的本体也只能是与道气相同的神气。神气的长处是：它既实在可靠，又灵智妙通。早在《太平经》里就曾把人的神看作道，后来的内丹修炼家也都是把人之神看作道的。成玄英说："所谓精，神焉也。"（见强思齐《道德真经玄德纂疏》"搏之不得名曰微"疏）又说："涤荡六府，除遣五情，神气虚玄，故能览察妙理，内外清夷，而能无疵病者。"（见强思齐《道德经玄德纂疏》"涤除玄览，能无疵乎"疏）[①] 这正是把精、气、神归结到了"神"。司马承祯《服气精义论》说："书有所象，故神气存焉。"[②] 吴筠《宗玄集》说："气者，神也。"[③] 神气既同道气，它就是先天的，真实的，所以又称为"真气"。《云笈七签·张果先生服气法》说："真气既降，方有通感。"[④]《道教义枢》说："太一真气者也，其数三万六千，随其所生而变焉。故在气变神，在神变气，气在则神存，神去则气散。……纯阳子曰：神气尽而死，气何以绝乎？"[⑤] 丘处机《大丹直指》说："气真自现神真。"在内丹学中，神（气）作为本体看待指先天存在状态，是"一"，是"道"；当它作为本体之用看待时，指后天存在状态，即神与气分离。整个修炼都是为了促使神气结合不离散，返回先天状态。

道（气）的论证属理性论证，神（气）的论证属体验的论证，道——神，表明了理论与修炼实践的应合，这个应合标志道学生命哲学完成了二元绝待的本体论证，标志生命本体论的成立。这一思想乃是自魏晋六朝以来，隋唐以终道学关于宇宙

① 两条成玄英引文，俱引自强思齐《道德真经玄德纂疏》，见《道藏》第13册。
② 《云笈七签》，齐鲁书社1988年版，第319页。
③ 《宗玄集》，上海古籍出版社1992年版，第20页。
④ 同上书，第332页。
⑤ 《道藏精华》第四册，岳麓书社1993年版，第367、368页。

与生命本质问题探索的结果。而且它伴随了内丹学说的兴起与成熟的全过程。自此，道学整个宗教哲学算是能够"立乎其大"，也最终形成了自身完全有别于佛学的特性。

二 性命

性命与神（道）气内涵相同，"神即性也，气即命也。"（《海琼白真人语录·东楼小参》）[1]尽管如此，意义却不尽一致。贯穿整个隋唐，内炼内修都集中在炼气结丹与炼心炼神合道，少言修炼性命，可是晚唐五代至北宋初年，道学却来了一个大转变，极言性命，炼内丹就是炼性命。这不仅仅是表征上的名称改易，而且意味着道学生命本体的认识及其生命哲学的深度发展。尼采说："存在——除'生命'而外，我们没有别的关于存在的观念。也就是说，某些死亡的东西怎么能存在呢？"[2]生命哲学的基本特征之一是从生命出发看待一切问题，从而其本体论为"我"的生命的本体论。熊十力说："吾人固有生命，即是宇宙大生命，易言之即本体。……吾人与天地万物，从本体上说是同体，即是同此大生命。"[3]熊先生这一论断实为中国哲学包括道学思想的传统观点的表述，既然"自家性命"是宇宙本体，那么自家性命就是生命本体了。只是熊先生的性命观主要地接受儒家和佛家的影响，其性命并不是身心俱备，而是"心"——精神的性命，他所说的"辟"即心（"故

---

① 《道藏》第 33 册，第 131 页。
② 〔德〕尼采：《权力意志——重估一切价值的尝试》，张念东、凌素心译，商务印书馆 1991 年版，第 186 页。
③ 《新唯识论》，商务印书馆 2011 年版，第 242、243 页。

于辟，直名以心"）[1]，"本体就是吾人固有的性智"[2]。所以，他的本体论严格地说不是生命本体论，而是精神本体论，吾身与宇宙只是个体精神与宇宙精神的关系，但他主张从吾身看宇宙，其生命意味是浓厚的。道学生命哲学的性命观自有不同儒佛的特殊意义，它主张身心一体，内外一致。从神气的修炼到性命的修炼，生命的意义显然尤为突出。我在拙著《岭南道教思想》一书中对此有一个看法："将神气等同于性命，意味着道教修炼理论的彻底转变，不仅在于性命学说统摄了以前的修炼理论，而且在于道教真正从追求外部自然转到了追求内部生命本体，从服食升仙的功利目的追求倒向安身立命的超功利宗教境界追求。神气既有先后天之分，那么炼后天神气就不能说是一种内在的修炼，内丹学说的一个基本前提是它是内在的、人本来俱足的神气——性命的修炼，在这个前提下，就与外在的、假外物以自坚的修炼方式分道扬镳了。"

再看晚唐崔希范的《入药镜》，这本被视内丹经典之作的书说道：

> 是性命，非神气。[3]

王道渊解释说：

> 性即神也，命即气也。性命混合，乃先天之体也。
> 神气运化，乃后天之用也。故曰是性命，非神气。[4]

王氏的注释有意先肯定神气即是性命，然后再做分别，认为先天之体由性命混合，后天之用由神气运化，先天之体不是

---

① 《体用论》，中华书局 1994 年版。
② 《新唯识论》："本心即谓本体。"
③ 崔希范：《入药镜》，上海古籍出版社 1989 年版，第 17 页。
④ 同上。

后天之用，从而性命混合不同于神气运化，所以是性命，非神气。王氏进一层意思是，性命一定为先天之体，神气则不一定为先天，它可以为先天之体，也可为后天之用。当神气在先天意义上使用时，性命即是神气；在后天意义上使用时，则性命非是神气。联系到《入药镜》"先天炁，后天炁，得之者，常似醉"①，应当说，王道渊的解释是深切原意的。为了不致混淆，王氏对气补充了道，说先天气即"炁"，后天意义的气即"气"。从神气到性命的嬗变，已见性命之说的生命哲学意义。性命学说的确立，完全、彻底地标立了一个自我性命的本体学说，与神气与天地道气的相通相同比较，性命不只是具有相通相同性质，更是意义转换。

（一）何谓性

《说文解字》："性，人之阳气性，善者也。从心生声。"这种断句法为段玉裁《说文解字注》所为，其依据取孔子"性善之义"和董仲舒以性为"生"之义，意谓人性本是生，而生之为善。近人傅斯年则认为，应当在"阳气"下断句，即"人之阳气，性善者也（按：'性善'之性字，当为生字，谓人之阳气所以出善者也）"。②很显然，《说文》的"解字"主要受儒家影响。而历史情形是，道、儒、释及其他文化派别都讲"性"，意义各不相同，道家、道教及其前后期对性的理解也不尽相同。

1. 儒家所论"性"

《诗经·大雅》："岂弟君子，俾尔弥尔性，似先公酋矣。"对于"性"字，朱熹《诗集传》注解道："使尔终其寿命。"把

---

① 崔希范：《入药镜》，上海古籍出版社 1989 年版，第 1 页。
② 傅斯年：《性命古训辩证》，广西师范大学出版社 2006 年版，第 163 页。

性与寿命等同。《论语》："夫子之言性与天道，不可得而闻也。"（《公冶长》）又说："子曰：性相近也，习相远也。子曰：唯上智与下愚不移。"（《阳货》）对前一句，朱熹从二程的天地之性与气质之性的两分说，认为"此所谓性，兼气质而言者也。气质之性，固有美恶之不同矣"（同上）。《论语》中所讲的性本无善恶之分，只有性智上下之别，性三品说发端孔子。但从孔子始，儒家有关"性"的论述都集中在人性论上。儒家性善恶论是从孟子那里开出来的。孟子论性着眼于人性之初端，所谓"生之谓性，犹白之谓白"（《告子》），认为人生来就带有仁义礼智四种善性，所谓"仁义礼智，非外铄我也，我固有之也"（同上），这四种善性不需后天培养，只需要用尽心去发现它们，"知皆扩而充之"并护持就行了。荀子主"性恶说"，认为人生来好利疾恶，人的善性为后天修养教化而成。"人之性恶，其善者伪也。"（《性恶》）他明确地将道德理性与先天本性做了区别，他说："生之所以然者谓之性。"（《正名》）"不事而自然谓之性。"（同上）"凡性者，天之就也。"（《性恶》）荀子认为道德理性是后天的，不可将后天的作先天的理解，他强调了"性"的自然特征。在价值观上，他趋向于后天的道德理性，相信通过后天教化使不善趋向于善。善是一种价值目标。按照荀子的逻辑，理性的东西绝不是本性的东西。本性的东西之所以被视为恶，那是以后天的善恶眼光审视先天的结果，先天的东西本身是无所谓善或恶的。所以，对本性的东西不要抱过高希望，如欲在先天性上去发现后天才有的善性，是徒劳无益的。休谟有过类似荀子的人性观念，认为人性天生就是自私和利己的。他说："自私是和人性不可分离的，并且是我们的组织和结构中所固有的。"[1] 但是，他在价值观上并不以先天本性为恶，认为追求"快乐和舒适"就是善。所以，休谟与荀子的区别是价值观上的，在人性的认识上是一致的。另外，在理性的认识上，休谟主张理性只能发现真伪，不能发现善恶，理性无助于道德，因为道德善恶是主动的，而理性不是主动的。"一个主动的原则永远不能建立在一个不主动的原则上。"[2] 休谟理性与道德的两分，其实是理性与道德理性的区分。荀子也曾用过类似的区分，他所讲的"智""能""辨"就是理性，但他认为人类依赖于这种一般理性培育了道德理性。如果说在荀子言论中有一般理性与道德理性的区分的话，那么在孟子言论中就只有一种理性，即道德理性。荀子的性论将人之性还原为自然性，但因其价值取向源于社会性，将人性视为恶，因而有否弃人性的倾向。孟、荀性论的分趋张扬了人性的两面，为宋儒先天之性与气质之性的学说开了先河。

《易经》不讲性的问题，《易传》却有性的观念表述。《系辞上》："一阴一阳之谓道。继之者善也，成之者性也。""天地设位而易行乎其中矣。成性存存，道义之门。"《象传》："乾道变化，各正性命。"《文言》："乾之者，始而亨者也，利贞者，性情也。"《说卦》："穷理尽性以至于命。"《易传》的性论有两个特点：一是将性与情联系起来，二是将"善"的内容贯注于性论。对于所论"性"，近人高亨先生都作了"本性"的解释。[3] 至于本性是什么，《易传》没有讲，高亨先

①　《人性论》，商务印书馆 1994 年版，第 625 页。
②　同上书，第 497 页。
③　见《周易大传今注》，齐鲁书社 1979 年版。

生也没有讲。从与性相关联的情、善内容推及性本身，它指人的本性。而且这种本性最终服从于性善的要求，提出一个"情"字，是为人性本善中有不善的内容开出一个安顿之处，即性是善的，不善的属情。阳为性为善，阴为情为不善。显然，这是从孟子学说中引发出来的。但若全然以人性来解《易传》之性论，似有不当，《传》毕竟为解《经》之作，《易经》非为儒家之作，其论域范围乾坤，究极变化，非专为人论，基本上属物论。《易传》欲将人论贯彻到物论之中，却不能因此泯灭物论。所以，《易传》既论人性，也论物性，其所谓"成性"，主要指事物所拥有的本质的规定性，可以说成人之善性，也可以说成物阴阳俱足之性。《中庸》："天命之谓性。""自诚明，谓之性；自明诚，谓之教。""惟天下至诚，为能尽其性；能尽其性，则能尽人之性；能尽人之性，则能尽物之性；能尽物之性，则可以赞天地之化育；可以赞天地之化育，则可以与天地参矣。"这里仍以性为本来之性，不假人为。教化而达成"诚"不能称为性。《中庸》承认有人性与物性的区别，但树立一个"自明诚"，目的是欲以人性统率物性，而人性依旧是真诚、善的本性。《孝经》："性者生之质也，若木性则仁，金性则义，火性则礼，水性则知，土信则信。""天地之性人之贵"。以生之质解"性"，也是把性理解为与生俱来的本性，但这种本性不是别的，是仁、义、礼、智、信。尽管物各有其性，但这些性其实无自性，都服从于人性，人性也就成了天地万物之性。

儒家的性论阐扬了道德理性，具有较强的人本主义倾向。由于将社会性内容赋予自然性，即欲论证的是人的自然性，而欲张扬的是人的社会性，便把人后天的群体的共同性作了先天的自然本性的理解。从而也以共性取代了个性。这样一来，所欲论证的人之自然本性恰恰是不自然的。从而，原本鲜活的人性变成了抽象的无生命个性的原则规定。

2. 佛教所论"性"

佛学所论性与儒学有别，佛学的"性"本无"性质"的意思，指的是"界"或"因"，佛性也即佛界、佛因，《大涅经》又说为"如来藏"。佛性说的根本意义是探讨如何成佛及众生成佛的可能性。这一问题在佛学内部讨论至为激烈，隋朝吉藏综合各家所说，分为十二家，大体分为三类，第一类从众生来讲佛性，即从每个个体来谈成佛可能；第二类从心上讲佛，即从人的内在心体智识谈成佛；第三类从境上讲佛，即从外在的法象境界上谈成佛。无论佛教各家各派对佛性的论述差别有多大，共同的问题是主客关系。佛学讲性，不是人性，而是佛性。性属主观的内容，儒学人性论探讨属于主观的内容中是否本来含蕴符合外在客观的某种标准；佛学佛性论探讨原本客观性的东西是否也能存在于主观当中。章太炎说："佛家之所谓性，浑沌无形，则告子所见无善无不善者也。"[①] 佛为信佛者所欲追求的目的，这个目的待求而得，并非不求而能得，因而人生来并不是佛，佛属客观，追求佛是欲将客观的变为主观的、属我的，达到了目的即为证得佛果。佛教讲因果，佛性讲的就是佛因，但佛性、佛因从佛果来看待，无佛果也就无所谓佛因。人能修得佛果，那么成佛之因是否存在于人自身中，即"因中有果"，换言之，主观的我当中是否存在着客观的因素，使得我能通过修行到达主客一致，我成为佛，而佛成为我。

────────

① 章太炎：《诸子略说》，见《国学讲演录》，华东师大出版社 1995 年版。

我成为佛，为主观变为客观，是"无我"；佛成为我，为客观变为主观，是我修得了佛果。小乘佛教主张"无我"，而大乘空宗则既重"无我"，也认"有我"，强调"无我"与"有我"不离为二，僧肇《维摩注》说："小乘以封我为累，故尊于无我。无我既尊，则于我为二。大乘是非齐旨，二者不殊，为无我义也。"自然，大乘佛所说的"我"，"不是相对化人来说的自我或神我，而是自在之我"[①]，即遣除了"我执"的"我"。

佛性问题以晋宋之际的竺道生"一阐提人皆得成佛"的论断引来的分歧推向了高潮，早先译出的《泥洹经》认定"一阐提人"（善根断尽之人）不能成佛，谓佛性并非人人具有，道生的论断无异于说人人皆有佛性，显然有违经论。然而他的"孤明先发"为随后译出的《涅经》所印证，从而成为定论。道生在《大般涅槃经集解》进一步阐述自己的看法，其曰："若佛性不可得断，便已有力用，而亲在人体，理应可见，何故不自见耶？"道生虽主人人有佛性"不可得断"，但他是从佛果来看佛因的，他写了《佛性当有论》，"当有"也即"始有"，由此引来"始有"与"本有"的分歧。佛性当有，侧重于当果佛性，从修行实践方面强调佛与众生的差别，须借修行妙用，方能使佛性彰显；"佛性本有"，"是就一切众生性（本体）上，说一切众生悉有佛性，与佛平等，本来无二，佛非道作，本自圆成"。[②]本有与当有的区别其实是关于佛与众生之间的直接同一性与间接同一性问题，"当有论"主张众生佛因待修而成佛果，因而道生"当有论"在根本上是不排除佛性"本有"的，"本有"与"当有"的区别在后来吉藏看来只是为成佛开

---

① 见吕澂：《中国佛学源流略讲》，中华书局 1979 年版，第 114 页。
② 见龚隽：《觉悟与迷情》，广东人民出版社 1996 年版，第 130 页。

出的方便说法。佛性问题的分歧也是印度佛经及其翻译本身带来的。如上所述，《涅经》流行的北本与南本在一阐提人能否成佛问题上分歧就很大。陈朝真谛译《佛性论》一方面讲"一切众生悉有佛性"，另一方面又说众生有三种：定无佛性者（"一阐提犯重禁者"）、不定有无佛性者（"若修时即得，不修不得"）、定有佛性者（"即三乘人"，一声闻从苦忍以上即得佛性，二独觉从世法以上即得佛性，三者菩萨十回向以上是不退位得佛性）。

　　由于大乘佛教对佛性作了佛理的理解，因而佛性问题不只限于众生成佛上，可能扩充到了本体问题，佛性不只是讲众生本有得佛之理，佛性本身就是抽象的本体——理。《大般涅槃经集解》引道生的话说："善性者理妙为善，反本为性也。"（《德王品》）"智解十二因缘，是因佛性也。今分为二，以理由解得，从理故成佛果，理为佛因也；解既得理，解为理因，是谓因之因也。"（《师子吼品》）"成佛得大涅，是佛性也。今亦分为二，成佛从理，而至是果也；既成得大涅，义在于后，是谓果之果也。"（同上）"成佛从理"，本质上是智慧的感悟，其感悟过程和感悟对象都符合抽象本质的认知过程，理就属客观的抽象本质，总的来说，理是佛性。分而别之，从起始来说，"理为佛因"，是"因之因"，即众生自身伏藏着成佛的始因；从证悟得果来说，修得佛即是得佛理，得一圆满的佛理，所谓"果之果"。释尊凭觉悟而成道，佛教徒修行靠得理而成佛，大乘空宗讲即物为空的道理时，也仍然坚持有一个实在的理境，而理毕竟是外于本我的超人格的抽象本质。佛性在佛学各家理解上的多义性，使得佛性论域极广。随着大乘佛学在中国的成熟发展，逐渐地以心理为佛性的观点与中国文化的心性论结合起来，佛性即心性的看法在隋代吉藏以后成为思想主潮，为天台、禅宗的充分发展奠定了基础。从而，客观的抽象本质与主观的心性连接起来了，所谓"即心是佛"，"见性成佛"。熊十力先生说佛家哲学为"心理主义"，也就是说中国佛学终归在宇宙论方面主张"摄物归心"①，而无论佛学宗派有多少。

3. 道家与道教所论性

《老子》不言性，《庄子》内篇也不言性，只有外、杂篇才言性，可见"性"的观念在道家中出现得较晚。《庄子·骈拇》为一专门的性论之作，其曰：

> 骈拇枝指，出乎性哉！而侈于德。附赘悬疣，出于形哉！而侈于性。多方乎仁义而用之者，列于五藏哉。而非道德之正也。

脚拇指与第二指相连为"骈拇"；手旁一指成六指为"枝指"；"侈"谓多余。人们都以为骈拇、枝指为赘疣，这实际上是以五德、五藏的陈见来看待，不知骈拇、枝指生于人之自然，为人自然本性，如视为无用之指而欲除去之，刚好违背人的自然正性。陆德明《经典释文》引司马彪的注释道：

> 性，人之本体……性者受生之质，德者全生之本。②

郭象注曰：

> 夫长者不为有余，短者不为不足，此则骈赘皆出于形性，非假物也。然骈与不骈，其性各足，而此独骈枝，则于众为多，故曰侈耳。而惑者或云非性，因欲割而弃之，是道有所不存，德有所不载，而人有所弃才，物有

---

① 见《佛家名相通释》，上海古籍出版社 2019 年版，第 12 页。
② 陆德明：《经典释文》，上海古籍出版社 1984 年版，第 1459 页。

> 弃用也，岂是至治之意哉！夫物有大小，能多能少，所
> 大即骈，所多即赘。骈赘之分，物皆有之，若莫之任，
> 是都弃万物之性也。[①]

成玄英疏：

> 出乎性者，谓此骈枝二指，并禀自然，性命生分中
> 有之。[②]

多（侈）与不多（侈）依人们判断的标准，依仁义礼智信的"五"以及五脏的"五"来看，四趾（骈拇）或六指（枝指）皆为赘疣；但按人的自然之性来看，四、五、六皆出于自然。若以仁义礼智信之"正"衡量骈拇、枝指，乃为一家之正，并非合乎道德之正（非儒家的道德）。道家所谓"道德之正"为"天下之至正"，不失性命之情，合者不为骈，枝者不为枝，长者不为有余，短者不为不足，方则方，圆则圆，曲则曲，直则直，不以钩绳规矩削其性，不以绳约胶漆侵其德。若削性侵德就失其物之"常然"。此"常然"也就是本然，不假人为，也就是"道德之正"。而仁义礼智信等皆人为因素，以人为因素约束"常然"，就是残生损性。可见，这里所谓"性"指生之自然，自然本性、常然、道德之正都是这个意思。

《骈拇》所谈性有一点是显明的，性不是普遍有效的抽象本质或原则，任何性都是自性，又都是自足的，无须外为。以绳墨矫曲直为损物之自性，以仁义礼智信正人性为害性。此一观点为庄子个体性原则充分表露。郭象的《庄子注》就更加彰显了个体性原则，其所谓无不生有、而有自生有的思想把个体、单体绝对化了。所以，《骈拇》的性论中隐含了不言而喻

---

① 《庄子注》，见郭庆藩：《庄子集释》，中华书局2004年版。
② 《庄子疏》，见郭庆藩：《庄子集释》，中华书局2004年版。

的自性本体的思想，其所谓"天下莫不以物易其性"，"得人之得而不自得其得，适人之适而不自适其适"，正是反对丧己之性以顺外物，"自得其得""自适其适"才是值得肯定的。前面论物性，落脚点还是人性。当然这里不是指人的社会属性，而是自然本性。而司马彪以性为"人之本体"，是切合了原本之意的。《庄子·天地》说：

> 形体保神，各有仪则，谓之性。

成玄英疏道：

> 禀受形质，保守精神，形则有丑有妍，神则有愚有智。既而宜循轨则，各自不同，素分一定，更无改易，故谓之性也。[1]

这在意义上与《骈拇》类似，强调性各有分，不应整齐看待。《庄子·庚桑楚》又说：

> 道者德之钦也，生者德之光也，性者生之质也。性之动谓之为，为之伪谓之失。

《亢仓子》说：

> 水之性欲清，土者滑之，故不得清。人之性欲寿，物者滑之，故不及寿，物也者，所以养性也。今世之惑者，多以性养物，则不知轻重也。是以圣之于声色滋味也，利于性则取之，害于性则捐之，此全性之道也。

"生之质"，也就是为生之"本"，同时还是生之"初"，从初本出发动而有为，为若不当就会有伪，从而丧失本初之性。《关尹子》说：

> 是以万物之来，我皆对之以性，而不对之以心。性

---

[1] 《庄子疏》，见郭庆藩：《庄子集释》，中华书局 2004 年版。

者，心未萌也。(《四符篇》)

　　情生于心，心生于性。情，波也；心，流也；陆，
水也。(《五鉴篇》)

把性与心、情联系起来，所指"性"当然为人之性，但同样非
指社会性，而是自然本性，这种自然本性也非身体特征，而是
智识特性。智识一旦发动，就成为心；心有所系，就是情。所
以，性表现的是"心未萌"的静止状态。"万物之来"不对之
以心，谓心易动，随物迁移，而失却本真；唯对之以性，性静
不为物动，故能以静处动，以常应变。水、流、波形象地表述
了三者关系。性既为不动之水，那么，"静观""玄览""观
照"这些道家、道教所着力阐扬的思想都从水的不动之性中化
出来。《清净心经》就专论心的"常清静"状态；内丹学说又
特别重视性与神与心体的关系。《关尹子》在中唐玄宗时封为
《文始真经》，其思想作用也应发挥在中唐以后。牛道淳《文
始真经直解》在解释心情关系时，既引用佛学的"真空"观念，
认为性就是"真空"，又根据道家生成说，认定"精生于心，
心生于性"，把性作了根源、原初本体的理解。由于"情"的
观念与性的观念联系起来，道家所论的"性"不再属与人无关
的性质规定，主体的意味浓厚起来。《淮南子·精神训》说：

　　达至道者则不然，理情性，治之术，养以和，持以
适，乐道而忘贱，安德而忘贫。性有不欲，无欲而不得；
心有不乐，无乐而不为。无益情者不以德累，不便性者
不以滑和。[①]

这里的"性"就是人的个体主体精神，不属于抽象的原则，也

---

　　① 原文"而变性者不以滑和"，依刘文典《淮南鸿烈集解》改。

不是普遍特性。

以上情形在道教那里发生了变化。道教的性论仍秉持主体性与个体性原则，但它把抽象性、普遍性与宇宙本体的原则落实后，再来考虑主体性与个体性。所以，道教所论的"性"都与宇宙本体相关联，性不简单是人的个别性与自然性，首先是"道性"。《老子河上公章句》说：

> 道性自然，无所法也。（"道德自然"注）

性体现的不是别的，而是道；道则体现自然，而不是仁义礼智信。《老子想尔注》还说："道性不为恶事，故能神，无所不作，道人当法之。"（"道常无为而无不为"注）"道性于俗间都无所欲，王者亦当法之。"（"无名之朴，亦将不欲"注）。①《想尔注》多次用"道意"概念表示宇宙精神所体现的意志，这种意志向来引申为道人的宗教意志，所以，这里的"道性"显然不是指意志，道性指的是道的规定性、本性，或者说品性。《想尔注》将性升格为宇宙本体的规定，却还没有将性看作宇宙本体本身，同样也没有与人的主体性联系起来。《太平经》着意于人的性情的调养，却没把这种性情与宇宙精神的本性联系来考虑，所强调的"守一之道，养其性，在学之也"其实属个人的体性（《名为神诀书》），不涉及本体问题。在葛洪那里，宇宙的本体外在于人，人能通过服丹（实为服道）将其移植于体内并留驻它，但原本它不在人体内，故而人的"性"不与道存在直接关系，养性的目的只在于静以待道、守道，自己的体性并不是道的体现，所以他说："且夫养性者，道之余也；礼乐者，儒之末也。"②养性不是得道的主渠道。陶弘景《养

① 见饶宗颐：《老子想尔注校证》，上海古籍出版社1991年版。
② 葛洪：《抱朴子内篇·塞难》。

性延命录》名曰"养性"，其实谈的都是形神、精气的问题，没有专门论性的问题。

我们看到，道性的观念在《河上公章句》和《想尔注》已经提出来，但这种观念并没有进一步地确认和持续地发展。道学大谈道性的问题，一受佛教佛性说和儒家心性说的影响，二因内修内炼的需要。道学的性命学说完成于唐末五代、北宋时期，在这之前的南北朝、隋唐却有一个形成蕴蓄时期。

《升玄经》提出"真性"观念，其曰：

> 道言:《升玄经》者，极微极妙，极玄极奥，分别真性，快如是乎!
>
> 思惟分别，得其真性，虚无淡泊，守一安神。
>
> 真性常一，未始暂有，未始暂无。真既非有，亦非非有；真既非无，亦非非无。①

"极微极妙，极玄极奥"是就存在状态而言；"非有非无"就是否实有其体而言；"思惟分别"是就主客关系而言。在《升玄经》看来，"真性"不能作实体的理解，同时也不能作虚无理解，所谓"仙道无不无，有不有"。它是一种越乎实物的空灵的精神。尽管微妙玄奥，却可为人所掌握。所谓"真"就真在它是实在的。这种实在精神与实物是体现、映现的关系。主观可以掌握，它本身却不是主观的，也不是自明的，它是抽象而深邃的普遍的精神实在。在《升玄经》处处可以看到佛学，尤其是般若空观思想的影子，中观学说正是以非有非无之佛性、佛理作为本体的。《太玄真一本际经》专论过道性问题，同样也受佛学性空影响，但将性与清净心做了分别。其曰：

---

① 参见〔日〕山田俊:《稿本升玄经》，日本东北大学文学部 1992 年印。

是清净心，具足一切无量功德、智慧、成就，常任自在，湛然安乐。但为烦恼所覆蔽故，未得普了，故名为性。①

"清净心"指本来状态，"性"指现在状态，两者是一回事，但存在时态有别。人皆有性，却未能见性，"若修方便，断诸烦恼，彰法尽故，显现明了，故名本身。"人的"本身"就是"清净心"。《本际经》通篇谈论的是道性问题，却把道性与清净心同一看待，这表露了一个观念，即作为个体的、主体的精神同时就是普遍的客体的宇宙精神，从而最高本体的道就与众生的心连通了。而且表现的是本质的同一，不只是功能、作用的一致。与《本际经》一样，《常清静经》也将道性看作常清静之心。其曰：

真常应物，真常得性，常应常静常清静矣。如此清静，渐入真道，既入真道，名为得道。②

这里的"性"非指个性，指的是道性，为修道所欲追求的。"常清净"指的是众生清静之心。《常清静经》想要表明，众生能以常清静之心求道，就能得道。得道实为得道之性，性扮演道的替身角色，它是真常，真常之性能在物物众生当中得到体现。这一点在杜光庭《常清静经注》中得到进一步阐扬：

凡欲得成真性，须修常性而为道性。得者动也，动其本性，谓其得性也。③

常性与道性之间有一个"渐入"的过程。《常清静经》在唐宋

---

① 《太玄真一本际经》，见〔日〕山田俊：《太玄真一本际经汇つしこ》，日本文化研究所报告第三十集。

② 《道藏》第 17 册，第 186、187 页。

③ 同上书，第 187 页。

及其以后之所以倍受重视，其原因正在于这部道经开通了个体与道体、个体与道性之间的应感渠道，为内修内炼奠定了理论上的基础。《太上老君说了心经》也说：

> 有动从心，了心真性，了性真心，心无所住，住无所心，了无执住，无执转真，空无空处，空处了真。①

这是把"了心"作为得"真性"的途径。

如果上述几部经典明显地接受了佛学的影响的话，那么《黄帝阴符经》则是比较纯粹的道学之作。杨文会《阴符经发隐》："《阴符经》无一语蹈袭佛经，而寻其意义如出一辙，且字句险隽，脉络超脱，岂后人所能摹仿耶？"②《阴符经》说道：

> 天性，人也。人心，机也。立天之道以定人也。天人合发，万变定基。性有巧拙，可以伏藏。③

李筌和张果都注疏过这部经典，李筌着重以"盗机"方面理解，张果则着重从内修炼养方面作了理解。张果注道："人谓天性，机谓人心。人性本自玄合，故圣人能体五贼也。""九窍之用，三要为机。三要者，机、情、性也。机之则无不安，情之则无不邪，性之则无不正。故圣人动以伏其情，静以常其性，乐以定其机。"④天性谓道性，道性生根于人，故称"人性"，人性发动谓心，而人心动除了智巧机灵，也有了情欲。情欲是邪，机无邪无不邪，人性则无不正，人性原合道性。很清楚，个别的人性与抽象的道性、人与天在本质上作了同一性的解释，由此推展开来。天与人、道与众也就合二为一了。

---

① 《道藏》第 11 册。

② 见《藏外道书》第三册，巴蜀书社 1994 年版。

③ 《阴符经》，见《云笈七签》，齐鲁书社 1988 年版，第 94 页。

④ 张果：《阴符经注》，见《道藏》第 2 册，第 756 页。

　　《道教义枢》为六朝至唐初《玄门大论》《本际经》《西升经》《升玄经》《太玄经》以及臧玄靖、孟智周等人的观点的集成，其中既讲道性、有无、道，也讲二观、中道因果，道佛参杂，反映了这个时期道学理论化建构的实际过程。

　　道性问题为一重要论题，其曰：

　　　　道性者，理存真极，义实圆通，虽复冥寂一源，而亦备周万物，烦惑所覆，暂滞凡因，障累若消，还登圣果，此其致也。《太玄经》云：言道性者，即真实空，非空不空，亦非不空，道性众生皆与自然同也。①

从根源上说，道性与道体"冥寂一源"，道性就是那作为最高的原则——本体，但这最高的本体却不处处以玄妙深远的至尚性给众生以远不可及、高不可见的印象，同时它也以世俗生活的至下性给众生以可望可及与可识的现实印象，所以"备周万物"，即体现、存在于万物之中。《道教义枢》又引《西升经》所说：

　　　　道非独在我，万物皆有之。②

在万物之中，它也就混迹尘俗，与众生、万物之性混同，"一切含识，乃至畜生果木石者，皆有道性也。然而混同的道性暂滞凡因障累"③。虽体在众生、万物自身之中，却不易澄见，修道目的就是要去障累还登真果，"能了此性，即成正道"。上面就道性之理言。再就众生之识言。首先，众生应从无性中看出有性，从有性识破无性，采中正不偏以及重玄的方法，从凡性当中发现"正道真性"即"本性"，"本即真性"。其次，不将性体视为实体，"道性以清虚自然为体"，"自然真空即

　　① 《道教义枢·道性义》，见《道藏》第 24 册，第 831 页。
　　② 同上书，第 832 页。
　　③ 同上。

是道性"，即要视之为"真实空"，空而不空，无而不无。再次，道性在众生中虽是现成的，但无而不无。第四，道性在众生中虽是现成的，或曰生来就有的，却不是伸手就能拿到，睁眼就能看到，体识到道性乃是修行的结果。生来现成只是因，修行得到才是果，在因时为隐，在果时为显，"显时说为道果，隐时说为道性"，"道定在果，性定在因"。可见，《道教义枢》所论，在共性的道与个性的众生之间的相通与相同方面走得比较远，也可见受佛学影响之深。

《云笈七签·仙籍理论要记》中有"道性论"一章，以元始天尊与善才的对话形式讨论了道性问题，其中问题集中在道性是一是多的问题上。[①] 天尊告诉善才：道性是无生无灭，无因无果的，是"海空"。善才问道：道性既无生灭，那么道性是否为众生共有（"众生道性，为悉共有，各各有之"），就像一人可入"海空藏"，人人同时亦可入"海空藏"？因为众生原本是平等的，如一人得入，他人不得入，岂是平等？天尊以比喻提示善才：道性如同深山之宝，平等众生人人皆可取而得之，成为富有。善才又问：深山宝尽，如何谈得上"一切众生，修持净戒，得入一乘海空智藏"？若是多，又如何说"海空者，非一切法"？天尊说道：这如同一条道路，无论大小，众生皆行其中而无障碍。宝珠"惟有一门"，虽有很多人经此门出入，但人人之间并无"逼窄"，无人能破坏宝珠而赍持去；又如一座桥梁，众人行其上，无论其轻重，桥并无增减；再如以盐置水中，水皆成咸物，水仍然是水，"物不名盐，盐不名物"，盐虽不见，但人皆知其味咸，"性不失偏，五味之中皆

---

① 《云笈七签》，齐鲁书社 1988 年版，第 515 页。

悉咸味"，所以说，"众生道性亦复如是，维遍五道，长短异身，而道性常一不异。"实际上就是后来道理共殊的问题，道性本是常一不异之共，又为万物众生之殊，共能够体现或变现在殊之中，从殊中能见其共，人人都有道性，人人能识道性。道性既如深山宝珠，实际上人人能见宝珠，并非得实物之体，见得道性即是得道。从而，道性只能作抽象意义的理解，得道也就是得到其"意义"。

或许道学在六朝至唐初的道性论受佛性论影响的痕迹太多，唐代的道学理论家在认同道性的同时，却多不专言性的问题，而把性论与心神论结合起来。"道性自然，无所法也。"（顾欢"道德自然"注）道性在本来意义上讲的是体性问题，即本体的道与芸芸众生之间在本体意义、性质、规定诸方面的同一性，道学要将这种同一性看成非人为的先天的，可以说，这是从理上讲的。

在理上对道性讲得比较明彻的另一种创造性阐扬是成玄英、李荣，他们把道看成为理，而理则为"众生之正性"。这在前面已述。从实践上讲性，则多从心神方面去理解。司马承祯既认"真性隔于可欲"，又把见性视为炼心，他认为得道其实是"得道之质"，而非得道之实体。得道之质要靠"心"，"心安而虚则道自来"（《坐忘论》）。[1]吴筠将道视为"无为之理体，玄妙之本宗"（《宗玄集·守道》）[2]，即把道看作抽象的本体，不看作实体。在《玄纲论》中专列"性情"章，但此章主要论述了道与神的关系，"夫道与神无为而自化"，对性情问题却一笔带过，不做深讨。在拙文《隋唐时期的道教内丹

---

① 《云笈七签》，齐鲁书社 1988 年版，第 518 页。
② 《宗玄集》，上海古籍出版社 1992 年版，第 19 页。

学》中，我曾认为隋唐时期修心、炼气是内丹学说形成的两大支柱。①性论在这个时期被道教家们暂时搁置在后台了，尽管唐代韩愈、李翱大讲性情问题。

晚唐、五代，随着内丹学及其生命哲学的成熟，性命问题再次引起重视。施肩吾《西山群仙会真记·养心》说"从道受生谓之性"②，崔希范《入药镜》则把性命等同神气，性也就是神。张伯端将唐、五代时期精、气、神以及心的修炼完全改换为性命的修炼，从而性论成为内丹学的主要部分。张伯端《悟真篇·自序》中说："老释以性命学开方便门，教人修种，以逃生死。……其次《周易》有穷理尽性至命之辞，《鲁语》有毋意必我之说，此又仲尼极臻乎性命之奥也。……至于庄子推穷物累逍遥之性，孟子善养浩然之气，皆切几之。"性命既同于神气，何必要将精神气改换为性命之学呢？其中缘由不难明白。唐宋是儒道释三教合流的时期，三教都有"性论"，以性命替代神气，正是欲以会通各种异派文化。明确地说"神即性"的是南宋白玉蟾，他在《海琼白真人语录·东楼小参》中说："神即性也，命即气也。"③

将神气等同于性命，其意义还不止于文化会通，从道教生命哲学的发展进程来说，这种等同"意味着道教修炼理论的彻底转变"，这在前面已经谈过，不再赘述。前面讲到，王道渊在注释《入药镜》时曾将神气做了先天、后天之分，炼后天神气不可谓之生命的内在修炼，性命的修炼则一定是生命内在的修炼。在外丹家看来，自然药石也含有真气或道气，如果仅仅

---

① 见《道家文化研究》第五辑，上海古籍出版社1994年版。
② 《西山群仙会真记》，上海古籍出版社1989年版，第16页。
③ 《道藏》第33册，第131页。

肯定生命本体是神气，那也不能与外丹的自然哲学区分开，只有落实到性命，才算落到生命哲学的归根处。

道—神—性之间既属同一性关系，那么作为宇宙本体的道也就是生命的本体了，道就存在己身当中，它既是宇宙精神，也潜藏在人体当中。

（二）何谓命

《说文》："命，使也，从口从令。"命的原始意义指"差使"。《国语·楚语》："乃命南正重司天以属神，命火正黎司地以属民，使复旧常无相侵渎，是谓绝地天通。"《尚书·尧典》："乃命羲和，钦若昊天。"《左传·桓公二年》："宋殇公立，十年十一战，民不堪命。"在中国文学史上，命一开始就有着使人被动接受的意思。或许生活中经常遇到非人所愿而不得不接受的指使，除了显明的人为的命令差使，还有不知因缘的鬼使神差，使人们相信存在着非人所能掌握的天命，于是从人间的关怀扩充到天地宇宙的关怀。

在西周，天命观念很流行，《诗经》中有大量记载："如何昊天，辟言不信？如彼行迈，则靡所臻！"（《小雅·雨无正》）"疾威上帝，其命多辟！"（《大雅·荡》）"天命"思想在孔子那里固定下来，成为一种有代表性的"天命观"。孔子说："道之将行也与，命也；道之将废也与，命也。"（《论语·宪问》）"不知命，无以为君子也。"（《论语·尧曰》）"天生德于予，桓魋其如予何？"（《论语·述而》）这种"天命"其实是抽象的观念，是模糊的冥冥的意志。观念落实到现实生活则要化为具体，即抽象而模糊的观念和意志规定着具体的生活。墨翟信鬼不信命，欲以经验的方式（如"三表法"）来证实超验的天命不存在。可是经验只能证实经验内的事情，不能证实超验的事情，所以他的非命思想影响很小。

《易传》承继了儒家天命观，主张"顺天命""乐天知命"。《彖传》说："无妄，刚自外来，而为主于内。动而健，刚中而应，大亨以正，天之命也。其匪正有眚，不利有攸往，无妄之往，何之矣。天命不佑，行矣哉。"《象传》说："九五含章，中正也。有郛自天，志不舍命也。"《彖传》又说："用大牲吉，利有攸往，顺天命也。观其所聚，而天地万物之情可见矣。"《系辞上》说："精气为物，游魂为变，是故知鬼神之情状，与天地相似，故不违。知周乎万物，而道济天下，故不过。旁行而不流，乐天知命，故不忧。"然而，《易传》既为《易经》作传，其主要目的还是阐释经文。《易经》并没有明确的天命观念，《易经》中充满的是卦象、数理、阴阳、刚柔、动静、变化等，其中尤其贯穿了数理的神秘性，这种神秘性与其说是冥冥天命给定的，不如说物事间的变化性所决定的，所以讲求推穷格致，而不是盲目信从。如此，"命"在《易传》中有了不同天命的另一层意义。《说卦》说："昔者圣人之作易也，幽赞于神明而生蓍，参天两地而倚数，观变于阴阳而立卦，发挥于刚柔而生爻，和顺于道德而理于义，穷理尽性以至于命。"《说卦》这段话叙述了易卦爻、卦辞产生的根源与过程，也说出了作易演易的目的。"性"指天命之性，即天生给予的本性，而"命"在这里显然非指"天命"，韩康伯的解释颇能揭示其本意："命者，生之极；穷理则尽其极也。"（《周易注》）"生"曾为人理解为"性"，"生之极"也就是"性之极"，即性之所产生的根源处。《彖传》又说："革而常，其悔乃亡。天地革而四时成。汤武革命，顺乎天而应乎人，革之时大矣哉。"韩康伯注道："历数时会，存乎变也。""易"本义为变易，"为道屡迁""唯变所适"为《易经》的基本思想。《易传》既承继了孔子的天命思想，那么拿天命观来解《易经》，就不能明显有违于原典，只能附会，从而不能说天命不变，只能说天命本来是变，只是变革有时数罢了。如果天命不变的话，按《易经》的精神就应革天命，可是天命在孔子那里已经获得的至上性是不可以革的。所以，"汤武革命"不是革天命，而是革性命，即革性之所产生的根源处。"性"虽为天命之性，但它并非天命本身，天命自从命定其产生后，就叫其自行负责以后的一切行为。"汤武革命"就是从根本上推翻夏桀、殷纣王朝，与天命无关。《易经》的这种思想为命的观念提出一个新的思路，它与生命发生了某种联系。或许《易传》对于孔子天命思想偏离太远，在《孝经》中得到"纠正"："性者，生之质。命者，人所禀受也。"这就把命观念回复到人们不得不接受的命运观念上。沿着《易经》和《易传》的思路必然产生生命的意义及其个体性原则，而这是讲求群体、天命的儒学所不欲的。

《老子》十六章说：

> 夫物芸芸，各复归其根。归根曰静，是曰复命，复命曰常，知常曰明。

何谓"复命"？《河上公章句》注释为：

> 言安静者是为复还性命，使不死也。复命使不死，乃常之所常行也。

王弼解释为：

> 归根则静，故曰"静"。静则复命，故曰"复命"

也。复命则得性命之常，故曰"常"也。①

"性命"在这里指生命。道家和道教对《老子》所言"命"都从生命方面作了理解。张松如也解释说："清静就叫复归于生命。"②这样的解释其目的性明确，符合生命哲学形成的心迹。但若细玩文意，能够发觉解释还是有点差别的。《老子》原文"归根"是一个行为动作，又叫作清静，又叫作复命，而复命不应是"复还性命"，而是复性命之常，即复性命之根。根、常、道乃为老子在不同语境中表述的同一个意思。也就是说，"夫物芸芸"的生命现象都要回复到生命产生的根源，"根"即命、即道，而这也是《老子》所含蕴思想的合理性阐释，却不是《老子》明确讲出来的，《老子》明讲出来的"命"，并不直接是"生命""性命"的意思。所以，"命"在《老子》中还不是后来道家、道教所说的命体。相对来说，王弼解释为"得性命之常"更合理一些。

类似情形在《庄子》书中得到印证。"命"概念在《庄子》内、外、杂篇中先后出现近三十次，绝大多数是作为命运观念提出来的。如曰：

> 死生，命也；其有夜旦之常，天也。人之有所不得与，皆物之情也。(《大宗师》)

> 求其为之者而不得也，然而至此极者，命也夫。(同上)

> 死生存亡，穷达贫富，贤与不肖，毁誉，饥渴寒暑，是事之变，命之行也。(《德充符》)

---

① 王弼:《老子注》，见楼宇烈《王弼集校释》上，中华书局1980年版，第36页。

② 张松如:《老子校读》，吉林人民出版社1981年版。

　　知其不可奈何而安之若命，德之至也。(《人间世》)
当然，庄子的命运观念与儒家的天命观有所不同。对于每个个
体来说，命运都是不可抗拒的，人只能顺从，不能违抗，这一
点庄子与儒学天命观无异。但在命运的根源上，儒学主张的天
命表现了冥冥在上的意志的作用，庄子则认为命运表现了个人
对于外来必然性的无可奈何。其外来必然性并非体现人格化的
意志，而是不可知的时数，人对于大千世界来说毕竟太渺小，
人对于大千世界的变化给个人带来的命运关系，完全无能为力，
所以庄子要人们处之泰然，"安之若命"。对命运的自然性，
《庄子》多有强调：

　　吾又奏之以无怠之声，调之以自然之命，故若混逐
丛生，林乐而无形。(《天运》)

　　古之所谓隐士者，非伏其身而弗见也，非闭其言而
不出也，非藏其知而不发也，时命大谬也。当时命而大
行乎天下，则反一无迹；不当时命而大穷乎天下，则深
根宁极而待，此存身之道也。(《缮性》)
《庄子》的自然主义时命观被道学从宗教神秘性方面做了发
挥，却与生命问题无涉。在《天下》篇中庄子在谈到墨子学
派时才提到与生命有关的"命"观念：

　　愿天下之安宁，以活民命。
凡谈到生命问题时，《庄子》都以"性命"表示，如"彼正正
者不失其性命之情"（《骈拇》）。单纯的"命"字在绝大多
数情形下不表示生命。

　　《庄子》关于命与性命范畴的思想在道家的秦汉时期以及
道学在自汉末至隋唐时期内无大的变化。葛洪本人不谈命或性
命问题，但他传扬的《龟甲经》所提出的"我命在我不在天"

的思想影响极大。其所言的"命"显然不是指命运，而是指生命，谓我的生命的长短取决于自己而不取决于天。三国时曹操有诗《神龟》曾说："神龟虽寿，犹有竟时……盈缩之期，不但在天；养怡之福，可得永年。"这与《龟甲文》表示了同一种思想观念。可是《龟甲文》所起到的作用在于确立了宗教生命修养的信念，坚固了主体能动精神，却并不能改变道学在表述上的习惯。陶弘景《养性延命录》曾以"命"概念表示生命长短："达命之情者不务智之所无"，"愚人不知此道为生命之要"；但对生命的表达太笼统粗疏，且没有以命来表示生命体。在六朝时期产生的道经都大谈命的问题，却都闭口不谈"命"范畴。性范畴是伴随佛性论在六朝泛滥的刺激下才在道学内"热"起来的，而命范畴则没有这样的刺激，它是一个比较纯粹的中土哲学范畴。在佛学看来，命的问题是重要的，而命体则不是重要的。佛教教人如何面对死，以大无畏的死来换取生命的永恒意义与精神的拯救。生体现了佛教徒所不愿意的轮回，所以生命之体不是重要的。对于道学来说，不仅命的问题极其重要，命体也同样重要，没有命体就使得命的问题失去意义。但这不等于说命范畴就及时得到重视。

命范畴的重视与内丹学说及其生命哲学的成熟不可分。唐代有一些人断断续续地提出过"命"概念，如李荣说过：

> 身将神合，命与道同，故云长久。所言不属天地，其行如是，遂与道同。(《西升经注》)①

《云笈七签·元气论》说：

> 仙经云，我命在我，保精受气，寿无极也。又云，

---

① 李荣：《西升经注》，见《西升经集注》，《道藏》第14册。

> 无劳尔形，无摇尔精，归心静默，可以长生，生命之根本，决在此道。[①]

这类表述多少说明生命的观念，并把概念与生命体联系起来了。《太上老君内观经》说道：

> 从道受生谓之命，自一禀形谓之性，所以任物谓之心，心有所忆谓之意，意有所出谓之志，事无不智谓之智，智周万物谓之慧。[②]

这个界定说明了生命现象与宇宙本体之间的关系，即本体的抽象派生了生动的个体生命。然而，这只说明生命现象的来源，却没有说明生命现象的本质。中晚唐施肩吾《西山群仙会真记》有几乎完全相同的界定，题曰"西山记曰"，只在个别字句有差异，如《西山群仙会真记》说"从道受生谓之性，自一禀形谓之命"，"意有所思谓之志"，"智周万物谓之虑"。[③] 又任继愈、钟肇鹏《道藏提要》认为《内观经》"疑出唐宋间"，可知《内观经》原出于《西山群仙会真记》。《西山群仙会真记》的重要作用在于把性、命问题的意义在生命修炼学说中突出来了，尽管没有深入地论述。崔希范的《入药镜》则明确地将性命与神气联系起来，并暗喻是一种等同关系，其曰："是性命，非神气。水乡铅，只一味。"[④] 王道渊、李攀龙、彭好古等在阐释这两句话时十分清楚地认气为命，神为性。总的来说，性命问题在唐、五代时期提到首要的位置，这在《钟吕传道集》《灵宝毕法》及其他唐代内丹修炼的典籍中都反映出来，

---

① 《云笈七签》，齐鲁书社 1988 年版，第 309 页。
② 《太上老子内观经》，见《云笈七签》，齐鲁书社 1988 年版，第 103 页。
③ 《西山群仙会真记》，上海古籍出版社 1989 年版，第 16 页。
④ 崔希范：《入药镜》，上海古籍出版社 1989 年版，第 17 页。

在这些典籍中水火、阴阳、铅汞、龙虎、时候、数度、精、气、神等内丹修炼的术语都用上了，却不言炼性修命。

性、命被提到首要位置，始于北宋张伯端《悟真篇》。他在《自序》中不仅把老、释之学概括为"性命学"，而且讲到"修命""修性"的问题，如说："且今人以道门尚于修命，而不知修命之法，理出两端，有易遇而难成者，有难遇而易成者。"张伯端提出了修命、修性，其实只是提出性、命原则，并不讲命是什么，性是什么，以及如何修炼性命的问题，他把这项原则落实在神气药物、火候法度中了。在语句表述上颇多隐喻，要求人悟通，如"虚心""凝神"相当于修性，"实腹""采药"相当于修命。其性命关系多为张氏后学南宗一系所明确揭示。其中南宋白玉蟾明白无误地把性释为神，命释为气。白玉蟾的再传弟子李道纯又进一步发挥，其曰：

> 夫性者，先天至神一灵之谓也。命者，先天至精一气之谓也。精神，性命之根也。性之造化系乎心，命之道化系乎身。(《中和集》)[1]

这是把人体中先天之气称为命，命体也就是身体。全真教北宗王重阳《金关玉锁诀》的解释略有异趣：

> 精为性，血为命。[2]

丘处机《大丹直指》又说：

> 金丹之秘，在于一性一命而已。性者，天也，常潜

---

[1]　李道纯：《中和集》，引自李大华《李道纯学案》，齐鲁书社2010年版，第80页。

[2]　王重阳：《金关玉锁诀》，见《道藏》第25册，第799页。不过，日本学者蜂屋邦夫认为，《金关玉锁诀》不能确定是王重阳的著作，在《金代道教研究》一书中，蜂屋邦夫认为："《玉锁诀》虽冠以'重阳真人'之名，可是，要把它当成重阳的真作，就会有些困难。"（中国社会科学出版社2007年版，第151页）

> 于顶。命者，地也，常潜于脐。顶者性根也。脐者，命
> 蒂也。一根一蒂，天地之元也，祖也。[①]

北宗的解释着眼于人体内部结构与要素，"血为命"实以具体人体生命的物质因素为基础，脐为命蒂实以人体精气凝聚部位为基础。相对来说，明代尹真人弟子《性命圭旨》的界定更为深入细微：

> 何谓之性？元始真如，一灵炯炯是也。何谓之命？
> 先天至精，一炁氤蕴是也。[②]

"一炁氤蕴"，其先天性体现在"炁"（而不是气），其细微深刻性体现在："氤蕴"，它不是人能直接感受到的一呼一吸之气，只有细心体察才能感受到。命本来是一个抽象的概念，无论是作为天命、命运，还是作为生命，它都只体现某种观念，没有具体的指称，道学将它界定为"先天一炁"，就把它相对具体化了，有了实在的指称和担当，从而不再空泛。它不仅获得实在的生命意义，也获得实在的生命过程。生命哲学须先有存在，然后才有生命的运动与生命意义与境界。生命哲学的存在不只是精神的生存，它还是实际的存在，道学提出"气"和"命"就是要落实这种实际存在。所谓实际存在，就是物质基础。道学所讲的生命现象绝没有停留在精神生命现象中，而是自始至终保持了物质生命现象的特性。所以，命不只表现为观念、抽象，它也表现为实际、具体，它有物质担当。这种物质担当以其氤蕴虽然表现微妙，却揭示出生命的本质，即："先天一炁"的生化运动，有其炁则生，无其炁则死。弥漫在佛教本体论学说的所有典籍中有关本体与现象的关系只

---

① 《大丹直指》，见《道藏精华》第二册，岳麓书社1993年版，第920页。
② 尹真人弟子：《性命圭旨》，上海古籍出版社1989年版，第25页。

是"体现""显现"的观点，而贯彻道学的所有典籍的是"生成""生化"的观点，这是生命哲学的显征。母生子也罢，物物相生也罢，中间都存在着物质过程的连续性。生命哲学的连绵性就是通过物质生成过程的连续性实现的。近人方东美先生在关于道的概论中曾提出了"道体""道用""道相""道征"的观念，其"道体""乃是无限的真实存在的实体"，其"道征"乃"道成肉身"。[①] 在我看来，与其说这些是中国形上学的特点，毋宁说是道家生命哲学的特点。

命所体现的存在不仅在于物质性的存在，还十分重要地在于为我的存在。道学修命就是要安身立命，所以命首先是自身生命中的"先天一炁"，自身生命乃是一个可以扩而充之的本体。从而，"我命在我不在天"这个命题逐渐地获得了这样一种新义：我的生命自性俱足，不假外求。

（三）性命和合

性、命与性命原来不是意义相同的观念，性指生之自然、天生本性、根本规定性，命指天命，或性之所产生的根源，性、命都非指生命。只有性命作为复合词才指一般意义的生命。《彖传》说"乾道变化，各正性命"，是谓乾卦所象征的变化之道，使"万物资始"，"云行雨施"，"品物流形"，"大明终始"，"保合大和"，"首出庶物，万国咸宁"，即使万物各得生命之正，一切生命现象得以生，得以长，得以变化，得以保养，得以有始有终，得以安宁平静。这里的性命——生命没有任何人为的或人格的意义，只有自然性。《孟子·尽心下》说："口之于味也，目之于色也，耳之于声也，鼻之于臭

---

①　"中国形上学中的宇宙与个人"，美国第四届"东西哲学会议"论文。

也，四肢之于安佚也，性也，有命焉，君子不谓性也。仁之于父子也，义之于君臣也，礼之于宾主也，知之于贤者也，圣人之于天道也，命也，有性焉，君子不谓命也。"孟子不把性、命混为一谈，天性的东西尚可人为而至，天命的东西非人所能。《庄子·达生》说：

> 孔子曰：何谓长乎性而成乎命？曰：吾生于陵而安于陵，故也，长于水而安于水，性也。不知吾所以然而然，命也。

性是生来俱有的本性，命是不知其所以然的命运。这里的性、命都不是指生命。而在《骈拇》中所讲"有失性命之情"，则是生命的意思。又如《缮性》中所说，古人们所说"得志者"，并不是威风八面地做官，而是自得其乐，相信做官有碍自得其乐。实际情形是"轩冕在身，非性命也"，生命的本来意义在于自由自在，做了官，就失却了生命情调与意义。《淮南子·原道训》说：

> 夫性命者与形俱出其宗，形备而性命成，性命成而好憎生矣。

《淮南子·诠言训》又说：

> 性命可说，不待学问而合于道者，尧舜文王也。……方以类别，物以群分，性命不同，皆形于有，隔而不通，分而为万物。

任何生命现象皆须有一定的形体，形体完备生命产生。《淮南子》虽在生命类别上没做确定区分，在意义上还是有了生命层次。当生命停留在"形于有，隔而不通，分而为万物"时，它为低级生命现象，它只体现自身是"活"的机体；当生命上升到"好憎生"时，它已是人的性情的表现了；至于说"不待学问而合于道者"，则为生命之尤，活动、性情、意志、智慧合于一体。性命表示生命，这一用法一直沿用下来，在道学的许多典籍中也采取这种说法。唐人李筌《阴符经疏》解释经文"食其时，百骸理"时说："言人理性命者皆须饮食滋味也。"《化书·食化燔骨》说："性命可轻，无所不为。"总之，性、命皆不指称生命，性命才指生命整体。道学把性与神、命与气之间画了等号，把人的生命现象分为两个相关的部分，性指精神生命，命指机体生命，其中"命"就是命体，也不同于早先所言的"性命"。

道学将神气等同性命，除了历史的原因之外，直接的动机是为了凸显生命的主体性。神气可以潜藏于人体之内，也可游离于物外，而且原本也是游离在外的。而当神气潜藏在内，且以性命之义存在时，就不再属于同时存在于外的，而属于落定的、内在的，性命总是自家性命。宇宙生命也只是生命本体所留心的外部环境，而且都从自家性命着眼看待宇宙生命，为了使自家生命获得像宇宙生命那样的永恒、常青，才去关心宇宙生命，为了得道才去关心道的存在状况。就像神、气、精有分别一样，性、命也分为两种，尽管性、命皆存于人之一体内，内丹修炼的南宗"先命后性"和北宗"先性后命"及"三分性七分命"，等等，总把性、命两般看待。与此相关，以性、命为铅汞、水火、龙虎、魂魄、男女等为炼养过程中的两般运用。如果说道作为宇宙本体存在时为二元绝待同一的话，那么落定在人的生命中，它就分一为二了，即分神、气或性、命。道学理论家认为，道气生人，而人一旦出生，就性与命、神与气分作两途。生命炼养的目标就是性命和合、神气凝结，所谓"性命打成一片为丹成"，如李道纯所说："身心合，性命全，形神妙，谓之丹成。"[①] 炼养中讲求的龙虎交媾、匹配阴阳、神气交合、魂魄相拘、水火既济，等等，目的都是为了达到性合和合，性命和合谓之"真人"。所以，道学生命哲学中的"性命"要在两种情景下理解：在一般意义上，性是性，命是命，性、命是两个观念；在终极目标上，性命能够和合为一。

"和合"一词在道学生命哲学中运用甚多。《庄子·田子方》中已有"和合"之义：

> 至阴肃肃，至阳赫赫。肃肃出乎天，赫赫发乎地。两地交通成和，而物生焉。

《慧命经》对"和合"有一个释义：

> 和者，乃心中之阴气去和肾中阳气，阴气得此阳气，则有安心立命之所，故曰和矣。合者，是肾中之阳气承受心中之阴气，阳气受此阴气，则成敛收坚固之体，故曰合矣。《易经》所谓一阴一阳之谓道，偏阴偏阳之谓疾。古往佛祖必须性命双修，不曾偏枯。[②]

按这个释义，"和"谓投合，阴气主动地与阳气靠拢、交媾。在阴气这方面不仅体现主动性，也体现了依他、附和的性质。"合"谓迎受，对临门的阴气不予拒斥，敞开大门。在阳气这方面虽谓"承受"，也不表现为被动性，却力图在"和合"行为中起主导作用。心中阴气与肾中阳气本来间隔，通过"和合"工夫，打成一片，凝成坚固之体，从而你中有我，我中有你，

---

① 《中和集·全真活法》，引自李大华《李道纯学案》，齐鲁书社 2010 年版，第 13 页。

② 《慧命经》，引自李远国所写"和合凝集"词条，见《中华道教大辞典》，中国社会科学出版社 1995 年版，1254 页。

你我不分不离。如果阴、阳从不交道，不往来，不发生和合作用，那么阴、阳双方只会"偏枯"。孤阴不生，孤阳不成，此为中国传统哲学的一个基本信念。阴、阳虽为对立排斥的两种力量，却不应当长久处于两行不相交的状态，在体内促成两者相交和合，这是修炼的全部目的、愿望。和合，也就是合不二之一，对立双方达到绝待无差的地步，阴中之阳与阳中之阴和合成为真阴真阳。张伯端《悟真篇》中有"和合四象"说：

> 离坎若还无戊己，虽含四象不成丹。只缘彼此怀真土，遂使金丹有返还。

> 以含眼光，凝耳韵，调鼻息，缄舌气，是为和合四象。[1]

水、火、金、木四象本相间隔，经过戊己真土的媒介作用，而能和合于一，凝成真胎，同样以含眼光为青龙象，调鼻息为白虎象，缄舌气为朱雀象，凝耳韵为玄武象，四象和合。元萧廷芝《金丹大成集》进一步解说道：

> 眼不视而魂在肝，耳不闻而精在肾，舌不动而神在心，鼻不嗅而魄在肺，精神魂魄，聚于意土也。[2]

眼耳鼻舌身与精神魂魄意相对应，构成五行，五行之中有身意起媒合作用，其余四象方能和合。《性命圭旨》中有"和合四象图"和"和合四象说"，认为金木水火混融于真土之中，精神魂魄攒簇于真意之内，"意若不动，则二物交，三宝结，四象和合，五行攒簇，俱会于中宫，而大丹成矣"[3]。四象和合，

---

①　见王沐：《悟真篇浅解》，中华书局 1990 年版。

②　萧廷芝：《金丹大成集》，《道藏精华》第二册，岳麓书社1993年版，第947 页。

③　尹真人弟子：《性命圭旨》，上海古籍出版社1998年版，第85页。

也就是混融交会，合为不二之整体。这种和合作用，以卦象表示，就如同坎离交媾。《悟真篇》说："取将坎位中心实，点化离宫腹内阴，从此变成乾健体，潜藏飞跃总由心。"[①] 坎卦之中为"满"，离卦之中为"虚"，以坎中之满填离中之虚，坎离和合而成乾健之体，和合就是在对立势力的混合中获得新的境界。

阴、阳双方的和合过程并不都是平平静静的，有时甚而激烈震荡，双方力量有升降、伏腾，有争斗、刑德、擒制。《悟真篇》说："华岳山头雄虎啸，扶桑海底牝龙吟。黄婆自解相媒合，遣作夫妻共一心。"[②] "西山白虎正猖狂，东海青龙不可当。两手捉来令死斗，化作一块紫金霜。"[③] 这是激烈情形的一些形象的描述。不过，在把阴阳两者作对立方看待时，道学也并没有等量齐观，其中含蕴着深入久远的一种历史观念：阳尊阴卑、阴附阳体，阴要在阳中找寻"安命之所"。阴相当于水、气、虎、铅，阳相当于火、神、龙、汞，后者始终处于主导地位，对立双方和合过程的激烈与温和乃至平静，皆由后者的应用。《悟真篇》所说"辨沉浮""识主宾"也就是这个意思。而且阴、阳两方的煅炼最终要归结到炼成纯阳之体。阴阳、神气、铅汞等的和合并非只有过程而无结果，生命内在要素与本质的修炼必会产生一种和合之后的景象，这就是内丹家所希冀的内丹，亦称还丹、丹胎、真种子、道胎。陈致虚说："内药是精，外药是气，精气不离，故云真种子。"[④] 赵避尘《性命法

---

① 见王沐：《悟真篇浅解》，中华书局 1990 年版，第 54 页。

② 同上书，第 58 页。

③ 同上书，第 60 页。

④ 见仇兆鳌：《悟真篇集注》，引自《中华道教大辞典》，中国社会科学出版社 1995 年版，第 1220 页。

诀明指》说："真种即似禾苗之种，要种在自己身上，用自己真阴真阳，经过火候次序，而真阴真阳一合，即成道胎。出胎即现自己之身，与禾苗结果之正相同。"① 清人柳华阳所撰《慧命经》说："何为道胎？答曰：即牟尼珠归于中宫，与意两相合一，意在珠中，犹如磁石吸铁一般，故名曰道胎矣。""盖胎者，非有形有象而别物可以成之，实即我之神炁也。先以神入乎其炁，后炁来包乎其神，神炁相结，而意则寂然不劫，所谓胎矣。"② 真阴真阳也罢，神气、精气也罢，乃至内药、外药，和合的作用在于产生绝对同一的结果，使得对应的双方结为不分彼此的"一"。和合就是要磨灭差别，实现玄同。在宋代出现的阴阳太极图就是这个思想的图式化的实现。

　　阴阳、铅汞、神气等的和合，其整体的反映就是性命的和合。白玉蟾在《紫清指玄集·性命日月论》中说：

　　　　性命之在人，如日月之在天也。日与月合则常明，性与命合则长生。命者因形而有，性则寓乎有形之后。……故性与天同道，命与人同欲。命合于性，则交感而成丹，化为神则不死。③

天无日月不可谓之天，人无性命不可谓之人，性命是人的生命现象的实质。命体现身形，为活体；性体现心神，为无形精神。人自产生就备俱性命，但性命两行不交最终会导致性命离散身死。性命和合，方能长久。离了性的命体，便无灵魂，如行尸，

---

　　① 见仇兆鳌:《悟真篇集注》，引自《中华道教大辞典》，中国社会科学出版社1995年版，第1220页。

　　② 《慧命经》，引自《中华道教大辞典》，中国社会科学出版社1995年版，第1221页。

　　③ 《紫清指玄集·性命日月论》，见《道藏精华录》下，浙江古籍出版社1990年版。

如植物人。黑格尔说被肢解掉了的手便不叫手，这是从机体的整体性上来考虑的。道学生命哲学则从性命同体的角度来考虑问题。同样，离了命的性，便无着落。客观地讲，道学生命哲学是不排除灵魂不灭的。伍守阳《天仙正理直论》说："得生之理者，一阴一阳，为一性一命，二者全而为人也。"这里实际上在谈论作为活着的人存在的现实性问题，其中"生"指现实的存在，而"全"并非指"和合"，而是性、命俱备，缺一不可，性、命俱备了，人才算是个活人，否则就是人死或死人。当然，这个"全"也不在充足、充满意义上使用的，《西山群仙会真记》中所说养生、养形、养气及养神，就是要求经过调养，使人精气神充满。内丹中所谓"竹破竹补"，也是强调经过补益，使其全。

　　道学将人的性、命看作先天的，人生来就有性和命，但人一旦生成之后，性命逐渐地分离了，性命相互间隔。人可以说，我自身性命两全，却不能说性命和合，性命和合完全是生命哲学所推动的主观能动作用，没有这个主观作用，性命不可能和合。当然，生命哲学将这个主观作用贯彻到整个修炼过程的始终，修炼的过程也就是生命哲学实现的过程，所以生命哲学不是预设的理论待人实践，而是在实践中实现的观念、理论。炼养中所说的"火"其实就是意念。萧廷芝《金丹大成集》说："神是火，火属心。"[①]《仙佛合宗》说："炼时神归气穴，神气混融，而同行同住，有火矣。"[②]火有文火武火，修炼中，以水为铅，以火为汞。内丹修炼中所最为神秘不定的"火候"，也就是发动意念煅炼药物的运用程度，什么时候进火，什么时候退符，什么时候武火急烹，什么时候文火温养，

---

　　① 《金丹大成集》，见《道藏精华》第二卷，岳麓书社1993年版，第945页。
　　② 《仙佛合宗》，见《伍柳法脉》，中国人民大学出版社1992年版，第148页。

既与天地自然时刻相关，也与个人体验的意念调控有关。内丹理论家推崇"修持力"，就是主观意念与意志的稳定平衡。《悟真篇》说："纵识朱砂与黑铅，不知火候也如闲，大都全借修持力，毫发差殊不作丹。"[1] 光有主观意念还不行，还须练就自己的顽强、有韧性的意志，凭意念按照生命炼养的需要平衡意念的运用程度。修炼讲求子时进火，午时退符，七日采工，八返九还，十月怀胎，三年温养及九年面壁，都是意念的持续与意志的考验。《金丹大成集·南乡子》对此有词描绘：

> 其汞与真铅，产在先天与后天。大要知时勤采取，玄玄。得诀何愁不作仙。进火要精专，审定前弦与后弦。屯卦抽添蒙卦止，难得。毫发差殊不结丹。

> 温养象周天，须要微微火力全。爱护婴儿惟藉母，三年。运用抽添象缺圆，牛斗会河边，拾取玄珠种玉田。定意如如行火候，精专。剖腹分明说与贤。[2]

进火退符要依时谨节，专精不贰，采药要勤，不得有毫厘差池，温养时细心护持，面壁时始终如一，平平静静。稍稍懈怠前功尽弃。与其说这是一种宗教意志，不如说是一种生命意志。《悟真篇提要七条》起于"凝神定息"，终于"抱元守一"，整个炼养，"凝神定息丹法始终用之"（见《悟真篇集注》）。[3] 这是说主观能动性渗透到生命修炼的每一个细小的环节。当说"不用念""毋作意""忘我""无我"时，也是主动性的体现，主动地做到这一点。

---

① 王沐：《悟真篇浅解》，中华书局1990年版，第72页。

② 《金丹大成集》，见《道藏精华》第二卷，岳麓书社1993年版，第964、965页。

③ 《悟真篇集注》，上海古籍出版社1989年版。

当能够证实道即心即神时，就有根据说已经确立了生命本体。然而，当修炼实现性命和合的体验时，就又发现生命的新景象，性命和合不只是性和命的简单合并，而是意味着"生"。性、命俱足并存两行为生，这种生属生命的延续，是有限度的。生命学家认为，生命本质的和合能够实现再生，再生生命可以突破有限，至于无限。再生为原有生命的非常延续和升华。这一观念建立在生命本质论的基础之上，生命哲学家认定生命本质为性、命的俱备和不分离，性、命在人体内可以"间隔"，却不可以分离，就如同形、神关系，形、神存谓之生，形、神离谓之死。因而，人们相信只要性命长相厮守就能长生不死，性命凝成一体，永不离散就可以永生。这种永生不需"涅"之后，在世在生就能再生永生。性、命在体内和合如同产生婴儿，即《悟真篇》所说"婴儿是一含真气"。丹家又誉之为"圣胎""真胎""道胎"。白玉蟾《紫清指玄集》说：

> 呜呼妙哉，结之于片饷，养之于十月，是所谓无中养就婴儿者也。①

> 无心之心无有形，无中养就婴儿灵，学仙学到婴儿处，月在寒潭静处明。②

《金丹大成集》说：

> 无质生质，结成圣胎。辛勤保护十月，如幼女之初怀孕，似小龙之乍养珠，盖神气始凝结，极易疏失也。③

有时还称之为"真种子""玄体"，《悟真篇》："四象会时

---

① 《紫清指玄集·鹤林问道篇》，见《道藏精华录》下，浙江古籍出版社1990年版。

② 《紫清指玄集·大道歌》，见《道藏精华录》下，浙江古籍出版社1990年版。

③ 《金丹大成集》，见《道藏精华》第二卷，岳麓书社1993年版，第949页。

玄体就，五行全处紫光明。"① 金公、姹女、夫妇男女以及婴儿，都是比喻说法，实质正是神气、性命和合新生景象，所以统称之为"内丹"，以与外丹之相联系又相区别。由于内丹生成不需破坏旧的生命体，所以更能体现生命连绵性。尤其因为它是自己生成，不须外物与外力，故这种生命哲学表现，更能体现生命的意义及其创造价值。

南宋陈楠曾说：

> 一阴一阳之谓道，道即金丹也，金丹即道也。②

由于人生性命按其自然过程将有终期，从而性命离散，其生命本体是不坚固的。而且，生命哲学家在将道与性做沟通时，是以性质上的同质通约实现的，很大程度地带有若离若即、忽显忽隐的含糊性，他们满有信心地说宇宙之道与生命之性相通而有同一性，却不敢说性就是道。现在不同了，"金丹即道"，性命和合结的果就是道。那属于宇宙本体的道同时就是生命本体的和合性命，而且不用再担心生命本体的坚固性、永恒性。从而，体现个体性和有限性的生命本体，以与道的完全同一，实现了它的普遍性和无限性，道是永恒的，生命也永恒！

---

① 王沐：《悟真篇浅解》，中华书局 1990 年版，第 103 页。
② 陈楠：《翠虚篇·丹基归一论》，见《道藏精华录》下，浙江古籍出版社1990年版。

第四章　关于本体存在的方式及道家生命哲学的基本特征

本体论是有关本体存在的式样、规定、属性的问题，但本体须在一定环境、条件下存在，甚而本体的论证也要遵循一定的规则和方法，只有在这些规则和方法确定时，其本体才是可证的。道学生命本体论曾经有过理性倾向，但很快地被湮灭在非理性的思维习惯之中，因而它并不讲求严密的逻辑原则，但并不可以说它没有证验的习惯，只是这种证验以内心体验为前提。即使内在的体验也同样遵循规则和方法，否则体验对象就会变成无头绪的，从而体验者之间不能通晓，既不能以理喻，也不能以心灵告喻。长生成仙属个体的事，每个人渴望内心有个长存不亡的道，每个人的对象和目标是共同的。道学生命哲学的本体论就是要以个体性证验普遍性的东西。这一点我们在一开始就谈到了，与抽象的理性存在着断不开的缘姻，此是道学生命哲学的特点之一。所以，道者们不止一千次地声明道隐、道微、道玄，道不可谕，可又变戏法般地以这种或那种方式向人们启示：道不遗物，道不离人，而且竭尽文字言语之功能，甚而采取非言语的方式，欲证实天地人之间存在一个本根与本体。

这里所要谈到的本体存在的方式，既包含外在的，也包含内在的；所要谈到的基本特征，则是生命哲学的整体表现。

一　本根即本体

在"道体"论中我们已初步分析了从本源到本体的问题，现在有必要展开，以便更清楚地理解生命本体论建构的方式，或者说道学生命哲学家所持有的思维方式。

（一）本原、本根与本体

本原也指本根。原与根在中文字义上不同，在哲学抽象意义上有同一性。原同于源，《说文》中有原字，而无源字："原，水泉本也。从泉出厂下。原，篆文从泉。"宋太宗时人徐弦增注："今别作源，非是。"即最早的"原"指的正是水之本源。《荀子·君道》："君子养原，原清则流清，原浊则流浊。"关于根，《说文》："木株也。从木艮声。"而"株"在《说文》中解为"本根"，《左传·隐公六年》："农夫之去草，绝其本根，勿使能植。""本"，《说文》解为："木下曰本。从木，一在其下。草木之根柢也。"《左传·昭公元年》："木水之有本原。"如同哲学上的"物质"实际上是"物性"一样，哲学上的本原、本根只是取水的本源、木的本根的抽象意思。水有流变之象，木有繁茂之景，人易见其景象，不易见其根源。

《老子》之所以为人视为纯粹的哲学书，在于它自始至终在追溯一切物象的根源。其曰："夫物芸芸，各复归其根。归根曰静，是曰复命，复命曰常，知觉曰明。"（十六章）"重为轻根，静为躁君。"（二十六章）"莫知其极，可以有国。有国之母，可以长久。是谓深根固柢、长生久视之道。"（五十九章）这个"根"就是天地万物之总根，是一切现象之极则。关于"原"，《庄子·天地》说："夫王德之人，素逝而耻通于事，立之本原，而知通于神，故其德广。"《荀子·君子》说："论法圣王，则知所贵，以义制事，则知所利矣。论知所贵，则知所养矣。事知所利，则动知所出矣。二者是非之本得失之原也。"这里的"原"也非指水源，而是引起事物、现象发生、发展的根本原因。字源学上名称的意义不同于同一名称的哲学意义，但前者与后者之间还是存在着某种联系，原始的形象思维与后来的抽象思维之间有着不可避免的关联。如同《易经》里的"形而上"与后来西方形上学有着一致性一样，字源学上的"根""原"与哲学的本根、本原也有着一致性。当老子将道作"归根到底"理解时，他是从"本根"方面着眼的；当庄子将"道"作穷流溯源理解时，他是从"本原"方面立论的。从本根方面着眼，必定视万物皆有根柢，万物的生长荣谢最后都复归其根，复归的观点带有显明的循环特性；从本原方面立论，必视万象皆有其源，一切物事皆成变动之源的某个环节，环环相连，从一个现象可以追溯到令其产生的另一个现象，从"有"到"有无"，到"未始有无""未始有夫未始有无"，这种穷流溯源其实是没有穷尽的，这等于说，庄子肯定万物皆有其总的源头，同时又肯定这个源头是没办法穷溯的。既然源头不可穷溯，那么从源看流，当然就是"往而不返"了。应当说，这是庄子有别于老子的一个重要方面。但是，他们还是有很大的共同性。

无论是"本根"，还是"本原"，他们在理解道与万物、现象之间关系时，有两点是一致的。第一，道与万物、现象之间存在着时间上的先后联系，道在先，物在后，且物物又相生。从先到后的相生过程即便再短不过，也要有时间，那么道就不可能在不占有时间的情形下陡然产生出大千物质现象来。按照老子"道生一，一生二，二生三"的自然生成模式，这个生成时间并不短暂，在老子那里，从道到万物之间的距离不小；在庄子那里，道与万物之间甚至隔膜了，想返都难。第二，道与万物、现象之间自始至终是一个生成、变化的关系，生成、变化无论如何离不了生成之母、变化之本。这个母或本总属于某种实在的东西，而且终究带有实物性。老子说"吾不知其名"，只是欲表明其无形、无名、无象；《庄子·知北游》说"物物者非物"时，其实只是欲表明产生万物的"物"不应是具体而有形质的，它是实在而不可知的。当然，这个实在不同于具体的东西，老庄将道描绘成如何微妙难识，目的就是要与具体、特殊区别开来。

黑格尔曾说斯宾诺莎的"绝对实体"根本不是有限的东西，不是自然世界，因为只有那"未被特殊化的、普遍的东西是真正实在的，只有它是实体性的"[1]。所以，"斯宾诺莎主义的实体是普遍的实体，因而是抽象的规定"[2]。道家的道也是这样一种扬弃了有限的普遍的实体，也是抽象的规定。但是，斯宾诺莎将个别的、特殊的东西看作普遍实体的"变相"，老庄把特殊、具体的东西视为道的"生成""流变"。变相的东西在斯宾诺莎那里成为"本身并没有什么实在的东西；对它做出的事情只是剥掉它的规定和特殊性，把它抛回到唯一的实体里面去。"[3]老庄则把个别的、特殊的、具体的等由道生成、流变

---

① 〔德〕黑格尔：《哲学史讲演录》第四卷，商务印书馆1995年版，第101页。

② 同上书，第103页。

③ 同上。

的结果看作与道一样的绝对的实在，这是生成、流变思维模式所决定的。如此，一方面，"本根""本原"论保留了个体性，既承认普遍性，又承认个体性，从而为生命哲学的形成播下了"种子"。而斯宾诺莎的实体哲学就丢掉了个体性，所以黑格尔说斯宾诺莎的体系被莱布尼茨的"单子论"外在地成全了。另一方面，对从有限实物中抽取出来的普遍的道存留了有限。这既有表述方面的原因，也有在道与物之间关系理解方式的原因。无论生之根，或流之原，本根、本原与物象之间总存在着同质相因的条件，这样便产生一个问题，现象的无限多样如何能从根、原之中生成、流变出来？尽管道家一再构画生成、流变模式，总有难圆之处，生成、流变的模式使得人们不能以变魔术般的思维方式来理解道物关系，从而产生遥远漫长的印象，这样如何能体现"道不遗物"？如何体现"道无所不在"？事实上在较为彻底的唯心论本体论中，在本体与现象之间都不讲求时间关系，无论是黑格尔的"绝对观念"，或是佛教的"真如佛性"说，其现象产生过程都是像魔法般地出现的。

　　对老庄道论的局限性，王弼有了明彻认识。他一方面承认了生成的观点，但又以无为本，力图避免以本为有的局限。在他那里，"无"并不是某种实有之体，只是一种抽象的规定。另一方面，他大胆地确立了"本体"的观念，虽然王弼并没有直接这么称呼，"本体"二字的确立借助了体用思维模式。体用在秦汉时期只是表示实体与功用的关系，在他那里，体指本体，用指现象。在注《老子》"谷神不死，是谓玄牝，玄牝之门，是谓天地根"句时，他说：

　　　　本其所由，与极同体，故谓之天地之根也。欲言存邪，则不见其形；欲言亡邪，万物以之生。故绵绵若存也。无物不成（用）而不劳也，故曰用而不勤也。[1]

单就"玄牝之门"与"天地之根"同体来看，并没有超越老庄思想。但由于王弼以"无"释"道"，加上他把体与用联系起来，意思便迥然不同。以"无"释"道"，意味着道并不是实体；体用联系，表明本体与现象之间不只是"生成"关系，是立竿见影式的显现关系。王弼所说的体用不只是物体与功用，更主要地是在本体与现象关系上使用。老子说："三十幅共一毂，当其无，有车之用。埏埴以为器，当其无，有器之用。凿户牖以为室，当其无，有室之用。故有之以为利，无之以为用。"（十一章）老子以"无"作为"有"的功用，王弼则不以有之用为无，而把无看作有之所以发挥功用的深刻原因。他说：

　　言无者，有之所以为利，皆赖无以为用也。[2]

从而，无不是有之功用，无是不见形状的本体，有和用都是现象：无—有—用。以这种方式来理解本体与现象，就不仅是"生成"关系了，而且是"体现"关系。体随时可显示其用，本体在任何地方和时候都能方便地转换为现象，而无须生成的过程。王弼的体用思想具有重大历史意义，完整意义的本体与现象的观念从他开始建立起来。以体用关系表达的本体与现象观念极其符合佛教思想，佛教在魏晋时期依傍玄学得以传播，其中不乏内在一致性，即使后来竭力与玄学分道，也只是在名词术语上做些改动。道学在接受王弼本体论的同时，却并没有丢掉"生成"的思想，在强调体现时，保留了本体与现象之间的相生关系，在体与用、本与迹之间保持了

────────────

① 王弼：《老子注》，见楼宇烈《王弼集校释》上，中华书局1980年版，第17页。

② 同上书，第26页。

同质相因的联系。如成玄英所说：

> 即本即迹，即体即用。①

又如《道体论》所说：

> 物以道为体，道还以物为体。②

从而，作为现象的本体的道，它同时又是使得万物产生的本根。先有生成，然后才有体现。

（二）纯粹思维的抽象与生命的现实性和个体性

以体用关系表达的本体与现象实质上产生了这样一个结果，本体成为抽象的概念，现象成为本体所设定的非现实性的物性，它没有独立自存的资格，它的现实性要等待本体赋予。因而，纯粹思维抽象的结果不符合生命哲学的观点。思维的抽象概念本身从现象中抽取出来，它就成为固定的抽象物，由概念出发的判断、推理的一切运动都是由思维的主体所推动的。概念作为抽象的结果自身并没有自我运动、自我实现的主体性。我们在黑格尔思辨哲学所看到的那种本体的主体性，是从现实的人的主体性中抽取出来的。"他从人的主体中抽出了一种片面的、抽象的主体能力即认识、思维能力，把它当作人的整个主体，并由此将人的一切主体活动归结为这种抽象的主体性。"③ 所谓"抽象的主体性"就是"绝对观念"——本体的主体性，可以说思辨的本体论所具有的主体性并不具有现实性。而生命哲学的本体论恰恰讲求现实性。这种现实性不是表现为像思维活动那样的跳跃性，不受时空观念的限制，按狄尔泰的观点，生命永远处在时间之流中，即生命的存在以在时间

---

① 成玄英：《庄子疏》，"尧治天下之民，平海内之政"疏。

② 《道体论》，见《道藏》第 22 册，第 881 页。

③ 邓晓芒：《思辨的张力》，湖南教育出版社 1992 年版，第 476 页。

上连续性为基本条件，同样，生命哲学以生命存在的连续性为前提。抽象的本体及其作用的观点，体现了本体与现象之间的应对、反映、反思、印证，不能体现连续。本体隐在现象背后，又能显示在现象之中，若隐若显，若即若离，它是空灵的精神。可以认为现象处在时间之中，现象的本质、规定却不在时间中。生命哲学则认定生命的本质、规定存在于生命的现实活动中，生命所表现出的精神活动、意志、情识都是现实的生命能力的对外泄露。生命处在时间之流中的真实意义在于，讲究"来龙去脉"。体用关系表达的本体论则不讲究这个，讲究的只是截断根源，凌驾在现象之上、之外的本体是不可以追问"你从哪里来"的。

抽象的本体也不能适合生命哲学的个体性表述。抽象性与个体性相对立，抽象性力图把众多个体实质集束起来，强调共同性的规定，从而使得个别性显得不重要；个别、个体性则力图实现自己、肯定自己，自己的规定无须在与外物的比较中得到肯定。尼采在《作为教育家的叔本华》中说道："只观察你自己的生活，并由此去了解一般生活的意义吧！"我们在莱布尼茨的"单子论"中似乎看到了绝对的个体性，因为他与斯宾诺莎所强调的绝对的、普遍的实体完全不同，他的单子论以绝对的众多性、个体的实体为基础，单子是单纯的实体，完全独立，它"单纯地封闭在自身之内的，并不能被他物所规定；这个他物并不能被放进单子。单子既不能越出自身的范围，他物也不能进入单子"[1]。但是，普遍性问题是单子论所避免不了的。尽管每一个单子都是精神性的实体，都有活动能力，但它

---

[1] 《哲学原理》，引自〔德〕黑格尔：《哲学史讲演录》第四卷，商务印书馆1995年版，第171页。

们解决不了彼此之间的关系。于是众多绝对独立的单子之间的秩序、和谐、统一性最终被神"前定"了。所以，莱布尼茨的个体性最终被他自己抛回到无个体性的普遍性之中。由于理性主义传统在欧洲哲学史上的统治地位，结果个体性原则的充分肯定要以极端的非理性的形式来实现。

　　中国没有理性主义的传统和权威，任何纯粹理性的倾向都随时随地受到纠正。王弼本体与现象、体与用两分的理性本体论在被道学所接受的同时，也受到了矫正。事实上，道学在向生命哲学方向发展时一再地修正自己所接受的思辨的哲学（包括对佛学的吸收与修正）。这就是在承认本体与现象对执时，又强调本体即现象；在分体与用时，又合体与用，体用一致；在认同本体的体现时，又突出本根、本原生成、流变。如此，既表现了普遍性及其思维的跳跃性，又保持了生命生成的连续性和个体性。"本根"生成，"本原"流变为道家、道教的思维传统，这一传统没有因为接受任何外来思想影响而发生根本改变。本根生成表露的是同质相因关系，表现了个体性；本原流变表露的是自我本身变化，表现了主体性。本根"生生不已"，展现了无限多样性，多样性中既然存在相同的质因，本根的个体性也就实现了普遍性，这种普遍性乃是个体生成过程中不断展开的普遍性。本质变化无穷，在变化中也呈现了客体性，变化虽然是主体自身的变化，可变化的结果总能与主体对执起来，成为有异于己的客体，即"自身的对象化"①。庄周梦变为蝴蝶，蝴蝶有异于庄周，尽管在庄周之我与蝴蝶之我中，都有主体性，但以庄周看蝴蝶，就是主体看客体。总之，道学

---

① 〔德〕马克思《经济学——哲学手稿》，人民出版社 1979 年版，第 79 页。

生命哲学在其形成过程中，本根、本原论与本体论起到了互动互补的作用，在差别和对立中实现了统一性和完整性。

（三）本体论体现的文化心理依赖感

纵观中国哲学的发展，可见道家和儒家在本体论上都是将本体问题作了根源性的阐释。除了思维方式上的因素外，还有个文化心理的因素，即表现了深层的文化依赖感。正如汤因比所说："对于灵魂而言，它的存在的全部意义就包含在历史中。"[①] 道学生命哲学论本体实际上是在构筑自己的灵魂，必须使灵魂有根可循，有源可溯，不能让灵魂漂泊无定，没有归宿。《太平经》说：

> 自天有地，自日有月，自阴有阳，自春有秋，自夏有冬，自昼有夜，自左有右，自表有里，自白有黑，自明有冥，自刚有柔，自男有女，自前有后，自上有下，自君有臣，自甲有乙，自子有丑，自五有六，自木有草，自牝有牡，自雄有雌，自山有阜。此道之根柄也，阴阳之枢机，神灵之至意也。[②]

天地阴阳、春秋冬夏、白黑昼夜、上下左右等为自然变化之道，但人们不应只见自然变化而不识变化之"根柄"。如同枝繁叶茂、花儿正开的树，树表象为枝、叶和花，柄和根则深藏着。《自然本起经》在谈到我身心意神时强调与道的根源关系，"我身神本从道生"，"神本从道生，道者清净，故神本自清净"。[③]《本起经》的本意就是为了论述天地人、精气神的根源，开题便讲："道者太初也。太初者，道之初也。"在经文中分出修

① 〔英〕汤因比：《文明经受着考验》，浙江人民出版社1988年版，第216页。
② 《太平经·和合阴阳法》。
③ 《云笈七签》，齐鲁书社1988年版，第47页。

养上的大、中、小自然，其中说道："守中自然之法，不能晓知天地人物所从出，不能知道之根源变化所由缘。"修养的最高层境界则是要知一切现象所从出，知道根，还要知道根如何引起一切现象产生与变化。

佛家本来不讲本体的根源，更不讲现象的根源，在佛家那里，本体是个抽象的本质。现象只是幻相。然而，道家的本体论还是影响到了佛家的本体论。僧肇《不真空论》说："审一气以观化"，"物我同根，是非一气"。吕澂据此以论："僧肇一碰到宇宙论问题，就会不知不觉地走进了玄学的圈子。"①儒学的文化保守主义倾向最强，最重视思想观念产生的根源，言必称三代，行必蹈古圣贤，朱熹在批判佛道两教时，也从"道释二教皆一再传而浸失其本真"方面着眼。什么是"本真"呢？那就是"二帝三王述天理，顺人心，治世教民，厚典庸礼之大法"（《朱子诸子语类》）。儒学在宋以前严格地讲没有真正的哲学本体论，而要建立自己的本体论时，则能够借助的思想资源就是道家的归根法。在周敦颐的《太极图说》中，可以看到完全与道学无异的以本根本原模式表达的本体论，二程、朱熹从本质论方向进一步发展了周敦颐的本体学说，甚而将最后根源归结为"理"，但对这个理也未作抽象的理解，"理之一字不可以有无论"（《朱子全书》卷四十九）。即便王阳明说"天地无我之良知，亦不可以为天地"，却也把"我之良知"与"天理"联系，"我心之良知"即"所谓天理也"（《答顾东桥书》），还是担心我之良知无天理做根，失却了"天理"这个根，整个良知心学系统都要动摇。中国古典哲学在明清之际

---

① 吕澂：《中国佛学源流略讲》，中华书局1979年版，第102页。

的王夫之那里达到了辉煌顶峰，在他的本体论中，本根、本原仍是一个基本的思想。他说："言太和氤蕴为太虚，以有体无形为性，可以资广生大。生而无所倚，道之本体也。"（《张子正蒙注》）他所说"道之本体"就是一切现象本根本原的"太和氤蕴"，也就是"太和未分之本然"，即朦胧而无确定状态、含阴阳性质的气。就像黄帝陵作为中华民族所寻之根源一样，存留到现在只不过是一个土坛而已，且而今的人们对其远古时期究竟发生了什么事并不了彻，但人们面对这个土坛时，却油然产生一种安然之感，表明自己是有血脉可依可循的。中国哲学的本体论也充满了浓重而深厚的文化依赖感，况且生命哲学本体论还要以"机体主义"作为必要前提。

二　客观先验的时空论与主观经验的印记

道学自产生就奉行一种客观先验的、绝对的时空观，即把时空看作与主观无涉的外在条件。《尸子》说："上下四方曰宇，古往今来曰宙。"《荀子·解蔽》说："制割大理而宇宙里矣。"空间是场所，本体存在借以展示自己无所不在、弥漫无隙、致广大、尽精微的环境，物体借以展现自己的无限多样性。时间是自古及今、自今往后的连续，物体的运动可能通过时间找到自己量度，但时间与物体运动本身没有什么关系。一切物事需要时空，时空却不对一切事物有什么要求，这是中国古代典型的时空观。道学生命哲学的时空观既继承了传统，又具有自身鲜明的个性，这就是在承认时空的先验性、绝对性之外，又相信时空会依生命体验的深度发展而与生命活动联系起来，生命空间和生命时间带有比较强的主观意义。

（一）宇宙与心体：外向与内向的两种广延

人们所说的宇宙指无限广大的空间，宇宙的无限性乃是当今科学所日益揭示的。在中国古代，宇宙乃是一复合词语，指空间和时间，单纯的"宇"才指空间。最初指屋宇，《说文》："宇，屋边也。"《诗经·豳风》："五月斯螽动股，六月莎鸡振羽，七月在野，八月在宇，九月在户，十月蟋蟀入我床下。"这里宇指屋檐下。《庄子·庚桑楚》说："有实而无乎处者，宇也。"陆德明《经典释文》解注道："四方上下为宇。宇虽有实，而无定处可求也。"庄子所理解的空间——宇，既不是绝对的虚空，也不是有限的空间。"野马""尘埃""生物之息"充实其间，所以谓"有实"；同时，上下四方也无其极限，"天之苍苍，其正色邪？其远而无所至极邪。其视下也，亦若是则已矣。"（《逍遥游》）庄子的空间观与他的思想境界有关，无所羁绊的思想产生了无所限制的空间观念。作为本体的道，与时空无际一样，它是无极限的。"物物者与无际，而物有际者，所谓物际者也；不际之际，际之不际者也。"（《知北游》）具体的物有际，超越的道无际，道的超越性在于时空的无限性，就是说，时空的无限为道实现超越的前提条件。《墨子·经上》四十说："宇，弥异所也。"《经说上》四十二又说："宇，东西家南北。"清人孙诒让注解："东西南北可谓异所矣，而遍乎东西南北，则谓之宇。"[1] 很显然，墨子及其后学对空间的理解主要是从地理分布方面着眼的，限于平面，而不是三维。墨学为先秦时期的"实学"，对空间的理解也以实际运用为基础，大地之上，东西南北最关乎实际，至于天上地下，

---

[1]　孙诒让：《墨子间诂》，见《诸子集成》第四卷，第194页。

还停留在观察和想象阶段，所以墨学将其悬置起来，不加议论。荀子说："至高谓之天，至下谓之地，宇中六指谓之极。"（《荀子·儒效》）又说："万物同宇而异体。"（《富国》）杨树达《荀子小笺》解注："六指，上下四方也。尽六指之远则为六极，言积近以成远。"[①]荀子所理解的空间是无限制的，从上下四方任一端延伸出去都无尽端。但他与庄子对空间的想象不同，荀子持经验论的态度，从六指极目远望，凡是所能见到的都属于宇内，所不能见到的存而不论。"至高""至下"也都是人所能够经验到的事实。而庄子"抟扶摇而上者九万里"则显然是无法经验到的。在空间与物质运动关系上，荀子也只是把空间看作绝对的能为物质存在及其运动提供的场所，并不对物质运动产生什么影响。物质把空间看作舞台，在空间中（同宇）展示自己的丰富多样性变化（异体）。经验类型的空间观念依赖于物质生产水平以及观测的手段，因而这类空间观总是有限的。超验的空间观则不受物质水平以及观测手段的限制，可以恣意想象。

　　道学在思想继承上既有经验的，又有超验的。所说"经验的"，是说道学吸收和保留了经验的空间思维方式，尤其是对空间大小的认识吸收了科学观测的结果，并注重实际证验。科学手段对空间的认识主要与对天体结构的学说联系在一起。《云笈七签》开篇便论述天体空间问题，《混元混洞开辟劫运部》历数"古今之言天者一十八家"："爰考否臧，互有得失。则盖混天仪之述有其言而亡其法矣，至如蒙庄逍遥之篇、王仲任论衡之说，山海经考其理舍，列御寇书其清浊，汉武王黄道

---

　　①　杨树达：《荀子小笺》，见梁启雄：《荀子简释》，中华书局1983年版，第93页。

张衡铜仪周髀之书、宣夜之学，昕天安天之旨。晁崇姚信之流义趣不同，师资各异。所以虞喜、虞耸、刘焯、葛洪，宋有承天，梁有祖暅，唐朝李淳风，皆有述作。庐江勾股之术，释氏俱含之谭，或托寓词，或申浮说。"在众多天体宇宙学说中，唯"浑天说"为道学所推崇，"葛稚川言浑天之状，如鸡子卵中之黄，地乘天而中居，天乘气而外运，三百六十五度四分，度之一半出地上，半绕地下，二十八舍半隐半现，此乃符上清之奥旨，契玄象之明验矣。"葛洪所述浑天之说大概取自东汉张衡的浑天说。陈致虚《元始无量度人上品妙经解注》引元道士赵友钦的话进一步形象地阐释道："天如绣球，内盛半球水，水上浮一板，板比大地，板上置物，比人品万类。球常旋转，板上诸物未尝觉知。天乃日夜旋转，地居其中，人物在地上，安然不动。"[1]祝亚平《道家文化与科学》具述道学天体学说，并有浑天示意图。[2]

　　然而，道家和道教想象的空间比浑天说所比喻的空间还要大。《老子指归》说："太上之象莫高乎道德，其次莫大乎神明，其次莫大乎太和，其次莫崇乎天地，其次莫注乎阴阳，其次莫明乎大圣。"浑天说提出的总还是有限度的空间模型，而"道德"（本体）所散布的空间则是无限度的，不可以有限的模型来限定大小。对于道学来说，本体的广延是无限的，空间也是无限的，无限的空间就是道的存在形式。老子说"域中有四大"，天、地、人都没有道大，道之大就大在无限度上，所以要"人法地，地法天，天法道，道法自然"。浑天说欲以天体结构的方式将宇宙的一切生成过程及其空间、时间装进那个有

---

[1]　见《道藏》第2册。
[2]　祝亚平:《道家文化与科学》，中国科技大学出版社1995年版。

限的套子里，而道学本体论则又本能地超越了这个有限套子，不仅作为本体的道与所展现的空间为浑天说所不能容得下，道的无限生成过程，如太初、太素、太始、太虚等境界也非浑天说所能容得下，超验的与经验的思维方式并存，这是道学的一个突出特点之一。

除了外部自然空间的广延性，随着道学内修内炼的发展，人们在自己身体内发现了另一种内向的广延性，这种广延性不是根据肉眼所看到的，或者实物占有空间的小大，它是一种内在体验的深度扩张，是小中见大。当人们向外部空间做无限度展望时，发现"天外有天"；而又当人们把注意力向自己内身内心凝聚时，又发现身内有天。这样的"内向注意"符合庄子的相对主义观点，大小本是相对的，深入体会身体内部，会发现生命体并不小，而且它同宇宙一样广大、神秘，而且体内所发生的过程本质上与宇宙发生过程是相同的。在《淮南子》中已经提出了大小宇宙的概念：

> 天地宇宙，一人之身也；六合之内，一人之制也。
> 是故明于性者，天地不能胁也。[1]

《黄庭经》中已将体内结构与自然结构做了初步的类比，分出左阳右阴、生门密户、日月四气等，并将五脏六腑与人间神灵对应起来，分出八景神二十四真人来。务成子《黄庭内景经·释题》说：

> 黄者中央之色也。庭者四方之中也。外指事即天中人中地中，内指事即脑中心中脾中，故曰黄庭。内者，心也。景者，象也。外象谕即日月星辰云霞之象，内象

---

[1] 《淮南子·本经训》。

> 谕即血肉筋骨脏腑之象也。心居身内，存观一体之象色，故曰内景也。[①]

天地之中央与体内黄庭，天地之日月星辰云霞与体内血肉筋骨脏腑每每相对应，分布也同，如此类比欲表明人体生命与宇宙自然结构完全相同一致。把"心"放在人体小宇宙的核心地位合乎生命哲学发展的逻辑。六朝至隋唐道学竭力主张内观、内视、内存，就是以心来观体内变化，这又叫"神观"，即以专注不二的思维活动来"观""视"。葛洪认为天地当中"于理当有精神"（《抱朴子内篇·微旨》），也是说天地中应有一个作为主宰的本体。这一观念落实在生命哲学中就是生命中应有一个本体，这个本体就是道—心—神，而在《黄庭经》中还没有明确地讲出来。当道学完成了生命本体的论证，即在生命体中证实了宇宙本体的存在时，就更有根据说心体也是无限的，作为心体存在形式的人体，也有着广延的无限，"心同宇宙广，体合云霞轻"。如白玉蟾所说："至道在心，即心是道，六根内外，一般风光。"[②] 在东汉时魏伯阳的《周易参同契》中，为了炼丹，就采取参同相类的方法，将天地日月水火与丹炉药物火候联系，"修丹与天地造化同途"（彭晓语），以加速药物反应模仿宇宙自然生化过程，也把丹炉视为与天地相类的小宇宙。这种思维方式为内丹及其生命哲学的兴起提供了可供借鉴的前提，内丹修炼首先就把人的身体看作一个与宇宙过程相类似的小宇宙，而且也确实发现了体内与宇宙同样的复杂性和同样的规则、规律，体内宇宙也并不见小。在体内，不仅有本体的道，有宇宙构成所有质料，如精气神、阴阳、五行，还有

---

① 梁丘子:《上清黄庭内景玉经注》，见《道藏》第6册，第516页。
② 《海琼白真人语录》，见《道藏》第33册，第130页。

宇宙所应有的空间分布及其规则，如天地、乾坤、日月、大小周天。张伯端《青华秘文》说：

> 夫人之身，大而（不）可以取象天地，包容万汇，变化莫测，灵通玄妙。百姓日月而不知，故金丹之道鲜矣。……且以吾身之天地言之，自太极既分，两仪判矣，两仪生四象，四象生八卦，八卦立而天地人之道备矣。①

太极、两仪、四象、八卦及十二消息卦等皆本用以《周易》规范宇宙天地方位、变化，道学既以身为天地，则同样认为这些规范适用于人体小宇宙。

当然，靠思维内观的人体小宇宙空间带有很大的想象与体验的性质，按照胡塞尔的观念：想象的世界要比实在的世界大得多，实在的世界在某种意义上只是想象的世界中的一个特殊的世界。② 但这种想象和体验带有极大的合理性。由于这种想象加体验使人们对空间无限性的理解更加彻底，空间的无限性不仅体现在向外的广延，也体现为向内的广延。物质无限可分，空间也应无限可分，如果说宇宙黑洞能够将太阳系压缩在火柴盒大小的体积内的话，那也不能说其中没有间隙了。正是依靠这种想象和体验使得人们发现了人体生命的复杂系统和巨大空间，从而使得生命的科学和生命的哲学成为可能。

（二）死子时与活子时

《尸子》说："古往今来曰宙。"这就表示时间与人的主观意愿没什么关系，它是先验的绝对存在，当然它不是实体，也不

---

① 《青华秘文·总论金丹之要》，见《全真秘要》，中国人民大学出版社1999年版。《道藏》本原文为"夫人之身，大而不可以取象天地"，似与文意不符，故删除其中的"不"字。

② 张庆熊：《熊十力的新唯识论与胡塞尔的现象学》。

与物质运动发生什么联系。它独立存在，它的存在能为一切现象的发生提供前后关系、秩序，或者说人们能从不断流逝的时间中寻求到现象存在的短暂或者持续的量度，人们可以要求自己在一定时间内做完什么事情，但人们对时间本身却不能有什么要求。孔子望着遽遽东逝的流水，感叹时光也如此："逝者如斯夫！"这也是人们对时间的流逝无可奈何的心情，同时，表明对时间的不可逆性有着久远深切的认识。依照"关系论"的说法，中国人认为时间能使一些事物与另一些事物形成某种关系，如往古与当今、如今与未来、因与果、前与后、长与短、旧与新，等等。这是人们从时间的持续流逝中标记下来的。人们却不能说时间本身有此关系，时间就是永远的流逝，这就是它的绝对性。《庄子·庚桑楚》说："有长而本无剽者，宙也。"《经典释文》释道："宙者，往古来今也。《说文》曰：'舟舆所极覆为宙。'长，犹增也。本，始也。宙虽有增长，亦不知其始末所至也。"庄子及其后学所理解的时间为往古来今、连绵相续的从不间断的过程，它虽表示一种前后相续的量度——长，但它没有一个终或始。上溯往古，或下问将来，都找不到极限，"小知不及大知，小年不及大年"（《逍遥游》），小中有小，大中有大，长短之中尚有长短。《墨子·经说上》说："久，古今旦莫。"意谓遍历古今旦暮形成"久"的总时间观念，古、今、旦、暮，本不同时，但异时的却可以"久"来贯穿，表明对时间的一维性有了明确认识。时间既是一维的，那么就意味着时间可做分割，古时与今时不同，彼时与此时不同。因而，在同一时间之流中，即便是在同一地点和场景下发生的事情由于具体时间不同会有不同的结果。赫拉克利特说过："人不能两次踏进同一条河流。"《墨子·经说下》则说：从今天来看古时

（"自今在诸古"），尧算是善于治理国家的人；若以古时的尧治理国家的方法运用到当今，就不灵验了，可说尧不是善于治理国家的人（"自古在之今，则尧不能治也"）。

　　无论是庄子，或是墨子，他们对时间有了哲学的认识，但都过于笼统。对于时间的深刻认识伴随着对数的认识。只有对时间做数量上的多次的分割，使之阶段化、细密化，才能真正显示出时间的特殊意义，如同以时、刻、分秒来计量时间的人比以年、月、日数来计量时间的人对时间有更深切的认识一样。单就时间来说，它是十分抽象的。对时间的认识可能起源于年岁、日月之光阴，因为只有时间体现为光阴时，它才是可感的。《说文》："时，四时也，从日，寺声。古文时从之日。"可见对时间的认识依凭于日出日落。周而复始，呈现出春夏秋冬四时差异。进而以日历、月历、年历来计算时间的长短。不仅时间的认识源于对日月星辰及天体运行的认识，而且这也是对数的认识深入化的一个重要途径，数学上勾股定理的产生原因在于对天体的探究，《周髀算经》被认为"以勾股之法，度天地之高厚；推日月之运行，而得其度数"。日月星辰等天体运行的最突出特点是其循环性、周期性，这不仅使天体数学计算成为可能，也自然而然地成为一些时间的计量单位。《周易》作为观象于天、取法于地、运取诸物、近取诸身的结果，其卦爻分配与变化恰能合理地表现天地运行变化的周期与节律，因而《周易》与天文、数理、时间及空间的结合是必然的事，以致道学用以表现生命运动的时间关系也是合乎情理的。西汉时人孟喜及京房已把周易十二辟卦与十二月、二十四节气联系起来，进而把天干地支与五行六位等与卦爻配合，至东汉魏伯阳以周易卦爻变化表示炼丹火候时刻，则已成为理论系统了。在他那里，时间已被做过无数次分割，对火候时刻差迟的掌握要求严格。然而魏伯阳的《周易参同契》产生后却沉寂了几百年，直到中唐以后才因刘知古、彭晓等人的大力阐释而大放异彩。《参同契》本来是为炼外丹服务的，这时却为炼内丹服务了。因为《参同契》并不像葛洪《抱朴子内篇》那样讲述外丹药物及其化学反应过程，只提出了天人相参、炼丹与自然造化相类的原理及其火候、升降时刻分配的框架，这个原理与框架能够合理恰当地运用在生命修炼上，在几乎所有的内丹经典中都能看到《参同契》的影子。内丹生命修炼最讲时间观念，"既有形名，难逃度数"（《灵宝毕法》）。这种时间度数不是笼统不分的，而是要年中择月，月中择日，日中择时，时中择刻，即将时间做无数次的分割，使其显出点截与分段的形式，并力图在非常有限的时数完成规定的修炼任务。一岁之中，依次分为四时、八节、二十四气、七十二候、三百六十日、四千三百二十辰。而在一月之中，分为三百六十辰、三千刻、一十八万分。时间划分得越细，对时间利用得越高，也表明对时间的意义领会得越深。

如此的时间分割并不是生命哲学家的任意割制，应当说，天文历象学家已经根据自然天体运行的周期将时间做了细密的割制，但在自然经济社会条件下，人们很少能有对时间分秒意义有所认识。唯有生命哲学家对此有深切的认识，他们依循天人合一的思维方式，注意到了生命律动的节奏与自然变化的一致性，体会到"生物钟"与"自然钟"完全对应。从这当中，他们也认识到时间的客观性与绝对性，所以强调生命的修炼要以自然时为准则。五代时彭晓《周易参同契分章通真义》说：

于十二时中运其火符，应此四时、五行、昏明、寒暑、仁义、喜怒爻象，不得纤毫参差。

所有生命修炼家都尤重子午时，即年中、月中、日中阴极阳生和阳极阴生、阴阳交合的两个时辰。年中子午，指冬至子时，夏至午时；日中子午，指夜半子时，正午午时。修炼要求在子时进火，午时退符。由于这个时间属于上天给定的，修炼家都称之为"死子午"。伍守阳《丹道九篇》说：

　　卯酉子午之位，是沐浴之位，亦是死而不动之位也。

沐浴之位，即沐浴之时。沐浴为缓和火候、洗心涤虑的修炼工夫。死子午是以依客观时间行修炼的时间，除此之外，修炼家还讲求一种活子午，即以自身修炼变化的内景象来确定时刻，再依此确定行什么功。《入药镜》说：

　　一日内，十二时，意所到，皆可为。①

元王道渊注：

　　一阳来复，身中子时也。一阴生姤，身中午时也。②

张伯端《金丹四百字》说：

　　火候不须时，冬至岂在子。及其沐浴法，卯酉亦虚比。③

清刘一明解注：

　　其实阳生阴生，时时刻刻，而有阳生即是子，阴生即是午，乃吾身中之活子午，非是天边之死子午。④

《琐言续》说：

　　究其真正之活子午，犹有辨焉，其真正者，须于无

---

① 崔希范：《入药镜》，上海古籍出版社1989年版，第24页。
② 同上。
③ 仇兆鳌：《悟真篇集注》，上海古籍出版社1989年版，第319页。
④ 引自《中华道教大辞典》，中国社会科学出版社1995年版，第1193页。

形无象之中求之，其说惟何？乃于工到寂无所寂，忽觉内机有若得之焉。此是活子之初，继觉勃然机现，乃是活子正象。[①]

"一阳来复""一阳初生"在内丹功法中指阳精初动之象，即丹——道在人体内浮现之内景象，其实正是生命本体在人自身中得到的最初体验。这个时刻不是自然时间所限定的，而是生命本体所创造的时刻，只有在这个时刻里，修持者才无须遵循自然时刻，只需以生命本体的升降为准。生命本体在人体修炼中的存在通常以阴阳升降的形式体现，"活子午"就是要准确无误地体察生命本体的初生初降，并始终追寻它，以它的变化为时刻，如此，生命的意义在生命本体创造的时间关系中为人所领悟。所以道学生命哲学家对时间有一种特殊的感受，一方面，他们遵循自然时间，承认物有生死荣枯；另一方面他们相信"天上一天，地上一年"。追随生命本体并把握住它，就能获得另一种时间，从而超越时间，超越生死的局限，进而得到永恒的时间意义。柏格森曾说："时间就是创造，不是别的东西。……一旦我们面临其真正的绵延，我们就会体验到，绵延意味着创造。……生命发展方向与宇宙发展方向相同，而与物质性相反。"[②]道学生命哲学与柏格森生命哲学有许多不同处，但在生命运动具有时间上的创造性这一点却有相同之处。

---

① 引自《中华道教大辞典》，中国社会科学出版社1995年版，第1193页。
② 〔法〕亨利·柏格森：《创造进化论》，王珍丽、余习广译，湖南人民出版社1989年版。

三　生流不息与变化

生化、变化、转化，可以说是道学最基本的观念。《老子》说"反者道之动"，就已把周而复始的变化、运动规定为道的基本性质。在老子、庄子及其他所有的道学著作中，对道的规定性无外乎两个方面，第一，它是带有实体意义的抽象本体；第二，它是一切运动的根源。道不仅自身发动直接的原始运动，而且也使一切现象的运动发生，并使之遵循既定的目的与意义。《老子》说"道法自然"，道家学者多以这个自然来界定道，而"自然"本身就是一个运动的观念，自己运动变化，自我实现其目的性。道对这个自然变化过程并不参与什么，它的作用就在于使万物自己运动，自我实现成为可能。这里要分析的不是广泛意义的万物的运动变化问题，而是生命哲学的本体如何以变化运动作为自己的存在形式的问题。然而，道学生命本体即是从自然本体过渡而来并与之保持了同一性关系，那么生命本体的这一存在形式与自然本体的存在形式就有默契的认同，当然"认同"的前提是"不同"。

（一）自然本体论的变化观表现为变化、转化、流变的自然必然性

尽管这种自然必然性中包含了生命的某些特点，有着生命化的倾向，但它更显著地表现为自然的辩证法。这种变化没有体现生命意志、生命的冲动或主观的选择性，因为它还是绝对的宇宙精神的抽象，还是普遍性的东西，尚且没有落定在人的生命现象中。自然本体游荡在人的生命体之外，人若欲得到它，要靠外部移入的办法，它并没成为人的生命的一部分或者作为生命的主宰。所以，自然本体有自己的主动性，却没有主

体性。只有当它作为人的主体性提出来时，才有生命主体性。

宇宙本体既是主动地发生合目的的变化，那么变化就属它的自然本性。如何实现这一自然本性呢？这实际上在《老子》书中就已点明：

> 有无相生，难易相成，长短相形，音声相和，前后相随。（二章）

在两极对立、互相排斥中实现变化与新生，这是一个极普通而又深刻的道理。其为普通，在于人人都能明了；其为深刻，在于揭示了一切现象得以发生变化的根源，而人们恰恰极难洞悉这一过程的发生，当人们已感觉到变化发生时，那已是显著结果了。事物的一般变化过程尚且如此，更不用说道的变化发生过程了。《老子》说：

> 道生之，德畜之，物形之，势成之。（五十一章）

作为宇宙本体、本根的道，它不仅使万物得以相成，它自身也是一个"生"的过程。它之所以为一切现象的总根源，在于由它那里派生了现象界。道要生成，它自身也同样要在两相对立排斥中实现。问题是这个发生过程极微妙极深奥，所以《老子》说"道隐无名"，"众妙之门"，"道者万物之奥"。在《易传·说卦》中用"缊"这个词来代表，这是一个超感觉、越认识的神秘的阴阳交感过程，故而此过程又通常被誉为"神"。《系辞》说："阴阳不测之谓神。"《说卦》说："神也者，妙万物而为言者也。"神也就是神妙。《关尹子》说："无一物非天，无一物非命，无一物非神，无一物非玄。"（《宇篇》）这里的"神"是"不神之神"。道学不仅把道的运动发生过程看得极其神秘，也认为一切现象的运动发生过程极为隐秘。《庄子·至乐》说："万物皆出于机，皆入于机。"《黄帝阴符经》

一方面认定"阴阳相推变化顺",另一方面则把这一隐秘过程叫作"机""神":"食其时,百骸理;动其机,万化安","其盗机也,天下莫能知","人知其神而神,不知其神所以神也"。[①]《精义服气论》相信本体——道的运动变化是由气推动的,"夫气者,道之几微也。几而动之,微而用之,乃生一焉"。道者们为说明变化的动力在于内部对立的两个方面,提出了多方面的对立论证,如动静相磨、道德相须、有无相待、体用双举,等等。既要说明变化过程,又要说变化过程深微难识。既能说明这个过程,难道还有不可以认识的吗?这粗看起来非常矛盾,仔细想来也不矛盾。因所说明的变化过程其实只是原则,掌握了这个原则并不等于就已认识了具体的变化,这符合认识论的一般原理。其次,道学在说明变化时,实际上都在说宇宙本体的变化,道本体超言绝象,非能用语言说得清楚,从而它的变化又有谁能说清楚呢!对于道的深刻动机,道学强调体验体察,从中领会其道意,提出个动静、阴阳关系,其实是为了"开方便门",促进领悟。

　　生成变化的主动性引来了绝对性。这在《老子》和《庄子》中表白得甚为了然,树立生成变化绝对性的权威,以至于对条件置而不顾。《庄子·大宗师》说:"与其誉尧而非桀也,不如两忘而化其道。……万化而未始有极也。"《至乐》又说:"天无为以之清,地无为以之宁,故两无为相合,万物皆化。"由于"化"的绝对性,从而使得任何事物、现象都要服从这种绝对性,而事物、现象本身却只有相对性了,鲲化为鸟,庄周化为蝴蝶,臭腐化为神奇,以及人的左臂、右臂等肢体皆能化

---

① 《云笈七签》,齐鲁书社 1988 年版,第 95 页。

为鸡、弹、轮，等等，一切的"物化"都顺应自然的必然性。《庄子》并不讲究"物化"所以发生的动机、根由和条件，而只是表示物物皆可相互转化，在这里"化"的绝对性支配了一切。同时，这也是"万物有灵论"的一个侧影。《山海经》中记载"共工之臣柳氏"有九个头；夸父逐日未至，中途渴死，"弃其杖，化为邓林"。可见"物化"乃是久远的历史观念，道家和道教都接受了这一观念，并与其所主张的变化的绝对观念结合起来了。

除了主动性、绝对性之外，还有变化运动的合目的性。《老子》说："夫物芸芸，各复归其根。"（十六章）"反者道之动，弱者道之用。"（四十章）物质现象的运动变化最后要回复到使其运动变化成为可能的总根源上，道的运动就是往复循环，呈现其周期性。在这个复归根源和周期循环的变化运动链条中，其中每一个环节的变化运动都向着既定目标，每一次变化都是向这一目标的接近。庄子把一切现象的规定性视为相对暂时性，也是因为他把运动的合目的性贯彻到现象的规定性中了，任何事物或现象都要奔向自己的终极目的，从相对暂时性投向绝对永恒性。在《齐物论》中以"道枢"表示出来了：物象变化无穷尽，但都围绕着道枢打圈圈，而"枢始得其环中，以应无穷"。《在宥》则说出与老子近似的话："万物云云，各复其根。"《寓言》又说："万物皆种也，以不同形相禅，始卒若环，莫得其伦，是谓天均。"万物以不同形态递相代替，而纵观万物相禅的全过程，则是从哪里出发，还回到哪里，合乎循环归根的目的性。

自然本体变化运动的主动性、绝对性和合目的性，在谭峭的《化书》中淋漓尽致地表述了。尽管《化书》并不纯粹论

述自然本体，其中已含蕴比较深刻的生命哲学思想。《化书》
将一切生成、变化现象分为道化、术化、德化、仁化、食化、
俭化等六种，其中道化为最根本的宇宙本体之化。《化书·道
化》说："道之委也，虚化神，神化气，气化形，形生而万物
所以塞也。道之用也形化气、气化神、神化虚，虚明而万物所
以通也。"[1]从"道之委"到"道之用"，这是一个从道出发，最
终又回归于道的运化全过程。在这个全过程中的每一变化环
节，都是总变化运动的一个暂时片段，都要符合自己运动、自
己循行道的轨迹的绝对必然性。《化书》不仅把自然现象，也
把历史现象都投放在道化的轨迹上，认为虚化神、神化气、气
化形、形化精、精化顾盼、顾盼化揖让，依次化为升降、尊
卑、分别、冠冕、车辂、宫室、掖卫、燕享，以致奢荡、聚
敛、刑戮、悖乱、甲兵、争夺，最终败亡，这是一个其来
"势不可遏"、其去"力不可拔"的自然历史过程。在这个自
然历史过程中，主动性仍然是起作用的，但这个主动性被湮没
在必然性之中了，显得身不由己，"稚子美影不知为影所美，
狂夫侮像不知为像所侮，化家者不知为家所化，化国者不知为
国所化，化天下者不知为天下所化。"(《道化》)美影、侮像
乃至化家、化国、化天下，皆为主动行为，但行为结果却将行
为者本身也融化在其中了，行为结果追寻自然性，而使行为者
变得无足轻重。"化化不间，由环之无穷。"(同上)在不断变
化流转的链条上，所有的物质现象及其规定性都能成为相对有
限的，没有绝对不变的性质。方尺之木横置于地上，人在上面
走来走去尚有余地；而万尺之木垂直竖立时，其顶端不足以容

---

① 《化书》，见《道藏》第36册，第297页。

得下一人，以此类推，"非物有小大，盖心有虚实。……人无常心，物无常性。"（《术化》）这里，谭峭与庄子的相对主义结论如出一辙。区别在于庄子以相对主义来看物质现象的暂时性、不确定性，谭子从变化运动的恒常关系来看物质现象的相对性。从"人无常心，物无常性"推开来，可以得出任何不相类的事物皆能依次变化的结论，外形的变化根源于无常心、无常性。"至者化为妇人，至暴者化为猛虎，心之所变，不得不变。是故乐者其形和，喜者其形逸，怒者其形刚，忧者其形戚，斯亦变化之道也。"（《术化》）与庄子一样，谭峭《化书》所言心变引发形变等于说变化是由内到外，内变是外变的根据，但内变何以发生，他只归结为无常心、无常性。既无常心，又无常性，意味着"总在变化"，"自无情而之有情"，"自有情而之无情也"。老枫化为羽人，朽麦化为蝴蝶，贤女化为贞石，蚯化为百合。所以，《化书》多次强调一切现象的变化是"自化"或"无为之化"。

绝对性是"动"，从道到物，没有不动者，一切都存在于不停地动与化的链条上，上一次运动变化为下一次的运动变化的前提。而动不是盲目的，动因循着周而复始的轨迹，出发点既是始端，同时又是终极，这就是静。对于这个"静"，有两层蕴义。第一，变化运动从始端到终极之一循环，不仅在空间位置上没有任何不同，且在抽象意义上也总是回复到原点。既然任何动终究都要返于那不动的原点，那么可以视动为不动。第二，静也指"常"，即指本体。本体使一切运动得以发生，但万变不离其不变的宗本。《阴符经》将动静之理做了一个区别："自然之道静，故天地万物生。天地之道浸，故阴阳胜。"天地之道讲动的道理，自然之道讲静的道理，自然之道为天地之道的根本。张果《阴符经注》说："传曰：自然之道，无为而无不为。动静皆得其性，静之至也。静，故能立天地，生万物，自然而然也。伊尹曰：静之至，不知所以生也。"静既为动的宗本，动静就不是等量等观的一对观念。"静之至"，是要求动静各得其宜，而各得其宜就是合目的性。

道学所言变化运动，从根本上讲是基于生成论的，在几乎所有道学经典中都能找出道与万物的生成模式。而生成就有个同质相因的问题，任何一个生成环节都与上一个生成环节保留了某种类似，有点像维特根斯坦的"家族类似"。道学坚持天下万物皆同一个总根源，所谓"命之则由，根之则一"（《化书·道化》）。那么按道理天下万物也应当都有某种类似。而实际上除了采用本质抽象的办法找出最普通最简单的共同性，依靠个别与个别相同追溯的办法是不可能做到的。所以，生成论是有局限的。但是，这是道学的根基，不可能动摇这一根基。弥补生成论缺陷的有两种方法：一是在不放弃生成论的前提下，借助本质抽象方法，像隋唐时期兴盛的重玄学说就典型地运用了这种方法，把道看成抽象的理；二是强调变化过程中的异质性，龙化虎变，从一物到另一物的变化，看不出任何共同的地方。这类变化极具突发性。虽然物物相变难寻根据，但它们却是道的自然无为促成的，都与道有关系，可以看作道的"变现"。变现的观念虽然多少已有违生成论，但没脱离生成论的影响。而变现又比较符合本质体现的观念，于是看起来不讲根据和条件的变现恰恰成了生成论与体现论之间的过渡媒介，既缘附两者，又游离两者之间。

（二）生命运动的主体性、个体性和生命冲动

自然本体的变化运动所具有的主动性、绝对性及其循环流

转与其合目的性，应当说，已具有了生命本体运动的特征，但是，这不足以表达生命本体运动。首先，自然本体的变化运动乃是普遍化的变化运动，而普遍化乃是概念的特性，所以普遍的运动乃是没有落实的概念运动，而不是生命的运动，生命的特性之一是个体性，只有在个体中才能见到生命运动的可感与丰富，才有对于生命运动的深切体验。而生命的哲学恰恰是以生命体验为建构前提的。对于生命的本体来说，它并不排斥普遍，但它不是在普遍中寻问个体存在否，或者个体存在的意义何在，而是在个体中寻问个别的生命是否有普遍意义。这就引来了主体性问题。没有个体性也就没有自主性，没有自我意识，因而也就没有主体性。而道学生命哲学则一定要把主体性摆在不可或缺的位置上，这是道学以生命为本、以人为本的一贯思想倾向所决定的。当道家有了外、内之分时，就欲通过对外部自然关系的论述，达到对于自我生命的论述。而当道学在把自我身体看作类似于外部宇宙自然的小宇宙时，这种主体性在道学的经典上就跃然纸上了。最后，自然必然性的变化运动，没有体现生命的冲动。从自然本体论的变化运动中，我们已经看到了命定论和宿命论的影子。虽然变化的连绵符合生命运动的特性，却没有在运动中表明生命的自我意识以及对必然关系"反叛"的性质，而生命的冲动实质上就是对命定论、宿命论不满的表示。然而，道学生命哲学既然是从自然哲学过渡而来，它就保持了连续性，并根据生命运动以及生命体验的要求，完善了生命运动观念。

生命哲学运动观的一个基本做法是将人体生命与外部自然相对分开，在承认外部自然运动的前提下，认定人体生命有着自成系统的运动循环系统，如彭晓所说："内外各有变化之体。"

(《周易参周契分章通真义》"辰极受正"章义疏）道学整个生命修炼的学说，可以说，都是有关运动变化的，在运动轨迹方面，有三田返复、五行颠倒、河车搬运、天罡运转、大小周天；在运动形式上，有阳升阴降、火进符退、抽铅添汞、龙虎交媾、夫唱妇随等。人体内的生命运动是由人的意念、意志所推动的，其中意念的起与息、意志持续的久暂的要求，既是修炼过程的需要，也是情性、意志的煅炼，在内丹修炼中有防危虑险、谨节行持、十月温养、如龙养珠、九年面壁，等等。生命的运动是要促成合乎目的的变化，《悟真篇》说："聚散氤氲成变化，休将玄妙等闲论。"① 如一阳初生、六根震动、三花聚顶、五气朝元、中黄直透、胎儿出现、超脱分形，等等，总的说来，就是要促成炼精化气、炼气化神、炼神还虚的变化。在这个自成一体的运动系统中，体现了连绵持续性，一刻也不能停止运动、停止变化，运动与变化的停止就意味着生命的停止。同时，也体现了生命个体性。生命的修炼属于个体的行为，一个人按照要求进行修炼，达到了生命境界的超拔，却不能保证别的人也能超拔。"一人成仙，鸡犬升天"，这种观念在服外丹盛行时流行，但在内丹兴起后就不再流行。后来流行点化成仙的说法，但点化也是在个人修炼及其德行操守达到一定程度时才许可。个体原则是生命哲学的出发点，却不是最后目的。通过个体的生命修炼，达到生命意义和生命境界的提升，从个体中见普遍，从有限中见无限，从短暂中见永恒，从而主客一体、天人合一，这才是生命哲学的目的。生命哲学主张的个体原则，表达了这样一个观念：只有通过个体，才能实现普遍。

---

① 王沐：《悟真篇浅解》，中华书局1990年版，第34页。

生命的冲动及意志都是在生命运动中体现的。必然性的自然运动服从普遍性的要求，不能产生生命个体的冲动，所以，由于生命的运动自成体系，而且生命的自我运动中产生了自我意识，它能够产生对自然律的冲击作用，欲图超越自然的限制，又超越自我形体的限制。在生命修炼的有关论述中，除了"我命在我不在天"之外，还有"顺逆"，顺则死，逆则仙。顺谓顺化，即顺应自然必然性变化运动；逆谓逆返，即敢于对自然顺化做逆向行动，自然规律要求人有生有死，逆返则要求生而无死，摆脱自然律。内丹修炼中始终充满着生命的冲动与意志作用。《悟真篇》说："取将坎位中心实，点化离宫腹内阴。从此变成乾健体，潜藏飞跃总由心。"[1]《阴符经》中"盗机论"实际上就是鼓动人的生命冲动。谭峭《化书》一方面讲"顺化"，另一方面又讲"逆返"。既谈自然运动，又讲生命运动。"道之委""道之用"本来都是讲自然变化之道的，但他主张利用"道之用"——逆化的作用，主动地推进逆返。按自然变化顺序为：虚化神，神化气，气化血，血化形，形化婴，婴化童，童化少，少化壮，壮化老，老化死，死复化为虚。而按生命冲动与意志，则要忘形以养气，忘气以养神，忘神以养虚，这就是内丹修炼要求的炼精化气，炼气化神，炼神还虚。完全是逆天而动，实现生命价值，以至于"神可以不化，形可以不生"（《道化》）。所以，《化书》得出这样一个结论：

> 载我者身，用我者神，用神合真，可以长存。（《道化》）

> 数可以夺，命可以活，天地可以反覆。（《术化》）

---

[1]　王沐:《悟真篇浅解》，中华书局1990年版，第54页。

道学历来讲究韬光养晦，处雌守弱，但生命运动所产生的冲动和自信，终究要表达出来。

四　道学生命哲学基本特征的启示

道学乃是自本自根的本土文化，其生命哲学乃是其宗教信仰、宗教观念的哲学凝结。因而，我们在对其生命哲学进行追问过程中，能够得到一些关于它的基本特征的启示。

（一）本体即现象

这一特征并非道学所独有，中国哲学皆有此特征，但它在道学生命哲学中却很重要。道学最重本体论，几乎每一位道学者或每一本道学经典都要先论本体，再论运用，从本体说开去。道学对本体与现象关系的论证集中体现在道与气的关系问题上，也即是"道与气合"。对于道，道者们都作了形而上的理解；对于气，他们做了诸多方面的研究，不仅有结构层次上的，也有性质、意义、方位、功用等方面的，其表述建立在体验基础上。当它被理解为精微、无形质、精神特性时，往往作为"一、二、三"序次的原初（元）、阴阳等物质现象的根源性的解释，甚至将它与形而上的道等同起来；当被理解为粗、有形质的聚而成物的物质性的特性时，又被作了形而下作用的解释，甚而同"器"等同起来，因为一切器皆气所为。不管怎样，把道与气对置起来，其目的是为了表示最为基本的本体与现象的关系，道、气成了这种关系的最为合适的代名词。

关于"道气合一"的观点建立在以下理解之上。首先，本体的道与现象的气乃是创生与派生的关系。本体的道表示了"本然""本源"，本然本源的道自我具有创生的能力，它从自身混沌不分的"一"中分裂出"二",再衍生"三"——自然万象。这也为一与多的关系,多从一中分出来。现象的多从本体的一分离出来后,并不脱离本体,而是多中自然含蕴着一。本体的一创生现象的多之时,也把自身的意义散布在现象之中,以至于一可以统众。"即"的语义,不仅是"是",也是"不离不异",具有渗入的意思,所以有"道即气""气即道"的命题。其次,表现为本质与现象的关系。在道学生命哲学中,本质一般作了本体的理解,在任何个别物质现象的背后都隐含了理(道),而理非分别孤立地存在着,任一个理都是道,掌握了现象背后的理,就掌握了道。这种关系的认识建立在道家、道学根深蒂固的真理不可分的观念基础上,这在《庄子》中有非常生动的表达。这一关系在道学文献中多以"体用"来表明,本体是体,现象是用,体不离用,用不离体,"即体即用",体用不二。当然,体用不仅用在本体与现象关系上,也用在实体与作用动能关系上,但后者是从前者衍化推展而来。其三,对本体与现象作了主体与对象关系的理解。在《老子》书中,道还是远离人的某种客观精神,本体并不代表主体,尽管有着将道转化为人有所得的德的倾向。但在《老子想尔注》《老子河上公章句》以后,道逐渐地与有人性特征的道性联系起来,而道性与心性并无根本区别,以至于谈论道不再像是在谈论与己无关的别的什么东西,论道的同时,也就在论自己,道中有一个不言而喻的"我",修道即是修炼自身,得道即是以自身发现并体认道,使道不离己。隋唐时期的道学理论家大谈心性论,甚至带有强烈的心本体意味,原因正在于此。

(二)精神生命与肉体生命不分离

道学所讲的生命,包含两个最基本要素,即性与命。性指人的精神、意识，因为与生俱来，故又称本性；命指人的躯体、形体，承受于天，又称本命。道学认为，性命和合，人得以生，性命离异，人得以死。也就是说，人的生死只在于性命的合离状态，性、命各自没有单独存在的权利，实际上两者的分离即是不存在。性是存在者的存在意义，命是存在意义的存在者，存在意义与存在者不能分离。对于道学来说，一切存在者都有其存在意义，但意义不能单独存在，从不主张只一味追求某种抽象的意义，而主张不脱离具体存在的意义，把抽象蛰藏于具体之中，这样才是生动的有意义的存在，也才是生命的存在，才是现实性的存在。以此为基点，在宗教超越上，主张精神的超越与肉体的长存不朽分不开。道学神仙境界尚且讲求"超脱分形""化身五五"，性与命仍紧密合体。因而，在修炼方法上，也讲究修性与修命相结合，道学内丹宗派有先命后性和先性后命的分野，但在性命双修上没有区别。与性命相关，在神与气、神与形等问题上，也强调神气合一、形神合一，把两者的和合作为生命存在的基础，把两者和合的程度作为修炼层次与境界的标准，即便五代以后所谓成仙多有精神长存意义，却从来不曾放弃形体，只是在形神和合的方式上并不主张形体现实地超升。这与儒佛全然不同。儒学讲究道德理性，讲究人的精神生命，不讲肉体的生命，对人的自然物质需求作了非人的理解，即与禽兽无异，因而这种生命最终坠落于抽象的、灭人欲的、道德理性的精神。佛学一概否定现实性，现实的存在者是虚幻不实的，对于佛者来说，只有存在意义没有存在者，因而修炼就是如何去死，死而后才有超生，而超生只是存在意义的超生，即精神的超生。

（三）有中存无

在道学生命哲学中，有、无是最难把握的问题之一，这是因为这一对形而上学范畴，在形上与形下之间来回游荡，当你欲在形上的意义去理解它时，它却在形下呈现；当你在形下意义去理解时，它却又站在形之上；可是你若在欲申明这对范畴超出定义领域，不可界定时，却又感觉到在道学生命哲学中它有着十分重要的意义。如此，如欲真正领悟它的确定意义，就只能采取在这种哲学体系中"重新发现"自己的方法，即在深入体验中来理解它。[①] 笼统地说有、无是什么，如同站在门外猜想屋里有些什么人物角色，以及他们谈论些什么，只有走进屋去，加入其中，才能了彻。同样，只有跟着生命的律动才能领悟生命的哲学。

在我看来，有、无至少应在三种情形下来理解：第一，存在论上的有与无；第二，修炼进程中的有与无；第三，境界论上的有与无。存在论上的有无，乃是本体论上的，亦即宇宙本体、生命本体上的基本因素。庄子在《齐物论》中曾对生成上的有无关系做了推究，其结果是"有"之上存在着"无"，"无"之上又存在着"未始有无"，推论无穷尽，有无亦无穷尽，推论过程实际变成了存在论（论有有、论有无），而存在论则呈现出有无相生相因的逻辑链环，这样便克服了《老子》既肯定"有生于无"，又断言"有无相生"带来的理解上的困惑。魏晋玄学兴盛的时代是一个重概念、范畴意义的时代，对传统思想中固有概念、范畴进行阐释，使之内涵深化，阐释的前提条件是将概念从原文中择取出来，纵横深发其可能涉及

---

① 狄尔泰语，引自《理解生命》，中央编译出版社1994年版，第98页。

的论域。王弼深化了"无",认为无是万有的根源,无成了本体;郭象发展了"有",认为有无须从无而生,有自己就产生了有。应该说两人都是有根据的创造性的阐释,但都偏离庄子的有无相生相因的链环,或者是从这个链环中摘取了一个片段,尽管这个片段(有或无)一定是下一个片段(有或无)的根据、原因,却不知它们本身也是上一个片段生成的结果。这正是庄子早已批评过的"偏"。佛学三论宗及天台宗从印度引进了"中道"原则,以不落两边(非有、非无)思想方法凌驾于有无之上,又统摄有无。道学重玄思想家则以非非有、非非无、三翻、四极的超越方法,将有无重新放回到相生相因的无穷链环中,不去究竟有无关系,但超越有无,只在重玄、境界中体会有中有无,无中有有。很显然,存在论上的有、无只是就本体的存在状态而言,有是存在,无也是存在,本体论上包含有无的存在是生命哲学的基础,什么也不存在的无不是生命哲学本体论上的无。本体论上有无只是显与隐的区别。修炼论上的有无,依修炼感受与层次而论,与本体论上的有无不同,有与无是就其可视可感而言的。在人体生命构成上,促动五脏六腑、三田、五行、奇经八脉,等等都是实有,在其功能上又都是无形无象的;在修炼层次上,尽管各家体会不尽相同,都有一个认同的过程,即"无中生有"与"遣有归无"。修炼的目的是要炼就内丹,但在修炼伊始,并无内丹,因而是无;修炼中无中生出有形可观的"丹",丹家描述为光灼灼、圆陀陀,如躁动的胎儿,此"有"为有形可视可感。再上一个层次,则要将此"有"——丹,又化作无,即不滞着于有,而能化为无形之象,打破虚空,与宇宙同体,这时的"无"正是一种高蹈的"有"。境界论上的有无为存在论上和修炼论上的升华,出有入无，即从有形有象进入无形无象，有无不再相对执，而是玄同冥合的超世俗的世界。

（四）融合理性与非理性

道学原本不是理性的，信仰总是第一位的，况且其生命哲学张扬的绝不是理性的认识，而是人的生命的直接感悟与体验。对于宗教来说，理性可以诱导信仰，即通过严密的逻辑程序，使人相信理性的绝对可靠性，而理性却充当了神性的替身，基督教的做法正是以理性论证了神性。然而，知识的认识最终解决不了信仰的问题，信仰需要直接的体验，需要宗教的感情、意志，所以基督教以"信仰高于理性"的原则实现了两者矛盾的结合（或叫"悖论"）。中国未有过希腊式的理性辉煌，在道学理论体系的建构之时也没有理性主义的传统可供借用，因而没有理性与信仰的强烈对执，也不会产生将理性贬为信仰的"奴隶"的愿望。道学对理性的运用完全始于不自觉。道学将先秦道家作为自己创教的理论基础，而先秦道家典籍（特别是《老子》）中确已具备了完整的理论模型，其中不乏概念、命题的规范，道学的进一步发展无非是其继续推演而已。六朝时期，佛教及其印度因明逻辑在中土的广泛传播，使道学者们感到自己论辩乏力，意识到非有理性的哲学便不够产生说服力，信仰总少不了说出一些道理，而道理的成立、解释与被人接受，不排出认识。这才自觉地运用理性，此时一批自生的、承继的、转借的理智范畴出现在道书中，理性意味浓厚起来。但即使在那时，也不讲"纯粹"理性。对于道学生命哲学，它本身也是宗教哲学，它在讲求生命意志及冲动时，必然需要排除盲目性，因而它需要理性。在道学的生命哲学体系中，可以看到自始至终的理智的作用，如起念、导引、凝神、观照，等等。可是，生命哲学总伴随着生命的生动性，其非理性倾向性比理性倾向性更为突出，其个体性比普遍性更为重要，柏格森认为生命本身是非理性的，"抽象理智不足以把握经验的丰富性"[1]。修仙之术百途，每人修炼都有不同于他人的体会感受，普遍的原则只是起有限的作用，认识只是在身体力行的践履体验中才会有益，所以其认识修炼论在体会中实现。道学生命哲学相信有绝对的本质，即道，人人修道都是为了契合这个绝对的本质。但修道者并不以某种绝对有效的理智去实行，各人的生活经历与样式具有相对性，以相对把握绝对绝不是一种途径，所以理性只能扮演相对辅助角色，非理性的超理性的扮演主角。理性与非理性就以这样一种互不排斥的态度融合在一起。与此相关，在道德理性与生命观念上也实现了结合。道德理性是重要的，人人需要德行的积累，需要为自己树一面功德碑；生命观念更为重要，即不戕害生命与长生第一，济物利人为二，救度别人只在自己生命强健基础上才能进行。因而，既要长生，又要积德，彼此不相诽毁。两者融合就产生这样一种恒常的信念：遵循生命序次，爱养自然，就是最大的道德。

（五）融合个体生命与宇宙生命

道学把整个宇宙看作生生不息、恒常流动的大生命，万物皆有灵，自然的持久变化为宇宙生命之源。《庄子》《抱朴子》《化书》《太平广记》都生动地描述了一切物质现象又都是生命现象，各类生命现象以自然的、永恒的"道化"规律互相发生转化，转化符合道的运动的目的性，即从道开始，最终又回复道，因而又称"顺化"。在"道化"的链环上，一切生命现象

---

[1]　引自威廉·巴雷特：《非理性的人》，段德智译，上海译文出版社1992年版，第15页。

都要服从"顺化",都只有暂时性,或者说道化的暂时、相对的静止状态。由于道一定要将目的性贯穿到底,因而这个目的性不仅成为一切生命转化的动力,也成为"来不可遏,去不可拔"的"势",生命只能顺应,不能逆反。道化有了目的性,在道理上讲,这就排斥了具体生命现象的自身具有目的性。尽管万物都有灵,似乎都有意识、意志,但它们在道的面前只有顺从的自由,没有自我选择的自由,因而说到底,对于有灵的万物来说,它们的生命是没有目的的。道学其实将万物有灵与道化只是作为生命哲学的一个前提。在道学生命哲学看来,除了宇宙大生命之外,我身是一个小宇宙,是完整的可与大宇宙相对应的生命系统,大宇宙里所拥有的,我自身都同样拥有。而"我"的生命系统不仅仅是生命的存在,重要的是,"我"是一个完整的个体,"我"具有主体性质,"我"的主动性、"我"的意识、意志与感情随着生命的律动,会产生强烈的冲创性。这种冲创性不是盲目的冲动,它自身就是目的性,具有足够的动力,它承认宇宙生命与规律,却能"盗"其"机"为我所用,敢于逆天而动,即敢不遵循大宇宙"顺化"之则,提出"我命在我不在天"的主体性原则。这就是说,人不仅具有选择是否跟随"道化"自然的自由,而且人本身的生命意志可以有自己的目的性,如果说生老病死乃是顺化的必然,那么人高扬的生命意志可以借取天道之机,实现不必生老病死的目的。随着修炼层次的提升,这一原则得到了强化。所以,个体性、主体性原则,乃是生命哲学赖以展开的基础。突出生命个体、主体性并非不与宇宙生命发生关系,个体生命总归是有限的,宇宙生命是无限的,生命哲学的终极关怀,乃是欲以有限生命泯合无限的生命,在跟随道的过程中,分享到道的长久与自由。在道化过程中，任何具体都将生生灭灭，道化作为无限的循环，总是活动着的生命，即具体的有生死，普遍的道总在转化中实现着自己无穷的生命力。道学生命哲学所讲述的修炼，实质还是对道化自然总过程的模拟，亦即对超越具体生死的模拟，在个体的具体中实现普遍的无限的生命。同时，在修炼所达到的境界上，也是将自己的有限投放到宇宙的无限，实现以有到无的境界提升，"死生无变于己"，才是超生越死。

中篇

修炼论

第五章　生命结构论

一　作为修炼的知识

存在论言述生命的本体存在，为生命运动的基础和前提，坚固了生命的基础，确定了前提，道学便着力解决生命的运动问题。中国人对生命运动有着自己的见解，道家生命哲学对生命运动更有自己系统的理解。本篇所谈修炼论，实际上正是一种生命的运动，只是它不是一般意义上的生命运动，它是与生命目的论联系着的生命运动。

在本体存在论方面，尽管道学所论的道、理突出了体验、显示的性质，但是我们看到，为了使这个生命存在的基础和前提确信无疑，道学还是以"论"为主，说出了大套道理。这是因为：有关本体存在的问题，本身是一个形而上的终极性问题，因而它本是一个深刻的道理，对此不能不说，况且说出来了听者也未必能够领悟，故而不妨把道理讲得明白一些，并充分地论证这个道理的可能性，而要问如何能够具体地把握这个道理，则是另一个问题，即修炼的问题。

修炼本来是生命运动，也是一种宗教实践，《阴符经》说："火生于木，祸发必克；奸生于国，时动必溃。知之修炼，谓之圣人。"修炼称"修身炼行"，又称"修真炼性"。修（脩），《说文》："修，饰也。从彡，攸声。"谓人欲使自己完美一些而加以装饰。《楚辞·九歌》："美要妙兮宜修，沛吾乘兮桂舟。"这种外在的形象完美的要求逐渐地转化为内在心灵、品格完美的自我要求，于是修与养、习联系起来，有了修养和修习的意义，以至于修与养、习可以互释。《孟子·尽心上》："存其心，养其性，所以事天也。妖寿不贰，修身以俟之，所以立命也。"《礼学记》："君子之于学也，藏焉，修焉"。《礼学记注》："修，习也。"然而，由于养与习在字源上意义不同，养指长养、抚养、培养，《庄子·让王》："养志者忘形，养形者忘利，致道者忘心"；习指学习、诵习，何晏注《论语》"习"字说："学者以时习诵之"。因而，修养与修习在语义上有区别。修养多指操行、德性，是把人的实际行为与性情调养联系起来的整体要求，实践性强；修习多指经验知识的讲求，"学而时习之"，知识性强，将个人德行实践置于首要地位。《古文尚书·说命》："非知之艰，行之惟艰"。《论语·学而》："行有余力，则以学文。"《述而》："德之不修，学之不讲，闻义不能徙，不善不能改，是吾忧也。"这种修养与学习的思维习惯，酿成了一种著名的哲学认识论上的"知行观"，而且无论知行观上的"知先行后"，或"知行合一"，还是"知难行易"，都最终没有完全从个人德行修养中分离出纯粹的认识论。这种情形恰好适合道学生命哲学的修炼论，修炼论从不把知识放在重要位置，但又不排斥知识，于是以修养统摄知识便成为道学生命哲学的一个特点。"炼"，原指金属的冶炼，《说文》："炼，烁治金也。"汉魏时期神仙方士已大量采用冶炼自然物的方法试图炼出能使人服之成道成仙的金丹，阴长生、左慈、葛玄等人传颂的《太清丹经》《九鼎丹经》《金液丹经》皆属冶炼金丹的典籍。随着内修内养方术的系统化、理论化，"炼"的理念被广泛深入地运用起来，"炼"不仅是炼自然药石，也用来表示炼形，《抱朴子·微旨》就表示"愿闻真人守身炼形之术"。《艺文类聚》八十、八十二记述："吴世有姚光者，有火术。"吴王听说后要亲自检视其能耐，令人用数千束柴火堆起来，将姚光置于柴堆中，瞬间火起风燔，人皆以为被烧成灰烬，不料姚光"怡然端坐灰中，振衣而起，把一卷书，吴主取而视之，不能解也"。其谓"火术"，乃是药石外炼运用于炼体炼形的变化。人们相信，既然自然物能够通过冶炼变为不朽之物，那么人体通过自觉地运炼，也可变成不朽金身。这种观念在魏晋时期尚以服用外物炼就的金丹来实现，自此以后则逐渐地以内炼形体、精神来实现。由于内丹学说和生命哲学在道学里面普遍认同，炼形、炼身、炼命、炼性等术语流行起来，不仅把修养、修习等看作一种类似的修炼，更把生命自觉的合目的运动看作类似自然冶炼过程的运炼，从而修炼成了宗教活动的最基本内容。

　　按照目的论的要求，修炼是谈如何得道的问题，即试图通过自觉掌握的生命的内在运动，达到身心一致，与道玄同。显然，修炼是非知识的。现今我们把知识理解为主观对于客观现象及其本质的认识积累，撇开康德理性逻辑形成的先天性不讲，就知识相对于认知着的主体来说，它总是先天的，外在的，我们在进行认知活动之前，无论知识是前人经验累积的，或前人尚未经验的，它总是作为对象外在于我们的，所以康德把主客体的对立、分离作为知识可能的前提，这是有道理的。而黑格尔把主客观的同一作为"绝对知识"，也仍以主客分离为前提，没有主客对置，就无所谓知识。而修炼恰恰是以主客不分为前提，不是在我之外寻求一个对象，而是对象就是我自己，在我之外即使存有大千世界，我（主体）也不把它看作对象。这是在道学生命哲学的本体存在论中就已完成了的论证，这个论证为生命自我修养剔除了障碍。同样，修炼也非经验的认知，它是比较纯粹的体验，个体性非常强，他人的经验只对他人有效，未见得于我有效。道学的修炼有一句常说的话："修仙之途百数。"不是只有一种办法，一个途径。道学所谓"点化成仙"是颇有意味的，"八仙过海"故事中钟离权、铁拐李、吕洞宾、韩湘子、何仙姑等相继成仙升天，不是靠类似技术、经验的传授，而是"点化"，即一种启发式的教育，诱导其自悟。在仙与凡人之间，有一个不可逾越的界沟，凡人不可能有仙人的经验，仙人又不可能把自己由凡成仙的经验传授别人，所以这之间的不可通约性表明"经验"在形上学方面的无能为力。个人"经验"不具有普遍有效性是一个方面，而成仙"经验"秘不可宣又是一个重要方面，这是"天机"。所以，我们看不到一本专门谈论成仙体会的仙书，这样的"体会"永不可谈，这是宗教修炼的一条基本原则。这条原则看来并非只是修道者自己愿意的约束，而是绝对的定律。因为在仙与凡、彼岸与此岸之间，任何人都不能够脚踩两边。故而从这个角度来说，修炼也不是知识。反过来说，知识也是非修炼的。

"知"和"识"在字源上可以互释，《玉篇》释"知"："识也，觉也。"知或识单用就指知识，古文字单音节多，双音节少，一字多义。知和识既作为认知对象，又作为认知行为本身。《论语·尧曰》："不知命，无以为君子也。不知礼，无以立也。不知言，无以知人也。"《论语·卫灵公》："子曰：赐也，女以予为多学而识之者与？"知和识作为现今意谓的"知识"，在中国是很晚的事，而在秦汉知识作为双音节运用，恰与我们所谓的知识意谓相异。《墨子·号令》："其有知识兄弟欲见之，为召，勿令入里巷。"孔融《论盛孝章书》："岁月不居，时节如流……海内知识，零落殆尽，惟有会稽盛孝章尚存。"显然，这里的"知识"指相识相知的人。在佛教里有"善知识"的说法，谓善友、道友。《华严经·十四向品》："常乐大愿，修习菩提，依善知识，离诣曲心。"究竟什么是我们当今所说的"知识"？《荀子·修身》说："是是非非谓之知。"是其是，非其非，尽管肯定"是"否定"非"属于主观的认知行为，然而，所是所非仍然是超乎主观的客观，是某种真实的知识。经验知识通过传授和记识实现承传、积累，其有效性决定了它不需要特别的途径，只要肯学习就行了。而修炼则主要讲求随机性，某种经验对于某个人有效，未见得对另一个人也有效，随机性也就是完全根据个人的身体情况与知识差别，找到适合自己的路径。

可是当我们说修炼不是知识时，同时却应当说修炼包含着知识，也就是说生命的运动过程表达了知识的展开，超越的实践活动孕育了超越的认识活动。修炼既为"论"，则不是处处都是无系统的神秘意会，它乃是方法与观念的系统表述。"论"在表述形态上无疑是知识形态，它的目的在于说明某种道理，这种道理能够凭思维理路学到。尽管在道家的所有修炼论著中，没有一家称自己所言为"论"，而多以"秘要""秘旨""圭旨""法诀"等，并再三申言不可"妄传""妄泄"，但是不妄传妄泄也并不排除正当的传授，而所言所论无论如何"秘"，也仍然是在"说秘"，说与言既然有确定的来源，又有系统的观念与方法，而非零零碎碎的，那么就只能是"论"

了。翻开魏伯阳的《周易参同契》可以看到，无一处不是在"论"金丹大药、乾坤鼎炉、火候法则，只是"慎言"而未尝"显言"，使人难以理解，这种情形在道家修炼典籍中具有相当的代表性。应当说，道家生命哲学的"论"有自己的论证方式。说到论证，有必要提到，道家所论并非只是论述或描述，而是极其讲求"证"的，在葛洪《抱朴子内篇》里就大量地取证。但在生命修炼论中，其"论"所应对的"证"通常不在于外物，而先于内己，以身体力行的变化来印证，所以有"证道""证悟"之说。从修炼的随机性方面来说，虽然人人不同，个性特征比共同特征更突出，但又有"渐""顿"之说，"顿"是一种随机应变的证悟，却不是人人随时都能顿悟。人与人知识根性差别很大，道家修炼把人分为九等，即上、中、下各有三品，除上上品直认本性的顿悟和下下品顽愚不化外，中间七品皆循由渐到顿的修炼途径，故有"神道设教为中士"的观念。"渐"是修炼功夫的积累，而功夫除了修到顿悟的不可通晓地步之外，其他大部分还是修在明处的，即修习的人都能认知，这也就是某种特殊的知识，功夫的积累也就是知识的积累。前面谈到过，修炼当中自然涵括了修习，修习则意味着知识的学习、记忆与积累，采取的是认知的方式。道家有关修炼的书不下千种，般般皆有自家体会，但在谈到修炼的基本功夫时，则大同小异，"大同"正是知识之同。如果我们换一个角度，把道家修炼论作为一种特殊类型的文化系统来看，我们也会把修炼论看作某种知识。近人张东荪在《知识与文化》中曾认定，"知识本来即为文化"，进而他采取了"从知识说到文化"的态度。反过来讲，文化也应当就是知识。对于文化，如果我们不是采取一种独断的态度，而是多元认同的态度，那么我们对待异质文化也应采取知识的态度，"知之为知之，不知为不知"，不可强以不知为知，更不可强以不知来否认不知的知识。

我们说修炼论以主客不分为前提，是说它以本体存在论作为前提，主体与客体的"合体"与消融在本体论中完成了，但是并不是说修炼论中不再有主客关系问题。主体与外部世界及宇宙的本质虽然消解在主体内，主体自我中间还存在着需要克服的对象，"克服"既是消解，又是彻底的认知与顿悟。修炼论中有多种多样的表示主客关系的概念，如主宾。《悟其篇》：

> 自知颠倒由坎离，谁识浮沉定主宾。[①]

主者居于内，宾者居于外。朱元育《悟真篇阐幽》解释：

> 就先天而言，本以乾性为主，坤命为宾。自中爻互易为坎离，未免宾反为主，主反为宾。[②]

又如彼我。薛阳桂《梅华问答编》：

> 盖元精、元气、元神，是我身本有之物，是以谓之我，为这边；天元、地元、人元，非我之所有，是以谓之彼，为那边。三乘法中，以性、命为彼我，或以先、后为彼我，以性宗为这边，命宗为那边。我天仙家，无分彼我，在乎一理之贯通耳。

修炼中还分出许多个"魔"与"界"，它们相对于修炼着的主体来说，都是客体的先后有秩序的连续展现。主体、客体作为一对哲学范畴，在西方世界，亚里士多德提出"主体"概念之后，在17世纪后成为近现代哲学的基本概念。中国没有主体与客体的概念，这并不说明中国没有主体与客体的问题和观念，

---

① 王沐:《悟真篇浅解》，中华书局1990年版，第5页。
② 引自《中华道教大辞典》，中国社会科学出版社1995年版，第1186页，

由于中国古代双音节词语少，故无主客体的提法，但主、客单音节词也就相当于主体、客体。《礼记·郊特牲》："天子无客礼，莫敢为主焉。"古时候以天子为天下之主，故主不行客礼，而天下人为客也不敢称主。主客从主人、宾客引申出来，在认识论上就是主客体，从而主宾、我彼、内外都是这个意思。西方现代发端于黑格尔《精神现象学》的扬弃主客体对立的哲学倾向，使得与中国道学生命哲学有更为显明的一致性。胡塞尔把认识限定为"心理的体验"，认为认识是个主体事实；海德格尔以思维与存在的同一性注销了传统的主客体的对立，思维是存在的思维，存在是思维的存在。如果把维特根斯坦后期哲学也考虑在内，就会形成某种类似性，即都在认识论上坚决地拒斥知识的客观本质，本质与思维（或心理）同在，故本质不能推论，只能"显现"。这与道家修炼论的"证悟"有着可通晓处。尽管如此，知识的绝对性销蚀了，相对的知识仍然存在着，认知活动不消失，知识就不消失。只是不再把知识理解为普遍的一元本质，而在认知主体的个体性中实现有限的多元知识，各种不同的有限知识中也还存在着相互的类似性。

道家修炼论中所含蕴的知识，就是相对的知识。有了这种知识不等于说修炼论即知识论，而是说从修炼论中引出了知识论，而知识论又最终化解在修炼论中，并为修炼论提供服务。

在上述基础上我们再来看修炼论中的生命结构问题。

"结构"似乎是一个技术的而非哲学的问题，但当有关结构的思考进入物质的观念及具体形态时，便不纯是技术问题，如事关结构观念与方法，以及在这种观念和方法基础上建构起来的形上学，就是比较纯粹的哲学了，就像我们绝不会把拉·梅特里《人是机器》，以及20世纪的语言结构主义看作技术学一样。哲学上最玄妙的道理和问题通常建构在最简单的事实基础上，同样，生命哲学的最深刻洞见也把结构视为"立身之地"。

这里所说的"结构"，也还不同于传统意义的结构，而是生命哲学与生命形态的结构，即观念的结构。观念的东西未见得都能与实在的东西一一对立，"桌子"的观念对应着有固定四条腿的、木制的（或金属的），可用于写字、用餐的办公或家用制品，但老子的"道"、柏拉图的"理念"却难以寻求到对应物。道学生命哲学的结构就存在于有无、虚实之间，在"有"与"实"的方面，你能发觉生命的现实基础和活泼的生命运动；在"无"与"虚"的方面，你能发现超越的倾向和原创的动力。也正因为如此，在这对观念的展开过程中，可以看到生命是怎样实现自己有目的的运动，从而表现出道学生命哲学的结构。

二　有

存在论上的有、无是关于本体的存在状态，或者本体存在的"究竟"而言，修炼论上的有、无是就生命结构及生命运动展现的生命景象而言。因此，修炼论上的有、无不同于存在论上的"究竟"意义上的有、无，但修炼论上的有、无与存在论上的有、无不无关系，生命运动能够流溢出生命本体的存在意义，生命修炼也把具体的存在引导向终极的本体存在。

道家生命哲学结构中的"有"既不等同于存在论上的有，又与存在论上的有存在着关联性，因而它在自己的多彩的变化中不时地显示终极存在的深义，又在变化中表演着多样性和多

义性。在生命修炼体验中感受到的景象变幻，就是结构论中
"有"的变幻，在变幻中人能够了悟到这个"有"既显现为实
有，又表现为观念上的有。黑格尔《逻辑学》的起点"有"就
是没有具体指称的观念上的有，这种情形似乎是存在与存在者
的分离。在生命结构论中，我们将看到"实有"和观念"有"
的多种表现。

（一）精气神

在本体存在论中已涉及精、气、神这方面问题，只是在那
里以宇宙及其生命的根源和本质的形式表现出来，论证宇宙本
体与作为人的生命本体的一致性，其精、气、神是作为现实的
生命的基础表现出来。作为生命的基础，道家生命哲学与中国
医学存在着相互依存的关系，中医同样是把精气神作为生命
现象的基础，也是中医在理论与实践中自始至终着力解决的
问题。在道学史上，有许多著名的道士又是著名的医生（道
医），这种传统至今犹存，我们很难在道医与医生之间明确地
划一道界限。然而，区别仍然存在，可以说凡是道医都算是医
生（前提中已包含结论），不可以说凡是医生都算是道士（前
提中不含蕴结论）。这种区别其实是内在的，医生要解决的是
如何使得生命较好地维持其现有存在，道士则不仅要解决医生
所要解决的问题，还要解决医生不打算解决的问题，即如何使
得生命永存，其中不仅有生命的延续，更有生命的超越。这一
内在的区别就含蕴了生命的哲学与境界。

精

《老子》：

> 恍兮惚兮，其中有物；窈兮冥兮，其中有精，其精
> 甚真，其中有信。（二十一章）

这一概念歧义颇多。《淮南子·精神训》："烦气为虫，精气为人。"王充《论衡·超奇》："天禀元气，人受之精。"道者在修炼中把精分两类：即淫精和元精。张伯端《金丹四百字序》："炼精者炼元精，非淫佚所感之精。"[1]道学又称先天精、后天精。"淫佚所感之精"即后天精。孙思邈《备急千金要方》引岐伯回答黄帝问"上古之人，春秋皆度百岁，而动作不衰。今时之人，至半百而动作皆衰者"时说：今时之人"以酒为浆，以妄为常，醉以入房，以欲竭其精，以耗其真，不知持满，不时御神，务快其心，逆于生乐，起居无节，故半百而衰也"[2]。这里所说的"精"就是后天交感之精。又《听心斋客问》："男女交媾，精自泥丸顺脊而下，至膀胱外肾施泄，遂为渣滓，则为交感之精矣。"[3]先天精，又叫元精，或"二五之精"。道者修炼多指先天精、元精，而对后天精、交媾之精持贬抑的态度。就生命遗传的直接关系来说，交感精本最应受到重视，为什么道者舍此而言先天精呢？其原因不外在三个方面。第一，生命的遗传表现为此一生命的走失，彼一生命的出现，走失的生命使生命现象得以延续，却不再属于自己。这样一种生命运动属于盲目的不自觉的行为，与道学生命合目的运动不相容。第二，生命的遗传表现的是生命的自然流转，而生命哲学讲述的是非自然的逆返，前者属形而下问题，后者属形而上问题，从而前者不是生命哲学所要关注的。第三，生命的修炼中隐含了德性的修养，尽管修炼方法中既有清修，又有男女阴阳双修，但反对纵情是各种修炼论的一种基本态度。所以，修炼家对后

① 见仇兆鳌：《悟真篇集注》，上海古籍出版社 1989 年版。
② 同上。
③ 见《中华道教大辞典》，中国社会科学出版社 1995 年版，第 1213 页。

天精多持"保精勿泄"的观念，而把注意力集中于先天精的修炼上。

单就先天精来说，歧义也很多。对此，清黄元吉说：

> 修炼之家常以精与神气配说。至叩其何者为精？则茫无以应。即诸书亦有言精者，然而词情恍惚，并无确据，间有执交媾之精者。至叩此精藏于何所？则又茫无以应。不知此特后天有形之精，非元精也。[①]

对元精理解的歧义，产生于人们对其体会各异及修炼所取路径不同，但仍不难窥其中相同之义。《老子想尔注》说："所以精者，道之别气也。"（"其中有信"注）"精结为神，欲令神不死，当结精自守。"（"谷神不死，是谓玄牝"注）[②] 这是把精视为气的一种，并与本体的道联系起来，意谓个体的精与普遍的道有着同一性。同时，又把精视为生命根本，生死都在于是否有足够的精。陶弘景《真诰》说："精者，体之神；明者，身之宝。"[③] 同样是把精看作生命存在的根本条件。《无上秘要·人品》说："结气为精，精化为神，神变成人。"[④] 施肩吾《西山群仙会真记·补精》："气液相交出于膀胱之外者，谓之精。"[⑤]《青华秘文》："元神见而元气生，元气生而元精产。"[⑥] 柳华阳《金仙证论·正道浅说》："精者乃是入死入生之关锁，其名虽然称之曰精，其里本自无形，因静中

① 《黄元吉养生静动心法注释》，中国文史出版社 1990 年版，第 53、54 页。
② 见饶宗颐：《老子想尔注校证》，上海古籍出版社 1991 年版。
③ 《道藏》第 20 册。
④ 《道藏》第 25 册，第 12 页。
⑤ 《西山群仙会真记》，上海古籍出版社 1989 年版，第 20 页。
⑥ 《道藏》第 4 册，第 364 页。

而动，言之曰元精矣。"①李涵虚《道窍谈·先天直指》："以言其精，为二五之精。……二五之精，即与阴阳之气共生成。"②不难看出，丹家都把精看作气之精者。气有粗浊与精妙之分，且有外内之别，弥漫无端的气与个体的生命无关，只有气之精者凝结而又落实在个体生命现象中，才是精，从而精成为人的生命是否能够继续生存的关键，故有"二五之精，妙合而凝"的说法。汪启濩《性命要旨·补遗篇》说："何谓二五？二者，六二居内，卦中女阴也。五者，九五居外，卦中男阳也。内外、男女、阴阳合，化为真一之阳，所谓'吾善养浩然之气也'。"③这就是说，精是女阴男阳、阴阳两气的凝合。气易飞扬，精因为凝合而成，故比较稳定。故《青华秘文》以精为铅："精实肾宫，而气融之，故随气而升阳为铅者，此也。精失而元气不生，元阳不见，何益于我哉？"④黄元吉说："元精无形，寓于神气之中，贯乎耳目百体而无可指。"⑤又认为精为灵液："广成子曰：'毋摇尔精。'精即汞，汞即心中之灵液，元神之所依托者也。"

　　关于精产生于何时，《石函记》："玄元大道，无象无形，感于自然而有动静，动者元阳也，元阳即元精，元精生真火，发生于玄玄之际，离合而成。"⑥"玄玄之际"乃是一个不可测度的时刻，"玄"又指一、元，为原始、初始之义，"玄玄"即

　　①　《金仙证论》，见《古本伍柳仙宗全集》，上海古籍出版社1989年版，第421页。

　　②　《道窍谈》，见《涵虚秘旨》，中国人民大学出版社1993年版，第19页。

　　③　引自《中华道教大辞典》，中国社会科学出版社1995年版，第1134页。

　　④　《道藏》第4册，第365页。

　　⑤　《黄元吉养生静动心法注释》，中国文史出版社1990年版，第54页。

　　⑥　《许真君石函记》，见《道藏》第19册，第413页。

玄之又玄的时刻，"际"指有与无两畔之间的临界点。在这里
要人们知道"玄玄之际"表明的是一个时间观念，却又不能也
无须找出这个时间，因为在人们意识到这个精的时候，它已是
先天地存在了，没有它的先天存在，生命自我将不可能实现。

　　"凡精"指后天交感、淫惑之精，先天精与后天精的区别
只在于是否受外感而动，外感而动就成为交感精液，不受外感
的本然状态就是气之精液。在这个意义说，精是不待修炼而先
天自存的，故有以精为"清"，此是相对于后天之"浊"而言。
伍守阳《仙佛合宗语录》区别了"生精真时"与"精真时"，
"生精真时"为未知之先天本有，而"精真时"为已知身中有
此真精，"静极而动之精甚真"，也即非淫惑凡精。

　　精既为生命根本，它在生命体内有无处所？《西山群仙会
真记》认为精出"膀胱之外"，《青华秘文》认为"精实肾宫"，
陈致虚《金丹大要》则说："以人身中之精而言，乃后天之精。
若论还丹，却非此精。夫金液还丹之精，姓金唤九三郎，讳元
精，号金华。居玉池之西，出入跨虎，乳名婴儿。晚则唤金
公，到邻家便称主人。其情嗜交梨。此乃先天之精，却为人之
至宝。老子曰：'杳杳冥冥，其中有精，其精甚真，其中有信'
者此也。修炼之士，若明此精，即可仙矣。"[1] 显然，他把精说
为修炼的结果，即丹华之精，婴儿、金公、老郎、主人皆为
还丹之精的异名。"玉池"又称"华池"，《黄庭经》："口为玉
池。"《听心斋答客问》说："精在先天时，藏于五脏六腑，氤
氲而未成形。后天之念一动，则为后天之精。"[2]

　　由此看来，各家在精有无确定处所问题上并无一致可言，

---

①《金丹大要》，上海古籍出版社 1989 年版，第 35、36 页。

②《中华道教大辞典》，中国社会科学出版社 1995 年版，第 1222 页。

但在精为生命根本问题上是一致的。然而，精既为生命之根本，那么它是一个无形无色的冥明，还是一个有形质可言的具体？如果它是冥明，它就与"神"没有两样；如果它是有形质的具体，它就应该在生命体中有空间的位置；如果两者都不是，那它似乎就是无所指称的空有的观念。按逻辑排除法解决不了这个问题。从精为"液"来看，它应为有形质可言的东西，但对此丹家都持否定态度，既是"氤氲未成形"，就是无形。《仙佛合宗语录》："元精只是无形元气，不可以形辨。可形辨者，后天。"① 元精在先天时即无形，到有形可见时，它属于后天淫精。无形并不等于无质，不管它处于肾宫，或处于五脏，总表示了某种空间关系，所处方位的不确定并不排除空间关系，只是以流动性代替了固定性。再说"形"相对视觉而言，看不见的东西并不可说其为无。道者修炼对这个精的确定性深信不疑，根据在于对精的确认出自修炼过程中的深入体验，即使看不到，却能体验到它的确定存在，而且还能体验到它的存在状况是否充溢及其对于生命、精神状况的至关重要，也就是说它是无形而有质。这里还有一个很重要的"已知"和"未知"的关系，如伍守阳所说的"生真精时"和"真精时"，当元精在"氤氲未形"时，它是先天存在的，为人所不知，即人生来便有此元精；当人在修炼到"静极而动"时，元精便为人所体验，这里的"动"正是元精动用。如黄元吉所说："静养久久忽焉而有动机，此即鸿蒙未判将判之间，元气已有动机。"②

---

① 《仙佛合宗语录》，见《道教五派丹法精选》第四集，中医古籍出版社1998年版，第106页。

② 《黄元吉养生静动心法注释》，中国文史出版社1990年版。第56页。

关于精与气的关系，如前所述，修炼家的基本观念是把精看作"气之精者"，精也叫精气。《养性延命录》："精气清静，乃与道合。"《性命圭旨》："先一至精，一炁氤氲是也。"柳华阳《金仙证论》："炼精者，则炁在乎其中。"① "炼精之时，则炁原在乎精中，精炁本是一物。"②《天仙正理直论》："修仙者，必用精气神三宝。此言只神气二者，以精在气中，精本是一故也。"既然精气本是一物，为何要析一为二呢？这是因为在根本意义上讲两者为一物，但存在状态有所不同。道学认为气有万亿种，且有精粗，不是任何气都可称得上"精"的。气也是一个极宽泛的观念，含义包罗万象，不是都能作为生命现象的基础和根本。还有，如前所述，精在存在状态上不是像气那样容易飞扬疏失，它像是液态的存在，在修炼中体会的运行是稳定而缓。最后还有一个重要因素，道学思维方式上习惯于"三一为归"，天地人为三一，精气神亦为三一，人体修炼的最基本出发点是人象天地，天地人归一成一个大宇宙，精气神归一成为一个自性俱足的小宇宙，大小宇宙在结构上应当契合。在后面我们还会看到这样一种思维方式是如何适应和表现生命运动的。至于说到修炼家把精与气合作一物看，自然是从根本意义上着眼，精、气、神三宝在本来存在着原本的同一相约关系，即精气神可以导向道气，个体的生命本体通向宇宙的生命本体。

看得出来，精作为能够感受到的生命基础、根本因素，它是某种实有，是真实的存在，由于这个原因它才作为生命结构

① 《金仙证论》，见《古本伍柳仙宗全集》，上海古籍出版社1989年版，第415页。

② 同上书，第411页。

的一个方面，作为生命存身的条件。又由于它所具有的流动不居的性质，使得它具有那样的不确定，它不在某一个具体的空间位置上显示自己的存在，而在流动中显示自己。也正是有了这种流动性，使得生命的修炼和生命的运动成为可能。

气（炁）

存在论上的气从本体终极意义着眼，修炼论上的气从生命现象的基础着眼，但在存在论中我们已经看到道家是如何把本体的外在存在引向生命主体的内在存在的，修炼论中考虑的是气怎样托起了生命现象，它在生命结构中处在什么位置，它如何运动流转，以及怎样通过主观作用的发挥来实现生命的目标。

与精一样，修炼家仍把气分为先天气和后天气。崔希范《入药镜》说："先天气，后天气，得之者，常似醉。"修炼家认为先天气就是"玄元始气""先天祖气""元气"。《青华秘文》："元神见而元气生，元气生则产元精。"[1] "元气之生，周流乎身，而独于肾府采而用之者。"[2] 王道渊说："先天气者，乃元始祖气也。"认为修炼中采药炼丹就是"采取先天一气，以为丹母"。彭好古在解注《入药镜》时说：

> 人之未生，混混沌沌，惟脐中一点真炁与母命蒂相通。母呼亦呼，母吸亦吸。及囫的一声，而炁落丹田矣。呼接天根，吸接地轴。而先天元始祖炁，未尝不充溢于其中。非后天之气，无以见先天一炁之流行；非先天之炁，无以为后天一气之主宰。此炁在人身天地之中，生门密户。藏则为炁，形则为气。[3]

---

① 《道藏》第 4 册，第 365 页。
② 同上书，第 364 页。
③ 崔希范：《入药镜》，上海古籍出版社 1989 年版，第 2 页。

李攀龙也注解道：

> 先天一炁即真铅，产在虚无太极前。恍惚窈冥中有
> 象，方知道化极玄玄。①

后天气也就是生命形成之后的呼吸之气，后天与先天的时间界限在于出生前后之间，躁动于母腹中的婴儿未尝不需要气（炁），但婴儿在母腹中所需的气（炁）无需外在供给，靠的是母体先天供养。设想给未出生的婴儿供应外在气，婴儿可不可以受用？在这个意义上讲，婴儿所需的不是后天所呼之气，而是先天的，先天炁与后天气在这里表现出了质的区别。在气与炁的区别上，修炼家在一般意义上并不严格分别，但在谈到修炼中的先天与后天时是很注意分别的。先天炁通过代代相生而相传，但对于接受者来说，它始终是先天的事实，之所以又叫作"玄元始气""先天祖气"，一是因为它（又叫真炁）与命根命蒂相通，为生命从可能到现实的根本依据，"有此祖炁则有命，无此祖炁则无命矣"（薛阳桂《梅华问答编》）；二是因为它在终极意义上与宇宙本体相通，为生命的本体，"玄元始气"在本体存在论中就是指道气。炁作为生命根本，在婴儿出生，即生命实现时，它如何体现自己的作用呢？首先，它从无所藏匿的状态（即人生在混沌无意识的先天情形下它也无须藏匿），进入了不显现的藏匿状态，分别只在瞬间"团的一声"，落入丹田，丹田为其藏身之处。虽然藏身，却未必无作用，它实际上还"周流乎身"，即自始至终地循环往复，只是它随后天呼吸之气的动作而流行，或者说它"充溢其中"。薛阳桂《梅花问答编》："盖此祖气，虽自立太极在人身中，而气仍然与天

---

① 崔希范：《入药镜》，上海古籍出版社 1989 年版，第 2 页。

地相通。若闭七窍，则与天地隔而人死矣。"张三丰《玄要篇·先天一炁歌》说："生来本是先天炁，隐在形山人难遇。"自然地，它的流行与气的动作表征为隐与显的差别，气的动作为"形"，炁的流行为"藏"，即藏于气中。在这里可以看出，先天炁与后天气不仅是区别的，而且在修炼中先天后天各有其能，不相替代。先天炁为生命之根，那么修炼也就是要炼它，它是实现生命修炼目标的对象，"采取"先天炁以为"丹母"，就是在修炼中捕捉它来作为生命修炼的基础。而后天气虽然是在后的，外在的，但它是实行生命修炼的手段，正是通过一呼一吸、连天根接地轴，实现生命的合目的运动。所以，彭好古以先天炁为"流行"，以后天气为"主宰"，通过先天气的流行作用体现后天气的主宰作用。这是前提、基础与手段、方式的区别，缺一不可。柳华阳《金仙证论》说："先天之炁不得后天之气，则不能招摄转运。"①修炼家还把先后天的区别喻为本与末、源与流的关系，先天之气为丝竹，后天之气为丝竹之音；先天之气为兰桂，后天之气为兰桂之香。

伍守阳在《金丹要诀·言先天》中对先天气有另一个看法。他说：

> 真铅黑，真银白，真砂赤，真汞青，真土黄，此无形之金木水火土也。真铅先天水，真银水中银，真砂玄之火，真汞水中金，真土名黄婆，即金母也，盖先天无形之气也。②

中医和修炼都把心脾肾肝肺喻为火土水木金，伍守阳以脾脏之气为先天一气，这与其他人有所不同，他的观点可能依水火木

---

① 引自《中华道教大辞典》，中国社会科学出版社1995年版，第1214页。
② 《金丹要诀》，见彭定求辑：《道藏辑要》。

金土的关系为依据,五行中土居中央之位,起五行媒合作用(黄婆为媒),故中央之气当是先天之气。李涵虚《道窍谈·先天直指》则直截了当地把先天气作了超于人的生命产生根源的解释。他说:

> 先天者,超乎后天之上,最初最始,为本为元,盖一炁之尊称也。但此先天之气有三端,先天之名有二义。①

所谓"二义":"先出于天者,一也;先原于天者,二也。"所谓三端:"先出于天者,比天更早,为生天生地之先天也。此气包鸿濛之体,初名太无,天地未分,先有此气。此其先出于天也,故曰先天。此一端也。""先原于天者,从天而起,为生人、生物之先天。此气含氤氲之象,潜形太虚。人物未产,先有此气。此其先原于天也,亦曰先天。此二端也。""至于生仙、生佛之先天,合前二义兼有之。此气从虚无中来,称太乙,金丹假此而后成,曰祖,曰始,曰含真,可与先出乎天、先原于天者为三相类,故亦号为先天。此三端也。"②"先出于天者"是讲先天气在时间关系上此天更早。"天"在这里表征宇宙。天在时间上有起始,"盘古开天地"说的就是宇宙起始。而先天气没有时间的起始,至于天地之前的先天气的存在状态,道家与道学都用了鸿濛、混沌之类的模糊性说法,看来对于这个混沌的问题也只能采取混沌的说法,庄子早已表明,追问下去是没有结果的,欲将本来不可能清楚的问题说清楚是完全徒劳的,因为前提的设定已经决定了这一点,所以还是说到此为止,将其悬置起来,"六合之外,圣人存而不论。"(庄子语)"先原于天者"就不只是时间观念,更重要的是脉络源流观念。顺

---

① 《道窍谈》,见《涵虚秘旨》,中国人民大学出版社1993年版,第18页。
② 同上书,第19页。

着河流上溯，总能找到发源地。人与物皆天地之中存有的东西，这些东西都能够找出根源，对于甚讲根源、脉络的道学生命哲学来说，这一点至关重要。关于人、物的生成，先天气总是先天的，因为在人、物存在之前它已经先在地存在，只是这种存在与在天地之前的存在状况有所不同，它有氤氲，含阴阳差别，并从不可见到可见，从可能走向现实，"从天而起"，也就是与天地同生，天地也就是它的天地。先出于天、先原于天，推论先天气的本始原初，"至于生仙、生佛之先天"，讲的是人体修炼，即如何通过炼气而成仙成佛。宋明以降，道佛合流，修炼中讲佛也即仙，这在张伯瑞《悟真篇》中已经互用。修炼讲的炼先天气，正是欲以先天气炼还丹成仙成佛，所以说："金丹假此而后成"。

正是在上述意义上，修炼家又把先天气称作"太乙含真之气"，意谓它自己就含育了成仙的真种子。此"三端"之间并非无联系，而是一个"三相类"的关系。"相类"为魏伯阳《周易参同契》的基本观念，意谓现象之间存在着内外结构及其形态的相似性，甚至在行动规律上的完全一致性，因此此一现象的原理同样也适用于彼一现象。人像天，这在西汉时董仲舒就已经做过类推，《周易参同契》进而完完整整把人的生命模型与天地构造模型做了完全的相类，认为人可以依天地之理行造化之功，天地不朽，人也可以做到这一点。道学修炼把这原则进一步具体化了，有关这方面，我在《道教思想》一书的附录中有过专门论述。[1] 从先天气生天地，到生人生物，再到生丹生仙生佛，其理同，其情同。天地万物生成是一个造化，

---

① 李大华：《道教思想》（岭南文丛），广东人民出版社 1996 年版。

"丹道所以夺天地之造化者，天道同也"（《道窍谈》）。有关这一点，英国的维特根斯坦后期哲学有过相似的观点，他认为不同对象的相似性越多，类比扩展就越可能。我们已经看到，修炼家们自觉或不自觉地在把生命的修炼与本体存在问题联系起来，这种联系把个别存在、人的生命现象与外界物质现象放在一个关联性整体当中来考察，如此便能为生命内在因素的修养找到可靠的根据，自我当中本来存在某种永恒的东西，只是这种永恒的东西并非不通过修炼就能得到。

有一点应当注意，修炼家在把先天炁称为元气时，同时也就将后天气及其他外在的气从元气论中排挤出去了，而这在道家那里，甚至在唐朝以前的修炼家那里都不是如此看待的。在《淮南子》和《论衡》中元气只有清浊轻重的区别，没有先天与后天的差异，《太平经》在运用元气范畴时，常与神气、帝王气、心意气相混，其曰："凡事人神者，皆受之于天气，天气者，受之于元气。"这种混同的前提是承认区分与差别，而在承认差别的条件下，又竭力将外在的、规定性不甚强的元气与人的生命现象联系起来，并在生命现象中找到元气寄身的条件。唐代的修炼家多将气的种数做无限扩张，在承认气有无限差异的原则下，从中择选出与本体有关甚至直接就等于本体（道）的元气。《云笈七签·元气论》的表述具有代表性，其曰："夫自然本一，大道本一，元气本一。一者，真正至元纯阳一气，与太无合体，与大道同心，自然同性。"所说的"真正至元纯阳"，乃为气中之尤者，它既为万物之根，又为生命之本。可以说，这为生命元气的修炼提供最合理的论证，由此再类推到先天炁的修炼顺理成章。事实上，唐代正是外内丹学说交替递兴的时期，外丹学说虽为盛极，却已暴露出其自身难以圆说的弊端，内丹学说虽未形成整体理论形态，却已显示出了宗教哲学的意义和发展潜力，所以唐代修炼家在论述元气问题时，都带有自己修炼的体验，自然地，他们的表述中其生命哲学的倾向性极为明朗，只是在身内与身外的区别上尚不够明确。也就是说，他们的论说大多集中在本体论上，而且证实了宇宙的本体就依存在人的生命现象中，但没有表明自己所论的本体只是生命本体，或者说那存在于身外的也就存在于身内，没有说所论述的只是以身内的为对象。所以，他们的论述主要说来属于论证，而非修炼，而且他们的论证又像是在完成本体的移植，把在外的移植成在内的。但对于唐末五代以后的修炼家来说，他们关心的只是如何在生命现象内发现生命所以能够成为存在的根本，并且从个别的有限的生命现象中走出来，达到超越的目的。因此，他们突出在修炼实践，在行动，对于修炼中不得不说的元气，就认定它正是生命的根本，生命赖以产生和存在的根据，相对于现实的个体的生命主体来说，它就是"先天"。至于先天气之外的气，不管它有多少种，都叫作后天气。

　　修炼家还把元气在前生命现象与生命现象的不同表现理解为"上德之体"与"下德之体"。上德之体为天元，下德之体为人元。在前生命现象时称元气，在生命现象时称真气，"天以元气生人物，道以真气生仙佛"；元气表现了生命的来源，真气则表现了它为生命存在的根本，"有此气则生，无此气则死。是气也，即人之命也。人欲固命，不可不固此气。"（黄元吉《乐育堂语录》）[1] 所以，修炼家把这个先天的真气看作"大

---

[1]　《乐育堂语录》卷四，第二十五，九州出版社 2014 年版，第 193 页。

本"，"大本已立，其他皆余事矣"（《修真辩难》）。得其一，万物毕。此先天气在生命体中不仅表现为一般性的物质过程，更表现为向上的力量，既沸腾激扬，形成为人的冲创动力，又表现为整体的和谐流畅以及放达适意。先天气是否充溢，在生命外观上也会聚为某种气象。有关这方面，清人黄元吉《乐育堂语录》有过描述：

> 若先天元气到时，只有一点可验之处，心如活泼之泉，体似峻峭之石，自然一身内外无处不爽快，无处不圆融，非可意想作为而得者也。[1]

尽管他对先天气的感受的描述建立在修炼的基础上（即不修炼的人自身虽含孕此气，也不能有此感受），但他还是表明这并非"意想作为而得"，而是一种实实在在的先天气的周流运化。从这当中也可看出，修炼论所讲的气（炁）始终保持着本体论中物质实体性，没有把气看成纯粹的意念或其他纯粹精神现象，虽然道学理论家不断地把它与道融合起来，并在融合中建构两者不相对立的绝待体。

神

当隋唐的修炼家把元气与自然大道作同一（同质同性）看待时，就已经等于把神与气作了同一看待，所以修炼家也都把元气与元神合同起来，气不离神，神不离气，神气为一常用的术语。然而，这仍然是就生命本体而言的，即作为有意识、思想行为的生命现象的人来说，之所以能够从生命的可能成为现实，在于人的全部知识与情性中潜藏着生命的本体——道气，而且人的本能的意识活动与本体有着原则的一致性。若就

---

[1] 《乐育堂语录》卷四，第二十五，九州出版社2014年版，第37页。

现实的人的生命过程来说，支持人的生命现象持续性的就不仅仅表现为生命的本质、来源的可靠性上，还表现为生命多种因素共同起着作用，如同父母给予儿女的胎胞是一点生命本质的东西，而胎胞发育乃至出生成长则要靠分化与变异的本质要素来实现。道气为生命的先天赋予，后天成长则依赖于精、气、神，其中任何一种因素都不可或缺，尽管三者总能追踪到同一条生命之"藤"上，但充当的角色却各各不同，神、气分离是道学生命哲学有关生命现象分析的基本结果，又是修炼论得以展开的前提。

修炼家把神也分为先天和后天两种情形。《青华秘文》说：

> 夫神者，有元神焉，有欲神焉。元神者，乃先天以来一点灵光也。欲神者，气质之性也。元神乃先天之性也。……将生之际，而元性始入。父母以情而育我体，故气质之性每寓物而生情焉。今则徐徐划除，主于气质尽而本元始见。本元见，而后可以用事。……以本元性而用之，则气乃先天之气也。气质之性本微，自生以来日长日盛，则日用常行无非气质。一旦反之矣，自今以往，先天之气本微，吾勿忘勿助长，则日长日盛，至于纯熟。日用常行无非本体矣。此得先天制后天而为用。①

这里所说的神非单纯的精神活动，也包括了人的意念、意志、情识，等等。若按照现代精神分析学说，神包括了意识和潜意识的所有高级和低级的精神活动。其中只有先天的元神才是纯粹的精神，所谓纯粹，不是说它只是思想、意识，而是说它是先天赋予人的生命现象的，不含有后天所有环境给予的影响以

————————

① 《青华秘文》，见《道藏》第4册，第364页。

及生命在成长过程中表露出的本能的欲念。先天的纯粹性主要地取决于善的纯粹性。由于道学把道德的内容注入生命修炼学说，因而在生命要素的论述上始终涵括了道德的价值观念，情识、欲念都不被看作善的东西。从这一价值观念出发，自然就把即使是属于人的自然本能的东西（应该说这是先天的东西）也都排除在纯粹的元神之外。如此，无蔽的元神也就成了道德上的纯粹了；相反，生命现象成熟之后的所有思虑、意识只要不能在其过程中剔除不善的内容，哪怕是一点念头不纯，都不算是元神和先天之性。"元""先天"原本乃是时间上的前后及其因果关系的观念，"精气神而曰元，是本来之物，人未有此身，先有此物。既有此物，而后无形生形，无质生质，乃从父母未交之时而来者。"（刘一明《修真辩难后编参证》）①现在成了德性的观念。而修炼家所说的先天的元神若按思想性来说，却不是纯粹的，修炼家始终不肯说这个元神正是指完全的思想和精神，意志、意念只要不杂含不善的情识，都是无蔽的纯粹。当然修炼家也都没有对元神做一个定义，只说它就是先天之性，并没有揭示其内涵。说元神是"先天一点灵光"，仍然是一种描述，尽管主谓之间用了"乃"（是）的判断，先天一点灵光究竟是什么，不得而知。先天的东西本属不知的，一点灵光则显然属于后天情形下对元神的生命内在景象的感视，亦即从后天推及先天，这样的感视自然是确实的，但不是确定的，因为修炼者仍然说不清它到底是什么，也就无法定义它。在另外一部修炼书中，柳华阳对此有另一种描述：

　　　　何以谓之先天？当虚极恍惚之时是也。既知恍惚，

---

　　①　刘一明：《修真辩难》，见《道教五派丹法精选》第四集，中医古籍出版社1998年版，第180页。

是谁恍惚？此即先天之神也。(《金仙证论》)[①]

这如同《老子》"恍兮惚兮，其中有物，窈兮冥兮，其中有精，其精甚真"一样，虽然可以确实地肯定它，但我们不能够说清楚它，而说不清楚是因为它本身乃是一种超出定义域的问题。

先天神与后天神又称元神与识神。《道窍谈》说：

元神是无知无识，识神是多知多识，真神是圆知圆识。[②]

元神是一个纯粹的意识或精神，也正因为如此，它是不含任何意向或指称的"无知无识"，所以说元神"浑浑噩噩"。识神是包括情绪、感受、意识、思虑在内的精神活动，其不纯粹性不仅在于活动自身，还在于其意向和指称接受了外在的尘染，故而以"多知多识"为特性。修炼家还把识神称为"思虑之神"。至于"真神"，乃是修炼所要追求的目标，即从多知多识，经过修炼，返还到类似的先天的状态，对此在后面我还要专门谈到。中国传统的观念认为，思虑、意识的活动实际是心的活动，故而神也就是心，"心为神舍"，神与心的关系只是个动静关系，心之动谓之神，神之静谓之心。《青华秘文》：

盖心者君之位也，以无为临之，则其所以动者，元神之心也。[③]

神既有元神与识神之别，心也有"真心"和"妄心"之分，真心为元神，妄心为识神。这个意识、心神通常能够合用，如《云笈七签》卷五九："常令心神魂魄意识长生，神气相合，循环脏腑之内，御呼吸，应上下，久久修习，即神气自明。"精、

---

① 《金仙证论》，见《古本伍柳仙宗全集》1989 年版，第 415 页。

② 《道窍谈》，见《涵虚秘旨》，中国人民大学出版社 1993 年版，第 22 页。

③ 《道藏》第 4 册，第 364 页。

气、神三者当中，神处于主人支配地位，"神者，精气之主"（《青华秘文》）。

神的支配地位来自两个方面。第一，神在修炼论中的不可定义性是由于道是第一义不可说，在本体论意义上，神正是道在生命现象中的体现，"日用常行，无非本体"，同样，生命流转，无非本体。神（心）与道有着根本意义上的同一性，《西升经》说："神能通道。"也是说人能由神导向道的通途。《海琼白真人语录》说："至道在心，即心是道。六根内外，一般风光。"[①] 第二，精气与神都属于生命整体不可或缺的因素，但生命整体毕竟也可分为肉体生命和精神生命，而且实质上肉体的生命总会服从于精神的生命，即便是道学的修炼论，也以精神生命主导肉体生命，以神去发动和推动生命修炼。

精、气、神作为生命的基础，被修炼家称之为三宝。

> 人身三宝：神、气、精。先天三宝为三体自然之道，即元精、元气、元神；后天三宝为三用有为之道，即交感精、呼吸气、思虑神。夫人自有三宝者，皆从天地中来，居先天而生，妙体混成；在后天而化，因质感合。非先天不能生后天，非后天不能成先天。此二者之理，一体而分化，不可失后损先也。是故以元精炼交感精，以元气炼呼吸气，以元神炼思虑神。三物混成，与道合真。自然元精固而交感精不漏，元气住而呼吸之气不出，元神全而思虑之神不起。修仙之法无他，全此三者而已矣。（混然子《还真集》）[②]

这段话可算是对先后天精气神的一个概括的表述。先天之宝为

---

① 《道藏》第33册，第130页。
② 混然子:《还真集》，见《道藏》第24册，第98、99页。

生命的原始，无形无象，为生命从可能到现实的前提，后天之宝为生命的现实，有形有象，为生命从可能到现实的实现。没有先天之宝就不可能有后天之宝的产生，没有后天之宝就不可能把生命可能变成现实。所谓"一体而分化"，指精气神乃道气（神气）本体分而为三，修炼则要在后天条件下再合三归一。所以，修炼说到底即是炼三宝。正是在这个意义上，修炼家把精气神称为修炼药物，《玄肤论》说"元气为铅，元精为汞"，"元神为性，精气之主"，正是这个意思。[①]

性命，也就指神气，精、气、神三宝的修炼在宋以后，通常地被称为性命的修炼。性指神，命指精气，李道纯《中和集》说："夫性者，先天至神一灵之谓也。命者，先天至精一气之谓也。精神，性命之根也。性之造化系乎心，命之造化系乎身。"只是有一点与精气神论不同，性命说不再分出先后天，凡举性命修炼皆谓先天，修炼性命即指炼先天性命。强调性命修炼也就更容易把个体的生命与本体的道联系起来，在道学生命哲学家看来，个体的生命本体与宇宙本体原本是一致的。而且，性命的修炼也更确切地表达了修炼正是自家性命的修炼，性命只能是自家的生命。这个问题已经在本体存在论中论述过了，不多赘述。

（二）脏腑

内丹修炼把精气神叫药物，而把人的身体结构统称为鼎炉。这是从外丹炼造中借用过来的概念，意谓修炼在人体内进行，人体也就相当于外丹烧炼的鼎炉。可是人体"鼎炉"并不像是外炼鼎炉所要求的那种尺度规定，而且人体的结构远比外

---

① 《玄肤论》，见《道教五派丹法精选》第四集，中医古籍出版社1998年版，第247页。

炼鼎炉的那种结构的比例关系复杂。外炼鼎炉取名威光鼎、偃月炉乃取象天地日月，这中间的象征意义远远超于实际；当修炼家把人体比作天地乾坤时，虽也取象征性，如说"惟人也头圆足方，有天地之象"（《钟吕传道集》）[1]，其实际性就会大于象征性。修炼家的确是在人体结构中体验天地日月关系的，其复杂性与变化足令修炼者毕其生以体验与追往。尤为重要的是，修炼者在实践中也确实惊叹人的生命结构关系与天地的结构关系有着如此多的相似性，人们从中体会到了天地万物及其生命的和谐，更体会到生命的暂时与永恒的意义。

脏腑，脏指心肝脾肺肾五个人体内部器官，六腑除指以上五个器官以外，加上胆，就成为心肝脾胆肺肾六腑，故六腑又称六脏。《黄帝内经·灵枢》："五脏者，所以藏精神血气魂魄也。"其《素问》又说："所谓五脏者，藏精气而不泄也。"还说："皮伤而动肺""肉伤而内动脾""脉伤而内动心""筋伤而内动肝""骨伤而内动肾"。医学家们考证说，《黄帝内经》中保存了大量古代解剖学的资料，即是说，人们对腑脏等内部器官的认识有解剖学的基础，而不是建立在外部感觉经验及其猜想之上，史传三国时的神医华佗就是一位解剖医学家。至于说中国为何没有沿着解剖与实证的科学一脉传下来，这是另一个值得深思的问题。这里不打算讨论这个问题，而着重考察与生命哲学相关的问题。道学修炼不仅承扬了医学及其脏腑学说，而且着重从中引发并深化了其中的脏腑关系学说及其脏腑人格化和神化学说。《黄庭内景经》认为五脏六腑皆有神主宰，其《心神章》说：

---

① 《钟吕传道集·论五行》，见《道藏》第4册，第663页。

心神丹元字守灵，肺神皓华字虚成，肝神龙烟字含明，翳郁导烟主浊清，肾神玄冥字育缨，脾神常在字魂停，胆神龙曜字威明，六腑五脏神体精，皆在心内运天经，昼夜存之自长生。①

《内经·素问》中曾认为心藏神，肺藏魄，肝藏魂，脾藏意，肾藏志，《黄庭经》进一步给予五脏六腑各种神的名称及其各自所司的职责。这种脏腑各有神主宰的观念可能根源于泛神论和精神多元论，道学不仅主张多神论，也主张泛神论和精神多元论。从这种观念出发，容易把外部世界的泛神观念引向生命内部，并相信生命的精神不是由一个最高的神主宰，加上对生命内部各种器官分工如此明确且具有如此的协调性，不难使人想象各器官有着某个人格化的神在支配，其中每位神不仅能够负担起自己所负的责任，而且也能够上承下传，与其他的器官神协调行动，从而使得整个生命机体运转正常。这与实证科学把人看作一部机器，其中每个器官都似部件、螺丝有所不同，而是认定其中每位神都具有相当的独立性，其人格化的结果必然把脏腑性情化，即脏腑各有所喜所恶。除此以外，道学对宇宙空间的拓展和生命内部体验的深入，对微观世界有独特的认识，相信生命的内部天地也很广大。五脏六腑既有主宰，主宰者当为至尊至贵者，按照道学仙阶等级，各个主宰者皆有其宫或府，所以梁丘子在注《黄庭经》时引用了《洞神经》的说法。

六府者，谓肺为玉堂宫尚书府，心为绛宫元阳府，肝为清冷宫兰台府，胆为紫微宫无极府，肾为幽昌宫太和府，脾为中黄宫太素府，异于常六府也。②

---

① 《上清黄庭内景经》，见《云笈七签》，齐鲁书社1988年版，第56页。
② 《道藏》第6册，第531页。

医学中有以胆、胃、大肠、小肠、三焦、膀胱为六腑者，或谓常六府。撇开想象的因素，微观空间的拓展极大地打开了生命活动以及对生命活动了解的空间，而这个决定性步骤使得生命的体验和生命的哲学成为可能。

不过，生命体验与修炼的进一步发展并没有沿着《黄庭经》脏腑人神化方向，而是沿着意志抽象化和神秘化方向发展了。这是因为《黄庭经》虽然是道学内修内炼与医学结合的产物，但它的修炼方法及其观点比较驳杂，尤其是方法多于观点，而其中又缺乏一致与统一。《黄庭经》流行于晋、六朝时期，这个时期总的说来修炼论尚处在幼稚不纯熟的状况，它只能扮演外丹炼造的必要补充角色。我们已经知道，六朝至隋唐时期为道学理论化时期，其中本体论论证的完成为生命的哲学树起了生命哲学之树的主干，在这个主干上才有生命哲学之花。本体论的论证最为显明的标志在于把有关神—道的观念抽象化、论理化，尽管"道意"等观念具有一定程度的人格意义，但已被取消了人的所有形体特征。就像我们在犹太教所看到的情形，人们随处都能感受到上帝的意志，却始终见不到上帝的形貌。道学也有比较多的老子显迹垂化的故事，可是那些故事对生命现象或生命哲学来说仍属于外在的，人们可能在特殊情形下的恍惚之间，甚至于在睡梦中见到了神圣显现，却不能在现实的生活过程中同样做得到，或者说，人们可以说道在我身，却不能说老子在我身。从外在的角度来说，道就是老子，老子就是道；从生命体验的角度来说，道是一种根本的源头和本质，它表现为精神、意志，而不体现为形象化的神。在施肩吾《西山群仙会真记》中，就有了道依次流转的系列命题：

> 从道受生谓之性，自一禀形谓之命，所以任物谓之

心，心有所忆谓之意，意有所思谓之志，事无不周谓之
智，智周万物谓之虑，动而荣身谓之魂，静以镇身谓之
魄，流行骨肉谓之血，保形养气谓之精，气清而快谓之
荣，气浊而迟谓之卫，总括百骸谓之身，众象备见谓之
形，块然有阂谓之质，形貌可测谓之体，小大有分谓之
躯，众思不凝谓之神，漠然变化谓之灵，气来入身谓之
生，气去于形谓之死，所以通生谓之道。道者，有而无
形，无而有精，变化不测，通神群生。[①]

在如此的道的流转中，性、命、心、意、志、智、虑、魂、魄、
血、精、荣、卫、形、质，等等皆涵括着本体的性质，都是从
不同方面展开道的丰富内容，在这中间，抽象的本质以生动的
变现表现自己的存在。依照流转与变现的观念，抽象的本体遍
存于生命的每一个方面。周流六虚而不失其本质，凡意之所到
皆有道焉。这样一来，传统的泛神论倾向仍得到落实，但脏腑
有神主宰的观念被扬弃了，被抽象却又生动的生命本体取代。
从而，脏腑之间的协调性、稳定性及其与生命情绪的关联，不
再被看作某种分立的主体所为，而被理解为它们之间的制恒关
系及其性质变化，这也就是修炼中引入的五行关系和阴阳性质。
修炼中的五行即以金木水火土五行分别配以肺肝肾心脾五脏，
以五行表示五脏关系，肾为水，心为火，肝为木，肺为金，脾
为土。五行有相生与相克的关系，若以五行相生来看，水生木，
木生火，火生土，土生金，金生水。按递相生的次序，生者为
母，受生者为子，即是说，肾气生肝气，肝气生心气，心气生
脾气，脾气生肺气，肺气生肾气。若以五行相克，则水克火，

---

① 《西山群仙会真记》，上海古籍出版社 1989 年版，第 16 页。

火克金，金克木，木克土，土克水。按递相克的次序，克者为夫，受克为妻，也即是说，肾气克心气，心气克肺气，肺气克肝气，肝气克脾气，脾气克肾气。五行相生体现了流畅和驱用，五行相克体现了恒定与制伏，在互动的周而复始、无限循环中实现着生命的稳定连续。五脏五行当中，修炼家最重视脾土的作用，修炼家将五行与四方中央联系起来，认为五行各居其位，即肝木居东，肺金居西，心火居南，肾水居北，脾土居中央。居于中央之位的脾土在五脏五行的相生相克的互动关系中起着媒合作用，如无此媒合作用，五脏五行不能实现递相承接和制衡，或者说缺乏相互间的联系环节。这在修炼实践中是至为重要的。

阴阳是生命修炼中最为基本的关系，甚至可以说比五行关系更为基本。这不仅体现在生命本体中都包涵了一个阴阳关系，也凸现在生命单元及其生命过程的始终。《钟吕传道集》说："五行本于阴阳一气。"唐宋的修炼家乃至理学家都相信这一点：即五行当中各有一阴阳。修炼论所说的"有"，不仅是说有五脏五行，也是说五脏五行中各自都存在着阴阳。生命修炼说到底就是一个有目的地实现阴阳消长关系的过程，所谓"二八阴消，九三阳长"。《灵宝毕法》第一章就谈"匹配阴阳"，其曰："积气生液，积液生气，匹配气液相生之法也。"匹配气液就是匹配阴阳。所谓匹配，就是修炼者有目的地促使阴阳消长。五脏各自有阴阳，但自然存在状态只能实现持续存在，但它是盲目的存在，匹配才能体现修炼的主体能动性，又正是这种主体能动性原生出生命的冲动和对生命意义的追寻。

（三）关窍

这一术语实际为关与窍的合称，道学对此从未有一个明确的界定，一个重要原因是难以对此做出界定。不像脏腑那样可以通过解剖学来予以确认，关窍不可以解剖的办法来确认，当你拿解剖刀按照关窍的部位解构时，会发现它们根本就不存在。这实际上提出了一个问题：关窍是否实有？应当说这个问题乃是实证解剖学的局限所产生的疑问，是实证方法的限制。依照生命的体验和生命哲学的观点和方法，这样的问题就不成其为真实的问题。在中国医学和道学修炼实践中，人们体验到并能确认关窍的存在，生命哲学则把它们在人体结构中的存在上升到观念的存在，并把它们归入到人体生命的整体性学说中去。方法的区分引出了认知对象的根本分野：解剖学确认的实际不只是实有，而且是实物；生命哲学确认的不只是实有，而且是观念的有。如此，脏腑在修炼论中能够得到双重的确认，而关窍则只能得到一种确认，但这并不妨碍其实在性。与实证科学不同，对关窍的认知不是即物识物，而是要在相互的关联中，甚至在生命的整体性中才能对其确认，脱离关联的整体不仅在认识其性质方面，而且连是否有此存在都值得怀疑。可是它们不仅确实存在，且对生命整体至关重要。如果我们把生命体比作一张完整的网，那么关窍就如同网上的纲和纽结，生命之网的完整性和它的一张一翕的完美性是由这些纲和纽结来实现的，如果我们要勉强对关窍做一个界定的话，不妨说它们是生命的要领和要点。荀悦《申鉴·俗谦》说："关者，所以关藏呼吸之气以禀受四气也。……故道者常致气于关，是谓要术。"通过它们可以了解到生命的流动过程及其生命冲动的原动力。修炼所用关窍名称甚多，这里只是就其主要加以论述。

（四）经脉

经脉之学发端于《黄帝内经》，《素问》中有《脉要精微

论》《经脉别论》《阳阴脉解》《三部九候论》;《灵枢》中有
《经脉》《经别》《动输》《根结》等篇。秦越时人扁鹊作《难
经》具体阐发《内经》中的经脉学说,汉代张仲景《伤寒论》
"谈到的单见脉象数十种,复出脉象上百种"[1]。中医学认为人
有十二正经脉,为人体气血的主要通道,它们与人体五脏六腑
有络属关系,即人的脏腑的状态能够在这正经脉上反映出来,
如此有了脏象脉象之说,医生通过脏脉之象切诊人的身体好
坏。这十二正经分别为:手太阴肺经、手阳明大肠经、足阳明
胃经、足太阴脾经、手少阴心经、手太阳小肠经、足太阳膀胱
经、足少阴肾经、手厥阴心包络经、手少阳三焦经、足少阳胆
经、足厥阴肝经。十二经对称地分布于人体两侧,阴经行于四
肢内侧,属脏;阳精行于四肢外侧,属腑。医家认为十二经脉
构成人体经络系统的主体,故称正经。在十二正经基础上,还
衍生出二十四脉、二十七脉,进而形成脉学。道学修炼以医学
的经脉为基础,但极少循正经的思路,别循奇经八脉,奇与正
相对,谓奇经有八脉,分别为:冲、任、督、带、阴跷、阳
跷、阴维、阳维。《张紫阳八脉经》说:

> 八脉者,冲脉在风府穴下,督脉在脐后,任脉在脐
> 前,带脉在腰,阴跷脉在尾闾前、阴囊下,阳跷脉在尾
> 闾后二节,阴维脉在顶前一寸三分,阳维脉在顶后一寸
> 三分。[2]

目前没有确切的依据说明张紫阳的奇经八脉说出自何时,也不
知八脉是否属于道学的创见,可以肯定的是,任督之说在先秦
就有(见《庄子·养生主》"缘督以为经"句);道学不重正

---

[1]　唐明邦:《李时珍评传》,南京大学出版社 1991 年版,第 74 页。

[2]　引自《中华道教大辞典》,中国社会科学出版社 1995 年版,第 1178 页。

经重奇经，在谈修炼的书中多谈奇经，少谈正经。修炼家们认为奇经才是内丹修炼中精气运行的主要路径。相反，医学家长时间不重视奇经，"奇经八脉，世无人知"，直到明代医圣李时珍对此才特别注意，他专门作了《奇经八脉考》，并附了奇经图。他把正经譬作"沟渠"，把奇经譬作"湖泽"，正经之脉隆盛则溢于奇经，奇经则起到"蓄水"功能，在沟渠之水不济时再由湖泽之水转相灌溉，从而"内温脏腑，外濡肤理"。因此，在正奇经关系上，把奇经看得比正经重要，他主张"先要知乎八脉，则十二经、十五络之大旨得矣"，"医不知此，罔探病机"。正奇经脉合起来，构成了人体生命的纲目，这一庞杂而精细的纲目并非人为编织，而是经验与体验的凝结。医学自李时珍始重视奇经，可能接受了道学的影响，而道学不重正经重奇经，则属修炼学说与医学的区别了。正奇经的各自功能的分工就已暴露出来，正经为脏腑由内到外的表象，透过表象可以检视内脏，疗治内疾；奇经为生命之精气循环往复的路径，体现生命本质的运动，却不表露为外象。这样，前者适合于看病，后者适合于修炼。

（五）三田

三田又称三丹田，为修炼中元气存养和产药结丹之处。《诸真圣胎神用诀》：

> 丹田者，生气之源。一名丹田，二名精路，三名气海，四名守宫，五名大源，六名神室，七名元藏，八名采宝，九名戊己，十名本根。皆是太和元气居止之处。[①]

《黄庭经》注引《玉历经》说："丹田在脐下三寸，附着脊。"

---

① 《诸真圣胎神用诀》，见《道藏》第18册，第436页。

《抱朴子内篇·地真》："或在脐下二寸四分下丹田中，或在心下绛宫金阙，中丹田也。或在人两眉间，却行一寸为明堂，二寸为洞房，三寸为上丹田也。"[①] 早期中医经典《内经》《难经》等皆不言丹田，丹田一词源自道学，但对丹田方位诸说不尽一致。

医学家则多以脐下一寸三分处为丹田。对丹田方位看法的差异来自对人体结构认识的差异以及人们运炼中体验的区别，但总的来说大同小异。三田的区分根据在于各自对生命整体和修炼作用的看法不同。《钟吕传道集·论还丹》：

> 丹田有三：上田神舍，中田气府，下田精区。精中生气，气在中丹；气中生神，神在上丹；真水真气，合而成精，精在下丹。奉道之士，莫不有三丹，然而气生于肾，未朝于中元，神藏于心，未超于上院。所谓精华不能返合，虽三丹终成无用。[②]

三丹田按人体下腹、中腹和脑的三部分结构分布，三田总体上构成了人体之"大中极"，三田连成一线，成为人体中脉。（修炼有"中黄直透"，即一种特别径捷的功法。）前后有任督脉相对称，中间还有冲、带脉与其相通，三丹田与奇经八脉及十二经脉相为表里，为精神之源、"生气之根"。所以修炼中又称三丹田为"三元"，或"三关元""三要"，《修真十书》："人能会此三要，神气自然交结。"还称"三宫"，《中和集》："三宫，三元所居之宫也。神居乾宫，气居中宫，精居坤宫。"三田之中，修炼家最重下田，因为下田为修炼功夫下手之处，修炼"筑基"即指从下丹田开始，基础没打好，就

---

① 见王明：《抱朴子内篇校释》，中华书局 1980 年版，第 296 页。
② 《道藏》第 4 册，第 672 页。

不可能体验到中田、上田所居之处。在修炼家看来，下丹田为百脉的枢纽、生命的根源，又是炼药结丹之处，故而称之为"性命之祖"。

这里有一个问题需要澄清。本体论和修炼论都把道、性、心、神作了同一性的理解，那么脏腑中的心脏是否就指与道、性、神等同的心呢？其实不是。这在三田三宫的阐述中已表明了，"上田神舍""神在上丹""神居乾宫"（上田），就是说神所居之地在人脑，与神相等同的心即指上田神宫。心脏与心不是同一个意思，但这种区别要依据文中之义，如"两眉间为上丹田，心为中丹田、脐轮三寸为下丹田"，这里的"心"非指神舍之心，而是指心脏的方位有一个中丹田。而且我们看到，修炼家在确定窍穴时不是依照精确的人体部位，而是依据修炼中体验的方位，因而窍穴的确定性非源自实物，而来自体验，通常按照实物的精确性并未见寻找到体验中的确定性。

（六）玄窍

修炼中真阴真阳的会合处，为修炼中至秘。《悟真篇·金丹四百字》说：

> 药物生玄窍，火候发阳炉。……此窍非凡窍，乾坤共合成。名为神气穴，内有坎离精。[①]

玄窍有许多异名，如玄关一窍、虚无窟子、神气穴、玄牝之门、祖窍、极乐园、舍利子、戊己门、规中、生死户、虚空藏、丹扃、守一坛，等等。在修炼论的所有术语中此一术语异名最多，分歧也最大。其基本意见可分为两类：

（1）有位说。《钟吕传道集·论朝元》：

---

① 王沐：《悟真篇浅解》，中华书局1990年版。

一肾在左，左为玄，玄以升气而传于肝。一肾在右，
右为牝，牝以纳液而下传于膀胱。玄牝本乎无中来，以
无为有。……玄牝，二肾也，自肾而生，五脏六腑全焉。[①]

这是以人体左右肾为玄牝。陈楠《阴符髓》以人心左右为玄牝，
其曰：

人心中有二窍，左曰玄，右曰牝，下入气海，上通
泥丸。

还有以人下丹田为玄牝，《大丹直指》：

脐在人身之中，名曰中宫命府，混沌神室、黄庭、
丹田、神气穴、归根窍、复命关……异名甚多。[②]

萧廷芝《金丹大成集》则认为玄窍"在人头上，工夫容易，下
手的难寻"[③]，"在上曰玄，在下曰牝。玄关一窍，左曰玄，
右曰牝"[④]。气功修炼还多以人两眉之间的印堂为玄关。

（2）无位说。持此观点的为多。《悟真篇》：

一孔玄关最幽深，非肾非心非脐轮，膀胱谷道空劳
力，脾胃泥丸莫搜寻。[⑤]

《诸真内丹集要》：

四大五行不著处，谓之玄关。[⑥]

李道纯《中和集》：

夫玄关一窍者，至玄至要之机关者，非印堂，非囟
门，非肚脐，非膀胱，非两肾，非肾前脐后，非两肾之

---

① 《道藏》第 4 册，第 676 页。

② 《大丹直指》，见《道藏精华》第二册，岳麓书社 1993 年版，第 899、900 页。

③ 《金丹大成集》，见《道藏精华》第二册，岳麓书社 1993 年版，第 952 页。

④ 同上书，第 946 页。

⑤ 引自《中华道教大辞典》，中国社会科学出版社 1995 年版，第 1168 页。

⑥ 《道藏》第 32 册，第 467 页。

间，上至顶门，下至脚跟，四大一身，才著一处，便不是也，亦不可离了此身向外寻之。①

在李道纯看来，玄关一窍完全不可以空间的位置来界定，若一定要在空间位置中找寻其存在，只会走向歧路旁门。正当的理解是在"不著处"，既不在此，亦不在彼；既不在上下四方，也不在中间；若有著处便不是玄窍。他进而提出个"中"字，说道：

> 夫玄关者，至玄至妙之机关也。……所以圣人只书一个中字示人。此中字玄关明矣。所谓中者，非中外之中，亦非四维上下之中，不是在中之中。释氏云："不见善，不思恶，正于恁么时，那个是自家本来面耳。"此禅家之中也。儒曰："喜怒哀乐未发之谓中。"此儒家之中也。道教曰："念头不起处谓之中。"此道家之中也。此乃三家所用一个中也。《易》曰："寂然不动中之体也，感而遂通中之用也。"《老子》云："致虚极，守静笃，万物并作，吾以观其复。"《易》云："复其见天地之心。"且复卦，一阳生于五阴之下。阴者，静也；阳也，动也。静极生动，只这动处，便是玄关也。汝但向二六时中，举心动念处著工夫，玄关自然见也。②

首先，他将空间位置的"中"排除在外，不应当在生命体的某个正中之处去寻找。在此基础上，他指向生命的本来之处，这个本来之处既不离生命现象本身，又不在生命体内某个地方，而是在生命现象中悬浮着。正因为如此，人们对其确认也会因人而异，执着于某处便不是。在他看来，玄窍的认定依阴阳动

---

① 引自李大华：《李道纯学案》，齐鲁书社2010年版，第69页。
② 同上书，第74、75页。

静关系，静之极而生动处即是。身心极度静净，此时一阳初生。阳为阳神，非一般精神念头的产生，而是"自己本来面目"，也就是生命本体的浮现。玄窍是蛰藏性命之处，故而修炼家又称之为"窍中窍""灵关"。刘一明《金丹四百字解》："玄窍者，幽深隐微之处，即阴阳分判之处，亦即性命寄居之处，所谓玄关窍者是也。"李攀龙《入药镜注》说："一窍之中两窍存，金丹返还是归根。其间空洞元无物，虎髓龙精自吐吞。修炼须知复命观，不知此窍亦如闭。大包天地无边际，细纳乾坤黍米间。"性命寄居也即阴阳凝合；阴阳分判，即是性命分离。而那能够将性命、阴阳和合在一起的正是玄窍。修炼家尽管把玄窍理解为生命本身所拥有，却又认定只有在修炼中才能确认它。

三　无

与体现生命运动基础的"有"不同，无体现了有基础的生命运动。有之成为有，在于修炼家把有看成实有，看成生命中确定的毋庸置疑的事实；在修炼中透过有的事实，人们感视到自我生命的现实存在，并在这种存在中体验到自我精神生命和机体生命共存于一体的现实，又觉察到精神生命与机体生命在生命过程中总会发生分存与离异的情形，机体生命中涵养精神生命，而精神生命则又不断地发生盲目的冲动，使得两者不能和谐到生命本能的需求，即身心合一。这就是说，生命现象的产生原本是精神生命与机体生命合一不二的，但生命的成长促成了两者的分离，分离既意味着生命的发展，也意味着生命的衰老。只要把生命推向成长的轨迹，它就必然发生分离与衰老。人不能阻止生命成长，但人应当阻止生命颓废与衰败，这是生命哲学意义所在。为了实现生命哲学所追求的意义，只能借助于"无"。即生命的合目的运动。只有在运动中能够实现目的，离了运动便没有了目的。

（一）有化为无

无之为无，在于有化为无。有不仅是一种确定的存在，它又表现为属性，即有之成为有的稳定性，稳定性使有成为可能。但是有不能因为拥有现在而不管将来，不能因为不愿放弃现在的有而坐待衰老与死亡，化为虚空。按照生命自身的运动属性，它需把自己化为流动的行程。一旦化为流动行程，原来的有便化为无。有既已化为流程，它既在此又在彼，你就不能说是这个而不是那个，失去了稳定性也就失去了有还是有的基础。既不属于此和彼，又不能叫作这个或那个，它就是无。也就是说，无体现了流动与运动，无住无常。对于无来说，它实现了对有的否定，非其所是，非其所有。这种否定不是抛弃，甚至不是扬弃，而是流动中的转化，有转化成了无。促成转化的因素来自两个方面：一是生命意识和意志的推动；二是生命的合目的运动。其中前者是起动的导因，后者是生命本然的奔向目的的自动。既然转化由以上两个因素引起，那么这两者就会伴随转化过程的始终，而且也影响到转化的形成及转化的实质性。首先，没有生命意识和意志的发动与推动，生命的有不会自动转化为无，更不能决定从哪个环节的有开始转化为无。有与无的转化取决于意识的凝聚，对于意识所意向到的对象之外，在修炼中是可视为不存在的。尽管预先的知识告诫我，生命中有多少个"有"，但我在修炼中全副精神只注意到一个"有"，在我注意之外的其他的"有"便变成了不存在的无，一念规中，万缘放下。从这个意义上来说，意识、意志的转移是从有转化为无的原因。从流动与转化的角度来说，精化为虚，既已发生了转化，原先的存在——有，便成为无，修炼就是要使原来的有变成另一个有，也就是促使原来的有变成无。这种转化属于生命本然的合目的的运动，炼精必然化为气，炼气必然化为神，不能预设它们会转化为别的什么东西，甚至它们转化过程及其运炼的路径也是不能预设的，它们缘先天自然而行。再从修炼感视的景象来说，修炼论的有是以空间方位的合理性和实际体验确认为基础的，随着运炼的依次提升，其感视的景象也依次浮现，浮现的景象便是有，发生了转化而从浮现的景象中隐去的就是无。也可以说，景象的浮现与隐去皆依意念，意念所到之处即是有，意念所不到之处即是无。

从转化形式和实质中可以看到，有转化为无并非化为乌有，即不含任何有的无。在几乎所有的道书中都会涉及有无问题，没有一本道书认定所谈的无是一个纯粹的虚空，这个问题涉及道学对于所有现象的现实性的态度。与佛学否定一切现实性，将一切现象界识为不真、假有的态度不同，道学肯定一切现象的现实性，以现实性为起点来考虑所有的问题。对于生命现象也同样如此，无不唯独从有转化而来，无本身就是一种有，只是相对于意念的转移，相对于原先的有所浮现的生命景象，它成为某种意义上的无。修炼论中的有与无，难以在其中做出有力的剖判，生命的修炼就在于有无之间，恰如《仙佛合宗语录》所说："不见其有谓之勿助，不见其无谓之勿忘，非有非无非见非不见，合乎自然，同乎大道。"①

正是通过有与无不断地转化，实现了生命有目的的运动。这就像夜间一座大型而庞杂的霓虹灯，闪亮的是有，熄灭的是无，闪亮的有显示了它的存在，熄灭的无没有显示它的存在，闪亮与熄灭的依次流转就是有与无的依次转化。没有显示其存在的无不是空无，显示了其存在的有又要主动地转化成无。而促使闪亮与熄灭的主动性来自电流，生命修炼中有与无的转化的主动性则来自意念。

如此便出现这样的问题：为什么要产生从有到无的转化？有与无的转化是不是自动的？有本身是一种确定的存在，这种确定的存在为生命现象现实存在的基础，可是除了表明生命存在和"人现在还活着"以外不再能表明任何别的东西。可是生命存在就要表明存在的意义，人活着追求一定的目标，对意义和目标追求的愿望乃是生命原动力。为了实现意义和目标，就先要实现从有到无的转化。所以，从有到无就是生命的冲动，无的特性在于运动，它表现了生命的巨大张力。我们看到有不能实现生命的冲动与向生命目标的冲击，唯有无才能实现，因为无将稳定的有导入了不稳定的连续性转化之中，只有在运动中才有实现目标的可能性。但是，无是怎样保证已经发生的运动朝着合目的方向呢？这当中便存在着一个主体性问题。推动有无递相转化的意念还是修炼中的主体性范畴。在道学修炼著述中多讲不着意、不用意，这是有特殊意义的指称，事实上修炼始终用的都是意念，意是意识，念是意志。首先，意识到有的局限以及生命的有限，推动生命的有向无转化运动。有始终都是一个有限的观念，无则始终是一个无限的观念。从有向无体现的就是超越有限、趋向无限的主体意识。尽管从原来的有，经过无的消解，再转化为新的有，仍然没有摆脱有限，或者现在只是暂时地超越了有限，可是运动本身无止境，它在循环反复、颠倒、变化无穷的流程中表现了自己无限的性质。运动的无限性表现了无对有的消解作用。无对有的每一次消解都是主体的一次超越，每一次超越虽然又再一次地陷于有限的窠臼，但它在运动中要趋向无限，不断地运动就是超越的无限。需要提醒，主体的超越意识并非外在于有无转化过程之外，修炼过程中的无的界定离不开主体意识与意志，这在前面已经谈到，它实际上乃是工夫上的无，而非本体的无，即主体将意念隐藏在工夫上的无当中了。其次，无体现了主体的愿望。生命必然要运动，运动只有在合目的的情形下才是冲动，而冲动之所以可能还在于主体的愿望。我们说道学提出"我命在我不在天"充分昭示了生命的冲动，但在这种冲动后面能够洞见不愿受自然生命局限的愿望，愿望不只是冲动的原动力，它还是目的的最初提出者，人们总是根据愿望来设计目的，没有愿望就没有目的。生命的有只是运动的基础和前提，它不能实现什么，只有运动能够实现人所欲实现的。从有到无的运动为意识和意志所推动，那么愿望先行，在善良愿望的关照下推动生命的运动朝着生命目的行进。

在一般情况下，说从有到无为意念推动，就已经回答了有无转化是否自动的问题。可是在道学的修炼论中这还言未尽意。从意志发动愿望的关照及其促使生命运动朝合目的方向来说，有无转化不是自动的，而从修炼过程中的生命运动来说，它们又是能够自动的。我们知道，生命有一种自我运动，生命机体（命体）吐故纳新、新陈代谢使得生命得以延续，生命精神的心往神驰使得精神生命富有内容和色彩，然而这种自我运动符合外部自然律，乃是缺乏主体规定的盲动，因而这样的运动不是实现生命的再生，而是实现生命自然历史过程，即生长、旺盛、衰老与死亡。这样的自动显然不合生命愿望，不属于合目的的生命运动。修炼家把这种自我运动看作后天的。合乎自然必然性的后天的运动不是生命哲学所追求的，修炼家欲追求的乃是先天的，即先天本然的生命运动，也即元精、元气、元神及其本性本命的运动，这种运动是合目的的，即与人的主观愿望和目的相吻合的。它无须推动，自然而然，精自然化为气，气自然化为神。修炼家多不主张在宗教修炼中厉行导引，就是要任其生命本然。在这种情形下，主体性也须消融在其中了，做到无我，无我之中却有真我。在主体性与先天本然性两者的关系上，修炼家主张主体服从意念随先天而动，因为主观的目的性在先天本然中已经得到了保证，本然之中涵括了主体。

　　道学修炼论所讲求的生命的运动大体分为三个阶段，即炼精化气、炼气化神、炼神还虚。尽管各家体验有所差异，但都认同这三个阶段。因为这三个阶段比较全面地反映了人修炼自身三宝的关系，所有的修炼论述都无非是这三个方面实践内容的不同角度的表达。有关精气神的修养在早期道学著述中已有论述，却没有把精气神的修养分出阶段来。《河上公章句》把"爱气养神"作为一种德性的修养，这种修养不是着意体会气与神的关系，只是把它们视为自身生命基础的修养，有了这样的修养便是有德之人，"其德如是，乃为真人"（"修之于身，其德乃真"注）。其实这样的修养还属于笼而统之的无分别的基础修养，还谈不上有条理的、有逻辑联系的生命锻炼。《太平经》提出气精神转相生的逻辑关系，其曰：

　　　　夫人本生混沌之气，气生精，精生神，神生明。本于阴阳之气，气转为精，精转为神，神转为明。[①]
这个逻辑序次与自唐以后的修炼次序不相符合，唐宋修炼家皆言精生气，气生神，《太平经》却言气生精、精生神。然而细玩文义会发现，《太平经》在这里讲的不是严格意义的修炼论，而是本体论到修炼论的过渡性表述。"气生精""气转为精"中的"气"乃是作自然本体的"混沌之气"，不是身内精气神三宝中的气。混沌之气化为生命要素的精和神，体现了宇宙本体向生命现象的转化，即体现了由外到内的转化。这里的"精"指的正是三宝中的精气。中唐司马承祯《坐忘论》提出"七渐"之法，但这七个步骤突出在"炼心""炼神"，而《服气精义论》又与中医和一般气功相伯仲，尚且不能称之为有目的的宗教修炼。尤其是这两部书并不能合并成为一个连贯的思想体系，自然也就不能成为整体的修炼论。初次提出修炼三阶段的大概是晚唐施肩吾，他在《西山群仙会真记》中提出"炼形化气""炼气成神""炼神合道"的阶次。[②]炼形化气已很接近于炼精化气，"形"与"精"有着对应性，尽管精为气之精，修炼家还是把精看作有形质的东西。《钟吕传道集》提出的修炼阶段与施肩吾的提法相佐。其曰：

炼形成气，炼气成神，炼神合道。[③]
张伯端《金丹四百字序》提出了后来各家都认同的精气神递相转化、依次超升的修炼阶段论。他说：

以精化为气，以气化为神，以神化为虚，故名曰三

---

① 见王明：《太平经合校》，中华书局 2014 年版，第 757 页。
② 《西山群仙会真记》，上海古籍出版社 1989 年版，第 32 — 38 页。
③ 《道藏》第 4 册，第 672 页。

花聚顶。[①]

修炼层次的明确化反映了生命修炼论的系统化、理论化及修炼体验的加深和水平的提高，加上在表述上把精气神简化为性命的形式，进而明白无误地告诫修道者，修炼不是别的，只是对自我的修炼。

（二）炼精化气

这一阶段的修炼通常又称为"小周天""初关""百日关"，即正式进行修炼的初始阶段。在此之前，须经过"竹破竹补"式的调养身心，先要使人身三宝（精气神）齐全旺盛，方能进入运炼。"炼精者炼元精"（《金丹四百字序》），即炼元精以生发元气（人身中之真气）。精谓形之精，它虽为气之精，又为三宝之一，但它仍属一种有形质的东西。按照自然必然性，道生神、神生气、气生形精，这是从自然现象到生命现象的过程；但按生命修炼的要求，反其道而行之，形化气，气化神，神还虚，虚合道。《钟吕传道集·论炼形》：

> 人之生也，形与神为表里。神者形之主，形者神之舍。形中之精以生气，气以生神。液中生气，气中生液，乃形中之子母也。[②]

修炼家在运用"形"概念时，总与"神"相对应，在对应关系中它是一个确定内容，即指神之所寓寄，没有这个寓寄，神便飘忽无定，是没有着落的游魂，有了寓寄它才是落实的个体。而形之所以可以寓寄神，在于它是一种形质，或者说是一种真实的实有。但是这种实有只有在作为神的寓寄才是确定的，否则便是宽泛而无规定的，它或者是桌子、房子，或者是其他什

---

① 王沐:《悟真篇浅解》，中华书局1990年版。
② 《道藏》第4册，第673、674页。

么东西。也就是说不是任何有形的物都能作为神舍的形。只有
与本体相关的那一类形质才能作为神舍的形。形之被视为精，
即指它与神相关联对应，不是任何形都可以称为精。而精之被
称为神之形，在于它本质就是一个本体的问题，精不离神，神
也不离精。正是在这个意义上，修炼家把炼己炼形看作炼精。
如元代陈致虚所说：

> 圣人言修炼金丹者，炼精与神气而已。惟此三者，
> 千古之上，万世之下，无以易也。[①]

高仙上圣，于后天已有形质之中，以求先天地未生之气，此气
炼成纯阳，名之曰丹。[②]

《钟吕传道集》还提出了具体炼形之法，如金液炼形、玉
液炼形，金液指肺液，玉液指肾气合心中神水。炼形是"形将
为气者也"，也就是"以有为无"。如说：

> 形象，阴也，阴则有体。以有为无，使形化气而超
> 凡躯，以入圣品，乃炼之上法也。[③]

把形象看作阴，也就是把阴看作有。修炼家把修炼所炼"药物"
分作阴阳，阴为铅，阳为汞，铅则沉伏，汞则飞扬，沉伏的铅
为"有"，飞扬的汞为"无"。"阴则有体"这句话最为显明
地表露了修炼家在有无问题上的观念，体指体用之体，即某种
有形质的东西，在修炼论中指"有"。炼精化为气，正是说"以
有为无"。把气看作无，这在《自然本起经》中已经表述过。
其曰：

---

① 《金丹大要》，上海古籍出版社 1989 年版，第 33 页。
② 同上书，第 54 页。
③ 《道藏》第 4 册，第 674 页。

何谓无，无者气也。气有形可见，无质可得，故为无。[1]炼精化气，也称"三归二"。"万物含三"，精、气、神归于神气，修炼家称此为"有为"工夫。

其具体修炼过程有四个步骤。其一采药，谓修炼静坐中，元精有感，元炁发生，以正念摄取。崔希范《入药镜》："采药时，调火功。受气吉，防成凶。"王道渊注："采药时者，乃身中一阳来复之时也。于斯时，则当闭关行火之功，妙在调变停匀。从三关运转一举之时，周流复位，万气凝真。"[2]《悟真篇》："八月十五玩蟾辉，正是金精壮盛时。若到一阳才动时，便宜进火莫延迟。"[3]《翠虚篇·金丹诗诀》："半斤真汞半斤铅，隐在灵源太极先。须趁子时当采取，炼成金液入丹田。"[4]修炼家还将采药分为采外药与采内药，外药以气为主，内药以神为主。外药生而后采，内药采而后生。即静定中元气发生，便即时采取，使其升华，所谓"铅遇癸生须急采，金逢望后不堪尝"。其二封固，封固又称固济、封炉。白玉蟾《玄关显秘论》："若能于静定之中，抱冲和之气，守真一之精，则是封炉固济以行火候也。"[5]《诸真内丹集要·金丹类名》："外境不入，内境不出，谓之固济。"[6]将采得之药物（真气），安存于丹田炉中，以文火温养，沐浴归根，以神伏气，不使走漏。卦固又分为初封、再封。初封指药产生后及时采取，迎归炉内；再封指从炉内提取初封之药，作河车运转，在泥丸去矿留金之后，

① 《云笈七签》，齐鲁书社1988年版，第46页。
② 崔希范：《入药镜》，上海古籍出版社1989年版，第29页。
③ 王沐：《悟真篇浅解》，中华书局1990年版，第75页。
④ 《翠虚篇·金丹诗诀》，见《道藏精华录》下，浙江古籍出版社1990年版。
⑤ 《玄关显秘论》，见《道藏精华录》下，浙江古籍出版社1990年版。
⑥ 《诸真内丹集要》，见《道藏》第32册，第467页。

再入炉封固。从初封到再封，中间经过了再一次的药物煅炼。即采药后送至下炉（下丹田）封存，不使走漏，所谓"送归土釜牢封固，次入流珠厮配当"。其三烹炼，即转动河车三百六十度。《周易参同契》："五金之主，北方河车。"在外丹中暗指铅。《钟吕传道集·论河车》："河车者，起于北方正水之中，肾脏真气，真气之所生之正气，乃曰河车。"① 又曰："盖人身之中，阳少阴多，言水之处甚众，车则取意于搬运，河乃主象于多阴，故此河车不行于地而行于水。"② 施肩吾《西山群仙会真记》："北方正气号河车，车谓运载物于陆地，往来无穷。而曰河车者，取意于人身之内，万阴之中，有一点元阳上升，薰蒸其胞络，上生元气，自肾气传肝气，肝气传心气，心气传肺气，肺气传肾气，而曰小河车也。肘后飞金晶，自尾闾穴起，从下关过中关，中关过上关；自上田至中田，中田至下田，而曰大河车也。"③ 丘处机《大丹直指》："肾气暗藏肺气，肾气过尾闾，曰河车。"修炼家所论河车甚多，其基本理路是：元阳真气自尾闾沿督脉上升泥丸，复顺任脉降至下田。尾闾、夹脊、玉枕等三关为河车运药上升之路，泥丸、黄庭、丹田等三田为河车运药下降之路。行小周天历三百六十周，促进龙虎交媾，神气凝结。其四止火，止火指停止进火。火指神志、意念，也即后天神。火有文武之分。武火表示加强意念及呼吸的方法，白玉蟾《丹法参同十九诀》："奋迅精神，祛除杂念。"④文火表示运炼中不用意念，呼吸轻缓，绵绵若存，任其自然，

---

①　《道藏》第4册，第671页。

②　同上。

③　《西山群仙会真记》，上海古籍出版社1989年版，第10页。

④　《海琼传道集·丹法参同十九诀》，见《道藏》第33册，第150页。

《丹法参同十九诀》:"专气致柔,含光默默,温温不绝,绵绵若存。"①在炼精化气阶段,烹炼三百周足,阳光二现,即当止火。而行静坐温养之功。钟离权说:"丹熟不须行火候,更行火候必伤丹。只宜保守无亏损,渴饮饥食困则眠。"(仇兆鳌《悟真篇集注》)②刘一明《悟真直指》:"若丹已还,速当住火停轮,用温养之功。"③即三百六十候完成后,有阳光三现信号,内药已生,便须止火,为七日炼大药(外、内药凝合成丹胎)做准备。整个过程需要时数约一百日。

在这一修炼阶段,运用了几种基本的方法,这几种方法则又体现了修炼家的生命哲学观念。

首先,龙虎交媾。龙虎乃取其象,又称真龙真虎。所以称之为真,在于它们不是一个实际的龙虎,而是象意,象人体内真实的阴阳、精气。阴阳龙虎又称铅汞,铅为阴为虎,汞为阳为龙,铅汞也非实物,而是取其象,或者说只是某种"假号"。如明代陆西星《玄肤论》说:

> 或问:先天之炁为真铅,其旨安在?曰:真者对凡而言,真则无形,凡则有象也。……铅汞水火皆人间有名有相之物,谓之真汞则不可名不可相也,故不得已而假有名有相之物以拟之,而加之曰真。实则阴精阳气而已。④

类似的"假名"还很多,如金情木性,婴儿姹女等。肾液中生气,气中有真水,谓之真虎;心气中生液,液中有真气,谓之真龙。

---

①　《海琼传道集·丹法参同十九诀》,见《道藏》第33册,第150页。
②　仇兆鳌:《悟真篇集注》,上海古籍出版社1989年版。
③　《悟真直指》,见《道教五派丹法精选》第五集,中医古籍出版社1998年版。
④　陆西星《玄肤论》,见《道教五派丹法精选》第三集,中医古籍出版社1998年版,第246页。

气液相恋，龙虎交媾，称为龙虎交媾。《钟吕传道集》说："肾气投心气，气极生液，液中有正阳之气，配合真一之水，名曰龙虎交媾。"[①]《灵宝毕法》说："以真气恋液，真水恋气，本自相合，故液中有真气，气中有真水，互相交合，相恋而下，名曰交媾龙虎。"[②] 液为阴，气为阳，液中真气指阴中之阳，气中真水指阳中之阴，阴中之阳与阳中之阴相互恋合，打成一气，成为真阴真阳。真阴真阳的凝合就是修炼家所说的药物，亦谓还丹。对于这个恋合交媾的过程。修炼家甚而描绘得非常剧烈，似龙吟虎啸，如钟离权《破迷正道歌》所说："果然采得先天气，日月擒来两手中，昼夜打交成一块，自有龙吟虎啸声。"故而修炼家对交媾有其独到的理解，一方面认为龙虎所代表的阳和阴是严肃对应的，龙虎相会必有一斗；另一方面认为双方又有着内在的相互依恋的要求，这个要求成为阴阳能够凝合成稳定状态的根据。在炼精化气阶段的龙虎交媾因为被看作小周天工夫，故修炼家称之为坎离交媾。元代陈冲素《规中指南》："夫坎离交媾，亦谓之小周天，在立基百日之内见之。水火升降于中宫，阴阳混合于丹鼎，云收雨散，气结神凝，见此验矣。紫阳真人曰：龙虎一交相眷恋，坎离交媾便成胎。溶溶一掬髓，着意求他啜取来。"[③] 坎离交媾又叫"取坎填离"，即取象坎卦（☵）中之实，填离卦（☲）中之虚。《悟真篇》说："取将坎位心中实，点化离宫腹内阴，从此变成乾健体，潜藏飞跃总由心。"在《周易》卦象中，离为女，坎为男，离女与坎男交施，如白虎与

---

①《道藏》第 4 册，第 669 页。

②《灵宝毕法》，见《道藏精华录》下，浙江古籍出版社 1990 年版。

③ 陈冲素：《规中指南》，上海古籍出版社 1989 年版，第 2、3 页。

青龙交媾，打成一片，即成修炼家所追求的"内药""还丹"。《性命圭旨》说："坎离交而地天泰，龙虎交而戊己合也。……天地以阴阳交媾而生物，丹法以阴阳交媾而生药。盖未有不交媾而可以成造化者也。……坎离之气不交并，则黄芽不生；龙虎二弦之气不会合，则真一种子不产。"[1]之所以将炼精化气称为产"真种子"，是因为它还不是修炼的最终结果，还只是金丹大药的"黄芽""种子"，蕴含了修炼正果的根据和根本条件。

其次，有为工夫。有为与无为的差异只在于有意与无意，也即修炼中有无主观意识、意志的主导，修炼家认为，整个修炼过程中涵括了有为与无为两种工夫，而以有为、有作为起始工夫。《悟真篇》说："始于有作人难见，及知无为众始知。但见无为为要妙，岂知有作是根基。"仇兆鳌解注为："有作者，炼己，采药；无为者，炼神还虚。世人但云道在无为，而不知功始有作，是犹栽木无根，筑室无基，断难望其有成也。"[2]由于《悟真篇》主张修炼以有为、有作为基始，而有为有作工夫相当于命功，无为无作工夫相当于性功，故刘一明《周易阐真》说："无为了性，有为了命。"在整个炼精化气阶段，皆用意念推动，"神行则气行，神住则气住"（《证道仙经》）。采药是着意及时采取真气，封固是将所生真气送入下丹田，烹炼是刻意促使龙虎相交战而凝合，并搬动河车缘督脉上，循任脉下，经过前后三关，再返还下丹田。止火即是有意控制意念，使其温温默默。由于此一过程皆由人的有意作为，故此有为又叫后天的作为，然而离了这后天的有意作为，整个生命要素的

---

① 尹真人弟子：《性命圭旨》，上海古籍出版社 1989 年版，第 169 页。
② 见仇兆鳌：《悟真篇集注》，上海古籍出版社 1989 年版，第 209 页。

合目的运动便不会发生，所以修炼家强调"学者专心致志，努力行持"。一旦含蕴人为"努力行持"的要求，那么人的主观能动性也就在不言之中了。

（三）炼气化神

这一阶段修炼工夫又称中关、"十月关"或"大周天功"。其修炼目的为神、气合炼而归于纯阳之物。《西山群仙会真记》说："若以神炼气，气炼成神，非在于阳交阴会，其在于抽铅添汞，致二八之阴消，换骨炼形，使九三之阳长。三百日胎仙完而真气生，不可再采药也。肘后飞金晶[①]，自肾后尾间穴升之而到夹脊，自夹脊双关升之而至上宫，不止于肾气补脑而午后降真火以炼丹药，致阴尽阳纯也。"[②] 相对于炼精化气的"三归二"，这一过程称为"二归一"。神、气归一也就是圣胎（大药）的产生。如果说"三归二"使得有化归成了无的话，那么"二归一"就要促使无再化成有。圣胎、大药、内丹、金丹等异名同实，都是把炼气化神的结果看成一个可以实在来论的东西，它不是具体的物质，却有物质的某些特性，如

---

① 肘后飞金晶，采肾中元阳之气以飞升入泥丸的修炼法。又名"抽铅"、"下田返上田"。金晶亦即金精，肾中元阳之气，又谓真铅。《灵宝毕法》："坎卦阳生，当正子时，非始非终。艮卦肾气交肝气。未交之前，静室中披衣握固，正坐盘膝，蹲下腹肚，须臾升身，前出胸而微仰头于后。后闭夹脊双关，肘后微扇一二，伸腰，自尾间关，如火相似，自腰而起，拥在夹脊，慎勿开关。即时甚热气壮，渐次夹脊关，放气过关。仍仰面脑后，紧偃以闭上关，放气过关。仍仰面脑后，紧偃以闭上关，慎勿开之。即觉热极气壮，渐次开关入顶，以补泥髓海。须身耐寒暑，方为长生之基。"次用还丹之法，如出胸伸腰，闭夹脊，蹲而伸之，腰间火不起。当静坐内观，如法再作，以火起为度。自丑行之，至寅终而可止。乃曰肘后飞金晶，又曰抽铅，使肾中生肝气也。"离卦采药，乾卦进火烧药，勒阳关，始一百日飞金晶入脑，三关一撞，直入上宫泥丸。自坎卦为始，至艮卦方止。"

② 《西山群仙会真记》，上海古籍出版社 1989 年版，第 34 页。

它有一般物质的可感视性和实在性。刘一明《修真辩难》说：

> 修其本原，无象中生实象。①

修炼家时而称之为"一颗黍米""明珠"，时而誉之"金刚不坏之体"，刘一明《象言破疑》说："金者，坚刚永久不坏之物；丹者，圆满光净无亏之物。"②所以能够成就这样一种极特别的类似实物性的东西，根据还生于神、气，修炼家认为神与气相交媾而凝结不散，即成金丹大药。而神、气又以阴阳论，"随炁上升，心火自降，阴阳交媾而成丹。神行乎其中矣。"（万尚父《听心斋客问答》）③

炁、神都属于"无"，无中阴阳交媾而能成实物。但这种实物具有所有实物所不具有的特殊性能，即它具有的超越的本性。不止类似实物，它其实就是一种神明，它是生命存在的根本因素的凝结，把它称为形神合一可，称为性命凝结也可。修炼家认为，有了它就有了生命的本体，从而也就掌握了"自家本来面目"。有时更绝妙地把它称为"这个"。"这个"在中文里意蕴不浅。首先，说"这个"就已把它当作一个具有独立资格的单元或单体，即独立自存的，这便与实在实物具有一致性；其次，说"这个"就从中已将"那个"排斥出去了，即它不是别的什么东西，而是涵有自我在内的主体。所以拥有了"这个"也就是拥有了神气合一、形神合一的自我了，如此性可以安，命可以立。如《大丹直指》所说：

---

① 《修真辩难》，见《道教五派丹法精选》第五集，中医古籍出版社1998年版，第51页。

② 引自《中华道教大辞典》，中国社会科学出版社1995年版，第1131页。

③ 《听心斋客问》，见《道教五派丹法精选》第四集，中医古籍出版社1998年版，第527页。

　　　龙之有珠，可以升举，人有内丹，自然长生不死矣。①
修炼家把这个圣胎理解为"纯阳之物"，如何能使阴阳变为纯
阳呢？那就是"以火煅炼"。《修真辩难》说：

　　　然本数虽足，若不经火煅炼，不能以无形生有形，
　　以无质生有质。故必于还丹之后，重安炉，复立鼎，以
　　铅投汞，以汞养铅。用天然真火煅炼成真，变为金刚不
　　坏之物，与天地并久，与日月争光，方能全的一个原本。
　　否则还丹已就，而不修大丹，虽有原本，必不坚固，终
　　有得而复失之时。②

经过小周天工夫的修炼，已有了黄芽、真种子，已算是某种意
义上的"还丹"，但仅此还不够，因为黄芽、真种子尚且不是
所欲追求的"有形""有质"，还只是无形、无质的，修炼讲
求得大药，即大还丹。如此便要行大周天工夫。铅汞在此指炁
神，即以炁神相炼求大丹。重安炉、复立鼎，即是重新起火运
炼。在这种重复煅炼过程中，修炼家运用了交媾颠倒、反复等
观念。与炼精化气阶段"坎离交媾"相区别，修炼家将炼气化
神阶段谓"乾坤阖辟"，阴阳交媾称之为"乾坤交媾"。陈冲
素《规中指南》说："夫乾坤交媾，亦谓之大周天，在坎离交
媾之后见之。盖药既生矣，于斯出焉。"③坎离交媾又被叫"内
交"，乾坤交媾又被叫作"外交"，《性命圭旨·龙虎交媾》说：
"交媾之理有二：有内交者，有外交者。坎离龙虎交，内交也，
产药也。乾坤子午交，外交也，结丹也。"④其《卯酉周天》：

　　①　《大丹直指》，见《道藏精华》第二册，岳麓书社 1993 年版，第 903 页。
　　②　王沐：《悟真篇浅解》，中华书局 1990 年版，第 51 页。
　　③　《规中指南》，上海古籍出版社 1989 年版，第 3 页。
　　④　尹真人弟子：《性命圭旨》，上海古籍出版社 1989 年版，第 169 页。

"外交媾者，后上前下，一升一降也；内交媾者，左旋右转，一起一伏也。"① 不过丘处机《大丹直指》还是把乾坤交媾称为龙虎交媾，"龙虎交媾，得一粒如黍米形"。实际上龙虎只是代号，代替阴阳，在不同阶段的交媾，有不同的内涵与作用，如李涵虚《收心法》所讲："若在先天，只炼出一个，都皆有了。总要从交媾中取出真阳耳。"② 从阴阳交媾中得到阴尽阳纯之物才是其目的。

反复煅炼也是颠倒的过程。《灵宝毕法》说："凡行此法，方为五行颠倒，三田返覆。"所谓颠倒，并非五行（五脏）三田（三丹田）位置的颠倒，而是神炁运动的反复进行。《收心法》说："道家云：乾坤坎离颠倒，岂心可移于下，肾可移于上耶？非也。所谓颠倒者，乃心肾中之神气耳。心神俯而下就，肾气仰而上升，神气颠倒，则有形之心肾亦如颠倒，无形之乾坤亦皆颠倒。颠倒交施，坤中生一阳为坎，乾中生一阴为离。离女与坎男交施，则如西方之兑女，相接东方之震男。又将南北移为东西，水火变为金木。金情木性，称为白虎青龙。龙交虎，如姹投婴。虎交龙，如婴投姹。要之，乃性命二物，命中有性，性中有命，二物乃一物耳。故紫阳先生曰：'震兑非东西，坎离非南北。'人亦可以恍然矣。"③ 在《周易》中乾（☰）坤（☷）二卦被认为是"易之门户，众卦之父母"，一切卦爻皆由此二卦演变而来，天乾地坤发生颠倒交施，从乾生一阴而成离卦（☲），从坤生一阳而成坎卦（☵）。魏伯阳以乾

<hr />

① 尹真人弟子：《性命圭旨》，上海古籍出版社 1989 年版，第 269 页。

② 李涵虚：《收心法》，见《涵虚秘旨》，中国人民大学出版社 1993 年版，第53 页。

③ 同上。

坤坎离为四正卦，用以范围天地阴阳变化之道，道学生命修炼则以坎离震兑为四正卦，而把乾坤作为先天之卦，以象先天神。坎离震兑分别象征北南东西，又象征水火木金，中央正位象征土。在物象上，离象女，坎象男，震象青龙，兑象白虎。离女与坎男交施即为坎离颠倒，或曰南北颠倒；青龙与白虎交施为东西颠倒，如《悟真篇》所说："震龙汞自离乡出，兑虎铅生在西方，二物总因儿产母，五行全要入中央。"[①] 在这里，颠倒不是指东西南北位置的不分辨，而是指神、炁的交互运动，在运动中相遇而发生作用，其中任何一方都不是被动的，也就是说是运动主体的运动颠倒，如既有姹投婴、龙交虎，也有婴投姹、虎交龙。因而这种运动乃是互动，离女坎男本来分处南北，震龙兑虎本来分处东西，在交互运动中却可从北中出离女，南中出坎男，东中出兑虎，西中出震龙。坎离震兑在东汉时的卦变学说中类似某种数字游戏，以阴（－－）阳（－）卦爻的移动而变卦，在道学修炼学说中则用来演示生命运动的阴阳消长及其交相作用。其中任何一方运动的主动性都是生命的主动性，在主动的互动中实现生命的目的性。其中运动的反复也即煅炼的反复，促使神、炁反复交媾，使得神、炁从暂时的凝结变为"打成一片"的永久性坚固物。

修炼中有多样的颠倒，如颠倒阴阳、颠倒坎离、颠倒男女、颠倒乾坤、颠倒铅汞、颠倒五行、颠倒主宾，等等，总的目的是一个，即"二物颠倒而生丹"（《金丹大要》）。修炼中所讲的"三田返覆""五行颠倒"也是这个意思。所谓"三田返覆"指下丹田返上丹田，飞金晶入脑；下丹田返中丹田，采

---

① 仇兆鳌：《悟真篇集注》，上海古籍出版社 1989 年版，第 151 页。

药；中丹田返下丹田，烧药进火。所谓"五行颠倒"，也是五行（金木水火土、肺肝肾心脾）之位所产生的运动主体的颠倒。《钟吕传道集·论五行》：

> 相生者递相间隔，相克者亲近难易。[①]

《西山群仙会真记》：

> 太白真人曰：五行颠倒术，龙从火里出。五行不顺生，虎向水中生。龙本东方甲乙之物，而出于火中者，心液之上，正阳之炁也，则曰阳龙出自离宫。虎乃西方庚辛之物，而生于水中者，肾炁之中，真一之水也，则曰阴虎生于坎位。然而龙是阳物，升举自在，而在水中，乃阴中之阳，故比心液之上正阳之炁也。虎是阴物，奔驰自在而居陆地，乃阳中之阴，故比肾炁之中真一之水也。[②]

五行颠倒又称作"五行错王"，晚唐彭晓《周易参同契通真义》说："或以阴阳颠倒，五行互用，更为男女，递作夫妻，则其义也。"[③] 元代俞琰《周易参同契发挥》说："金生水，木生火，此常道之顺五行也。今以丹法言之，则木与火为侣，火反生木；金与水合处，水反生金，故曰'五行错王，相据以生'也。"[④] "错王"的实际意思乃五行互用，在修炼中指人体五脏之神炁的逆转运用。

颠倒、返覆实现阴阳神炁凝结成丹，在具体操作上表现为"抽添"，即抽铅添汞以致阴尽阳纯，煅炼纯阳之物。《悟真篇

---

①　《道藏》第 4 册，第 663 页。

②　《西山群仙会真记》，上海古籍出版社 1989 年版，第 10 页。

③　彭晓：《周易参同契分章通真义》，见《道藏》第 20 册。

④　俞琰：《周易参同契发挥》，"五行错王"注释。见《道藏精华录》下，浙江古籍出版社 1990 年版。

自序》："至若防危虑险，慎于运用抽添。"[①] 所谓"二八阴消，九三阳长"，即指用卦爻的阴（--）阳（—）变化表示阴阳的消长。神炁凝合本乃阴阳之用，但这种初凝之物阳未纯阴未尽，反复煅炼以得阴中之阳，阳中之阳，无阴即是纯阳。陈致虚《金丹大要》说："抽添者，以铅制汞之后，逐日运火，渐添汞，汞渐多，铅渐少，久则铅将尽，汞亦干，化而为丹砂，号曰金液还丹之纯阳。则知形化为气，气化为神，是曰婴儿，是曰阳神。"汞为阳为神，铅为阴为炁，"抽铅"即是逐渐去阴，"添汞"即是逐渐增阳，"汞干"即是纯阳。李道纯《中和集》："身不动气定，谓之抽；心不动神定，谓之添。身心不动，神凝气结，谓之还元。所以取坎中之阳，补离中之阴而成乾，谓抽铅添汞也。"[②] 从生命要素来说，抽铅添汞就是一个身心神气的运用。

然而抽添既是生命要素的运用，那就不是随意的，修炼家都特别地讲究"依时"，时间关系可以说修炼中至关重要的一个因素。抽添是逐渐进行的，它必须在相应的时间关系中依时进行，所谓"防危虑险"，就是严格把握时间进程，慎戒用急。运炼的时间进程在修炼中称作"火候"，进火退符的时候，这也是修炼论最为神秘的。所谓"药物易知，火候难准"，"圣人传药不传火，从来火候少人知"，讲的就是这个意思。刘一明《悟真真指》：

> 金丹全赖火候修持而成。火者，修持之功力；候者，修持之次序。采药须知迟早，炼药须知时节。有文烹之

---

① 仇兆鳌：《悟真篇集注》，上海古籍出版社1989年版。
② 《中和集》卷三，见《道教五派丹法精选》第一集，中医古籍出版社1989年版，第33页。

火候，有武炼之火候，有下手之火候，有止歇之火候，有还丹之火候，有大丹之火候，有增减之火候，有温养之火候。[①]

各种火候都是对运炼中时间关系的准确把握。为了做到这一点，就要在运炼程度与自然时间之间找到某种对应关系，"既有形名，难逃度数"。在时间定位上，修炼家采取了由大到小的方式，即先立乎其大，先确立一个大的时间参考系（如一年有春秋冬夏四季），然后对时间做无数次的分割，如一岁之中有四季、八节、二十四气、七十二候、三百六十日、四千三百二十辰；十二辰为一日，五日为一候，三候为一气，三气为一节，二节为一时，四时为一岁；而一日当中则又分刻、分，一昼夜为一百刻、六十分。运炼程度就要与从大到小的时间每每相对应，运炼进程的数量关系也就以时间关系的累积表示出来了，年中择月，月中择日，日中择时，时中择刻，刻中择分，如此，自然的年月日就成了身中之年月日了，"人之一日如日月之一月，如天地之一年。"（《钟吕传道集》）为了准确地表示生命阴阳因素的消长进退，以十二地支中子、丑、寅、卯、辰、巳为六阳时，午、未、申、酉、戌、亥为六阴时。六阳时为进火时间，六阴时为退符时间。在时刻表示上，还以复、临、泰、大壮、乾、姤、遁、否、观、剥、坤等十二消息卦，以及六十四卦及其爻位变化来表示。十一月为子时，其卦为"复"☳，一阳爻表示一阳生，为进火采药之时；从十一月进火到二月，卯时，大壮卦☳，为春分时节，木气已盛，当行沐浴之功，即洗心涤虑，缓和火候，防倾炉之危；从二月再行息火到五月，

---

① 引自《中华道教大辞典》，中国社会科学出版社 1995 年版，第 1188 页。

午时，姤卦☰，为夏至时节，一阴爻表示一阴生，当退阴符，亦即抽火，也当行沐浴功夫，谨节抽添；从五月到七、八月，酉时，观卦☷，为秋分时节，金液已盛，当沐浴养火；从八月到十月，亥时，坤卦☷，为小雪时节，到此时，九转火候已足，十月胎圆，可与道合真。

在所有时候中，修炼家最重一阳生时和一阴生时，按客观时间关系就是子午之时，子时一阳生，午时一阴生，为阴阳交换的临界点。掌握这个临界点是修炼的关键，若一阳生时不及时"采药"，就会错过时机；若一阴生时不及时退火，用力过猛，不仅伤丹，也伤体。"十一月功夫，存杳杳绵绵之息；三万年气数，在来来往往之间。"（《性命圭旨》）所以修炼家把"调停火候"作为一个突出的要求提出来，调停就是要对进火与退符及其进退的幅度、分寸、迟速做出准确无误的把握。然而，修炼家在把生命体和宇宙自然、修炼火候与自然客观时间作对应时，只是在"相类"方面如此理解，并没有将两者完全作齐同理解，事实上两者也的确不同。修炼家所运用的乃是类比的推理法，只不过这不是纯粹的类推，而是把生命的体验做类推的基础，即将体验中意识到了的事实与外在的事实做了对比，甚至先体验到了生命事实，才进一步认识到外在事实，进而把自然之理类推到生命修炼中。自然，相似性的多寡对于这种类推的合理性具有决定的意义。这里有一个相似与相同的关系问题。如果说相似，只限于形似，事实其实不同；如果说相同，则只限于理同，物事不同。修炼家着重在形似方面考察其理同，再从理同方面洞见生命的意义。对于时间关系，一方面认识到身中亦有年月日，并将自内与自外两种时间关系加以类比，另一方面则又断定身中年月日不同于身外年月日，人之一日比日月之一月，又比天地之一年，所以身中之子午时就象征月的上弦与下弦和一年中的冬至和夏至。我们知道，时间的客观性在于物体在空间的运动的连续性，年、月、日、天、时、刻、分等皆以地球绕太阳的运动周期为准，较小的运动时间单位从较大的运动时间单位分割而来。修炼中的生命运动既以身外的时间单位为参照，那么在时间的量度上就仍然具有客观性。但是，生命运动的空间乃是体验中的空间，与外在的客观的空间存在着很大差异，因而它在量度上带有极大的主观性质。正是由于这种主观性质使得它可以偏离其客观绝对性，具有相当的相对性。尤其是在修炼进入一定的阶段，修炼者已经能够体验到生命本体运动产生并沿着合乎生命目的的方向自己流动时，这种相对性就凸现出来。也就是说，这时的时间观念不再以客观外在时间量度为准，而以内在的生命本体的显现的起点和流动的连续性为准。在这方面，中国的生命哲学与现象学的某些结论极其相似，如胡塞尔的"内在时间观念"也把意识的时间与客观时间做了区别，内在时间即意识的时间以意识之流的连续显现为基本准则。前面曾谈到的死子时与活子时的区分就完全属这种性质。在这两个时间观念当中，修炼欲追求的正是活子时，死子时只是为了活子时的产生而设置的。因为死子时只反映自然流转的过程，不能反映生命运动的本质，生命的运动就一定要表露其活力与激情，表露出生命的冲创能力，而活子时就正好表露了这一点。

（四）炼神还虚

这是修炼的高级阶段，又称"上关""九年关"，是实现生命超越和出神入化的理想境界。与初关"有为"、中关"有无之交"不同，这一修炼阶段为"出有入无"。修炼家又称此为上乘和中乘丹法，合起来为三乘丹法。对此一阶段的修炼，修炼家在认识上略显异趣。元人李道纯即持此观念。施肩吾《西山群仙会真记》将此上乘丹法称为"炼神合道"，其曰："一日气满功盈，五气朝元①，三元聚顶②，血凝气聚，万神朝真，并在上宫，富贵华盛，楼台马车，士女笙簧，殆非人世所有，勿有认得真境是自身上宫，未能超脱内院。因循不出，是为困在昏衢，形神俱妙，不能超脱，止为陆地神仙，难以弃壳而返十洲之岛。"③这一表述实际上与一般意义上理解的炼神还虚是一致的。但尹真人弟子《性命圭旨》则认为炼神还虚尚不足以表述最后阶段修炼的全部内容，炼神还虚也不足以描绘最高境界，特提出"最上乘丹法"。他认为炼神还虚还存在一个虚空，"便是有个虚空体在，而着于体矣"，"命宗人只知炼精化炁，炼炁化神，炼神还虚而止，竟遗了炼虚合道一段"。又说："今之炼神还虚者，尤落在第二义，未到老氏无上至真之道也。炼虚合道者，此圣帝第一义，即是释氏最上一乘之法

① 五气朝元指修炼到高级阶段，五脏之气转化为阳神而上朝内院的景象。修炼家对此体认略有不同，《钟吕传道集》："金液还丹以炼金砂，而五气朝元，三阳聚顶，乃炼气成神，非止于炼形住世而已。"还描述了五气朝元的内景象，如鹤之辞巢，或如龙之出穴，或如五帝朝天，或如五色云起，或如跨丹凤而冲碧落，或如梦寐中而上天衢，或如天花乱坠，仙乐嘈杂，金光缭绕以入宫殿繁花之处，等等。丘处机《大丹直指》认为五气朝元与太阳炼形同。强调五气朝真，气聚而不散，其诀曰："丹就自然朝五气，气真方可见元神。形形换骨非凡客，自是长生物外人。"萧廷芝《金丹大成集》说："五脏真气上朝于天元也。"

② 三元聚顶又称三花聚顶、三阳聚顶。指神、气、精混合而为一，聚于天宫内院。《钟吕传道集》："阴中之阳，阳中之阳，阴阳中之阳，三阳上朝内院，心神以返天宫，是皆朝元者也。"张伯端《金丹四百字序》："以精化气，以气化神，以神化为虚，故名曰三花聚顶。"萧廷芝《金丹大成集》："神、气、精混而为一也，玄关一窍乃神、气、精之穴也。"

③ 《西山群仙会真记》，上海古籍出版社1989年版，第36页。

也。"① 很显然，这种分歧只是在对"还虚"的理解上存在着的差异，没有根本的不同，如果不是把"还虚"理解着于相的话，那么炼神合道其实是可以合并到炼神还虚阶段的。

如此便有修炼中所涉及的两个虚，一个是修炼工夫的虚，一个是修炼状态的虚。对于修炼工夫的虚，各家意见较为一致，都认为工夫修到炼神还虚阶段，应主要地采取一种互为自然的方式，即行入大定功夫，内观定照，乳哺温养，炼其纯阳之性。李道纯《中和集》说："工夫到此，一个字也用不着。"修炼家多以"〇"来表示虚，一切入于虚空，一切圆明，返本归根，明心见性。显然，这是对修炼者心理与意识状态的要求，意谓不要刻意追求，不要运用意念去推动运动。在修炼家看来，生命在未意识到的时候，它以自然盲目必然性实现其运动，其运动的结果是自己否定自己，运动的完成即为生命的结束；而生命在被意识到了时候，它就会在人的意念的推动下向着主观目的性方向发生运动；在生命的本体被意识到了、并被牢牢掌握的时候，生命本体就自己运动，其运动方向与主观目的性是完全一致的。所以，一切的修炼都围绕着对生命本体的意识和对其掌握的程度来进行。在炼神还虚阶段之所以要一切入于虚空，正是认定在主观性能方面人们已经做完了应该做的事情，神气、性命已彻底凝结一体，完全处在掌握之中的状态了，故而干干净净地将意念有为排除在生命本体运动之外。然而，仍然应该说这只是此一阶段的整体性要求，或者逐渐达到的要求，并非整个阶段皆不用意。所谓"返照""返观"，也是将外驰的神意内收于体内而定于一点，即定于所生大药圣

---

① 尹真人弟子：《性命圭旨》，上海古籍出版社1989年版，第344—348页。

胎。伍守阳《仙佛合宗》说："返视内照者，返回其驰外之真意，以返照于内也。"也就是说内视、返照是有一个对象存在的，对于对象的内视、返照未必全不经意。既有一个对象，就有一个对于对象的认定。如果没有这样的对象认定，就是顽空，这是道学所要避免的。这种返照、内视工夫，其实就涵括了排除主观意念和又存在着主观意念两方面。对于前者，修炼家又称之为"沐浴"，沐浴即有缓和、减少意念之意；对于后者，修炼家称为"温养"，温养即绵绵若存，有意无意之间，既要不着意推动，又要用意谨慎，如龙之养珠，少女之养胎。从有意到无意，这之间有一个较长时间的过渡，先存意，后忘意，以致任其自然无为，此所谓"先存后忘"。清人仇兆鳌《悟真篇集注提要七条》注"抱元守一"："前面工夫乃炼精化气、炼气化神，皆有为有作之功，到此炼神还虚与道合真，乃绝虑忘机之候。斯时虚极静笃，内外两忘，以逍遥自在之身，观大化流行之妙人也，而合乎天矣。"[1]内外两忘，谓先忘外物后忘内己。当已忘外物而内己未忘时，尚且算不得完全无为，两相忘时才算完全无为。炼神还虚工夫正是要从外忘到内忘，以致两相忘。这与海德格尔所说的"无蔽"显现存在的观念极其接近。海德格尔相信只有人才可能无蔽，从而显现其存在者的存在。中国生命哲学认为宇宙的本体乃至生命的本质、本体只有在修炼者的一定修炼阶段上才能显现、浮现出来（这里的本体已经上浮到存在的意义上来了）。要真正弄懂海德格尔的存在是困难的，同样，要真正弄懂中国生命哲学的性命合一的本体意义也不是容易的，但有一点是共同的，即都把追求的目

---

① 仇兆鳌：《悟真篇集注》，上海古籍出版社 1989 年版。

标放在境界的层面上来化解。境界首先是对修炼主体的一种高度的要求，虚极静笃就属于这种要求。

修炼状态的虚指修炼对象的虚，从实存实有的状态进入到虚无的状态。在炼气化神阶段，修炼家把神气凝合理解为实存、实有、实物，大药、圣胎、还丹等都是这种实物的异名，其实质是神与气、阳与阴的生命根本因素的稳固结合，修炼家不仅视其为生命根本，也视为生命的本体。受本体实在论的影响，修炼家合乎情理地将修炼的结果认定为实在之物。一旦拥有这种特殊的实在之物，陡生踏实安然之感。但是，实在的观念只是道学一个重要的观念，不是其唯一观念。虚与无乃是其另一个重要观念。适时地将实有转化为虚无为生命修炼的进一步要求，符合生命运动的目的性。在本体存在论中，道者们已经论证了道在本质上乃是某种实在，这种实在性使得与佛教否定一切现实性相区别开来，但是这种实在的存在状态表现为虚和无，虚无体现了道的普遍性和超越性。修炼论仍以实在为生命运动基础，但修炼不能滞留在实在状态，实在需要"还虚"。既然道的存在状态为虚，那么修炼合道就不仅要求修炼者有一个虚的工夫，更要求修炼对象本然也处于虚的状态。

我们已经知道，作为修炼对象的内容乃是生命的本体，而生命的本体在归根意义上乃与宇宙自然本体（道）具有同一性，在这个意义上，修炼自我生命也就是在修道，反之，凡言修道也就是修炼自我生命。只是修炼论所讲的修道实际上等于说修我自己的道，因为道已先在我身。道的本然状态为虚，修炼者修自我的道也要达到虚，此为修炼的目的。既然修炼工夫已要求虚极静笃，那么如何使得修炼对象达到目的呢？其实不难理解，当修炼尚且处于意念的着力推动时，生命本体便不会被意识到，生命本体的运动也没有发生；当生命本体在被意识到了的时候，生命本体的运动就发生了，它自己运动，自己奔向目的，这个目的又正是修炼者所要追求的目的。主客在此时、也只有在此时才完全地走向一致。在从实有到虚无的转化过程中，中间经历了一个有实到有形的过程。当修炼的结果以还丹、大药的形式存在时，它属有实；当它以道胎、圣胎形式存在时，它属有形。这个"形"自然是自家本来面目——生命本体的浮现，但是对实有的确认以现实感受性为基础，对形的确认则主要地属于内视的结果。所以，对于"还虚"，修炼家不以金丹大药的形式去实现，而以圣胎的形式去实现，大概"形"更易还虚。陈致虚《金丹大要》说得清楚：

> 盖胎者非有形有象，而别物可以成之实，即我之神炁也，先以神入乎其炁，后炁来包乎其神，神炁相结而意则寂然不动，所谓胎矣。……炁足胎圆，从顶而出，所谓形成出胎。

翁葆光《悟真直指详说三乘秘要》：

> 九载功圆，则无为之性自圆，无形之神自妙。神妙则变化无穷，隐显莫测；性圆则慧照十方，灵通无破。故能分身百亿，应显无方，而其至真之体处于至静之域，寂然而未尝有作者，此其神性、形命俱与道合矣。[1]

这实际上是先说道胎、圣胎之形，"形成出胎"；后说其形非形，"无形之神自妙"。形之所以非形，根据在于其实质为神，神妙自然无形。正如《性命圭旨》所指出的那样，"还虚"似仍有一个虚空体存在，而有虚空体存在便不合道，所以修炼家

---

① 翁葆光：《悟真直指详说三乘秘要》，见《道藏》第 2 册，第 1022 页。

们提出要"粉碎虚空"（或曰"打破虚空"）。《性命圭旨》说：

> 盖本体本虚空也，若着虚空相，便非本体。虚空本粉碎也，若有粉碎心，便不虚空。故不知有虚空，然后方可以言太虚天地之本体；不知有粉碎，然后方可言太虚天地之虚空。①

这实际上对还虚合道提出两个要求。首先，"本体本虚空""虚空本粉碎"，所谓"虚空是本体，本体是虚空"。这个本体即是道，但是道体本来又是虚空和粉碎，如果修炼到炼虚合道的地步尚不明了道非实相的话，便不会真正得到这个本体。其次，修炼者虽知道为虚空，但"着虚空相"或"有粉碎心"的话，那么其生命之体便不是虚空，从而不能安本体于虚空之中。修炼的最高目的是"粉碎虚空，方为了当"，可是要以无粉碎虚空之心，才能粉碎虚空。这如同《老子》所说的"外其身而身存，忘其形而形存"，又如《清静经》所说的"内观其心，心无其心，外视其形，形无其形"。炼虚合道之"合"，就是与道同体，以无心之心合同无体之体。不过，切不可以为虚空之本体就是绝对的无承载的虚空，虚空只是其存在状态，其本体还是"空中不空"，所谓"空中不空者，真空也。真空者，大道也"（《性命圭旨》）。修炼中最后的成果所谓"纯阳之神""纯阳之性"，正是这种"空中不空者"。到此已经不再属纯粹的有与无、实与虚的问题了，而是上升到境界问题上了。

---

① 尹真人弟子:《性命圭旨》，上海古籍出版社 1989 年版，第 345 页。

四　无中生有与以有归无

前面谈到"有"是生命的现实基础，无是有基础的生命的运动，在这个前提下再来看"无中生有"与"以有归无"。既然无体现了运动，那么从"无中生有"到"以有归无"就完整地表述了整个生命运动循环的完成，正如《证道仙经》所说："无中生有还归彼，有里还无我得之。"[①] 在这个运动中既体现了合目的性、生命的自我驱动，又体现了生命的超越。

（一）无中生有

首先我们应该明确，作为生命基础的"有"与"无中生有"的"有"在意义上完全不同。生命基础的"有"在修炼者提出修炼的动议以前就已预先存在着了，这是人们无须经过修炼就能够确认的事实，甚至这样的有就是物理学所认定的物理事实或生物学所认定的机体事实。生命修炼论承认这样的事实，并把它作为生命运动的起点。全部生命运动过程都建构在此起点之上。而"无中生有"的"有"则属于只有经过生命的修炼才能够确认的事实。《钟吕传道集》说：

> 玄牝本乎无中来，以无为有，乃父母之真气纳于纯阴之地，故曰谷神不死，是谓玄牝。[②]

这好像在说生命体中的一个窍穴，这个窍穴是用来蛰藏生命之本的，其实未必完全如此。当它被指定为一个窍穴，并确定地在人体中占有某个位置时（尽管属于想象空间的确定位置），它是一个先在的实有。当它被说明为其位无定位时，它有另一层深义，就是须经过修炼才能够确认的有，即它是无中所生之

---

①　《证道仙经》，见《全真秘要》，中国人民大学出版社1990年版，第236页。
②　《道藏》第4册，第676页。

有，属生命运动所产生的生命现象。中国语言有一种特殊的方式用于表达对于对象的尊敬，如"陛下""阁下"。"陛"本指高而威严的宫殿阶梯，"阁"本指高而峻秀的楼榭，在这里"陛下"却实指君主，"阁下"则实指地位显赫的人士，指物变成人的象征。同样，玄窍就具有这类的象征，当玄窍被解释为"这个""自家本来面目"时，在意义上它只代表生命修炼所欲追求的对象。这个对象、这个有，到底是什么呢？陈楠《罗浮翠虚吟》说道：

> 当初圣祖留丹诀，无中生有作丹基。……尽于无相生实相，不假作想并行持。

显然，有指的正是"丹基""实相"，它以无中修炼得来。南宋白玉蟾《传道集·攒簇五行之图》说：

> 无质生质是还丹，谁信无中养就儿。[1]

又说：

> 虚无自然，无中生有，万物一物，一贵乎守，回风混合，终日如酒，大梦得醒，雷轰电走，云收雨散，天地长久。[2]

还丹既为"无质"所生之"质"，它就属于修炼的结果，或者说修炼之成，它是一个特殊意义上的实在之物。这实在之物不是别的，正是内在化了的道，也就是生命的本体。从无中产生的过程既是修炼自我的过程，也是生命本体逐渐呈现的过程。

（二）以有归无

可以说这是生命进一步修炼的需要。但是为什么有这种需要呢？修炼成象（相），七返九转而成还丹，这本来就是修炼

---

[1] 《海琼传道集》，见《道藏》第33册，第149页。

[2] 同上书，第151页。

者的初衷。早期外丹学说盛行时，人们相信服一粒寓涵了道在其中的金丹就能够逃出生老病死的困厄，现在人们通过内修内炼在自己生命中就得到了还丹——道，岂不已达到目的了吗？然而，在修炼家看来，这只是暂时的目的。依照生命运动的特点，发现了生命的本质虽是一个成功，但如将生命本质置于凝固状态便不符合生命的本性。生命的运动不仅要连续不断，而且要不断实现超越，不断地从个别走向普遍，并最终合乎其自身的规则。

首先，修炼的主体意识需要在"以有归无"的进一步修炼中得到消解。在这里，修炼的主体意识显然不是指生命本体。修炼家将先天神与后天神做了区分，后天神正是指修炼的主体意识，先天神才是指生命的本体，修炼中常言的"自家"正是建立在此意义上。我们已经看到，主体自我意识在修炼中自始便发挥推动作用，没有主体自我意识便不能发生修炼的动机，更不会将人的全部身心投注到生命运动的进程中去。然而在修炼的圆成终结时，却要将自我意识消解掉。在修炼家看来，主体自我意识尽管在此前发挥不可或缺的主导作用，但自我意识最终还是会成为生命运动自我实现的障碍。生命的本体是圆明无蔽的，如果生命中有了一层自我意识存在，就遮蔽了对它的洞彻了明。所以，排除自我意识的"有"成了自我实现"无"的必要条件。这也等于说，"我"不能实现什么，"我"只有在排除了"我"之后，才能实现"我"所想要实现的。排除自我，既是对于自我意识的一种要求，又显然地属于修炼，实际上修炼家是将其纳入修炼过程的，所谓"炼己"即指这种修炼。炼己是一个修炼过程，这个过程是为了消解自己，如此，修炼的对象似乎存在于过程之外，过程本身不能实现什么，这并不像冶炼那样，每一次煅炼都在除掉矿渣，最后剩下的是纯金属。而在这里，生命的修炼过程只是生命实现的形式。可是没有这个过程便什么也不能实现。汤因比在谈到印度小乘佛教时说："印度的小乘佛教哲学家们把握并依据的一条似乎自我相矛盾的真理是：对人类来说，追求自我圆成在逻辑上不可避免的目标就是自我泯灭。只要任何人仍然还不失为自我，完全的精神自我圆成就不可能达到，其所以如此是因为那个处于生命体核心的矛盾，它体现在——因此是'幽禁'在——地球上一切未经超度的生物之中。"[①] 当然，佛教采取了否定现实性、泯灭自我的方式来实现超自我的目的；道学则力图在现实的自我中实现超现实的目的。两者在追求最后目标的实现方式上都把自我意识排除在外，这几乎没有什么差异，而这与海德格尔把对自己"存在"的获得确立为出离自身的方式又何其相似。

其次，生命本体得到升华。修炼到"无中生有"，可以说是一个巨大的成功，其意义可以在两个方面体现出来。第一，修炼者以极其勤苦的精神，投注全副身心所欲讲求的乃是炼丹，即得到人体内在修炼的"金丹"，作为一个实在之物，人们认它为道，即道的物化。有了这个实在之物，便可以逃离生死困苦，至少在感情上人们相信它是一个稳定身心的极神妙的东西。尽管拿不到，但人们相信既然能通过内视体察感觉到它的存在，那么它就肯定存在着。第二，对于修炼者来说，我们的生命究竟是什么，其先天来源，或者它以什么样的方式存在，在这之前我们无法知晓，人们了解生命运动的外在流程在

①　〔英〕阿诺德·汤因比：《一个历史学家的宗教观》，四川人民出版社1990年版，第76页。

生长、成熟、衰老、病死之间依次辗转，却不知生命的本来面目如何。现在它在人们修炼的内景象中浮现出来，完全能够意识到它的真实存在，而且也能意识到它有怎样的运动内容，以怎样的形式进行着自我运动。尤其是它的浮现能给生命以极大的安静、愉悦与轻松，而且它赋予人以力量和信心。人们相信在拭去世俗的尘嚣与尘埃之后，生命的本来面目应当是这样的。人应当通过生命外在形式去追求其内在的本质，而且也确实追求到了这样的东西。

如果将以上两个方面联系起来，我们会得到这么一种结论，即生命的修炼从无个体性到达了个体性的肯定。原先生命是一个盲然的存在，现在达到了生命自我本质的确认。无论说道在我身，还是说生命本体即在我身，总是对于一个至尚的本质在生命个体中的确认。然而，自从有了这样的肯定与确定，其局促也同样暴露出来。肯定与确定始终是一种有限，即便是对于某种普遍性质的肯定与确认，也不例外，这在庄子哲学中已清楚表述过了。而生命本来乃是有限，尤其当生命以个体性原则得到确定时，它以有限性表现自己。尽管如此，生命所要追求的却是无限，即在个体性中实现无限性，这是生命的本能。对于这种无限性，道学采取了生命实在与生命意义双重目标的追求，而不管人们最终是否能做到这两点，这即是道学式生命的原创、生命的活力的激发。我们知道，生命哲学以个体性为出发点，生命本能是要追求普遍性的，但是这个普遍性与人们惯常所理解的理性的普遍性有所不同，理性的普遍性在于对现象的普遍本质的概括，因而能够普遍适用。而在尼采和柏格森等看来，理性不具有普遍的能力，因为理性的前提乃是对个体的肯定，是对人类意识的确认，只要有肯定与确认便不自觉地步入了有限的陷阱，所以阿波罗式的理性不是表现为无限，恰好表现了有限，而狄俄尼索斯式的非理性的作用正是崩溃个体性原则。

道学在实现生命普遍性方面采取的是生命本体升华的方式。撇开生命的先天来源不讲，就本体被意识到来说，已达到生命本体的肯定。这种肯定同时也就是对生命自我的肯定，或者说生命个体的肯定。为了追求无限，生命的本体需要从有限的个体躯体中分离出来，这就是"婴儿出现"，"化身五五"，"儿又生子，子又生孙"，再"粉碎虚空，方为了当"。"婴儿"不是别的，正是自我本来的面目或真面目，是从生命形体飘然浮现的生命的本体；而"化身五五"及其儿孙生身无尽，乃生命本体从有限走向无限的过程；至于"粉碎虚空"乃打破个体局限根本实现生命的普遍性，只有实现了这样的无限普遍性，才能够达到道学的理想：普世变现和自由自在。这里有一个关键性问题，在从个体性到无限性的过程中，如何体现生命实在的无限性呢？生命实在是道家生命哲学的一个基本前提，生命本体首先是一种生命实在，在追求无限的过程中，也不可能放弃生命实在。"粉碎虚空"强调了不滞着于体，却不是绝对的虚无。修炼的最后愿望是"形神俱妙"，在精神的超然物外上，始终不曾放弃形体，只是"妙"就妙在形体不再属于不动不变的实在，而是能适性与变现的实在，需要隐则隐，需要显则显。所以，修炼不断地剔除小我、私我、我体、我相，却逐渐地推出了一个本我、大我。"无我"在这个过程与其说是实现了某种目标，毋宁说是实现目标的手段与方式。到此，生命的意义、境界凸现出来，存在的有无退居其次，生命所追求的普遍性在更大程度上乃是意义的普遍性。但是，在这种无限普遍的意义始终也还隐含了实在性于其中。从道学和尼采、柏格森的生命哲学中，可以清楚地看到一个共同倾向，即都把粉碎或崩溃个体性作为从有限通向无限的必须门径，只有破除个体，才能达到普遍。但是，正像尼采实现了"狄俄尼索斯式"和"阿波罗式的对立综合"一样①，道学在生命本体的升华中实现了普遍存在与个体实在。当然，我们可以说尼采及柏格森的普遍性不是理性的普遍性，而是非理性的普遍性，这与道学本体的普遍性不尽相同，道学的意义的普遍性是不排除理性的。尼采以非理性统摄理性，道学则以理性统摄非理性。我们在本体存在论中已经谈到，在普遍的道化为具体的生命存在之前，它只是抽象、理性的存在，只有在化为生命存在之后它才是生动的、具体的、非理性的存在。尼采以他的方式在普遍性当中保留了个体性，同样，道学也以自己的方式在普遍性当中保留个体实在性。如果放弃了这种个体实在性，那就与其生命哲学的个体性出发点相背，从而生命的修炼不是为我的修炼，而是为他的修炼。可是在其修炼学说中表现出来的都是不废自我的自我圆成精神。

最后，体现了超越精神。可以说，道家生命哲学乃是目的论的学说。一方面，修炼者都把得道成仙作为直接的目的，这是生命的愿望；另一方面，撇开愿望与助动不说，生命本体的本能运动朝着既定的目标进行。可是我们又看到，所提出的具体目标都表现出了暂时性与层次性，而所提出的终极目标，如形神俱妙、与道同体等，却又不是一个具体的目标，而是无具体规定性的境界，这无异说，这个终极目标是永远不可能完全

---

① 见赵卫民：《尼采的生命哲学》，台湾幼狮出版社1995年版。

穷尽的目标。这样的目的、目标只是为生命运动、生命追求提供了方向，顺着这个方向，生命运动与追求无止境。生命的个体如同高山流泻的溪流中之一滴，它不断地到达目标，又不断把这些目标抛在身后，当它汇流长江，奔向大海时，它并没有到达某个位置而固定凝结，它在漂泊流动，在与其他的个体融会。生命的运动也在于沿着目标的指向运动，最终目标也只是提出了完成所有具体目标之后的指向。如果目标使生命运动凝固，生命的意义顿失。所以，我们清楚地看到，生命哲学的目标没有终结生命的运动，只会为生命运动指向。如果没有目的、目标，生命便无方向性，甚至运动都不会发生。

当生命奔向目的又朝向另一个目的时，这就是超越。在我看来，超越始终属于主体性事件，任何一种超越都是具有精神特质的行动主体的行为。基督的超越不仅仅在于他高高在上，君临人间世事，还在于他具有超人的神格。同样，某些民族对于诸如"圣石"的自然崇拜，也赋予了自然物以人们所向往的超越神灵，寄托了人想象中的超拔的能力。如果没有人格或人的寄托，这些便都是与人无涉的外物，谈何超越？在这个意义上，任何超越都是人自己的事。生命一定要追求超越，这是一个毋庸置疑的事。正如尼采所说："人之伟大，在于其为桥梁，而不是目的；人之可爱，在于其为过渡与下落。"① 道学修炼如何追求超越的呢？这可从两个方面去理解。（1）克服自己。首先，修炼者要克服外物的引诱，专精于修炼，从修炼伊始的"凝神定息"到"万缘放下"，都在战胜诱惑。其次，克服意志薄弱，相传东汉魏伯阳炼外丹时就曾以有毒药物试探学徒的

----

① 〔德〕尼采：《苏鲁支语录》，商务印书馆1997年版，第8页。

意志，结果三个徒弟中只有一个意志坚定而得道。内丹修炼不仅要经历十月、三年、九年的意志煅炼，还要经七返九转的意志专精的煅炼，火候的进退、采药的老嫩不得有毫纤的差池。最后，要克服满足感。这是"以有归无"修炼最重要的一条。得到了还丹（有），易于满足。化有归无，实化为虚，即是要破除自我的满足感。修炼中所讲的不滞于体，不着于相，也就是这个意思。（2）从个体走向普遍。生命本体的浮现，标志生命现象对自然的个别性的肯定，即生命本体的个体化。个体化意味着有限，如果保留这种有限也就是自私。然而生命哲学肯定个体与有限，却不能是自私的，它的永不停息的冲动要求把个体、有限化为普遍的存在和无限的变现，也就是得道进而回归自然。这既是生命运动本能产生的超越能力，也是宗教精神的根本旨趣。

第六章　生命之悟

一　本质直观的悟

（一）"悟"的思想来源

在所有的思维形式当中，"悟"可能最为符合超越的学说。悟这种方式所含育的不可言喻的秘密能够反映精神超越的需要，所以在中国道家佛家都采取了这种方式。

《说文》解"悟"为"觉"，从心吾声，觉下曰悟，悟又写成"寤"。而觉则意谓醒悟，如梦初醒，方见真相。《史记·项羽本纪》："身死东城，尚不觉寤，而不自责，过矣。"又《荀子·成相》："不觉悟，不知苦，迷惑失指易上下。"觉悟而能反正，也即迷途知返，引申为对某种道理的知晓。就思维方式来说，它意谓对原来正在延续的思想过程的中断，从中提升出原有思维过程不曾有的另一思想境界与结果。《庄子》书中有几次谈到悟。在《庄子·田子方》中田子方与魏文侯对话中谈起自己的教师东郭顺子，说他"其为人也真，人貌而天，虚缘而葆真，清而容物。物无道，正容以悟之，使人之意也消"。成玄英解释为"东郭先生自正容仪，令其晓悟"。这也是说东郭以自正容仪的启发方式开导无道之人。开导者是洞晓达悟的有道之人，对象则是无道之人。但开导者不是将知识传授给对象，因为对象并非无知识，只是"无道"而已，所以开导者所要做的只是使对象从自己的仪态言容中得到启发，明晓大道。在《庄子·渔父》中，叙述孔子偶遇贤哲渔父，孔子讲述自己"再逐于鲁，削迹于卫，伐树于陈，围于陈蔡"的遭遇，深感自己"不知所失而离此四谤"。渔父则也感叹道"甚矣，子之难悟也"，举例说一个人极不愿看到自己的影子和行迹（"畏影恶迹"），但他采取了一种愚蠢的办法，即飞快地走，拼命地跑，以致"绝力而死"，却不知在阴暗的地方停下来可以"休影"，处静不动可以"息迹"；接着再指出孔子"审仁义之间，察同异之迹，观动静之变，适受与之度，理好恶之情，和喜怒之节，而几乎不免矣"，却不知"谨修而身慎守其真，还以物与人"，结果这等于"不修之身而求之人"，如果能够修之于内而不求之于外，反而能够"真在内者，神动于外"，即以自己的精诚之真感化外人。听到这番劝慰，"孔子愀然！""愀然"本身是一种忧虑而惊惧的精神状态，但这恰恰也是自我省悟的最初反应。之所以有此反应，首先劝慰者指出其原来思想方法"愚亦甚矣"，这实际上中断了被劝慰者"不知所失"，对具体事件的自我检讨，意谓根本的问题不是如何检讨自己有没有什么地方做错事，而是原有的思路就不正确。其次，这样一种中断给被劝慰者造成了心理上的压力和思想上的骤然紊乱，茫然不知所措。故而"愀然"引发了根本思路的反省，在这之后才会有醒悟。如《荀子·修身》所言："见不善，愀然必以自省也。"《庄子·列御寇》中也有"莫觉莫悟，何相孰也"的说法。

　　以此来看，讲究觉悟这一思维方式并不是个别现象，在先秦道家乃至儒墨名法等各派各家的言论中都留下相类的思想痕迹。不过总的说来，悟的思想方式没有上升到突出的地位，我们当然可以说老子讲的"静观""玄览"，庄子的"心斋""坐忘"，孔子的"闻道"，等等运用的本来都属直觉、了悟的思维方式，但是这是本能的方式，不是有自我意识的方式。他们会觉得对于一个玄妙的道理只能用这种方式来通晓，不可能再有别的什么办法，但他们没有意识到这是一种可以称作"悟"的思维方式。这不只是对于一种术语名词的注意程度如何，而是涉及对于这一术语名词所表示的思想方法及其内蕴的认识程度。因此，不自觉地对于某种思想方式的运用不可能产生对这种思想方法的全面完整的认识，从而也不能够达到充分合理地运用它。或者说，他们在运用这种思维方法时，并没有某种选择性。这就是后来的佛家能够借此方法显扬自己的一个重要原因。

如果说道家运用了悟的思想方法而没有特别讲清楚这种思想方法的话，那么汉魏两晋的道学则基本上不讲究运用这种思想方法。这个时期的道学经典都不讲觉悟，连理论性甚强的《抱朴子》也不讲究。《抱朴子》所谓"析理入微"，其所运用的思想方法实际上是实证的方法，即科学的方法。尽管葛洪意识到玄道幽远难识，也提出过要"体道合真"，但他所讲求的"思玄道"的方法严格地讲仍然类似于科学认识论，他所谓"析理"也不属于形上学的追问，而是实证分析法。正因为如此，才会在葛洪思想中出现这样一种悖论：一方面他要运用实证的方法来证明所有论及的现象；另一方面他所欲分析证明的对象又是不可以分析证明的，即超出分析证明的范围。整个外丹学说沿用了这一思路，同样也都在这种悖论中不能自拔。这是科学与神学的矛盾，也含育了科学与玄学的矛盾。

道学重视"悟"的思想方法开始于南北朝时期，这个时期的道学经典《常清静经》已明确地说"真常之道，悟者自得"。《太玄真一本际经》中也多次表达了"悟"的思维方式，如说："所说言辞，无由解悟"；"虽有重障，人道悟幽深"；"见道（身）形，人因迹入悟，生气布三才"。① 在隋唐这一思维方法得到了全面的肯定，在成玄英、王玄览、司马承祯的论述中充满智慧感悟的内容。可以肯定地说，佛学的影响是重要的，尤其佛教的渐顿之说。据汤用彤的考释，渐顿之说"实不始于竺道生也"。在僧肇《涅槃无名论》《璎珞本业经》等经典中，不仅有顿渐二字，"且中夏僧已生顿渐之辩"②，但竺道生孤明独发，逆于时流，意义非同寻常，其中不乏对西来佛学精神的秉承，也包含了他对中国文化意蕴的吃透，他所提出的顿觉极慧学说将觉悟问题提到了突出位置，特别是将悟这种思维方式的特点充分表述出来了。他在注《法华经》时说："大乘者，谓平等大慧，始于一善，终于极慧是也。"尽管印度佛学的原典中有顿觉之说，但在道生提出这种学说时却极具发明之义，这种发明可以说乃是特别讲求思想方法的佛学发展的必然结果。道学不是没有有关觉悟的思想，但是没有像佛学那样讲求思想方法，因而道学受佛学影响的地方不是将佛学搬过来，而是在讲求思想方法上面。六朝到隋唐是道学发展史上思想性最强的时期，这个时期道学思想家们在阐扬早期道家典籍上用力甚勤，其用意无非欲在一个较高思辨水平上返本归宗，而他们在解释老、庄、文、列等典籍时发现道家的思维方式原本就是

---

① 见大渊忍尔编：《敦煌道经·太玄真一本际经付嘱品第二》。

② 《竺道生与涅盘学》，见《理学·佛学·玄学》，北京大学出版社1991年版，第138—139页。

类似于悟的，只是方法湮没在内容中了，或者说道家提出了最好的思想，却没有提出教人们如何以最好的方法来实现这种思想。静观、玄览、心斋、坐忘原本是方法，可惜没有像佛学那样就这种方法本身展开论证。佛学的渐顿学说提出的最有益启示是：方法本身也是需要论证的。渐顿学说其实正是方法论证的学说。论证即是讲求磨辩的过程，从而使得方法中的问题变得明确或可信。

对于道学修炼家来说，尤为重要的是，他们从早期道家经典中发现了类似"悟"这种思维方式是达到生命长久的一个重要路径。《庄子·大宗师》中提出"外物""外生"而后能够"朝彻""见独"，"见独而后能无古今，无古今而后能入于不生不死。杀生者不死，生生者不生。"成玄英疏"见独"说："夫至道凝然，妙绝言象，非无非有，不古不今，独往独来，绝待绝对。睹斯胜境，谓之见独。"[1]"睹斯胜境"是睹见道的境界，而境界的展现也就是见悟。将道家固有的见悟的观念与佛学的方法论结合起来，能够有效提高思辨的能力，而且总的来说又是朝着生命追求方向发展的。

（二）本质直观

现在我们应该考虑一下悟这种思想方法的规定性了。我借现象学家胡塞尔的术语，认为道学的悟就是一种本质的直观。胡塞尔这一术语之可以借用，根据在于悟这种思维方式与胡塞尔本质直观具有直接的相同之处。我们知道，胡塞尔之相信本质可以通过直观得到，在于他认为本质不是深藏在现象背后，本质属于现象，即本质可以从现象中间浮现出来，所以本质能

---

① 成玄英:《庄子疏》，见郭庆藩《庄子集释》，中华书局 2004 年版。

够直观。换言之，直观不仅能够直观到个别现象，又能直观到相关系列的个别现象的普遍本质，前者这种直观只是个别直观，后者谓本质的直观，或称本质的看。直观或看，总属于有关对象的有形相的直接感受，而胡塞尔也的确强调他的本质直观是把历历在目的纯粹本质的形相作为认知对象，与本质的抽象有原则的区别，正如他在《纯粹现象学通论》中所说："正如个别的或经验的直观的所与物是个别的对象，本质直观的所与物是一种纯粹本质。"① 本质抽象方法的实现形式是以对个别对象的排他性关注（exclusive concern）为前提，因而在抽象与排斥中已经将个别性清洗掉了，而本质的直观则要保持其个别特征，但并不等于说这种方法属于随意想象。他说："这里提出的不只是外在的类似，而且是一种彻底的共同性。本质看也是一种直观，还如本质对象是一种对象一样。互相关联的概念'直观'和'对象'的普遍化，不是任意畅想，而是事物本性所强制要求的……因此本质看是直观，它就是一种原初给与直观，这个直观在其'机体的'的自性中把握着本质。"② 这无异是说，他的本质直观虽然带有浓厚的感性体验性质，但仍然是本质主义的，这样的认知方法具有坚实的科学基础。

以上所述已可看见胡塞尔"本质的直观"对于生命之悟的相关性。首先，"本质"的观念符合生命之悟的条件。本质是一个对象的本质，它不是现象的表面性，而总是某种深刻道理。因而，本质的观念仍然属于知识的观念，而道学的生命之悟恰恰不排除知识论的观念，而且说到底，悟是一种思想方法，也是认识的方法，悟就是要悟得本质，而不是现象或皮

① 〔德〕胡塞尔：《纯粹现象学通论》，商务印书馆1995年版，第52页。
② 同上。

毛。其次，胡塞尔的直观所包含的"心理体验""意识体验"
性质符合生命之悟的要求。虽然胡塞尔宣称他的直观不是感性
直观而是本质直观，不是经验的本质而是先验本质，但他却排
不出感性的特征，因为直观终究还是形相的直观，只是它属于
本质的形相罢了。生命之悟则不仅具有独特的个性特征，而且
是更为纯粹的体验行为，而道学的体验总是身心合一的体验，
不是纯粹思想行为。

　　以上是就胡塞尔的本质直观与生命之悟的相关性、一致性
而言，但是两者之间并不存在完全的同一性关系。首先，胡塞
尔称自己的现象学为"描述的科学"，本质的直观乃属科学的
认识方法，而生命之悟可以为科学研究所用，但它本来并不直
接属于科学认识方法，或者说它具有科学性，并不就是科学。
其次，胡塞尔把经验的内容排斥在本质直观之外，将其括起
来，或者是悬置起来，故而他的这种方法只限于"在主体内考
察客观认识的可能性或条件"，生命之悟则恰恰把经验的事实
作为悟成为可能的基础和前提。其三，胡塞尔本质的直观作为
认知方法，它保留了对象的个性特征，但在认知主体上并没有
保留个性特征，任何人只要按照这种方法都能够直观对象的本
质，而生命之悟则完全要讲求随机与随缘，即不仅不是任何人
都能产生悟，也不是任何时候都能够产生悟。在上述意义上，
"本质的直观"只是相关性的观念的借用，我在生命之悟中所
说的本质直观有别于胡塞尔的本质的直观，因为道学的生命之
悟不仅注重对象的本质性、主体的直观性，而且注重经验特征
和主观的随机随缘。

　　在上述基础上，我们进一步分析道学的生命之悟究竟是一
种什么样的思想方法。

二　对象之悟

（一）悟的内容

悟不是一般意义上的主体的心净空灵，心净空灵只是实现悟的主观条件，即并非主观上做到了心净空灵就实现了悟，做到人净空灵就可能悟，并不是已经悟了。悟是有特定内容的。这个内容在被悟到之前，它只以对象的形式存在，属于某种自在之物，在领悟之后，它成为为我之物。无论是悟道，还是悟理，总是对于对象的把握。《西山群仙会真记》说：

> 古今一道，圣贤同心。逮乎道原既判，心识自分。[①]

道只是同一个道，那么悟道之心也应当是相同的（各人心体不同，但心灵状态则相同）；然而道不总是高悬的，它也要表现为落实的，即从终极的道化为分殊的事理（"道原既判"），人们从分殊的事理当中体会领悟终极的道，但人人心识有等差，智识有别（"心识自分"），未见得都能从事理当中洞见到终极的道。无论是终极的道，还是具体的事理，也不管是外在于己还是内在于心，它都先要作为对象存在。在这个意义上讲，悟的过程也是认识的过程，道学的大量典籍也确实将"悟道"看作"识道"。我们清楚，对象化乃是认识可能发生的前提。黑格尔在《精神现象学》中说道："在自我意识的这种满足里，它经验到它的对象的独立性。欲望和由欲望的满足而达到的自己本身的确信是通过扬弃对方才达到的；为了要扬弃对方，必须有对方存在。"[②]欲望和欲望的满足是活动着思维着的自我意识，但这个思维着、活动着、知觉着的自我意识欲认知自我

---

① 《西山群仙会真记》，上海古籍出版社 1989 年版，第 3 页。
② 《精神现象学》上卷，商务印书馆 1996 年版，第 121 页。

意识，先要将自我意识作为确定的对象，只有通过对确定的对象的扬弃，才能得到知觉着的自我意识的确定性。一方面，知觉着的自我意识是绝对"自为的"，但它不是"自为的存在"，即没有获得确定性存在的自为，它要通过扬弃对象才能成为"自为的存在"，这也就是"欲望的满足"。另一方面，作为对象存在的自我意识是不依赖于欲望而独立自存的，它的独立自存乃是知觉着的自我意识欲望的满足、自我意识的扬弃的先决条件，所以"自我意识只有在一个别的自我意识里才获得它的满足"①。这里的"别的"也就是对象化的、似乎与己无关的，将这个"别的"变成"我的"，等于获得了自我意识本身。这种情形不仅适应于个别的自我意识，也适应于个别的自我意识对于类的意识（在后一种情况下，认识结果是"我就是我们"，"我们就是我"），还适应于一切认识的过程。

《常清静经》说"悟者自得""入道即得道"，"得"也就是扬弃对象成为自身的东西。从而悟道得理，都以对象的独立自存为前提，把对象变成自我。"得"的观念在道学里面是一个最为普遍的观念之一，而得道与悟道乃是相关相同的观念。单纯就"悟"这种思维方式来说，它作为一种特殊的认知方法能够为包括科学在内的各种认识论所接受，西方哲学家称为"统觉"的观念与此相类。② 科学家们认为有一种"灵感思

---

① 《精神现象学》上卷，商务印书馆 1996 年版，第 121 页。

② 莱布尼茨曾提出"统觉"观念，他所认为的统觉乃是对自身及其心灵状态的认识，这一观念受到康德的批判，认为他混同了感觉与理智的区别。叔本华在《作为意志和表象的世界》中提出了"直观"和"直观世界"，他说："悟性表现的第一个最简单的，自来即有的作用便是对现实世界的直观。这就始终是从效果中认原因，所以一切直观都是理智的。"见叔本华：《作为意志和表象的世界》，商务印书馆 1982 年版，第 37 页。

维"相当于悟，这种灵感思维属于特殊的形象思维，即由潜意识扩大到显意识。钱学森《开展思维科学的研究》："在人的中枢神经系统里是有层次的，而灵感可能是多个自我，是脑子里的不同部分在起作用，忽然接通，问题就解决了。那么，这样一个说法，实际上就是形象思维的扩大，从显意识扩大到潜意识，是从更广泛的范围或是三维的范围，来进行形象思维。"[1]它具有突发、偶然、独创及模糊等特性，"诱发灵感的机制序列链是：境域——启迪——跃迁——顿悟——验证"[2]。科学观念的灵感思维的合理性在于：灵感的产生建立在经验与信息的无意识加工之上。然而，这样的理解实际上还是弗洛伊德无意识学说的科学性阐释。弗洛伊德称灵感为一种"特殊的无意识"，在一定境遇上来说，它是"机智"，"机遇总是以最显著的方式显示出一种偶然的灵感特点，或者表现出一种突然的思想火花"。[3]弗洛伊德还借此发挥说："即在机智形成过程中，一个思想流中断了片刻，接着它突然又以一条妙语的形式从无意识中冒了出来。"这与我们所说的"思维过程的中断"是同样的意思。其谓"特殊的无意识"，因为这样一种思维毕竟不同于幼年的无意识，它只是"精神过程的幼年形态"，即通过"把思想浸入无意识之中"，[4]在较高的水平上反映出幼年形态。精神过程仍然似幼年，思想内容则是高级的，超越于惯常的意识与思维。应当说，弗洛伊德的"机制"和"特殊无意识"能

① 见《关于思维科学》，上海人民出版社1986年版。

② 刘奎林:《灵感发生论新探》，见《关于思维科学》，上海人民出版社1986年版。

③ 〔奥〕弗洛伊德:《机智及其与无意识的关系》，上海社会科学院出版社1989年版，第148页。

④ 同上书，第150页。

够反映悟这种思维方式的基本方面，尤其是在思维特性上为悟论提出了有说服力的相关性解释，当我们将他的相关性解释与《老子》"复归于朴"及其"能如婴儿"的观念联系起来时，尤能产生这种感觉。然而，上述见解仅可以说为我们所说的悟提供了相关性的说明，这种说明还只能算是"旁白"，因为黑格尔提出的是认识如何可能的问题，弗洛伊德提出的是灵感、机智如何产生的问题，都没有涉及思维的内容，尤其是没有涉及道学生命哲学的悟论所涉及的对象与内容，而悟论恰恰只有联系到对象与内容才能得到合理的理解。

　　道学生命哲学的悟的对象从根本上来说是道，道也就是生命的本体，全部认知都围绕着它进行。而道在庄子那里是以相对主义的方法论证了它的整体性，在庄子看来，任何事物、现象都是有限的，只有道是无限的。这种道不可分的观念浸润了整个道家思想发展史。但是整体性、无限性的观念并不能消除个别性与有限性的问题，作为宗教哲学观，它不能因为坚持整体性、无限性就回避个别与有限的问题，这是一个实际的问题。我们知道，道学以生成与变现的方式实现了关系的平衡，既保持了道的整体性的无限性，又承认了个别性和有限性。生成的观点坚持了根源、本根，即生成的结果不是分得整体的部分，而是整体的另一种形式，解决了整体的"一"如何生成为"多"的矛盾；变现的观点坚持了无限与至尚，即变现的结果不是无限、至尚的道落俗为有限的具体和至下的物事，而是随方显化的关系。这一思想脉络终究衍成理学家"理一分殊"的学说。从这个意义来说，悟道、识道并不是完全意义上的知识论的观点。许多道者也将对道的追求视为对某种"真理"的追求，如《坐忘论》所说：

"是故收心简事，日损有为，体静心闲方能观见真理。故经云：常无欲以观其妙。"① 不过他们所理解的真理与如今我们所理解的主观与客观相符合的内容根本不同，我们所理解的真理也是系统而完整的真知识；道学所理解的真理只有完整性，并不是知识论的多样与多维的系统性。道学将这样一种"真理"理解为"本体""本始"，也是欲表明本体、本始是不可分的，它与具体的多样性只表现为体用与生成的关系，如《玄宗正旨》说："学子误会，认情为性，在尾梢头，难得本体。"② 以这样的本体、本始作为认知对象，很难说符合知识论的观点，而且这个本体、本始——道的原初存在状态在《道德经》中早已被描成无知无识的"混沌"，不可以知识的分明的"碎片"拼凑道的完整拼图。不过，我们并不能说与知识无关。第一，为了觉悟，得到这无知无识的道本体，借助了知识，在这方面道佛两教并无二致，为了得到那"真谛""第一义"，就说出了许多的道理，而且"开方便门"，又还是将不可说的第一义拿出来说。道学和佛学都主张教分权实，悟分渐顿，权教、渐悟都主张依据修道者智性差异，经逐层次的知识累积，然后达到一个原有思维过程的中断与骤然腾跃。第二，道虽则表现为无知无识，但得道者却可借以洞见与达观天下的事理。《道德经》所说的"玄览"不只是说这是一种极神秘的观览洞见，也是说观天下无遗，"道不遗物"，即谓普天之下所有现象都在其关照之下。从这个意义上讲，得了道就没有什么不可通晓的道理，也没有什么不知的知识。

---

① 司马承祯：《坐忘论》，见《云笈七签》，齐鲁书社 1988 年版，第 519 页。
② 《玄宗正旨》，见《全真秘要》，中国人民大学出版社 1990 年版，第 177 页。

（二）智慧与知识

这里便又涉及另一个问题，即智慧与知识。司马承祯《坐忘论》说：

> 心为道之器宇，虚静至极，则道居而慧生。[①]

意谓得道便自然产生智慧。智慧为人得道之后的个体化表现。人有了智慧，肯定就拥有了相应的知识，智慧设立在一定的知识基础上，很难说一个人没有任何知识却有了智慧。但这并不等于说有了智慧就必定拥有了所有的知识，智慧与知识不会是等量关系；反言之，有了知识并不见得就拥有智慧，只可说有了知识就可能拥有智慧，即可能有，也可能没有。知识可以是生慧的必要条件，却不必然生慧。所以学而未必生慧，道居（得道）则必然生慧。《道德经》说"为学日益，为道日损"，已将为学与为道区分开来。为学为知识积累，为道为觉悟。之所以要"日损"，是不要以已有知识损害智慧的获得，因为觉悟、智慧产生于类似婴儿般的思维状态。陆西星《金丹大旨图序》说："人无慧性不能洞晓深达。"意谓慧性的悟总比知识所学的道理更为深刻全面。在道学看来，学习能够得到知识，但知识的相对性却又能形成屏障，阻碍了你的视界，妨碍了你对本体、大道的洞见。洞见既是最深刻幽玄的，又是最完整全面的。

悟既不是知，又包含着知，也就是说我们单从知识论的观点得不到一个关于悟的确定解释，这种情况只能从联系生命活动的体验方面去理解。《玄宗正旨》说：

> 吾道之大，大以妙名；吾道之妙，匪微弗精。微妙难思，元解可寻。

---

① 《坐忘论》，见《云笈七签》，齐鲁书社1988年版，第520页。

"大"是道理之大，非小成浅识；"妙"是幽深玄远，非寻常知见。对于这样一个目标对象，自然地不可以依知闻见识获得，只能依"元解"。元解即人本能的慧解，剔除了后天的尘垢，排除了个人知识的障蔽与偏颇，以公正圆明之心把握真实完整的道理，所以这种元解也就是直认其理。《玄宗正旨》又称此元解为"真觉""自觉"，其曰：

> 旁观不觉，身之者真。既得真觉，乃悟元英。一曰妙相，身心血气。四大河山，本来清净。并无染着，何至滞碍。弗克通灵，试以一心，与大千界，极诸上天，合诸微尘，浑为一气，任我弥沦，莫有边际。此圆明相，谁能窥寻。更以一心，将大千界，极诸上天，合诸微尘，揉碎混濛，细入无间，归吾度内，无不容纳。更以一心，化大千界，极诸上天，合诸微尘，归入杳冥，而我自在。大与小合，离即无形。仍还此心，超大千界，越诸上天，与诸微尘，浑乎穆清，无有臭声，而我自在，端倪莫呈。此广大相，谁能言名。一曰妙空。……忘我忘忘，太虚杳然，嘿焉道存，在太易前，以无为为，以无住住。为住不名，在无极先。此理玄微，妙者能参。

真觉、自觉须建立在直接体验对象的基础上，即将自身置于对象之中，从"与大千界""化大千界"到"超大千界"，就体现了生命的直接体验过程。经历这般的体验才是真实可靠的，所以说"旁观不觉，身之者真"。为了真实地置身于对象，先要自我"四大河山"的本来清净，不染不著，不以成心是非妨碍体验，如不能做到自我清净，那么对于对象的体验就只是间接的，而这里需要的是直接体验。

显然，直接的体验提出了两个方面的要求。第一，无心。

既无心于我，又无心于物；既无心于内，又无心于外。在物我外内皆无的基础上，进而无无心，"忘我忘忘"，也即以无纤毫私我之心去体验对象。第二，广大其心。无心是无私我之心，但体验着的思维着的无私我之心仍然存在着，这是活动的主体，我与物相大千世界弥沦无端，不分彼此，在这种主客一体的状态下，"而我自在"。无为便是一种为，无住便是一种住，无我便是一种我。总的来说，这些都属于体验心理状态，以此心理状态与物混同，也以此来超然物外，达于真觉妙悟。如果我们将佛学悟的观点也考虑进去的话，就会发现道学悟的思维方式与佛学的方式有极少的差异，在自我意识的排遣上几乎完全相同。但在对象的体认上差别仍然是存在的。在佛学看来，对象几乎是不存在的，存在的只是假相，面壁观空就是要看出面前的一切现象都是幻相，再把幻相从意识中消除掉，净定即能生慧。而道学不过是消解自己的主观意识于对象世界之中，在对象世界中妙悟其中的真意。

当我们把悟理解为一种智慧的时候，应该更进一步确切地理解为一种生命的智慧，因为它比一般的思维方式更能表现出生命哲学的本性。智慧大抵分两种类型：一为辩的智慧，如苏格拉底式的，或佛教唯识宗、华严宗式的；一为不辩的智慧，中国道学式的，或佛学禅宗式的。辩的智慧相信语言及其概念能够说明问题，不辩的智慧则认定语言及其概念的可靠性非常有限，因而相信体验能够更有效地解决语言概念所不能解决的问题，尤其是不言之中的体验表达内容只能靠体验解悟。对此，狄尔泰的态度是极其明朗的，他认定人的内心体验不能够以概念、判断、推理等思维方式表现出来。这对"悟"的思维方式是一个绝好的说明，可以说"悟"是生命体验的最高表现，是生命之花。道学、佛学都讲求"可说的"与"不可说的"，可说的用语言表达，不可说的才用悟。而可说的与不可说的又依对象的层次而论，属于现象的可以说，属于本体的不可以说。《内观经》说：

> 道以心得，心以道明。心明则道降，道降则心通。[①]

以"心得"即撇开言语，以心会道，以悟的形式直接体认道。得鱼忘筌，得象忘言，这在魏晋玄学时期已得到论证，这对命题被道家和道教做了进一步推求，又着重于语言与悟道方面。成玄英认为"道离名言，理绝情虑"（《庄子疏·在宥》"无问其名，无窥其情，物固自生"疏），若以言语名称叩问道是什么，以情感揆度理在哪里，非但不能接近于道，反而越走越远。但这并不意谓言语名称对于悟道明理无作用，言语名称的作用在于能够诠释道理。他说：

> 理出有言之教，即前请尝言之类是也。既寄此言以诠于理，未知斯言定有言耶，定无言耶？欲明理家非默非言，教亦非无非有，恐学者滞于文字，故此致辞。（《庄子疏·齐物论》"而未知吾所谓之其果有谓乎，其果无谓乎？"疏）

道理如果不予以释说，人们便不知其为何，如同人们所追求的道，如果不勉强地给它取一个名号为"道"，便不可能知道追求的对象是什么。尽管并未深刻了解对象，起码先要有一个初步的了解。若以名称做一个初步了解，那么进一步的诠释就是对于对象的薄近，在反复的追问中步步接近对象，所以说"因名诠理，从理生名"（《庄子疏·齐物论》"三者若得，其名

---

① 《太上老子内观经》，见《云笈七签》，齐鲁书社1988年版，第103页。

必极"疏）。名称只要合理，便能反映对象的某些特性特征；诠释只要不断薄近对象，总能说出一些正确的内容。但是，名称及其诠释绝不可以完全说清楚对象，更不必说对于一个特殊的对象——道，在它面前任何解释都会陷于局窘，这是由对象和认知手段两方面情况决定了的，所谓"至理玄妙，非言意能详"（《庄子·田子方》"尝为汝议乎其将"疏）。正是为了提醒人们言语名称能力的有限，容易滞着于语言文字，才再三告诫"得理忘言"。唐玄宗在强调悟道诠理时，还提出了"不可都忘"的观念，一方面他坚信"道在于悟，悟在于心"[①]，另一方面又对言语能够揭开道本体的某些内涵表示了肯定。他说："夫言者，在乎悟道，悟道则忘言。不可都忘，要诠其理。……若能因彼言教，悟证精微，不滞筌蹄，则合于自然矣。"[②] 若能合理运用言辩和觉悟这两种手段，就可以"体了无滞，言忘理畅"[③]。总之，语言文字是有其作用的，但不能根本解决问题，最后的根本的方法还是要靠悟。成玄英、唐玄宗及杜光庭对于悟提出了好几种名称，如玄鉴、神鉴、了悟等，玄鉴、神鉴是最为深入的洞见，一览无遗；了悟是最为彻底的顿悟，透彻清明。有关语言与解释对象的问题，现代诠释学已经有了系统的分说，然而我们在道学的生命哲学所见到的观念也可以说是系统而完整的。

伽达默尔说："语言是理解本身得以实现的普遍媒介。"[④] 对于道家生命哲学来说，它不承认语言的这种普遍有效性，只

---

① 强思齐：《道德真经玄德纂疏》卷八，见《道藏》第13册。
② 同上书，卷三。
③ 同上。
④ 〔德〕伽达默尔：《语言与哲学》，生活·读书·新知三联书店1996年版，第177页。

承认其相对有效性。在中国哲学看来，语言不纯粹是一种媒介，它是由语言与概念、判断等织成的知识之网，没有只是言语而无内容的语言，语言与其所表达的内容不可截然分开，开口说话就是要说出某种东西，每一个词、每一句话都比较确定地对应了相关内容。孔子说"不学诗，无以言"，就是说没有知识就不知道该怎样说话，这里面不仅仅指如何把话说得合理准确与美妙动听，而且也指说话必有所指，没有相关的知识背景就不能够说出什么。语言与文字的天然联系及其长期的约定俗成，使得人们在两者之间从心理上建立了一种牢不可破的定式，提到语言就联想到文字，"言象意"中的言就不单指语言，也指文字。而中国文字的"六书"法造字以象形文字为基础，是把字的形式、形象与对象的形式、形象、意义等联系在一起的，所以"名"不是滥加于对象的，对象和名自始至终都包含了形式与内容的天然对应性。孔子"正名"就是要正不正之名，名必符实。在上述意义上，名、言代表的是有关现象的知识。知识可以通过学习等认知途径得到，这是借语言形式表达的认识论。道家承认如此得到知识不仅可能，而且可靠，这也指名、言知识的有效性。但道家认为这种有效性在面对自然或生命本体时，就必然接受否定性的检验：名、言不可能认知本体。不过，在否定名、言不能认知本体的同时，道家并没有堵死通向真理（本体）之路，即认定体验与悟的方式可以达到真理。这与康德的不可知论有所区别，康德否认得到现象背后本质的可能性，生命哲学则对此持坚定不移的肯定态度。康德理解对象方式是知性的与理性的，他在相信知性、理性的方式的相对性与有限性方面与生命哲学是一致的，但后者另有蹊径，在知性与理性之外，别开一条了悟之路。也就是说，生命哲学认定，以人的全副身心可以理解和把握对象。这其中既承认了知识、理性存在的合理性，又将它们与生命的整体性直接联系起来。在这个意义上我们应当说，道学生命哲学的悟论是体验的，又是知识的。

三　道机之悟

（一）知天人所为之机

除了对于对象、本体的悟，还有一种对于道机的悟。《庄子·大宗师》说："知天之所为，知人之所为者，至矣。"又说："其耆欲深者，其天机浅。"对后一句话，成玄英解释为：

> 夫耽嗜诸尘而情欲深重者，其天然机神浅钝故也。

若使智照深远，岂其然乎！（《庄子疏》）

知天之所为与知人之所为即是知天人所为之机，达于这样一种知可谓最玄妙的知，而能够形成这种知的人必定"智照深远"，即是最聪明的人，愚钝之人不可以有如此的知。"天机"指人的智识深浅，也即天资、悟性。而这样的"知"非平常之知，特指觉悟。"机"，朱熹《大学章句》"其机如此"注："机，发动所由也。"在《韵会》中"机"被解释为："要也，会也，密也。"道学将机纳入悟的范围，这是由机的自然特性与悟的思维特性所决定的。机不是一种死的物，也不是物的结构，而是自然现象在其运动过程中不可以常识测定、预计的神秘变化，是一种最为深刻的神契、妙合，在特定意义上它同于"神"，"阴阳不测之谓神"（《易传·系辞上》），"神也者，妙万物而为言者也"（《易传·说卦》）。它的神秘性并不在于其结构，设想我们见到发生的某种奇妙变化现象，但当我们将对象按其结构一层层剥离到最后时，却会极其失望地感到什么也没有看到，因为按照结构并不能揭示变化现象的原因，只有结构的整体运动才呈现奇妙变化。机只是运动与变化的产物，因而也只有在运动与变化中才能得到理解。然而，由于机"动于近成于远"，它不是显相，却是显相得以呈现的原因，即由它的发动使得显相成为显相。显相不能以自身的条件肯定自身，它依赖于自身以外的另一个条件而肯定自身，所以它是显相。而造成显相的另一条件乃是至隐至微的不显之相，这不显之相造成显相，却不屑流落为显相。同时，它使显相产生，它又不是显相得以产生的外在因素，它是显相自身的原因，但它不是显相自身，它是另一个东西。如同一个原因能够引发一个结果，这个原因是这个结果的内在因素，却不是结果本身。原因与结果完全可以是两个现象，而不必一定是同一现象的两种状态。机作为不显之相，它与显相之间的特殊关系，使它赢得了至高无上的地位，人们在谈到"机"这个词时不禁肃然起敬，人们相信机乃是天之妙用、道之妙用，故称天机、道机。

从另一角度来说，在人们确信不显之相与显相之间的关系时，也就不自觉地确立机的地位，显机（也即可见的现象）可以是形而下的、非至尚的、凡俗的，不显之相则是形而上的、至尚的、超越的，所以人们把对于它的起敬与崇尚看作对于天道的起敬与崇尚。在儒家看来，能为此变化莫测之机的只能是天；在道家与道学看来，变化之机反映了道自然而然的作用。在这个意义上，对于机的把握只能凭一种特殊的思想方法"悟"，即神秘的天机、道机只能靠神秘的契会，凭惯常的显相的认知方法不可能达到对天机、道机的知。对于某个现象，人们可以采取就这个现象本身的表现由表及里地认识，以致最终完全掌握它；对于与这个现象相关联的另一类现象，中国人喜欢用"类推"的方式去把握它，在两类现象中的相似性上找到类推的根据。但对于能够造成某种现象，而它自身并不表现现象的根据来说，类推便不起作用，这时只有靠悟来解决。此即是悟的思想方法存在的合理性根据。况且，人们对于造成一切现象的"机"赋予了不可置疑的超越的权力。悟之所以能够把握，在于悟是一种特殊的思想方法，是一种智慧，这种智慧不是纯粹理性思维，而是身心合一所产生的天然本能。

尽管儒家与道家在直觉思维方式上存在着中国文化根源上的一致性，但儒家从伦理方面去理解天与人，故而反对从自然性方面去解释神秘现象，主张以德性的同一性去解释，即既以德来统天，同样也以德配天。孔子主张尽人事以待天命，子思主张以精诚之心参诚之天，孟子主张尽心知性以知天，性是人之善端，知天是以善心善性契合尽善尽美的天。董仲舒本来是以阴阳观念观察天地变化之机，并提出"天数"的概念，但他同时又以德的观念来贯通，从而一切现象都赋予了天德的性质，人若欲知天，也就要以德符天。故而，儒家对于"机"的观念并不多加渲染。

道家恰恰从自然性方面解释一切神秘现象，"天机"是道家思想中一个十分重要的观念，这主要是从《黄帝阴符经》开始的。《四库全书》将《黄帝阴符经》列为道家首经，并引征《朱子语类》中的说法："《阴符经》所谓'自然之道静，故天地万物生。天地之道浸，故阴阳胜。阴阳相推，变化顺矣'此数语，虽六经之言无以加。"显然，儒家极其重视《阴符经》中所提出的'阴阳动静'关系。而在道学看来，阴阳动静确是一个深刻的道理，但此外，还有一个阴阳动静之机，亦即天机。这是这部经典在道学思想史上备受重视的主要原因。《阴符经》开篇便说："观天之道，执天之行，尽矣。""天"被道学理解为阴阳动静，"天之道"即阴阳动静之理，"天之行"即阴阳动静之机。唐人李筌《疏》释为：

> 但观天道而理执天之道，则阴阳动静之宜尽矣。①

张果注为：

> 照之以心，契之以机，而阴符之义尽矣。②

虽然李、张两人是从不同的角度解释《阴符经》，但在认定天有阴阳动静之机、人能契合其宜上是一致的，因为这是原典中所喻明了的，不会因为解释的差异而发生较大的歧义。《阴符经》说：

> 天发杀机，龙蛇起陆；人发杀机，天地反覆。
>
> 人知其神而神，不知其神所以神也。日月有数，大小有定，圣功生焉，神明出焉。

人易见类似龙蛇起陆的显著的圣功神明，难见"有数""有定"，这里的"数"与"定"即是隐而难见的天机。然而，《阴符经》的主要目的还不是指出天人皆有其机，而是要论证人能够把握天机，所以第一次提出"盗机"观念，即以深微不见的方式把握天机，从而为人所用，其谓"宇宙在乎手，万化生乎身"，"食其时，百骸治，动其机，万化安"。很清楚，《阴符经》对人能够把握天机、运用天机以达到自己的目的抱有充分的自信，天道的运行规律是不可违背的，但人可以"因而制之"。而不应当在天道自然面前无所作为，"愚人以天地文理圣，我以时

---

① 李筌：《黄帝阴符经疏》，见《道藏》第 2 册，第 737 页。
② 张果：《阴符经注》，见《道藏》第 2 册，第 755 页。

物文理哲"。在《阴符经》看来，人具有足够的智慧可以把握天机，在某种意义上来说，人心人性本身就涵孕着天道运行之机，所以说："天性，人也。人性，机也。立天之道以定人也。"只是在如何把握天之机宜上，李筌与张果各执一端，李筌以"暗合"解释"阴符"，以天机暗合于行事之机，实际是要"使人取舍其机宜，明察神明之道、安化养命固躬之机也"①。张果则认为"心深微而无所不见，故能照自然之性"，"机变通而无所系，故能契自然之理"，能照能契即谓阴符。②李筌的解释属道家的，张果的解释属道学修炼的；前者从理上说，后者从体验上说，以心悟机的意味甚浓。后者更切近于生命哲学，实际上《阴符经》的确从这方面进一步为人阐释了，如宋人夏文鼎《阴符经讲义》就以丹法修炼释阴符之义。

（二）人机

张伯端的《悟真篇》算是道学最讲求了悟的著述之一。张伯端在"自序"中就标立了指流知源、语一悟百，及其鉴明符契的求道宗旨。这或许也是从《阴符经》得到启示，《悟真篇》正文说："《阴符》宝字逾三百，《道德》灵文满五千，今古上仙无限数，尽从此处达真诠。"③不过，张伯端并不想为《阴符经》作注脚，他的重点不是放在如何在天与人之间找到契悟，也即不是在天机与人机方面寻求共同点，而是专注于人机。其曰：

> 三才相盗食其时，此是神仙道德机。万化既安诸虑息，百骸俱理证无为。

---

① 《黄帝阴符经疏》，见《道藏》第 2 册，第 742 页。
② 《道藏》第 2 册，第 755 页。
③ 张伯端:《悟真篇》，见王沐:《悟真篇浅解》，中华书局1990年版，第123页。

《阴符经》所说的"食其时""功其机"，其"时""机"都指天机，而《悟真篇》在这里所说的"时""机"都是人机。这是一个显著的区别。可是《悟真篇》专论人机又是从《阴符经》伸发而来，当《阴符经》说"人性机也"时就已经为专论人机预定了命题。《悟真篇》就从这个命题推展开来，不过张伯端没有从理上推展，而是从生命修炼的直接体验上推展。但是，不去论说这个理是一回事，而实际上存在这个理则是另一回事。也就是说，不仅仅因为存在着一个天机，又存在着一个人机，因而可以从天机上推展，也可从人机上推展，而且还在于人机原本与天机存在着同一性。这种同一性因为主体性的确立而间隔开了，或以天道为主体，或以人道为主体，自然哲学以天道为主体，生命哲学以人道为主体。生命之悟不应将注意力投向天道与人道、天机与人机之间的同一性上，从而去讲求两者之间的同一性是直接或间接的问题，而应当投向生命自身，对于生命之机的了悟也就是对于天机的了悟，这个道理在生命哲学完成了生命本体论的论证之后，已经是自明的了。张伯端在《西江月》中说：

> 鱼兔若还入手，自然忘却筌蹄。渡河筏子上天梯，到彼悉皆遣弃。未悟须凭言说，悟来言语成非。虽然四句属无为，此等仍须脱离。

得鱼忘筌，得兔忘蹄，渡河弃筏，登高弃梯，这类道理在道学中反复申述，都是为了将言象界与本意界严格区分开，言象是为了达到本意而设立的，而言象本身又不能直接达到本意，在言象与本意之间有一个顿时的悟通。也即本意是不能够说出来的，说出来的便不是本意了，所谓"道因言而后显，言因道而反忘"（《悟真篇后序》）。①

　　不过，在《悟真篇》中张伯端最为关切的还不是道与言的问题，因为这种关系在隋唐已有许多同类的论述，他关切的是道言与道机的关系。我们知道，"悟"这种思维方式以排除语言为前提，所谓直认其理正是撇开言说与推理，以心见理。而《悟真篇》也恰恰是要说明生命修炼只能动用这样的思维方式，其理由主要有两个方面。第一，在生命运动和生命修炼中所要掌握的机妙与微津乃是天机、道机，或称为道枢，它们不是别的东西，正是生命本体——道——的作用使然，"天机不可妄泄"乃是修炼家的一个深固的观念，若谁说出来就要对此负道义的责任，从而受到天谴。第二，生命修炼中各人机缘不尽相同，作为个体的实践者感受、体会千差万别，因而并不存在一个"必定如此"的规则与途径，即使学到了规则与方法，也未见得把握住道机。因此，生命修炼不在于接受，而在于有所得，即根据自己生命条件和整体状况的特殊感受，别人的经验及其外在的知识对于自己并不绝对有效。有所得才能够有所悟，悟是把握机缘的唯一可靠手段。反过来说，强调悟才能得机，正是要求自己必须有所得，"得"是悟的前提。虽然如此，语言有碍了悟这个命题（"悟来言语成非"），只有在下面两个条件下才是正确的：首先，语言与知识在最终了悟的时候往往成为由此达彼的障碍，这个"时候"须严加限定，它只是指在那短暂的即将腾跃的阶段，丢不开语言与知识便不能了悟；其次，在言非所是的情况下，所言说的事物并非直接表达了言说者所欲表达的内容，意欲与言说不相对应，即说东指

　　① 王沐：《悟真篇浅解·悟真篇后序》，中华书局1990年版。

西。中国文化中不乏这类智慧与艺术，如"指桑骂槐"即其例。不过，这并不意味所言说的东西与所欲指的对象之间毫无相关性，只能说之间的相关性被言语本身间隔起来了，象在言外，意在象外，执着于言象便识不得真意。除此之外，语言与知识都是有效的，语言与知识不能把握道机，但它们通向道机，它们表示了向道机的渐进，悟表示了渐进的中断与腾跃，所以"未悟先言说"。同样，言非所是乃是语言艺术，人为地设置思想障碍，不能或不愿意将道理说得清清楚楚，但其所言与所是之间存在着暗喻隐语，即在言说事物中的整体关联中含孕着所欲说出的内容。

之所以采取这种手段，一是为生命修炼者设置门栏，通不过门栏便验证其智性不及，没有资格修炼；二是借此以激发修炼实践者的悟性，所言说的事物恰恰是诱导，让人破除言象，自得自悟，而不是被动接受。张伯端说：

> 君不见，《破迷歌》里说，太乙含真法最良。莫怪言辞多狂劣，只教时人难鉴别。惟君心与我心同，方敢倾怀向君说。（《悟真外篇·赠白龙洞刘道人歌》）[1]

言辞狂劣，正是说所用语词怪僻，从字面上难以看出语者的真实意图，且修炼中所言真实名称多用代称借喻，如金性木情、日乌月兔，牛郎织女、青龙白虎、外炉内炉、雪山醍醐，等等。《悟真篇·西江月》说："牛女情缘道合，龟蛇类禀天然。蟾乌遇朔合婵娟，二气相资运转。总是乾坤妙用，谁能达此真诠。阴阳否隔即成愆，怎得天长地远。"[2] 其中"牛女"借牛郎织女故事指神精会合，"龟蛇"借北方之水与南方之火之喻指坎

---

① 王沐：《悟真篇浅解》，中华书局1990年版，第170页。

② 同上书，第156页。

离自然凝合；蟾指月光，乌为太阳。借喻的词汇并没有那么神秘，而借喻对象之间的神妙关系才是借喻的目的，即明了借喻对象之间的关系，就能明白之间的神妙之机。如单从字上去看，不从"妙用"上去看，很难识别其文字中的"真诠"，而真诠却要靠悟性。对此，薛道光《复命篇》有一个解释：

> 些小天机论气精，吕公曾道别无真。神仙不肯分明说，说与分明笑杀人。[①]

对于一些浅近的道理来说，不是说不分明，而是不肯说分明，这人为设置的障碍，也是人为设定的机巧，它既是对修炼者进行了智性的一次考验，更欲借此以教人一种思想的方法。对于一些生命运动中的深刻的机缘来说，则确实需要借助于悟，即说不分明，但能理解得分明，如《悟真篇》说："日居离位反为女，坎配蟾宫却是男。不会个中颠倒意，休将管见事高谈。"离坎二卦本是乾坤二卦卦变而来，乾卦索坤卦之中爻一阴而成离卦，坤卦索乾卦之中爻一阳而成坎卦。离为火，象征太阳，然离卦却因得一阴爻（女）而成；坎为水，象征太阴，然坎卦却因得一阳爻（男）而成；所以离"反为女"，坎"却是男"，这其中既有卦变的道理，也有阴阳互含的道理。尤其是"颠倒意"，寓涵虎伏龙降、浮沉升降，既属于一个深刻的哲学道理，又属于人体修炼中的实际体验，说清楚了的东西未必能教人体验到，而体验到了的东西又未必说得清楚，生命之机就介于这两者之间，因而生命之悟既要说又要悟，悟实际上不仅是明了一个道理，也是要把握住生命运动之机。成玄英说：

> 目击道存，故相视而笑；同顺玄理，故莫迹于心也。

---

① 《复命篇·七言绝》，见《道藏精华录》下，浙江古籍出版社1990年版。

（《庄子疏·大宗师》"四人相视而笑，莫逆于心，遂相与
为笑"疏）

　　得意忘言，故相视而笑；智冥于境，故莫迹于心。
方外道同，遂机为友也。（同上书，"三人相视而笑"疏）
"把握"在于一心之用，亦即整个身心一致的微妙的心理体验，
正是在此意义上，《阴符经》称"人心，机也"。《悟真篇》
称"方寸机"："了了心猿方寸机，三千功行与天齐。"行诸
心微于内，见诸功大于外。

　　把握道机，目的在于获得主动，借道机之顺而逆用之，这
是生命的本色。《阴符经》说："人发杀机，天地反覆。"反覆
一词为修炼家广泛运用，原因在于它根本地体现了生命的主动
与冲动。陈楠《翠虚篇·水调歌头》说："夺取天机妙，夜半
看辰杓。一些珠露，阿谁运到稻花头。"[1]陆西星《无上玉皇心
印妙经测》说："盗其机而逆用之。"[2]这可以称修炼家对这一问
题的一个典型的理解。

　　我们知道，佛教禅宗最讲求对话的"机锋"，也称"禅
机"，实际上也就是布道者与听者之间的心机。六祖慧能初谒
五祖弘忍，弘忍说：你们岭南人只会携犬行猎，还学什么佛？
慧能回答极机智，说：人有南北之分，佛性并无南北。这一
问一答已初现禅机。"法以心传心，当令自悟"（《六祖坛经》）
成为禅宗代代传法的基本模式。能否得到禅法承传，就在于是
否正确理解师者的禅意，而禅意则隐晦伏藏在师者的言语之
中，言者有心，听者着意，念念是道。对于说禅者来说，他通

---

　　①　《翠虚篇·水调歌头》，见《道藏精华录》下，浙江古籍出版社1990年版。
　　②　陆西星：《无上玉皇心印妙经测》，见《道教五派丹法精选》第三集，中医古
籍出版社1998年版，第304页。

过自己的言语甚至行为，在向听者传送禅的义旨与意趣，尽管其言语与所传送的义旨和意趣并不一致，甚至相去甚远，但其中还是包涵了义旨与意趣的某种心理关联与暗示。对于听者来说，他须透过言者的言语行为解悟其中的禅意，而解悟终究属于对于某种道理、机缘的整体把握的方式。如此便有言者与听者之间话语的投机不投机的问题，"机锋""机用"与"机境"就是说禅者与悟禅者之间的一些特别用语。从这中间可以窥见一个问题，禅者所欲传授的禅意（义旨和意趣）并非是一个说不清楚的问题，实际上在《坛经》及《菏泽神会语录》等禅宗典籍中是说得比较清楚的，问题在于说得清楚与领悟清楚是两回事，言者说得清楚，听者记得清楚，但听者并非心里清楚。只有领悟得清楚才算真清楚，而领悟清楚除非听者"自悟"。而"自悟"实际上也是一种全部身心的生命之悟，不是纯思维的活动。从这个意义上说，禅宗既在传授一个道理，更是在传授一种思想方法。在一般情形下，总是道理决定了应该采取的思想方法，但在这里我们还应看到，这样一种思想方法完善了一个道理。《坛经》说："法无顿渐，人有利钝。"除了"法"具有以心得之、以心传之这个自成的根据之外，人以顿悟而得的思想方法使得"法"增添这样一种性质：它只有以顿悟的方式才能被人得到。

禅宗既受中国式佛典《大乘起信论》"心性本觉"思想的启发，又受庄子哲学的影响，禅宗是中国化的佛教，这些都是学术界已达成的共识。然而，禅宗不是纯粹的中国文化，它是印度文化精神与中国文化精神的最合理的结合，这也是一个事实。禅宗寓辩于不辩的思想方法可谓独特。寓辩于不辩，即不辩中包含着辩。我们无须去分辨它的哪一部分是中国的，哪一部分是印度的，文化的融合与相互影响在唐宋时期已经是一个普遍的现象。道学的生命之悟接受了佛学特别是禅宗思想方法的影响，这在张伯端的《悟真篇》以及伍守阳《仙佛合宗语录》中已清楚地反映了出来。但道学的悟有别于佛学的悟，这也是事实。至于南宋白玉蟾的解悟学说，则可以说将道佛两家有关生命感悟方法发挥得淋漓尽致。

四　自我显现之悟

（一）自得与悟己

当道学将对于道和道机的悟变为对于自身生命本质和生命机缘的悟时，应该说就已经是对自己的悟了，即自己在思想着自己，只是要使思想成为可能，须把自己作为对象。悟作为一种思想行为，尽管不是完全意义上的认识活动，但总还是含育了认识活动，所以对象之悟是自身之悟的前提，而自身之悟则是对象之悟的归宿，对象之悟必然地是自身之悟，自身之悟却要经由对象之悟，这是"悟"要成为实际的必要条件，可能与现实之间存在着同一性，但也存在着条件成熟的差异。这如同人们先要提出一个悟道的要求，然后才进一步发现悟道其实是悟己，因为道就是己。如果一开始就提出悟己，就会在目的与目标上造成不明确或者混乱。而一旦发现悟道就是悟己，就会产生另一种结果，即人们不再把对象的悟看成对外物的追索，而转向自身。在这种情形下，作为对象的道也并没有因此而消失，它融入了自我，悟道也就是悟己，既已成悟己，那么它就成为从自我之中显现出来的东西。有关这一点，马克斯·韦伯也看得出来，他说："应当像没有灵魂那样去做事，以便把灵魂从感官中解放出来。……
因为老子也认为，最高的得救是一种心灵状态，一种神秘的
合一，而不是西方那种禁欲式的通过积极行动证明了的受恩
状态。"①不过，韦伯对道学的思维结构疏于分析，只以"神秘
主义"笼统盖定，问题在于，这神秘主义当中恰恰有着十分
充实的思想内容。

《清净心经》说：

> 道所以能得者，其在自心。自心得道，道不使得，
> 得是自得之道，不名为得，故言实无所得。

又说：

> 道不能得者，为见有心。既见有心，则见有身。既
> 见有身，则见万物。……人常清静，则自得道。②

《清静经》说"悟者自得"，这里说"自心得道"，得道即是
悟道，而悟道在于心。得道悟道，道是作为对象；以心得道，
心是作为主体。但是，道之所以能得，在于"自心"。既然是
自心得道，那么道就不能作为外在的对象使心有所得，而是"自
得之道"。自得不是以我得他，而是以我得我，从而自得不是
得自于外，而是自心的浮现、显现。心是道之体，道是心之用，
这已是道学普遍认同的观念，道心的同一性为宇宙本体——生
命本体在生命中的显现提供了依据。从而，道，当它作为对象
看待时，其实乃属假设，如同悬浮在心体之上的浮云，随着自
心自性的显现，浮云便随风飘去，假设可以排除。得道即为自
得和得己，当然可以说"不名为得"，而且"实无所得"。从"道
所以能得"到"实无所得"，这是从理上说，至于"道不能得"，

---

① 〔德〕马克斯·韦伯：《儒教与道教》，商务印书馆1995年版，第231—233页。
② 《老君清净心经》，见《云笈七签》，齐鲁书社1988年版，第105页。

则是从自得得道的过程上说。无论是得道，还是自得，都不能有"得"之心，如有了"得"之心，就是有心，有心即是滞着于心，有身即是滞着于身，心身俱不滞着，反能得道。也就是说，不去着意追求得，却能得；若着意追求得，反不能得。这也如《五厨经》中所说："不以意思意，亦不求无思。"①不意不思，反能得道悟道。实际上，这正是一种出离自身的悟道方法。

《悟真篇》大讲了悟圣机，在论及圣机本源时，也还是归落于生命之根性的自我显现上了。《悟真篇后序》说：

> 夫欲免乎患者，莫若体夫至道；欲体夫至道，莫若明乎本心。故心者，道之体也；道者，心之用也。人能察心观性，则圆明之体自现，无为之用自成，不假施功，顿超彼岸。②

由于心与道的直接同一性，体道也就是明心，明心即"明乎本心"，也即明"本源真觉之性"。明心的过程实际上就是"圆明之体自现"的过程。在《西江月》中张伯端进一步叙述了这种自我显现的方法：

> 欲了无生妙道，莫非自见真心。真身无相亦无音，清净法身只恁。此道非无非有，非中亦莫求寻。二边俱遣弃中心，见了名为上品。

在中国古典语言中，"现"与"见"是一对通假字，见也就指现。"自见真心"实为自现真心。自现即自我显现。可是显现并不总是自我容易达到的，而是要具备相关的生理、心理及其修炼实践的条件，这里提出了非无非有、非中，有无俱遣、不落两边这种佛教修养方法，这种方法在被道学重玄学者借鉴过

---

① 《老子说五厨经》，见《道藏》第17册，第213页。
② 王沐：《悟真篇浅解》，中华书局1990年版，第175页。

来后，已经成为道学实现宗教超越的基本方法，不过道学更明确地提出中间也不落，所谓"二边俱遣弃中心"。只有干干净净地出离了自我，自我的本性才可以显现。这里面既有功夫，也有灵觉慧性。

（二）显示与显现

道学自北宋开始由生命修炼的下手工夫和方法的差异分为南北两宗，北宗先性后命，南宗先命后性。按常理说北宗以修性为先，应当更注意心性灵觉；南宋以修命为先，应当更侧重于生命基础的煅炼。然而实际情形却不尽如此，北宗特别讲求三教合一，而实际上又主要是儒道的合一，故而其所谓修性，更像儒学的心性论，把道德实践的许多内容贯注于心性修炼实践中了，而对心性灵觉，即生命自然本性所表现出来的活泼与运动，反映较少。南宗也讲三教合一，并在有意识地推动合一的过程中又特别有意识地保存道学文化的本色，将修命安排在修性之前就是这种"有意识"的一个重要企图。但南宗在三教合一方面又主要将道与佛合起来了，故而在心性灵觉方面根据自己生命修炼的需要做出了突出的创获。

从张伯端始，经薛道光、石泰、陈楠，再到白玉蟾，充满了悟道、悟机与悟己的内容。他们在表述自己思想时，多用词赋或诗的形式，其中不乏觉悟。我们知道，早在东汉时期魏伯阳的《周易参同契》就以韵文的形式表述了极其深刻的思想，"词隐道大"。这种方式被唐宋道学学者再次运用时，附着了生命之悟的新气息。石泰《还源篇》在谈到出离自身、无心而神生时说：

内景诗千首，中黄酒一樽。逍遥无物累，身外有乾坤。……万物皆生死，元神死复生。以神归气内，丹道自然成。①

乾坤本指天地，"身外有乾坤"就是身外有一番天地。然而"身外"并非身之外，而是外其身，即出离自身。乾坤天地实际上是生命修炼中展现出的小中有大的时空关系，也是一种内在的境界。在这个意义上，"身外"其实是身内，通过出离自身反而身内自有一番天地。同样，从生死关系来说，万物皆有生而死，这是自然的顺化；但生命哲学除了承认顺化之外，还有逆修，反其道而行之，"元神死复生"。但这句话的另一层意思却不是能从表面的文字上看得出来，死而复生既表示了逆修而获得新生，又暗喻先要使元神寂灭，实际指努力使自己的思想不要去思想，只有使自己的精神、思想完全处于无意识状态，真正的"元神"，即生命本性才从无意识中浮现、显示出来。薛道光《复命篇》说：

> 一二三四五，南辰对北辰。虎龙含碧玉，金木孕珠珍。
>
> 云散家家月，花开处处春。几多云外客，尽是世间人。

掠过浮云的明月家家可见，春意到来处处花开，月只此一轮，春只此一春，这家、那家都可见到一个完整的月亮，此处、彼处都能感受到春天的气息。不可以说这家和那家看到的是两个月亮，也不可以说这里有春天那里就无春天。同样，在修炼高层展现的儿又生子、子又生孙的境界中，儿、孙与"自家"并非是多个不同的主体，主体只有这一个，变现则无穷，"几多云外客"其实不是别的，正是自家本身。变现以显现为前提，修炼中所谓"阳神出现"，就是生命本体的显现，也正是自我的显现，显现的自我与不曾显现的自我有着直接的同一性，但

---

① 石泰：《还源篇》，见《道藏精华录》下，浙江古籍出版社1990年版。

不曾显现的自我是没有实现超越的自我,因而是没有得到确认、体悟的自我,或者说没有被意识到的自我;而显现的自我是实现了超越的自我,因而是得到确认的、体悟的自我,是完全意识到了的自我。变现是再一次实现的超越,彻底的无私无我,正因为如此,才能够变现无穷。显现的自我与变现的自我又具有完全的同一性,总起来只有一个自我,却能分身无穷,而这个分身与那个分身又没有任何的差别,只有所处的情景的差别。在这个意义上,变现又是显现的完成。很清楚,如此深刻的思想隐含在极其简洁的文句里,如果没有深入的生命体验和觉悟,是不可能做到的。而实际情形是,言述者的本意也并不愿意和盘托出,而是要求人们去体悟。

南宋时期的白玉蟾对于显示之悟的见解颇为深邃。他在《玄关显秘论》提出"一言半句便通玄,何用丹书千万篇"[①]。玄关显秘谈的就是在玄关一窍中生命本质如何显现的问题。在《钩锁连环经》中,他进而把"悟"看作生命修炼的最必要的途径。他说:

> 得悟之者,可传圣道。无悟无得,悟者自得得悟。圣道无古今,其去非古,其来非今,所可传者,只谓之事,不谓之道。道本无传,道无声色,道无相貌,道无古今,道无往来。[②]

能得悟者可以得道,不得悟者必不能得道。悟作为第一种也是必须的方式提了出来,这还是第一次。在"自得得悟"问题上与《常清静经》的说法相佐,也相信悟就是得,"无悟无得",

① 《紫清指玄集·玄关显秘论》,见《道藏精华录》下,浙江古籍出版社1990年版。

② 《传道集·钩锁连环经》,见《道藏》第33册,第152页。

哪怕是对于道的任何一点体认，也要靠悟。白玉蟾对道的时空
关系的论述颇有意味。道无古今，现在的道既不是从过去来的，
也不会有将来，但这并非说道只是即时性的瞬间存在，而是说
它不能以时间关系来界定。同样，道又无声色，无相貌，那么
道不是一般感性现象，它不能以空间关系来界定。在这个意义
上，道不像物事那样可以接受或承传，因为它不是一个完全意
义上的脱离主体的对象，或者说，当人们欲传道或授道时，那
么其所传所授的不是道，而是物事。如何才能得道呢？只有一
个确切的途径：自我显现。在《白真人语录》中有一段对白，
烟壶问曰："大道本无物，如何可譬喻？"答曰："谈河难济渴。"
又问曰："大道本一理，如何有分别？答曰："画饼不充饥。"①
道家讲大道无形无名，道学却讲求显无形之形，露无名之名，
这是一个重要区别。既有无形、无名之形名，那么如何解释"大
道本无物"？既是"大道本一理"，如何又有道即金丹，道即
心等多种分别？回答则是：名称只是譬喻，道、丹与心其实是
一回事，要从不同名称之中看出同一的实质，而不要拘泥于形
名。不过这只是白玉蟾回答语中的应有之义，问题是要从"谈
河难济渴"和"画饼不充饥"的语句中悟出来。所以，整个地
说，白玉蟾解答问题的方式乃是启发诱导式的，可见其禅味已
经十足。

　　显示、显现在解释学及存在主义哲学中是一个常用而关键
的词。在雅斯培看来，"存有"只有透过人才自己对自己显示
出来。而他所说的存有是撇开了对象的，凡是被认作对象的任

---

① 《传道集·钩锁连环经》，见《道藏》第33册，第127页。

何东西都不是存有。① 正是由于这种存有的显示将对象排除在外，因而雅斯培的存有接近于海德格尔的"存在"。考夫曼说："在《存在与时间》中，存在这个名词只代表人的存在。"② 而这存在作为人的存在者存在时，便是"此在"，"此在是存在者通过人展开的场所和情景"③。此在既包含着"向来我属的性质"，那么此在也自己展开我属的性质，自己展开也就是显现自己。然而显现首先要"领会"，不是领会别的，正是自我的领会。我们知道，显现与显示的观点相对于科学认识的观点，它不承认普遍本质的认知，只承认多元的体验与领会。道学生命哲学并不否认普遍本质，只是在承认它时又把它消解在多元自我的生命现象中，我自己的个体的生命本质也就是普在的本质，从而不需要外在地寻求，只需要内在地体悟将其显现出来。所以，生命之悟的对象并不成为真正的对象，而是自我设定的对象。它的作用只在于方便我去领会、体悟，一旦做到这一点它便要立即回复到自我，同一于我自身，即我领会、体悟了我自身。海德格尔等人的存在哲学不能从根本上说明中国的生命哲学，但他们对存在、显现、领会与解释的分析，能够为中国生命哲学提出一种解释，因为他们总的说来是要为人本身的生命活动提出某种理解，这与道家生命哲学所要表现的东西具有一定的共同性。

---

① 〔美〕W. 考夫曼：《存在主义》，陈鼓应等译，商务印书馆1994年版，第151页。

② 同上书，第222页。

③ 陈嘉映：《海德格尔哲学概论》，生活·读书·新知三联书店1995年版，第56页。作者还解释道："此在"为德文 das Dasein 的中译。

五　外观与内观

如果说《庄子》的"心斋""坐忘"属于出离自身的思想方法的话，那么《老子》的"静观""玄览"则属于生命的直观。静观不是一般意义的置身事外的冷眼观察，而属于身心极度一致的生命体察；玄览也不是一般的视角观览，而属于身心一致状态下的心的观照，一览无遗，从而才有"不出户，知天下；不窥牖，见天道"。人们常说这是一种神秘直观，其所谓"神秘"就是老子本人不曾解释，后人也难以说清楚。说不清楚并非不能理解，而人们既能理解也就无所谓神秘了。当然，理解者须将自己置于老子所说的语境和意境之下，达到生命直接沟通才能得到理解。因为达到这样的理解也意味着理解者已有了类似的实践，我已有了这样的观览，还有什么不可以理解的呢？可是，既能理解，也就只剩下说不清楚的神秘了，而"说不清楚"既有语言文字方面的限制，也有人们对自身的质疑。人们会反躬自问：我为什么会有这样的观览能力？或者：为什么我有这样能力而我却说不出来？朝着这个方向问下去，就是生命和生命哲学的问题。理性东西总归是能说清楚的，只有非理性的东西才是能感受而说不清楚的。老子的观览就介乎两者之间，说得出来的一部分让人去思索，说不出来的另一部分让人去体验。

（一）外内观与一心三观

道学原本是注意自然现象的观察的，其自然哲学及外丹学说都是自然观察的结果，只是在生命哲学兴起后才把主要的注意力投向生命现象本身。即使如此，道学也没有放弃对外在物事的关心，因为在逆修性命的同时，还要外顺物事，于是有生

命的外观与内观。《常清静经》说:

> 能遣之者,内观其心,心无其心。外观其形,形无
> 其形。远观其物,物无其物。三者既悟,惟见于空。观
> 空亦空,空无所空。所空既无,无无亦无。无无既无,
> 湛然常寂。寂无所寂,欲岂能生,欲既不生,即是真静。
> 真常应物,真常得性,常应常静,常清静矣。①

这里的外观内观指的是身内身外对于感受与心灵活动产生影响
因素的遣除、排斥,也就是一种出离自身的方式。佛教天台宗
智提出过"一心三观",在智者看来,观既是排遣主观意识及
其心理因素的过程,又是产生智慧觉悟的过程。《修习止观坐
禅法要》说:"观是断惑之正要""观是智慧之由藉"。断惑
为"初观",生慧为"观成",以因果关系说,就是初观为因,
观成为果,由因至果,此是佛学天台宗观心学说的基本思路。
依"一念三千"说,世间一切性相皆从心起,从而有假相、空
相和真相。在法性无明、心与缘合的情形下,一心"合有一切
法";在法性圆明、心缘归宗的情形下,"一切法入一法界"。
前者是俗谛,后者是真谛。法性无明与法性圆明是就心体状态
而言,而"观"则是一切改变心体状态的主体行为,除去无明
以达到圆明,就是一心三观。假观与空观为初观,即有限度地
遣除恶觉与假相、空相,尽管遣除的过程是力求干净彻底的,
如一切名皆被视为假名,一切相皆被视为空相,但假观与空观
的行为本身乃是受到自身的限制的。假观看到一切皆假,但停
留在假的层面,空观看到一切皆空,又停留在空的层面,因而
假空之观为偏观偏觉,如历假观与空观而达到中道正观,就是

---

① 《道藏》第 17 册,第 176、187 页。

"即假即空即中"，就是"圆妙观心"，也即遍观圆觉。《妙法莲华经文句》说："观心者，中道正观，不漏落空假二边，二边烦恼灭也。能观心性，名为上空。"不漏是说历经假空二观而归入中道正观，也就是一心遍含；不落是说不滞着假空二观而超入中道正观。当依假观、空观把一切现象看作假、空，也将心中尘缘排遣干净，这时的观（初观）其实是一无所观，为"观察无明之心"；而到中观正心见性时，此时的观则是观见实相，从而一览无遗，也就是一心遍含，一心真观。由于能观见真心，故能观境，心是"总"，境是"别"，"总"能统"别"。此时心虽涵摄了境、缘、假、空，但心是圆明超越的正觉，与"心与缘合"不同，所以一心能即假即空即中，所谓"一心三观"。正觉圆明之心能分别境相，又能不落于境相，如同"悟本"与"教相"之间的关系。因此，智者的观心观境实际上是由观心而能观境，由内观而能外观。

道学和佛学的"观"在本质上属于一种"修"。佛学的"观"是更为纯粹的修心，通过修心而达到虚明慧圆。道学自六朝起大讲修心，其中受佛学影响不小，其《常清静经》所说的"观"也是明确地讲修心，内观心无其心，外观形无其形，无外乎是排遣修心。但道学的"观"却不纯粹地讲修心，《本际经》提出：

　　　　气观神观，即是定慧。①

《道教义枢》进一步阐释了"二观义"：

　　　　二观者，定慧之深境，空有之妙门，用以调心，真趣重玄之致；因以荡虑，终归双遣之津。既从此以得真，

────────

　　①《太玄真一本际经》，见〔日〕山田俊：《太玄真一本际经汇つしこ》，日本文化研究所报告第三十集。

因由斯而解法，此其致也。释曰：二观者，一者气观，二者神观。既举神气二名，具贯身心二义。……气者气象为义，谓所存三一妙气象来应人身；神者无方不测为义，明空有两慧，并自难思万行无方，理成不测，通言观者，以思察为义，思存妙一，察见无相，是名为观。[①]

总的说来，气观神观都符合修炼遣除主观欲念的要求，但与纯粹观空不同，这里的气观乃是要观见三一妙气的"气象"，以气观所现之相伏制外界所现之相，即以相制相，也就是以生命所现之相抑制外界自然之相。这在具体的修炼中就是炼气，正以观身，静定为体，因而其所谓观的确是有观见的确定内容。至于神观，则以无相无名，达到极致时而慧发生，智照无方，圆通无累。气观为有为，神观为无为；气观是"界内所习"，神观是"界外所修"。有为与无为、界内与界外在超越上未能彻底，故而引用了佛学的中道观以趣道学重玄之致，从而也成三观，即非气观非神观，非有为非无为，两边不落，此为中道。

（二）观形、观心与观神

无论气观或神观，其实都是内观，属于自己本身的观。《灵宝毕法》说：

以体言道，道始有外内之辨。以用言道，道始有观见之基。观乎内而不观乎外，外无不究而内得明矣。[②]

在内观与外观上，生命哲学取向于内观。在《庄子》的《养生主》及《齐物论》等篇中对此已有明确的选择，观乎外由于不能穷尽对象，以及观察角度的差别，因而不能得到一个确定无疑的认识，如无穷地追究下去，甚而是危险的。为了做到"外

---

① 《道教义枢·二观义》，见《道藏》第 24 册，第 826 页。

② 《灵宝毕法·内观交换》，见《道藏精华录》下，浙江古籍出版社1990年版。

不究"，就要"观乎内"。修炼中所说的观形与观心、观神一样，也是一种内观，只是这种形观属于进一步观神的准备。观形就是"以无中立象以定神识"，以观见内象为内容。这在《黄庭经》中就已提出了，其所谓"内视密盼尽睹真，真人在己莫问邻"[①]。内视也即内观，真人即内象。《真诰》也提出"凝心虚形，内观洞房，抱玄念神，专守真一"[②]。在《钟吕传道集》中有各种各样的内观法，如内观"阳升之象"，内观"进火烧炼丹药之象"，如为龙、为火、为云、为鹤、为日、为乌、为金鼎、为执薪燃火；又如为内观"阴降之象"，如为女、为虎、为水、为地、为雨、为龟、为月、为牛。有内观"龙虎交媾匹配阴阳之象"，还有内观"采取进火之象"。其景象有仙人引金童玉女相会、天雨奇花、仙娥乘彩凤祥鸾来献玉浆、祥风瑞气起于座前等。这类内观无疑是依修炼的不同阶次的某种念想，所谓"逐法逐事而有"。悬象是为了还神，即神识不为外象所动，而将身心凝住于内象上。《内观经》说：

> 老君曰内视之道，静神定心，乱想不起，邪妄不侵，
> 周身及物，闭目思寻，表里虚寂，神道深微，外观万境，
> 内察一心，了然明静。[③]

由于这样的"观"不同于寻常视感的观览，因而道学理论家称"不观以目，而观以心"，在实际的践行中乃是以心目合用的方式。因为内观、内视及其念想始终以身心合一的生命内在运动为基础，不是悬空思索，而且在目的性上乃是以念想窒妄想，妄想是心猿意马，念想则是静定中立象。对于生命内象的念想

---

① 《上清黄庭内景经》，见《云笈七签》，齐鲁书社 1988 年版，第 65 页。

② 《真诰》，见《道藏精华》第四册，岳麓书社 1993 年版，第 28 页。

③ 《太上老子内观经》，见《云笈七签》，齐鲁书社 1988 年版，第 103 页。

不只是想象，而且追求具体性，强调内视所见，只不过这种内观内视属于生命本能的视，而非社会化了的外在感视。

观心、观神是观形的进一层次的观，同样也是遣除自我意识的一种方式，所以说"内观其心，心无其心"。有心观心观神，不能见心见神，因为有心乃是未能遣除掉的自我意识，这种自我意识妨碍、遮蔽了自我之观。所观之心则是生命本心、本性，亦即先天之神。一旦自我意识彻底地遣除干净，生命本体就立刻显现出来。既能显现，也就能观见。《道法会元·法序》：

> 夫天地以至虚中生神，至静中生气。人能虚其心则神见，静其念则气融。[1]

所以，观心、观神既是遣除自我、出离自身的过程，又是本体、本性显现的过程，亦即见心、见神的过程。司马承祯《坐忘论》强调：

> 安坐、收心、离境，住无所有，不著一物，自入虚无，心乃合道。

> 心安而虚则道自来。[2]

在此基础上，司马承祯又提出"真观"，真观并非一般意义的观。而是观见真理：

> 夫观者，智士之先鉴，能人之善察。……是故收心简事，日损有为，体静心闲，方能观见真理。故经云：常无欲以观其妙。[3]

观心观神原本是内观，但这里观见真理就不仅仅是一个内观的问题，理也即道，作为宇宙自然的本体，它是普适性的本质，

---

① 《道法会元》，见《道藏精华》第三册，第266页。
② 司马承祯：《坐忘论》，见《云笈七签》，第518页。
③ 同上书，第519页。

而作为心、神，它又是个性化的本质。道学将道、理与心、神、性合体，已将普世性变成了个体性，观心就能见道，但是得之于内，不可以遗之于外，如同得本不可遗末，内外相济、本末一致才是完整的思想。因此，对生命现象及其本质的体察最终并不以放弃外界自然现象为代价，就如同道学从自然哲学发展到生命哲学，而生命哲学也并未抛弃自然哲学一样。只是在实现途径上不是以观察外界自然现象而能了彻自然现象，而是以生命现象及其内在本质的体察来达到对外界自然的了彻，这就是成玄英所说的"以理遍观，庶物之应备"（《庄子疏·天地》）。只是理不在外而在内，内观得理，"达于性命之士，性灵明照"（《庄子疏·达生》）。已得理，然后观外境，谓"离境之心观境"①，故能了彻、明察。

（三）观神与观行

　　菩提达摩《入道四行观》中讲到入道多途，概要说来为两种：一为理入，二为行入。理入指籍教悟宗，即认知上的直接契会；行入则指日常德行，如报冤行、随缘行、无所求行、法行等，即在自己的日用作为中渐渐体会。因而这里的"行"就不单指生产实践活动，更重要的是道德与认识的实践活动，也就是道德的自觉和生命的体验。在这个意义上，行不只是外在的，也是内在的。在道学看来，知不是纯粹理性的，行也不是纯粹实践的，思维的认知活动含育了行动与意志，行动与意志的活动中也存养了思维与体知。当人们在日用之间践行时，是为了努力去积累点滴的认知最后达到顿时的认知与境界的升华；当人们在闭目内观时，既是认知本心本性及道，也是一种

---

　　① 司马承祯:《坐忘论》，见《云笈七签》，第520页。

践行。对于道的追求不简单是"心向往之"，而是心到身也到，身心合一，心之所在即身之所在。道学的这一思想被唐末五代的杜光庭充分地表述出来了，他说：

> 观者所行之行也。以目所见为观（音官），以神所鉴为观（音贯）。悉见于外，凝神于内，内照一心，外忘万象。所谓观也，为习道之阶，修真之渐。先资观，行方入妙门。夫道不可以名得，不可以形求，故以观行为修习之径。(《道德真经广圣义》)[①]

观以心目合用为基础，"悉见于外"是一种观，"凝神于内"也是一种观，无论目观或心观都是"看见"或"识见"。而观却不应当仅仅满足于此，因为生命哲学的观不只是看见或识见，它还是通过看或识达到意志的行动。理念提出判断，意志付诸行动。这种行动并非外在的动作，而是身心绝对一致的生命本质的行动，也即性命和合的行动，神之所到，气即在其中。观心是为了见心，观神是为了见神，见心见神也就是见道。若以见道之心神去遍观内外一切，就不再是冷眼旁观，而是将自己的身心贯注于观的过程中，即是一种行动，故而称神鉴之观（音贯）。在这里观不仅读音同贯，在文义上也就是贯行之贯。如杜光庭所补充的：

> 目见者为观（音官）览之观也，神照者观（音贯）行之观也。(同上)[②]

神鉴、神照之所以不同于"看见"或"识见"，在于观览之观没有行的意义在其中，只是"目见"；而神照之观包含了行，将对象融入自己行为过程中，自己与对象之间不存在距离感，

① 《道德真经广圣义》"道可道"章义疏，《道藏》第14册，第341、342页。
② 同上书，"玄之又玄"义疏，第344页。

观的过程不只是视觉所到，也是意念所到，所以，将神鉴、神照称"观行之观"比"观览之观"更为恰当。无论在宗教哲学中，或在非宗教的生命哲学中，"行"都是一个非常重要的概念。人们所说的"苦行僧""清教徒"在很大程度上不简单指甘愿吃苦，而是指在意志方面的考验、磨炼，意志所行之路比现实生活中所行的路远得多，凝神壁观看来似乎不是"行"，实质上是更为艰苦的"行"。"孙行者"一个跟头十万八千里就可到西天见如来佛，可这显然不是行者的"行"，经长途跋涉，历九九八十一难的意志磨砺才是真正的"行"。同样，人的生命的内在运动乃是行，外在的动作却不能真实体现生命之行的意义。以此再来理解知与行、思维与行动，可以清楚地看到，行比知及其思维更为根本，知的最终目的是服从于行，思维终究落实于行动，"行入妙门"乃是终极所在。

下篇

境界论

第七章　境界论

境界的问题，可能是人类有史以来就存在的问题，特别是自有宗教之后的一个重要问题。在中国文化中，道家、道教有"逍遥"境界以及"三清境界"，佛家有"涅槃境界"，儒家有"仁"与"诚"的境界。只不过，这个问题却是在现代才引起广泛关注，具体在中国，则是由王国维的《人间词话》引起的。本来《人间词话》只是谈艺术问题的，但其问题显然具有方法论的意义，并引发了哲学、宗教以及人生理想多方面的讨论和思考。

一　境界是被给予的，还是建构的？

依王国维的理解，文学艺术的写作有四个境界：造境、写境、有我之境、无我之境。他说："有造境，有写境，此理想与写实二派之所由分。然二者颇难分别，因大诗人所造之境必合乎自然，所写之境亦必邻于理想故也。"[①] "有我之境，以我观物，故物借着我之色彩。无我之境，以物观物，故不知何者为我，何者为物。古人为词，写有我之境者为多，然未始不能

---

① 《王国维集》第一册，中国社会科学出版社 2008 年版，第 211 页。

写无物之境，此在豪杰之士能自树立耳。"① 王国维所说的"造境"，指的是诗词所描写出来的艺术境界，也就是原本自然并不存在的景象，却通过艺术家的想象创造出来了，通常所说的艺术高于生活也是这个意思，是理想主义的。"写境"，指的是艺术家描绘了自然原本就存在的景象，所以是写实的、现实主义的。两种情形虽然路数殊异，但彼此有互参的情形，"造境"者必以自然本来的存在为基础，而"写境"者也必参以想象力与理想，这就是他所说的"所造之境必合乎自然，所写之境亦必邻于理想故也"②。"有我之境"，是指在艺术观审的过程中，主观对于客观对象的参与，虽然是观物，但观审者带着自己的情绪在观，故那个被观审的对象被投注了自己的色彩，所观出来的必定是情景交互的结果。"无我之境"，是指在观审过程中，已经将我的角色消融在纯粹的被观的物当中了，没有带进任何的主观性，只存在深切的同情与理解，"我"就是那个对象，对象也就是"我"。

问题的关键在于什么是"境"？境，本来是指境域、境地、疆域、境界，也就是某种领地。王国维所说的写境，就是指所描绘的客观对象，或者某个境地，也就是进入了艺术家所欲认知和描绘的境地，所以，它是客观自然的。而他所说的"造境"，乃是心上所生之境，乃是想象的境地。至于他所说的"有我之境"和"无我之境"，都是客观境地，"有我之境"为掺入了个人主观意识的客观境地，"无我之境"为纯粹的"客

① 《王国维集》第一册，中国社会科学出版社 2008 年版，第 211 页。
② 王氏又说："自然中之物，互相关系，互相限制。然其写之于文学及美术中也，必遗其关系限制之处。故虽写实家，亦理想家也。又虽如何虚构之境，其材料必求之于自然，而其构造亦必从自然之法律。故虽理想家写实也。"见《王国维集》第一册，第 211 页。

观境地"。

这就引来了一个问题：这境域、境界究竟是给予的，还是建构的？依照王国维的意思，境界分为两种，建构的境界和给予的境界。"造境"属于建构的，"写境"属于给予的。建构的是本来没有的，通过艺术家的想象造出来的；给予的是本来就有的，但经过了艺术家的描绘和写，如果没有人描绘和写，它也不被人所识。王国维继续说道："境非独谓景物也，喜怒哀乐，亦人心中之境界。故能写真景物，真感情者，谓之有境界，否则谓之无境界。"①从艺术的境界来说，王国维可谓表达得很清楚了，写真景物构成一种境界，写心中的喜怒哀乐的真感情也构成一种境界，所以写真景物与写真感情，乃是客观境界与主观境界的区别。只不过，境界都是要人能够进得去的领地，进不去的领地，也难以构成人们的境界。这实际上类似人类的认知能力，当某种境地不在人的感觉与认知的范围之内的时候，即便它是存在的，它也不构成我们所说的客观世界，只有它进到了感觉与认知的范围内，成了对象，它才成为客观世界，尽管它本来也存在着。王国维在"景物"和"喜怒哀乐"之前都加了一个"真"字，是别有意味的。如果任何一个艺术家写出了景物，或者写出了喜怒哀乐，算不算境界呢？严格地讲，那也应当算是一种境界了，如果我们把境界理解为境地、境域、场地的时候，那么说任何的景物与喜怒哀乐都算是境界，但是，那可能不是一个好的景物或感情的描写，犹如对自然景物的歪曲，喜怒哀乐之情的虚骄，由于不真，所以我们把这类情形叫作没境界，其实是境界不高。故而，我们说到有

① 《王国维集》第一册，第 211 页。

境界的时候，往往都是一个肯定和褒扬的意思，是一个高于现实、高于生活的概念，故而也就把低境界排除在境界这个称谓之外了，境界就意味着超越。王国维在谈到境界的时候，他是拿"真"来做标准的，只要是真景物、真感情就是有境界，反之则谓无境界。对于自然景物来说，那个"真"是本来就在那里的，陶渊明说的"此中有真意"，就是那个境界，就看你能否发现，发现了就有真的境界，发现不了就没有境界。对于人的真感情来说，人有喜怒哀乐、悲欢离合之常情，真切地表达出来，就是有境界，在写人的真感情方面，不仅需要发现人的性情之真，还有一个辨别真伪的问题。艺术上有写实的，有写意的，写实属于对于自然的描绘、描述，写意属于对于人的内心情绪与情怀的表达，无论是前者，或是后者，都追求一种"意境"，这个"意境"也就是艺术境界，它包括艺术家的立意、眼光、洞察力、想象力、艺术表现手法，以及这些因素在艺术形象上所表现出来的境象与形象。由于"真意"，或者"真实感情"，都转瞬即逝，所以，高超的艺术家都具备一种能力，当机会出现时，都有善于捕捉住着它们，将艺术家称之为"狩猎者"，也是恰当的。对于造境、写意的艺术家来说，想象的世界比经验到的世界更大，这种想象的世界作为境界的存在，意味着再创造的过程。

　　艺术境界的分析能够为我们提供重要的方法论意义，但它与人们的生活境界、道德境界，尤其是与宗教境界有很大的不同。艺术、道德和宗教都要求真善美，但各自的角色和追求是不同的。艺术追求的境，说到底，是追求美为第一要务，发现或建构美妙的境界，而辅之以真与善。道德与宗教追求的境界是善，而辅之以真与美。虽则艺术的境界也常以真实、高尚为美，道德与宗教也以美妙为善、为和谐，但尽善与尽美毕竟各自有自己的路数。宗教被认为是道德团体，故此它与道德多有交互与重叠，但是，道德的境界可以是建构的，人们根据对于高尚程度和意义的多少，而建立一个由低到高的境界。而宗教的境界则必须是给予的。在道德来说，境界可以是一个在经验社会里面的人们由心而生；在宗教来说，不可以如此说，因为宗教境界是被一个超验的存在早已被给定的，信奉宗教的人们只是发现和接受这样的境界，而宗教哲学的任务主要是论证、解释所发现的东西而已，而不是由心而生的建构。艺术的境界有更多的随意性，想象的空间更大，真情实感人人殊异，于自然所见之境各各不同，通常带有个人孤立的感受，只有在那个艺术的境界被艺术家捕捉住并描绘处理的时候，它才是一个可以引领他人去重新体验的事实。宗教的境界则不是可以随意想象的，它是"一种先验目标下的整体"[①]，因而它是共同的目标。正是由于这个原因，它才是需要解释的，如汉斯·昆所说："从来没有孤立的宗教感受，从来没有自在的、可以独立于一切解释的宗教经验。宗教经验从一开始就是一种经过解释的经验，因而受到这种宗教传统及其各种表现形式的塑造。"[②]而艺术没有这个问题，艺术的境界可以不经过解释，"此中有真意，欲辨又忘言"。对艺术境界来说，存在一个是否"相信"的问题，而对宗教境界来说，不仅有是否"相信"的问题，还有是否"信仰"的问题。"相信"涉及对某种现实的或可能的现象与事实的确认、确定，"信仰"则在前者的基础上，是否

---

① 〔德〕马克斯·韦伯：《儒教与道教》，商务印书馆 1995 年版，第 287 页。

② 〔瑞士〕汉斯·昆：《什么是真正的宗教》，见《20 世纪西方宗教哲学文选》，生活·读书·新知三联书店 1991 年版。

愿意用整个的生命去追求。

有一种观点认为,凡是境界,都是"由心而生",所以,也可以说境界只是"心灵境界"。这可能是儒家比较具有代表性的意见。熊十力在《新唯识论》中说道:"唯欲语诸究玄学者,令知实体非是离自心外在境界,及非知识所行境界,唯是反求实证相应故。"[①] "心是了别的方面,境是被了别的方面,境必待心而始呈现,应该说唯心,不言唯境。"[②] 我们知道,熊先生是把佛家唯识学与儒家阳明学结合起来,以体用不二、心物不二、能质不二、个体生命与宇宙生命不二来统一内心与外物的关系,落脚点还是在心上,以"吾之一心",将"一己"与"天地"统一起来。他所说的"实体",也就是宇宙本体。对宇宙本体的体认只在心上反求实证,故而,本体的境界也只在心上。至于"了别的方面"和"被了别的方面",只是在心境关系上,心是一个主动的行动,境是心上的行动所追求的结果。不过,佛家对熊先生的意义,其实只在方法论上,因为他并不认同佛家避谈宇宙论,把世界看得过于空洞,有如他谈到大乘空宗时所说:"空宗全部意义,可蔽以一言,曰破相显性。相者法相,性者实性,即本体之名。"熊先生是既要谈宇宙论,也要谈本体论的,只是那个宇宙的实体和本体,根据都在心上。[③]

蒙培元在《心灵境界与超越》中说:"中国哲学则是境界论的。所谓境界,是指心灵超越所达到的一种境界,或者叫

① 熊十力:《新唯识论》,商务印书馆 2010 年版,第 9 页。
② 同上书,第 43 页。
③ 熊十力:"上来已说,空宗破相,意在显体。但一往破相,即于法相只有遮拨而无施设,故云空宗不谈宇宙论。有宗恰恰与空宗相反,无着、世亲兄弟参糅小乘谈有一派,并匡正大乘空宗,而后张其大有之论。"(同上书,第 251 页)

'心境'，其特点是内外合一、主客合一、天人合一。境界从来是心灵境界，没有所谓客观境界。它虽然是主观的，却具有客观意义，因此它又不是纯粹'主观'的。无论王国维所说的'有我之境'，还是'无我之境'，都是心灵之境，离不开情境、意境，当然还有识境。所谓'境'，当然不能脱离客观存在而谈论，离开'客观'，并无所谓'境'。"①蒙先生在做出上述判断的时候，已经有了一个前提判断，他认为中国哲学不同于西方哲学，西方哲学是本体论的，或者说是实体论的，而中国哲学则是境界论的，是一种心灵哲学。所以主观、客观只有"意义"上的，而无实在性，所以只有"客观意义"，而无"客观"对象的存在，因为中国哲学所要达到的境界就是内外合一、主客合一、天人合一。②尽管蒙先生也认为"境界的实现，既有认识问题，又有情感体验与修养实践的问题"，但是，那个认识对象都不存在了，如何认识呢？既然境界只是心上的认识、修养与功夫，那么境界自然只能是心灵境界而无客观境界了。在认定境界是经过人的主观参与而成的，蒙先生是对的，因为没有人的参与就无所谓境界，所有的境界，都是人的境界。但由此得出没有客观境界的结论则不是正确的。如果说

---

① 蒙培元:《心灵超越与境界》，人民出版社 1998 年版，第 75、76 页。

② 与上述观点有关，蒙培元也认为"天道"离不开"人道"："'天道'决不离'人道'而存在，在'人道'之外，并无所谓'天道'。"（同上书，第 153 页）"《中庸》则直接从'天道'之普遍绝对性出发，下贯圣人之性，确立'诚'的本体地位，这样，'诚'不仅是道德本体，而且具有宇宙论的意义。"（同上书，第161、162 页）在这里，蒙先生尽管也要谈到"本体"与"宇宙论"问题，但也只是"意义"上的，当他说境界只是精神境界的时候，其实就不能说它是宇宙生成论的。如同说客观存在只有"意义上的"的时候，它就不是真实的存在，境界既然只是精神境界，那么"宇宙论的"并不是真实的生成关系，只是观念上有此生成的意义。

境界是心灵所达到的境界，这是成立的，如果说境界只是心灵境界，则是不成立的。这如同可以说：所有的知识都是人的心智对于客观，以及对于自身的认识。但不可以说：所有的知识都是人的心智自生的。从事物的联系性方面来说，事物之间本来就存在着那些关系，无论人是否去认知，它们都存在着，因为它们是被给予的，而不是人建构起来的；从境界方面去说，诸如在某种处境中的人与他人、他物的并存、交互、友善、和谐、美妙，等等，也都是先在于人而存在着的，无论人是否能够进到那个境况中去，能否看得见。王国维所说的"写境"，正是表达进得去、看得见的境界。而他所说的"有我之境"与"无我之境"，也只是表达能否对于境象着上或不着上个人的主观色彩而已，那个境象总是在那里的，是被给予的境地。

二　境界是意义世界，还是生活世界？

把境界认定为"意义"，是冯友兰所做出的界定，他在《贞元六书·新原人》中说道："宇宙人生对于人所有底某种不同底意义，即构成人所有底某种境界。"这个意义应当不是指对于客观对象的含义（meaning）的意思，而是显示对于客观对象某种重要性或价值认知的（significance）的意思。

我们可以仔细想一下适合意义的诸多情形。第一，意义表明某人某事对他周边的环境或者他物造成了某种积极作用，而且这种作用是有利于受它所影响的事物的，也就是积极的。但是，如果仅仅是一物对他物的关系与作用的话，那么这种意义其实是由于一个旁观者对于此事发生的肯定与积极意义的确信，但于这个旁观者本身不构成意义，因为他没有参与进去，或者说发生的所有这一切都与他无关，没有与他相遇。一个建筑师建造了一座有纪念意义的建筑物，给当地人们留下了美观的景致；一位社区活动者的持续努力改善当地人们的社交与生活方式，而成为美谈，都会产生积极的作用。这里所说的意义，并非是一物对他物的关系，而是由一个主体对他人或他物的作用，当这种作用发生而且推动此事发生的这个行为的主体能够感受到这种作用的时候，他才能领略到其中的意义；这种事情甚至不是与他擦肩而过，必须是相遇了，而且他也有作为了，他知道自己的作为对于他物或他人产生良好的作用，此时"意义"才能对他显现。第二，意义表明行为主体者自己的存在或者自己的行为对他事或他人具有价值。这种价值只能在对他物他人是有用的，不能是对自己有用，如果对自己有用的话，那仅能表现出自己得了某种好处，却不产生意义，也就是说，对行为者本身的有用价值，不产生意义。第三，行为主体者的作为对他事他人产生了重要性。这个重要性是由对方本身所产生的，且也符合其生命与生活的预期，如同渴望、期待所产生的需求。当你的一番话使人茅塞顿开，使人陡然醒悟，或者由于你的施救行为使人获得了新生，等等，这种重要性是你能够感受到的时候，就产生了意义。当你的作为对他事他人产生了意义，但你并没有感觉到的时候，那个意义是存在的，但并不能构成对于行为者的意义。第四，得了真相、真理、真意而产生的意义。真相与假相关联，当众人都被一种假相所欺骗的时候，就会认假为真，以为事实本来如此，而当行为主体发现了真相并揭穿假相的时候，这会产生了极大的意义，尽管这可能会导致短时的崩塌现象，但只有假相崩塌，真相才会显露出来。得了真理，哪怕是得了真理的某些碎片，也会让自己明白起来，原先看不透的现象，一时看得透了，这理所当然地产生了意义，由于这样一种意义是对行为主体本身产生的，是容易捕捉到的，故而它是最为直接的，得了真理、真谛，从此看待世界的眼光不一样了，生命也由此变得不一样了。真意如前所述，是人所发现的自然景象中和谐、美妙的东西。以上几种情形，都与行为主体者发生关系，才称得上意义，如果不发生关系，便称不上我们所说的意义。"只有人才有境界"①，这话说得准确。依照道家的观念，没有一样事情是无用的，放开说也就是没有一物是没有存在意义的，但它们与我们所说的境界不发生联系，也就变得无意义了。换句话说，只有行为的主体与对象相遇了，发生了事情，且影响到了对方，那个事情的意义才凸显出来，也才能捕捉得住，最终也才能与我们所说的境界有关系。

上述的几种意义与境界有关，只是我们需要认真思量一下，意义能否构成我们所说的境界。

从已知的事实，我们可以先得出一个判断：如果没有意义，就一定谈不上境界。如果一个人没有对他的周围环境或者事物产生作用与影响，如果一个人没有对他所存在的社会及其他人产生价值，如果一个人没有对他所认知且相遇的人们产生重要的作用，如果一个人没有发现别人未能发现，或不能发现的真相、真理和真意，就很难形成一个个人与他人、个人与社会、族群与族群、民族与民族，乃至人与自然的良好互动效应，形不成某种和谐、美好的生活处境。失去了意义的生活是邋遢的，失去了意义的天空是灰暗的。但是，是否可以说意义

① 蒙培元：《心灵超越与境界》，人民出版社1998年版，第76页。

就可以构成境界呢？

意义构成境界，看起来这个观点没有问题，但若再追问意义是什么时，就有问题。我们可以说意义就是对他人他物的作用，意义就是价值，意义就是重要性，意义就是对真理与真意的发现时，我们会进一步发现：作用、价值、重要性、真理、真意所产生的意义本身是抽象的。可是，境界却是包含了意义在内的具象的境地。当我们说意义是抽象的时候，并不意味着意义因为抽象而不被人理解，思维水平再低也会拥有一定的抽象能力，对于浅近的意义，谁都可能领略，只在高深的意义上，人们才会分出见识的高下。当我们身处一个世界，却试图追求超于此一世界的意义或价值时，这是没有问题的；可当我们说身处此一世界，却欲看到另一个世界时，就不能说看到的只是意义或价值。意义价值或真理是一个向度，人们往这个向度去追求时，却发现它们不是一个理想的结果，理想的结果一定是一个完整的世界。得意义、真理与价值，使得生命与生活从此变得不一样，由此得了境界。

意义如同线条，人在因得价值、得真相而得意义时，通常得到是一个一个的线条，而这些线条难以构成一整幅的画。抽象的东西会不会造成一种世界呢？这是可能的。一个理论家可以将一个一个的抽象建构成理论世界，但是，抽象的世界仍然是抽象的，它并不像一个高超的画家能够将一个一个的线条凑成一整幅美好的具象的画，也就是说，抽象可以构成理论的世界，但难以构成具象的世界。我们说意义有浅近与深远，却习惯说境界有高低。尽管我们依照习惯以高低来说境界，其中就包含了一个规定，即把境界规定成某种存在的状况，甚至就是一幅幅立体的图画。所以，境界毫无疑问地包含了意义和价值，却不局限于意义和价值。

如果我们把对于意义的追求看作是精神追求的话，那么这还只是满足了"安心"的需求，并没有达到"安身"的需求。"安心"表示的是精神的向度、价值、追求，是一种心安理得，而"安身"表示的则是立足、置身、处世，是身临其境。中国文化的主流是讲求"安身立命"的，讲求身心合一的，身体和心神需要合为一体，不管心有多远，都不会是忘了身之所在的。道家文化就更是如此，老子所说的"长生久视"，道家修炼者所追求的生命长久，以及形神俱飞，都是身与心、精神生命与肉体生命合一的。

如果把意义追求当作境界追求，无异于把境界超越看作仅仅是精神追求，可是，依照这个界定，便不是具足的和自洽的。这从自由境界的情形就可以看得出来。自由，乃是一种状态，有精神自由，有身体自由，有身心俱自由等状态。我们通常说自由境界，正是在某种境地下人所能享受到的身与心的自由和自在。而且，人们还相信自由境界是最高境界，可是，能够把这样一种状态和境界仅仅理解为意义么？意义在这里显得局限了，它装不下自由境界，在这个基础上，我们可以确信，境界不能等同于意义。如果局限于意义，实际上也就把自由境界限定在精神自由上了，而这与自由境界不对等。自由有精神自由和身体自由，自由境界理当包括这两者。尽管我们可以说有意志自由和制度自由，意志自由是不受限定的自由，制度自由是一种政治安排，是对于人的精神和身体自由的双重肯定，只是为了达到这种肯定，需要做出一些牺牲，限定某些自由（诸如自己的自由不得妨碍别人的自由），但我们不能由此得出结论：自由境界就是精神与意志自由的境界。因为自由境界的实现，是以心与身俱能获得自由为前提的。心的自由似乎可以不受生存处境的限制，但是，没有一定程度的身体的自由，心不可能远游。难以设想一个长期被限制身体自由的人，他能够有真正的精神自由，更不用说从出生就被限制身体自由的人了。我们相信，精神总会比身体有更大的自由，因为精神可以有想象力，但是，身体的不自由会限制了人的想象力。中国文化讲求的身体的体验性，讲求体用的结合，也就是表明身体与精神的一致性。自由境界表达的正是一个身体在某种境地里面而精神所享有的自由，如同根扎在泥土，花开在空中。自由境界应该是身体所处的境地与精神所享有的超越性所构成的，不是一个纯在空中建构的飘忽的境地。庄子是中国最早论述自由境界的人，在他所描述的自由与逍遥的时候，他以"游"来表达对于逍遥与自由的实现，是对个体局限的超越，达到境界。而"游"有身游、心游、身心俱游的情形，如果只承认精神上的自由，等于只承认心游而不承认身游，即便为了实现心游，也要身游于外，如同我们要散心，也要走出去才能实现一样。或许我们身体走得并不算远，而我们的心却行得很远，所谓"心有天游"即是，但否认身体的游，就难以想象心游是彻底的和无障碍的。庄子所言的"以游无穷者""游乎四海之外"等，之所以难分清是身游还是心游，就在于这种游乃是身心一体的，没有身体的直接感受性，也难以说清精神的感受性。

基督教理论家马利坦（Jacques Maritain）在谈到人以及人类的处境问题时说："这个处境就是实质上与肉体相结合而又陷入在物质宇宙中的一个精神的处境。"[①]可是人或人类总是努

----

① 〔法〕马利坦（Jacques Maritain）：《人与人类的处境》，见《20世纪西方宗教哲学文选》，生活·读书·新知三联书店1991年版。

力以这样或那样的方式，或在这样或那样的程度上，"无论如何要超脱自己的自然处境"①。生活的处境不是人们可以自由选择的，而是直接碰到的一种际遇。《红楼梦》里面的晴雯"心比天高，身为下贱"，就是说她的际遇不好，但她的心地很高，不满足于这样的际遇。如果她满足于那种际遇，那么她不会有内心的冲突，同时她也就不会有超越于此际遇的心境。如果说一个人的精神状态同化于他所处的自然境况，那么我们只要深入他的处境，就能了解其境界；如果他的精神状态并没有同化于其所处的自然境况，或者说他的精神既在此境况，又不在此境况，那么他的境界就不仅仅是通过其境况而得到了解的。在这个意义上说，尽管处境不可以选择，但境界却有高下之分。有人际遇很好，境界不高；有人际遇不好，但境界不俗。对一个环境、际遇，我们是通过身体的感觉去感受，却又是通过精神活动的磨辩，身心一致地实现深度体验，从而表达认同或不认同的。马利坦把"处境"视为"精神的处境"是有道理的。但是需要说明，处境只表明人或人类所处的情形和环境，是一个限定了的对象，限定了的时间和空间关系，如"当下的"表示现实所遭遇的境况，"来日的"则表示将可能遭遇的，或可通过努力改变或实现的境况。在空间上处境只是直接接触到、经验到的，对不曾接触和经验到的，按照处境的观念，我们不能对它说出什么来，可是依照境界的观念，我们能够说出某种东西。因为我们身处这样的世界，却看到了另一个世界。所以，"境界"不会满足于"处境"，"境界"高于"处境"。"处境"属于精神的处境，而精神立于自己的处境，实现自身

---

① 〔法〕马利坦（Jacques Maritain）：《人与人类的处境》，见《20世纪西方宗教哲学文选》，生活·读书·新知三联书店 1991 年版。

的超越，形成了境界。显然，"境界"虽高于处境，却离不开处境。佛家天台宗智者大师说过："处者境也，元从不离萨婆若（梵文译音，意为佛智）。能观之智，照而常寂，名之为念；所观之境，寂而常照，名之为处……如是境智，无二无异，如如之境，即如如之智，智即是境。"（《四念处》卷四）尽管佛家把境看作是一个假设的存在，而成了智观的对象，但是离了处境，也就是无所谓观了。而且，看空处境，也只是为了无住（不滞着），为了实现另一个更高的境界。

有一种观点认为，境界论的观点是中国文化的产物，西方不讲境界论。[①]的确，西方哲学与文学并不像中国哲学那么讲究境界论，但这不等于西方就没有境界论的问题，只是西方对于境界问题的理解不相同，也不像中国处处讲境界，没有那么多层面的境界。在《圣经》里，将世界分成两个隔绝的境地，即世俗的境地和天国的境地，两个境地就是两种境界。此岸的境界可见可知，是世俗的世界；彼岸的境界不可见不可知，是向往的世界。但这并不影响人们把彼岸的境界看作一个完整的世界，在那个世界里，不只是得到意义，而且要生活其中。又如柏拉图的理念世界，他认为这是真实的世界，其实就是一个理想境界；而他把人们所处的生活境地看成一个影子世界，或虚假的世界，是因徒困境中的生存境地，这种境地与在此境地中的人们认假为真的认知，构成了我们所说的境界。当然，柏拉图的真实世界与影子世界只是

---

①　早在王国维的《人间词话》中，就讲过这样的话，蒙培元也说道："事实上，西方哲学并不像中国哲学这样讲境，如果有，也只是认识之境；中国哲学所讲的，主要是以情境、意境为内容的境界。"（《心灵超越与境界》，人民出版社1998年版，第74页。）

一个借喻，他真实表达的则是说受过教育和没有受过教育所造就的两个世界的区别。而他所说的受过教育，说到底是哲学的教育与哲学的生活，受过哲学教育的人就可以看到真实的世界，没有受过这种教育的人就如同生活在虚假的世界里。在《会饮篇》里，柏拉图还描述了一个爱神的生活境遇，其母为匮乏神，其父为丰饶神，他生来与母亲一样永远伴随着贫乏、粗鲁、不修边幅，同时，他也像父亲那样追求美的东西和好的东西，勇敢、莽撞、精力充沛，他永远处在智慧与无知之间。这里所说的生活境遇，就是生活世界，也就是他与生俱来的生存境界。奥古斯丁的《太阳城》把世界分成两个部分，一个是上帝之城，一个是世人之城，这是生活世界，也是境界。宗教生活必定会讲求境界。宗教生活总处在一定的境况下，经历和体验着确定的宗教内容，于是有"当下的"境况和"来日的"期盼。经历、体验意味着忍受和磨砺，而期盼意味着追求。"我们对宗教的定义包含了对超越境界的认识。"① 只是西方文化传统，主张的是共同生活经验和共同生活境地，并不像中国文化把境界分成那么多个层次。

　　中国人对于境界的理解是包括了认知层面、道德水准、生活态度、艺术见地在内的，于是便人人有一个境界，而不是一个有着共同生活经验、共同理念、共同价值的境地。当境界被个性化并可以无限分疏的情形下，它也就脱离了共享的可能了，也就不是在此之外的人可以分享或者经过引领可以进得去的境地了。这就是我们在生活中经常碰到的某人说别的一个某人"境界不高"，或者"境界不在一个层面"云

① 秦家懿、汉斯·昆：《中国宗教与基督教》，生活·读书·新知三联书店1997年版，第87页。

云，但是，殊不知这种所谓的"境界不高""境界不在一个层面"，其实只是一种简单的差异而已，可能是一百步与五十步之间而已。说这话的人其实还是与那些被说的人生活在同一个境界里面，他们看到的仅仅是些许的不同，或者只是构成意义的那些线条、色彩的差异而已，并不能构成一个境界的差别。这就像我们说得了真理的碎片，不等于得了真理一样。

境界应当是众人或群体可共享的境地。在这个境地里面，人们彼此分享了信仰、价值、道德、意义、经验和生活态度。某些个别化的经验，诸如认知或者艺术见地，可以通过传达和理解而成为共同的经验。在这个境界里面，人们彼此也应该是融洽、和谐的，如果彼此尚存有芥蒂、包藏祸心，或者明争暗斗，那就不构成共同的境界。在上述意义上，我宁愿把所称的境界理解为生活世界。

境界作为一种生活世界，表明人们生活在一定的社会层面和境地。社会层面表示的是物以类聚，人以群分，一定物质条件和生活基础的人们会形成共同体，社会学上称为社会分层。经济与社会基础决定人们的意识形态，诸如人人都有自己的梦，但帝王与百姓做着不同的梦，富豪与生活在贫困线上的人所做的梦也没有共同性。人们的社会交往圈也会因经济与社会基础的差异而各个不同，人们在选择交往对象时，本能地会选择与自己共同点多的人，这才有所谓的"共同话语"。同样，人们择地而居，那是因为语言、族群、习惯、经济能力、认知水平、社会态度等相似性，在这个选择的境地里面，才可能形成作为境界的生活世界。

境界就是人们所能看到的那个生活世界。所谓"看到的"，是认知、体会、见识到的。^① 这里的生活世界，就不简单地属于那个物质生活世界，而是立于处境，包罗价值、意义、认知，以及文化、习俗、生活方式在内，安顿身心的世界。看不到这个世界，便不可能跻身、生活在这个世界；没有这个处境，或没有这些价值、意义、认知等，都不能形成与此相关的境界。

三　境界的高与低

境界既然是人们所看到的生活世界，那么境界就有高低，即便是在同一种类型的境界里面也是如此。而不同的境界，有不同的生活世界。从类型上看来，境界主要有道德境界、宗教境界、认知境界、艺术境界以及生命境界。这些境界又相互交叉，相互包含。

近人冯友兰和唐君毅各自提出了一个境界论。冯先生提出了境界的四阶段论：自然境界、功利境界、道德境界和天地境界。冯的境界说以人的高下为准，"自然境界，需要的觉解最少"，"天地境界，需要最多的觉解"。^② 从顺才顺习（率性）、不著不察，到知人知性知天之"全"，不能不说是一个认知的过程，但不唯如此。在他看来，从无意义、经狭隘的功利目的，到朝彻、通透的意义之至（圣人），不同的境界表示了在宇宙间不同的地位。境界低的人享受的世界少，境界高的人享受的世界大。公共世界，无限的大。显然，冯的境界乃建构在"意义"基础上，"宇宙人生对于人所有底某种不同底意义，即

---

① 这里所说"看到的"，类似于冯友兰所说到"觉解"。
② 冯友兰：《贞元六书·新原人》，华东师大出版社1996年版。

构成人所有底某种境界"①。而且说到底，冯的境界说乃是儒学思想境的张扬，以入世的精神看待境界。因而，他的境界基本上乃是道德境界。但是，他也认为，在道德境界与天地境界之间的分别，儒家也看不清楚，而追求最高的境界却是中国哲学的思想主流。最高的境界超乎人伦日用，乃是圣人的境界和超道德境界。圣和神的界分从来不那么明确，圣人的境界未必不是神人的境界。所以，冯的境界说具有某种宗教的情怀。

唐君毅提出一个九境说：万物散殊境、依类成化境、功能序运境（这三类为客观境界），感觉互摄境、关照虚灵境、道德实践境（此三类为主观境界），超归向一神境、我法二空境、天德流行境（此三类为主客观境）。前六境为从"觉客观"到"自觉"，后三境为"绝对真实境"，又名"形上境"。唐的境界说在理路上与冯先生无异，"觉客观"为认知对象，"自觉"为认知自己，客主的变换实际是认知水平的提高。境界的提高有赖于知识，但境界本身却不纯是知识。可以说认知与境界的提升是同步的，但不是等同的。可以说，唐的前三界是知识论的，后三境则是实在论或存在论的，"统主客"实际是"超主客"，即相信在这之外有一种"真实的存在"（绝对真实境）。尽管这"不可思议"，也不当为所思所议，却人有此思想的自由。在这个真实的存在里，破除了我执与法执、主观与客观，生命与所住之境交互感通而无分别。在唐的境界说里，实已分出此岸与彼岸的区别。如果说冯的境界仍然属经验的、非宗教的话，那么唐的境界则包含着超验的、宗教的。唐的后三境颇似佛。冯唐二人纵有差异，

---

① 冯友兰：《贞元六书·新原人》，华东师大出版社1996年版。

但共同大于差异。二人都从认识论的角度论述境界，不过这也并不表明他们是知识论者。他们从认知角度切入，讨论的仍然是德性的问题，境界表明了人的德性的见地，或者说德性所见就是境界。在这里，境界之说，也即为己之说。植根于世俗，又超越于世俗，这不仅仅是冯唐二人观点，也是整个儒家的观点。如果要对冯唐二人的境界说做一个判断的话，我们应当说他们所说的乃是具有宗教情怀的道德境界。要在宗教与道德的两种境界之间划出一道绝对的界限，那是困难的。当我们把宗教的关怀还原到世俗社会时，就是道德境界；同样，把对世俗社会的关怀上升到终极意义时，就是宗教境界。在这个意义上讲，宗教的境界就是道德的境界，反之亦然。区别只在于是否相信有一个彼岸的世界的存在，以及是否相信人能够跨入那个世界。

依冯友兰的理解，自然境界只是自然生存状态，无知无识，功利境界乃是人们对于自己的利益有了认识，道德境界是具有了道德理性，天地境界是超越人自身的局限，人与天地自然为一体。说到天地境界的时候，冯先生有了宗教情怀，但尚且不是一个宗教的境界。唐君毅的九个境界，明确地讲前三个境界属于客观境界，中间三个境界属于人对于自身认识的主观境界，后三个境界，在思路上与冯友兰其实相同，也是超越人的局限，走向天地一体而流行的境界，只是唐先生是儒佛合用，终究是通向佛家的宗教境界了。

佛家把世俗世界分为三界，二十七重天。欲界有六重天，色界有十七重天，无色界有四重天。三界中的每一重天皆为一种生活世界，分别为不同的众生所居住，如欲界为有食欲、淫欲之人的生活世界，脱离了食欲、淫欲的人生活在色界，无形色的人生活在无色界。在世俗世界里，人们永处于生死的轮回，无解脱之日。在《大乘起信论》里，境界被看作心识所现之相，"所谓能见一切境界，犹如明镜现于色相"，"是故三界虚伪，唯心所作。离心则无六尘境界"。只有在那种称作"真如法界"里，亦即"无余涅槃"境界，才是灭尽烦恼的清凉界，超脱轮回的极乐世界。三界里一切现象乃是缘起的结果，因而无常，陷于轮回，只有真如法界才是真实的存在。《金刚经》里说到如来有"五眼"：肉眼、天眼、慧眼、法眼、佛眼，每一种眼看到的是一个境界。[①]《法华经》里描述了庄严国土里的境界："国界严饰，无诸秽恶，瓦砾、荆棘、便利不净。其土平正，无有高下，坑坎堆阜。琉璃为地，宝树行列，黄金为绳，以界道侧，散珠宝华，周遍清净。其国菩萨，无量千亿，闻声诸众，亦复无数。无有魔事，虽有魔及魔民，皆护佛法。"[②] 这正是一个洁净、光明、欢喜、平等、和谐的境界，遍地皆为菩萨，人人皆受佛法保护的乐土。

道家除了将凡俗界与仙界做了两分，也把仙界做了多个层次的分别，在仙界有"三十六天界"，每一天界都是一个世界，亦即境界。成仙者依次生活在不同的境界里，如元始天尊居玉清境，灵宝天尊居上清境，道德天尊居太清境。在三清境之上，还有大罗天，浩渺无穷。《真灵位业图》将神仙境界分为七个阶次，除了三清境，之下还有老君、张奉、茅君、北阴

---

① 《金刚经·一体同观分》："须菩提！于意云何？如来有肉眼不？""如是，世尊！如来有肉眼。""须菩提！于意云何？如来有天眼不？""如是，世尊！如来有天眼。""须菩提！于意云何？如来有慧眼不？""如是，世尊！如来有慧眼。""须菩提！于意云何？如来有法眼不？""如是，世尊！如来有法眼。""须菩提！于意云何？如来有佛眼不？""如是，世尊！如来有佛眼。"

② 姚秦鸠摩罗什译：《妙法莲华经·授记品》（简称《法华经》）。

大帝等各阶次的主神和配祀的众多神仙，共同居住在各自的境界里面。与此相应，成仙者也分为若干个级别，大体来说有天仙、地仙、鬼仙等。境界的高低表明了世界的大小，而神仙品位的高下则表示其所享受的境界的大小，也即其所能够享有的自由空间。

道家与佛家在这个方面差别还是比较大，佛家认为一切现象皆不真实（"诸法空相"，见《心经》），道家则把一切现象视为真实存在。无论道家和佛家的境界说差异多大，却都将世俗和超世俗界区别了开来，它们强调的乃是宗教生活的界面、层次所对应的那种存在状况。三界不真，那只应在终极意义上如是说，在世俗的层面，毕竟也是世俗的人们所生活的一种存在境地。每一个人都一定生活在某种的境地里，而个人修行的结果和思想境界的高低，乃是他进入与其相对应的境地的凭准，如同"登天梯"的效果，每登临一层天梯，就看到一个不同的世界。所以，境界并不仅仅表现为个人的思想行为，更表现为对象化的存在。当境界作为个人的思想行为时，它表示某人可以享有某种境地，或者说他生活在那个境地里；当境界作为对象化的存在时，它是预设的、先在的存在，人们必定处在那个境地里。人有修养、践行和思想的自由，却没有选择境界的自由。

艺术的境界独绝而富想象，只是需要"一双明亮的世界眼"才可以看得见，可以分享，但不能普遍共享；宗教境界跨越此彼两岸，神奇而崇高，但层次多而难识，这里在参照前人见识的基础上，提出立于世俗而奔向超越的三个境界。

（一）生存境界

这是人们为了自身的存在而竞争的境界。如果说凡是出生在世上的人都有存在的权利的话，那么生存境界也是人们为了获取存在的权利而努力的境界。而存在是建立在利益基础上的，没有利益就没有存在。在这个竞争中人们既在与天地、与他人和社会搏击，也同时会获得快乐、幸福与意义，就像劳动既是生存的需要，也是成就人身心健康的手段，也像是竞技场上的斗士既在搏击，也获得有意义的人生。生存既是不得已，又是需要。如果仅仅是不得已而不是需要，那就与动物的生存竞争一样，而不能产生意义与人生的适意、快乐、幸福与美感，所以说，生存境界只能是人的生存竞争产生的，动物的竞争只可称为一个生存境域而不构成生存境界。在这个意义上，冯友兰先生所说的"自然境界"，只能是自然境域，即自然状态下的生物界或者荒蛮时代的竞争境域，而不算是境界。

　　动物世界是适者生存，充满着竞争，但动物只能适应环境，不能改变环境，也难以说动物对自身会做出具有社会意义的改变，它们缺乏反思能力，这也是动物与人的根本区别。同样，动物之间也难以组成超出家族血缘为纽带的社会关系，由此也就不能形成纯粹社会关系基础上的和美共享的生活世界。对于动物来说，动物活着就是活着，它们不能领会活着的意义，也不能产生对于它们自身而言的价值。相反，人间社会虽然有着与动物一般的竞争关系，但人能社会性地改变自身，以适应环境和人际环境，人能反思，能产生对于其自身的意义和价值。人类组成的社会关系，不只是为了存在下来，更要从存在中分享到亲情、友谊、和善、协作、自在，等等，以至于让人们觉得活下去是值得的。虽然生存是人的第一条件，但不能够把人的存在价值与意义归结为生存，没有了种种意义与价值，生存就是一个白板。

依照冯友兰先生的界定，"自然境界"下，"需要的觉解最少"，那就表明，这个自然境界指的是动物世界，或者是人的原始状态。然而，境界既然是离不开意义，而动物世界不产生意义，那么动物世界不能成为我们所说的境界。对于原始社会，我们又无法说清楚那个时代的人有多少自我意识和认知能力，但有一点是清楚的，难以肯定人有多少能力去把握生存的意义以及幸福美感。只有到了生存竞争中能够把握生存意义以及幸福美感，能体会到身处其中的适意，并以此安顿身心的情形下，才产生境界。在上述意义上，对于动物或原始人来说，这个自然境界并不成立，因为尽管身处其中，但它们和他们都无法感受到意义和价值。只有对于成熟社会的拥有理性反思能力的人来说，"自然境界"可以成立，那是一个人类可以凭借历史的碎片拼凑起来而可供回看的生活世界，可是，对于身处往古时代的动物或人来说，是无法体验到其中的境界的。

（二）道德境界

道德是理性的产物，是人作为人的主动追求条件下产生的。至于为何人要追求这种道德理性，是因为哲学上称为"道德情感"的需求，也就是"人之所好"，是求善的愿望。为了满足"道德情感"，人们不惜牺牲自己的自私、利益与放任，而自我约束、自我修养、自我操存，并一点一滴地把这样的收获积攒下来，并逐渐地形成我们所称的"德性"，这就是道德。如果继续追问这种道德情感何以产生，则要说这或许是人们出于对自身利益的考虑。人之所以善待他人，是希望他人能够善待自己，这种善良行为的冲动，即便在现代社会也保留着，如在公交车上给老人让座，是希望自己的老人出门时也能遇到别人同样的善行。德性总是产生在德行之后。

所说的德性，往往由习性和操存积累而然，德性是养出来的。另一个来源则是出于报答的愿望，父母待子女慈爱，子女产生报恩心愿。如果说从小教小孩孝敬父母，那算是理性指导，而不待教而产生报恩心愿，则是天性，诸如主人呵护自家的宠物，宠物会以温顺回报主人一样。中国人的家德就是如此形成的。这种德性不仅使用于家族内部，也适用于熟人社会，因为这样的德性可以传递。这种德性属于经验类型的。然而，经验产生的德性有很大的局限，如何获得道德的普遍性呢？道家提出了"天德"的理念，即"道之在我，谓之德"①。"天德"不是靠德行及其德性的积累，而是自然精神的发现，诸如无私、公正、客观、宽容等德性就属于自然的精神，与带有血脉、熟人与乡土的经验性德性不同，"天德"属于纯粹理性的。无论是经验论的，还是先验论的，德性都是人的理性的标志，孟子说"人之所以异于禽兽者几希"，就在于人有道德的追求，这是确定不疑的道理。仅仅是生存权利与利益的获得，难以把人与动物完全区别开来，换句话说，是人把道德生活视为自己存在的理由。在经验性道德的形成过程中，理性始终都起着帮助和引领的作用；而在"天德"的发现中，没有理性发现不了它，而且凭借着理性的引领，人通过学习自然精神，把天德变成了自己的德性。我们说道德本身是一种理性，是因为人为了获得道德会主动做出的牺牲，道德自律的本来意思就是自我牺牲，为了过上道德的生活，或者说为了活得更像人，而要放弃自己的利益。只是这种牺牲不应被放大到为了做道德的人或文明的人而不惜牺牲全部利益的

① 见《西升经》。另见《庄子·天地》："玄古之君天下，无为也，天德而已矣。"

地步，它应当是人的"有限的慷慨"（休谟语）。道德主要处理人与人、个人与社会之间的关系（只在涉及人与自然关系的时候才有生态伦理的问题），所以，道德的社会属性毋庸多言。无论是从前人或知识学来的，还是相互约定，道德的生活都能够使人获得快乐适意与幸福美感，并彼此形成高尚的境界。这当中当然可以分出很多个境界的层次，而且，生存境界、道德境界以及宗教境界存在着诸多的重叠关系，只是我们不去做这种区分而已。

（三）自由境界

自由是价值，也是境界，是人们理想、和平而惬意的安身心的境地。说理想，是因为自由境界乃是奋斗的最佳结果，人是一个社会性的存在，而社会给予人们的处境并不是一个理想的境地，所以，人们需要持续地奋斗以改变社会以及人自身。改造社会是为了使其变得更和谐，更适宜生活，改造自身是为了更适宜在社会环境中生存，这两个方面的努力，都是为了获得更大的自由，更好地安顿身心。自由，虽然是人的天性要求，却是一个人类理性持续地追求所达至的结果。说和平，是因为自由境界有一个总体的人际社会以及人与自然环境的要求，彼此应该是有序、和谐的，而不是恶意相向以及相互伤害，即便竞争是必要的，也应当是以此为前提，只有和平的处境才能够构成自由境界。自由虽然是以个体实现的，却要有群体的参与和相处才是可行的，由此形成一个生活世界。说惬意的，是因为自由是建立在每个人自身的感受性基础上的，进而也是以自在和愉悦为前提的。如果说自由只有群体的、积极的，而没有个体的感受，那其实是没自由，群体的积极的努力只会产生理想的可能，而理想容易出偏颇，如果不用个体的惬意来规约它，就会产生违逆自由的初衷。

相比于生存境界和道德境界，自由境界不是以生存竞争中获得的有意义的人生，也不是以自我约束来实现的理性王国，自由境界直接以人自身的身体与精神的解放为目的，故而它超越于生存与道德的境界。由此，它既要从人与自然的关系中，也要从社会关系中获得自由，还要从自我身心的局限中获得自由，所以它比生存境界和道德境界更高更远。然而，如同"登东山而小鲁，登泰山而小天下"一样，境界既有高低，那么较高的可以拥有并涵盖较低的，不仅如此，自由境界本身也分成若干阶次，有的建立在了世俗生活基础上，有的建立在超世俗的基础上。仅就超越于世俗的境界来说，儒家所称的"天地境界"，道家所称的"仙界"，佛家所称的"涅槃境界"，都可以说是自由境界。

总而言之，境界离人们很近，它甚至就是生活世界，境界又离生活很远，它是需要在生活世界中追求才能得到的；它是一个超越的结果，是立于现实而又超越现实，是认知与道德提升之后所能够看到的并跻身其间的和谐美妙之乡；它是人们所能参与创造的，又是被给予的对象；它包含了所有的意义而不局限于意义，是身心一致所能分享的领地；境界的高低层次意味着人的追求没有止境，境界越高，分享到的生活世界越大，生命的意义越充分。

第八章　老子的境界论

有一种观点认为，老子哲学是境界论的，也就是说老子讲的不是宇宙论和本体论的，而是境界论的。这么说也不是没有道理，但是不是准确的，倒是一个问题。这里就从境界论方面去说说老子的哲学性质。

一　实体论与境界论

说老子是境界论的，就排除了老子是实体论的，也就是非宇宙论的和本体论的。这里我们需要澄清一下老子在这两个方面的论域。

这两个问题都是围绕老子的核心范畴"道"展开的，而"道"的性质决定了是境界论的或者实体论的。说老子是境界论的，立论基础在于老子所说的道，它本身不是一个实体，而是一个境界，因为老子说道是恍惚，是虚无，是无状之状，是无物之象，是不可名状的希夷微；老子虽然说道生万物，那其实只是在某个场域里面万物得以产生而已，就像"众妙之门"那样，道只是一个使万物得以产生的场地，道本身不是一个实体，并经由这个实体产生了万物。故而，如果说道家也有宇宙论或本体论的话，那也只是一个名义上的，实质是个场域，只是道"善贷且成",有利万物而不争功,所以它是一个美好的境界。但是,这样的观点不能说明老子为何首要讲的是宇宙论,道的首要特性是"生",其次才是"养"。如老子所说:

> 道生一,一生二,二生三,三生万物。万物负阴而抱阳,冲气以为和。(四十二章)

> 生而不有,为而不恃,功成而弗居。夫唯弗居,是以不去。(二章)

在这个次序中,显然老子立论的基础是宇宙论的,先讲万物怎么来的,怎么生成的,然后才说如何使万物和谐有序生长、养成。而道的第一特性也是生,也就是先问事物怎么来的,然后再问事物如何存在的。这也开创了一个道家对于宇宙论、本体论追求的传统。依照老子的思路,任何事物都是有根源、根脉的,而所有的事物则有一个总的源头,如"道生一"那样,"一"是万物的起始,由"一"分化为"二",也就是阴阳两者对立而又共存的势力,由此氤氲而产生出多样性的"三",往下才有万物。依照这个脉络,人们从道理上可以顺藤摸瓜,最终认识到万物最好的宗本其实就是道。作为宗本的道,它不能是一个虚无,它是一个实体。老子称之为"物":

> 有物混成,先天地生。寂兮寥兮,独立不改,周行而不殆,可以为天下母。吾不知其名,字之曰道。强为之名曰大。(二十五章)

老子说"有物混成",表达了道的本然状况,它是混沌不分的东西,而不是空无一物的境域,这与佛教大不同。佛教说的"世界",乃"非世界",所以"名为世界",也就是说世界的本来是不真实的存在。道家和道教从来没有说世界是不真实的,世界之所以是真实的，根据在于世界的本源是真实的存在，由这个"混成"真实的存在，而产生了真实的现实世界。"可以为天下母"，表达的正是万物之母，所有的东西都是从道这里生成的。而且，老子给出了时间上的和空间上与万物的关系，当老子说"先天地生"的时候，道的存在就是先于万物的存在的，如果不是一个实在的存在，就难以说它比万物是更久远的存在，"吾不知谁之子，象帝之先"（四章），即在天帝之前，它就存在了。同样，它也有空间上的存在：

> 孔德之容，惟道是从。道之为物，惟恍惟惚。惚兮恍兮，其中有象；恍兮惚兮，其中有物；窈兮冥兮，其中有精，其精甚真，其中有信。自古及今，其名不去，以阅众甫。吾何以知众甫之状哉？以此。（二十一章）[①]

这是说道这个东西啊，是恍恍惚惚的。惚恍中有形象，恍惚中有实物；窈冥中有精微，这个精微是真实的存在，其中是可以信验的。从古到今，它的名字不曾废去；依靠它我们可以观览万物的开始。这里说的有象、有物、有精、有信，就是说它是一个真实的实在，而不是虚空。但是，道究竟占不占有空间呢？这是一个颇为诘难的问题。既然道是一个实的物，它应该占有空间，或者它处在空间的某个地方，然而，道一旦占有空间，其实它就陷于了有限，比如它在这个地方，就不能同时在另一个地方；无论它有多大或者多小，它都只能是一个有限的存在。可是，道恰恰不受这个局限。在时间上，它在宇宙万物的存在

---

① 这里采取王弼本。河上本写为："道之为物，唯恍唯忽。忽兮恍兮，其中有象；恍兮忽兮，其中有物。""吾何以知众甫之然哉，以此。"傅奕本写为："芴兮芒兮，其中有象。""幽兮冥兮，其中有精。"帛书本写为："忽呵望呵，中有象呵。望呵忽呵，中有物呵。窈呵冥呵，其中有精呵。其精甚真，其中有信。自今及古，其名不去，以顺众父。吾何以知众父之然哉？以此。"

之先，它也存在于时间过程中，但它不局限在时间的某一个点上，即它有时间性，但不受时间局限；在空间上，它可以有空间性，但也不受空间的局限。这就是道的存在状况。它是至大至极的，也是至小至微的，它可以从至大和至小两极延展开去。说道是有希夷微，是有精有信，皆是从至小的角度说的；说道是"大象无形，道隐无名"（四十一章），"执大象，天下往"（三十五章），则是从至大的角度说的。

在肯定道是实体论的基础上，我们再来谈论道的境界。在老子的《道德经》里面，道不仅是一个实在，道也是一个境界。第一章说：

> 道可道，非常道；名可名，非常名。无名，天地之始；有名，万物之母。故常无，欲以观其妙；常有，欲以观其徼。此两者同出而异名，同谓之玄，玄之又玄，众妙之门。

这里是说，从无形象，可以观察道的微妙；从有形象，可以观察道的迹象。[①] 无和有这两者从同一个源头出来，而有不同的名称。它们都可以说是深远的，极深极远，它是所有玄妙的总门。所谓道的微妙，也就是道的境域，道的境界。"常无"与"常有"，是如何看的问题，这里的"看"，不是看现象，而是看"道"。由于"常无"不是绝对的空无，"常有"不是具体的实有，故说"同谓之玄"，都是洞深而玄妙的。"道"有显微的表现，立足于"常无"，可看到道的微妙东西；立足于"常有"，可看到"道"的边际、形迹，也就是说，"道"不会让人感受不到它的存在。

---

① 徼：边际，界限。此句有两种断句，除了本书采取的断句之外，帛书、河上公、王弼等采用的是"常无欲""常有欲"的断句。

　　"同谓之玄，玄之又玄，众妙之门"，这几句话就有些不可思议了。无有之"妙"，有有之"徼"，何以都可以说是"玄"呢？[①] 因为两者都是"道"的表现，都不是一般物的表现，即便是可见的道的边际与形迹，既不是睁眼就看得见，也不是伸手就可以拿得到，也如同感觉得到的，未必看得见、摸得着，更不用说那个无有之妙了。"玄之又玄"，意味着"玄"虽然是"道"的表现，但依此来理解"道"就浅了，"玄"还只是"道"浮现出来的表现，"道"究竟有多深多远，没人知道，老子也只是说它深之又深，远之又远。虽然它如此深，那么远，世上种种神妙的变化，却都是从这个门出去的。从这个门往里面看，幽深玄远；从这门往外面看，大千世界，无际无边。这个"众妙之门"，表达的正是道的境域、境界，在这个境域、境界里面，道正在行造物之功。世界的丰富多样，世间的所有奇妙，都从这个不可思议之门出去。

　　老子又把这个"众妙之门"喻为"玄牝之门"：

　　　　谷神不死，是谓玄牝。玄牝之门，是谓天地根。绵绵若存，用之不勤。

老子的意思是，冲虚之谷的神是不死的，这就叫作玄牝。玄牝的门户，也就是天地的根本。它绵延续存，其作用永不穷竭。"谷神"，"谷"是冲虚之谷，也称山谷；"神"，有人理解

---

　　① 扬雄《太玄经玄摘》："玄者，幽摘万类而不见形者也。资陶虚无而生乎规，攟神明而定摹，通古今以开类，摛措阴阳而发气。"王弼《老子注》："玄者，冥也，默然无有也。"范应元《老子道德经古本集注》："玄者，深远而不可分别之义。"

为"神妙"[①]，有人理解为"至物"，即"道"[②]。把"谷神"解为"至道"，应该是符合老子的意思的。"玄牝"，本是母性生殖器，这里喻能生物的"道"。"玄牝之门"，也就是至道之门，也称"众妙之门"。[③]玄牝因为是天地万物发生的根源，所以是天地的根本。"绵绵若存，用之不勤"，指道的存在状态，似在，又似不在。似在，是说它无所不在；似不在，是说它不显明，好像不在那样。它断断续续，延绵不绝，它既是有，又是无。无论它显示为"有"，还是表现为"无"，它都是确实存在的，它在持续地产生万物，推动变化，所以说它是"用之不勤"。在这段话里面，老子把"道"比喻为"玄牝"，就是要明确"道"的属性是"她"，是母性，她以雌性而生产万物，又以柔性爱养万物。从生成到养成万物，都是一个自然有序而彼此和谐的状态，所以称为境界。

第四章"渊兮""湛兮"描写道的冲虚不盈、洞深而虚灵的状态；第十四章"其上不皦，其下不昧，绳绳兮不可名"，描写的是道光而不曜、深玄而不昏暗，以及它动行无穷极的状态；第二十一章的"恍惚""窈冥"，描写道的弥漫、无所不在的状态；第二十五章的"寂兮寥兮，独立不改，周行而

---

　　① 朱熹《朱子语类》："谷只是虚而能受，神谓无处不应。"（第一百二十五卷）严复《老子道德经评点》："以其虚，故曰'谷'；以其因应无穷，故称'神'；以其不屈愈出，故曰'不死'。"

　　② 王弼《老子注》："谷神，谷中央无者也，无形无影，无逆无违，处卑不动，守静不衰，物以之成，而不见其形。此至物也。"任继愈《老子新译》："'谷'，即山谷的谷，即空虚。谷神，也就是老子的'道'。"（上海古籍出版社1988年版，第72页。）

　　③ 朱熹《朱子语类》："'玄'，妙也；'牝'，是有所受而能生物者也。至妙之理，有生生之意焉。"任继愈《老子新译》："'玄牝'是象征着深远的、看不见的生产万物的生殖器官。老子把物质的不断变化这一作用当作万物发生的根源。"

不殆"，描写了在道的境域里它自身的规律运行；第四十二章的"万物负阴而抱阳，冲气以为和"，描写在道的境域里道使万物自身再创造以及阴阳两者的彼此对待、交感而又和睦的状态。道的存在状态，就是道的境域、境界。

二　天道与人道

老子所说的天道与人道不同于寻常人们的理解，他所说的天道是超越之道，他所说的人道是利往利来的世俗之道，故此，他将天道与人道对置起来。他说：

> 天之道，其犹张弓欤？高者抑之，下者举之；有余者损之，不足者补之。天之道，损有余而补不足。人之道则不然，损不足以奉有余。孰能有余以奉天下，唯有道者。是以圣人为而不恃，功成而不处，其不欲见贤。（七十七章）[1]

"天之道，其犹张弓欤"，这是把天道的作为比喻成一个张开的弓箭，弓箭张开是有目的的，即瞄准要射的对象，所谓"有的放矢"。弓箭既是以瞄准的对象为目的，那么弓箭的抬高与放低全然以对象的高低而决定，虽然似乎有一个弓箭手在操作它，但不是以弓箭手自己的好恶来决定的，而是一切以对象为目的，他没有自己的偏好与爱恶。"有余者损之，不足者补之"，这是天之道的"张弓"精神的人间化落实，天的精神必定会以自然力量或者人间力量的形式表现出来,通过自然平衡的作用,

---

[1]　这里采用王弼本。河上本写为"不足者益之"；傅奕本写为"孰能损有余而奉不足于天下者"；帛书本写为"是以圣人为而弗有，成功而弗居也，若此其不欲见贤也"。

使其呈现出均衡、平等，因为自然之道不能够使"有余者"永远有余，"不足者"永远不足，使"有余者"得到减损，使"不足者"得到补益，这正是天道公平的作用。

"天之道，损有余而补不足"，表示"天之道"与"人之道"的根本区别与相反。"天之道"既是以对象本身的需求为目的，那么，对象需要高就抬高，对象需要低则放低，一切以对象的需要而定，对象有余，就需适当地减损它；对象不足，则适当增补它。老子说过"天网恢恢，疏而不失"（七十三章），天道看起来宽大舒缓，却一切又都在它的笼络之下。天道一定要实现它的目的性，就像自然界的平衡一样，自然环境自身具有净化、调节和平衡能力，使不和谐、不均衡的自然重新回归于和谐与均衡。当自然或人的某些作为破坏了自然净化、调节和平衡能力的时候，那么天道将要强制地实现平衡，而那种情况将以巨大的自然与社会的牺牲为代价。

"人之道"相反，因为人以利益与"恶"为驱动，由此形成的社会也以利益为纽带，形成各种各样的社会关系，以及阶级、阶层与集团，在这些关系基础上建构的制度也都是以保护自身和同伙人的利益为目的。尽管人们都在为自身的利益竞争，但这样的竞争不会是公平的，有了钱的人更容易赚钱，有了地位的人更容易得到地位，使穷的人更穷，富的人更富，这便是老子所说的"损不足以奉有余"。"孰能有余以奉天下，唯有道者。"老子的语气，是对世俗社会的人表示失望的，人既然为追逐利益、名誉与地位而活着，那么便不会有满足之时，如此，有谁能拿出自己的"有余"而奉天下呢？说"有余"，是对于他自身的生活需要来说有余，什么时候才算是"有余"呢？这并没有确定的界限，而且每个人都有自己的界限，君主拥有天下也没有觉得"有余"，商人富可敌国也没觉得"有余"，但是，老子既说出"有余者"与"不足者"，那么一定是存在并且能找出这道界限的。根据只在人自身，在于人对于生活的要求高低，你觉得有余就是"有余者"，你觉得不足就是"不足者"，这就是我们生活中常看到的贫者有余、富者不足的情形，即贫穷的人可以拿出自己有限的财物帮助他人，而富者越有钱越吝啬。"唯有道者"，在一般意义上，应该理解为"得道者"。如果没有一种超越世俗的精神，便不可能有满足和有余的感觉，也就不会拿出多余的财物以奉献给天下。"奉天下"与"帮他人"是有分别的，所以，"奉天下"应当是得道之人。求道者既追求"天之道"，那么他们是可能产生自己有余的感觉的，他们可能会知足，既已感到有余、知足，当能做出损自己的有余而补他人不足的事情来，只是能否"奉天下"，即只讲求奉献天下人而不选择特定对象，不求感恩与回报，那就要看思想境界有多高了。①

在第四十六章，老子又说：

> 天下有道，却走马以粪。天下无道，戎马生于郊。罪莫大于可欲，祸莫大于不知足，咎莫大于欲得。故知足之足，常足矣。②

"天下有道，却走马似粪"，这里先是提出了一种理想类型"天下有道"，这种理想类型不是人之道，而是天之道，也就是自然之道。在自然之道流行天下的时候，马匹都退还到了田地

---

① 成玄英《老子注》："谁能有财德以施天下苍生乎？唯当怀道之人。独能济物，故下文云圣人不积而言奉者，示谦也。"

② 这里采用河上公本。王弼本少"罪莫大于可欲"句，傅奕本、帛书本皆有此句。"却走马以粪"，傅奕本写为"却走马以播"。"咎莫大于欲得"，傅奕本、帛书本皆写为"咎莫憯于欲得"。"常足矣"，帛书和竹简本皆写为"恒足矣"。

里。[1] 马是用来奔跑与作战的，当战场无所可用的时候，即便是本来用来作战的马，也只好退还田里做农活。所以，老子说了个"却"字，即退还的意思。[2]"天下无道，戎马生于郊。"这个"天下无道"，人们的解释不尽相同，有认为是君主无道，有的认为未必指天下无人间之道，只是无自然之道而已。因为这段话似乎是针对战争这种极端情形而言的，故而，论者也多从战争和国君方面做了理解，这么说也是不违老子之意的。但是，老子说"天下有道"或"天下无道"的时候，他所指向那些类型中，当然包含了有道之君和无道之君的，却不仅仅指他们，如有道之君不会发动战争，会主张和平，马儿都到田地去耕作了；而无道之君会发动战争，常年的战事使得马驹都出生在郊野了。但是，有道之君不一定会产生"却走马以粪"的结果，反之，无道之君也不一定会"戎马生于郊"。可以导致这两种结果的条件有很多，有道之君也可能因为某种原因发动连年的战争，无道之君也可能心里想却无力发动战争。也就是说，天下有道与天下无道，并不唯独体现在有道之君或无道之君上。

由于老子将天之道与人之道对置起来，天之道为理想类型，那么人之道就是利益世界，由利益驱动的世界，终将会陷入冲突不止，以致自相残害的境地。所以说，老子所说的天下

---

① 吴澄《道德真经注》："却，退也。"

② 《韩非子·喻老》："天下有道，无急患，则曰静。遽传不用，故曰却走马以粪。天下无道，攻击不休，相守数年不已，甲胄生虮虱，燕雀处帷幄，而兵不归，故曰戎马生于郊。"《老子河上公章句》认为：天下有道，"谓人主有道"；天下无道，"谓人主无道"。李荣、唐玄宗等也持相同看法。刘笑敢认为："战争是天下无道的结果。无道的道不必是儒家之道或道家之道，而是任何道德、道理、道义。任何正确的原则都无效了，解决问题就只有诉诸武力。战争的结果是人禽不安。"（《老子古今》上册，第468页）

有道或天下无道，都不是指是否具有人之道，而是指是否具有天之道，或者说是否具有自然之道。在这个方面，王弼的理解是颇得老子要领的："天下有道，知足知止，无求于外，各修其内而已，故却走马以治田粪也。"①依王弼的理解，老子说的这个"天下有道"，不是寻常意义上的道德境界与社会风尚，而是以天为则的自然境界与自然和谐。

"罪莫大于可欲，祸莫大于不知足，咎莫大于欲得"，这几句话都应当是针对"人之道"的种种情形。"可欲""不知足""欲得"，表明的是凡俗的欲望世界，即天下熙熙攘攘，皆为利来利往的世界。既然是一个利益世界，那么其欲望总会是无止境的。"天下有道"，则表现是"知足"，即生活必须得到满足的时候会知足。人何以会知足呢？这就要看行的是什么道，假如行的是人之道，就不可能知足；如果行的是天之道，就是可能的。因为天之道讲求一种自然精神，人以自然需求为目的，当自然需求得到满足时，其他的东西便是多余的，对待多余的就当止步、知足。既然有了这个态度，当然也就是"常足"了。常足就会欲心不生，清静自在。

老子把人道还原为其本色，即为了利益而生存，不惜损害别人的利益，尤其是减损"本来不足"的穷人而奉养本来"有余"的富人。"人之道"也会是贪图享乐，如同耳好声、目好色、口好味，但是，"五色令人目盲，五音令人耳聋，五味令人口爽，驰骋畋猎令人心发狂，难得之货令人行妨"（十二章）。这是人的本性。"众人熙熙，如享太牢，如春登台"，见到有利可图的事情，人们都会相互奔竞。人类奔竞利

----

① 王弼：《老子注》。

益和不断追逐的欲望，会损害甚至毁灭人类本身的生存环境，这其实是从古到今都能认知到的事实，于是有种种人类自我约束、节制的理性和自救的行动，但在老子看来，人类本身难以根本解决自己的问题。人性有缺陷，理性有限度，人类的不超越行为不可能实现一个超越的目的，超越的目的只能以超越的行为来实现。老子所说的"天之道"就是一个超越的存在，"天之道"的行为就是一个超越的行为。也就是说，老子认为，只有"天之道"落实到"人之道"的时候，才可以解决人自身的问题。天道与人道相遇了，人开始追求天道，而天道也确实可以接引人间社会。虽然天道超越，人道不超越，但是人确实是可以学天道的。老子说：

> 故从事于道者，同于道；德者，同于德；失者，同
> 于失。同于道者，道亦乐得之；同于德者，德亦乐得之；
> 同于失者，失亦乐得之。（二十三章）

这里说的不仅天道可学，而且天道也乐于被学，也就是说学天道，也就可以同化于天道，从而把天道在人间社会落实下来，人间行天之道，从而也就是老子所说的"天下有道"了。而"天下有道"，正是在一个世俗社会实现超世俗的理想境界。在一个世俗的社会里面，道的临在，可以使万事万物都得到道的荫庇和关照。如六十二章所说：

> 道者万物之奥。善人之宝，不善人之所保。……人之
> 不善，何弃之有？故立天子，置三公，虽有拱璧以先驷
> 马，不如坐进此道。古之所以贵此道者何？不曰求以得，
> 有罪以免邪？故为天下贵。

既然万事万物都可以得到道的荫庇，它就不仅是善良人的宝物，

也是不善良人的保护。① 世间最可宝贵的莫过于道了，这远非
天子、三公的荣华显贵能比的，老子没有说道可以使人富贵，
却说可以使人的罪过得以免除。何以如此呢？以道的观念，保
人富贵是一个过分而奢侈的想法，就如同"损不足以奉有余"，
道要实现的是公平正义，最先要做的是使人免罪，而且道没有
偏私，即便对待不善的人也是如此。所以，道是一个实在，又
是境域、境界，无所不包，无所不容。

　　道虽然"法自然"，以自然而然为究竟，知白守黑，处慈
守弱，但透过这些行为方式，道是有明确的价值的，有方向
的，有意志的，有其自身的目的性。这在《道德经》几乎每一
章节都表达出来了。而且，老子处处都在拿天道与人道作对
比。第五章：

　　　　天地不仁，以万物为刍狗；圣人不仁，以百姓为刍
　　狗。天地之间，其犹橐籥乎？虚而不屈，动而愈出。多
　　言数穷，不如守中。②

"仁"指仁慈，"天地不仁"，说的是天地不需要表现为仁慈。
依道家的观念，天地是公平无私的，如果表现为仁慈，其实就
有了偏爱，仁慈总是对于特定的对象的，如果对待所有人和事
都一视同仁，也就无所谓仁慈了。天地之所以不表现为仁慈，
就因为天地没有偏私、偏爱，也就没有厌恶与憎恨。③ "刍狗"

---

　　① "道者万物之奥"，"奥"，河上公解为"万物之藏"，王弼解为"庇荫"，意
思差不多，因为道无所不容，故而万物皆可借此深藏其中，得到保护。二十五章
所谓"道大"，三十四章所谓"大道泛兮，其可左右"，皆为此意。

　　② 河上公、王弼本同，从之。傅奕本写为："虚而不诎，动而愈出"。帛书本写
为："多闻数穷，不若守于中"。

　　③ 李荣《老子注》："有爱则有憎，天地无心，绝于憎爱，以无爱，故曰不仁。"

原本是祭祀用的草扎的狗，用完便弃之。[①] 天地把万物看作是刍狗，意味着天地平淡、公平地看待万物，不会因为亲疏、好恶而对一些事物好，对另外一些事物不够好，所以都当成刍狗一样，不会用完后再把它收藏起来。[②] 不会表现出所谓的"仁"，即不必刻意改变其自然性质，不必"有恩有为"。因为这种仁爱未能从亲尊关系中走出来，未能实现普遍的对偏爱偏私的超越。"圣人不仁，以百姓为刍狗"，"圣人"乃是道家的理想人格，不过，这个理想人格并不是"素王"，不是没有权力的人，而是拥有帝王的权柄，同时具有自然与公平的精神、超越的境界，所以他没有偏私偏爱，没有小集团利益，他对待任何人、任何事情都能自然地、公正地处理，像对待祭祀的刍狗一样。如此，天地与圣人，天道与人道，这之间是承袭的关系，在老子看来，最好的人道精神就是天道的精神，圣人之所以称为圣人，在于他因袭、承载、依循了天地自然精神。[③] "天地之间，其犹橐籥乎"，这是把天地作了比喻，像个大风箱，这风箱看起来空虚，但其妙用无穷无尽，它只要鼓动起来，万物就会生生不息，在这生息之间，就涵养着万物自得其所、自得其乐的合理性在其中了。是何种力量使得这橐籥鼓动起来呢？是自然之道。[④] 万物要生长，就是万种的力，而这些力却要依循自然合理性，彼此既相制约，又相均调，而道的作用就在其中了。不用多言，这正是一个道的精神在天地、社会中的落实，是一

---

① 朱谦之《老子校释》引高秀注："刍狗，束刍为狗，以谢过求福。"（第22页）

② 《老子河上公章句》："天施地化，不以仁恩，任自然也。"吴澄《道德真经注》："仁谓有心与爱之也。……天地无心于爱物而任其自生自成。"

③ 王弼《老子注》："圣人与天地合其德，以百姓比刍狗也。"《老子河上公章句》："圣人爱养万民，不以仁恩，法天地任自然。"

④ 王弼《老子注》："天地之中，荡然任自然，故不可得而穷，犹若橐籥也。"

个道的境界。

　　老子也提出了"爱养万物不为主"的思想。第三十四章说道：

> 　　大道氾兮，其可左右。万物恃之以生而不辞，功成而不名有。爱养万物而不为主，常无欲可名于小；万物归焉而不为主，可名为大。是以圣人终不为大，故能成其大。①

"大道氾兮，其可左右"，是说道广大无边，无所不在，无所不宜。"万物恃之以生而不辞"，是说道是万物产生的根源，道也不推辞自己的这个责任。这里既是表明对于道与万物的根源关系，但重心还是在道与现实事物的应对关系，即本质与现象之间的关系。②道是本质，物是现象，本质普现在任何现象中，换句话，道不只是一个古老的存在，也是一个现实的存在，它无所不在，无时不在，道对于万物的观照始终都是"在场的"，不会缺席。"万物恃之以生而不辞，功成而不名有"，是说道是万物产生的根据，故而万物要凭借它才得以生，而道也不推辞自己的这个责任，只是道使天下万物产生了，做成这件大功德的事情，

――――――――――

　　① 此章各写本都不尽相同，这里以河上本，兼取各本所长。"万物恃之以生而不辞"，河上本、王弼本皆写为"万物恃之而生而不辞"，傅奕本、强思齐《道德真经玄德纂疏》皆写如上，依傅奕、强思齐本。"爱养万物而不为主"，河上本、强思齐本皆写为如上，王弼本、傅奕本皆写为"衣养万物而不为主"，依河上、强思齐本。"是以圣人终不为大"，河上本、强思齐本皆写如上，王弼本写为"以其终不自为大"，傅奕本写为"以其终不自大"，依河上、强思齐本。帛书本与以上各本差异较大："道，氾呵其可左右也，成功遂事而弗名有也。万物归焉而弗为主，则恒无欲也，可名于小。万物归焉而弗为主，可名于大。是以圣人之能成大也，以其不为大也，故能成大。"

　　② 王弼《老子注》："言道氾滥无所不适，可左右上下周旋而用，则无所不至也。"《老子河上公章句》："言道氾氾，若浮若沉，若有若无，视之不见，说之难殊。"

却从不留名，万物甚至都不知道有一个道的存在，万物只知道自己产生。"爱养万物而不为主，常无欲可名于小；万物归焉而不为主，可名为大。"同样的道理，道不只是生成万物就置之不理了，而是爱护它们，给予充分的滋养，使其自然苗壮成长，给予它们以生命的轨迹，使它们依照自身的轨迹，自我完成，使它们成长发展符合它们自身的目的性。但是，道既不为它们的主人，也就不主宰它们，而是它们自己成为自己的主人。因为道从来没有要主宰万物的欲望，包括人在内的万物看不见道，也不知其名，在这个意义上，它是"小"，小得叫人看不见。但是，万物并不是没有规则与规律的，万物之间也不是杂乱无序的，而是彼此有序和谐。什么东西使然呢？那就是道的作用，所以说"万物归焉"，也就是归往、归总于道。可是，道还是不为其主，让万物自己成为自己的主人，在这个意义上，它是"大"。能为"小"，也能为"大"，这正是道的品格。①

"圣人"之可称为圣人，在于他能追随道，始终坚守"小"，始终不肯为"大"，不为百姓的主人，让百姓自己主宰自己，自己成就自己，所以圣人最终能够成就天下之大。从"爱养万物而不为主"的这个命题中，其实就已经透露了一个"天机"。道虽然是无处不在，无所不宜，老子说的"天网恢恢，疏而不失"，也是这个意思，但道还是要万物（包括人在内）自己完成自己。道只是要营造一个境域、境界，让万物自己彼此发生符合自身利益且也符合他人他物的利益的事情，彼此友善和谐。

---

① 王弼《老子注》："万物皆由道而生，既生而不知其所由。故天下常无欲之时，万物各得其所，若道无施于物，故名于小矣。万物皆归之以生，而力使不知其所由。此不为小，故复可名于大矣。"

在第三十五章，老子还说道：

> 执大象，天下往。往而不害，安平泰。乐与饵，过客止。道之出口，淡乎其无味，视之不足见，听之不足闻，用之不足既。

"大象"指的是道，如第二十一章所说的"道之为物，惟恍惟惚。惚兮恍兮，其中有象；恍兮惚兮，其中有物"。又如第四十一章所说的"大象无形，道隐无名"。在这里，老子的意思是说得了道，天下就会归往。百姓往行于天下而彼此不相伤害，天下极其太平。道不像任何音乐或美食那样，使过客停留下来，它无味、无见、无闻，但它对人类社会所起到的作用则是无穷无尽的。这种作用就是使天下和谐、和平，其所呈现的状态就是一个道在人间社会普遍临在的境界。

三　玄德

道德生活乃是境界的应有之义，有境界就有道德生活，无论是世俗的境界还是超越的境界。老子提出的是一个称为"玄德"的道德生活，却是一个从超越而来、落实在世俗的道德生活，这样的道德生活也就是一种道德境界。在第十章中，老子说：

> 载营魄抱一，能无离乎？专气致柔，能如婴儿乎？涤除玄览，能无疵乎？爱国治民，能无为乎？天门开阖，能为雌乎？明白四达，能无知乎？生之畜之，生而不有，为而不恃，长而不宰，是谓玄德。[①]

---

① 这里采用王弼的写本。河上公本前六句每句都少一个"乎"字。傅奕本写为："载营魄褱一"。帛书本写为："戴营魄抱一，能毋离乎？抟气致柔，能婴儿乎？涤除玄鉴，能毋有疵乎？爱民活国，能毋以知乎？天门启阖，能为雌乎？明白四达，能毋以知乎？生之畜之，生而弗有，长而弗宰也，是谓玄德。"

老子从身与形的修养，说到国家的治理。首先，魂魄相抱，要求精神与形体的合一，养自己的精气，达到像个婴儿那样柔和顺畅，以致鼻息口呼，皆能绵绵若存，悄无声息。这可以说是身体上的功夫。其次，"涤除玄览"是心上的功夫，要使自己的心灵明亮而无瑕疵，无尘染，方能不受遮蔽、公正无私地观览世上的事情。其三，把身心修养的功夫用到治国理政上，当以爱护臣民为出发点，采取自然无为的方略，不应当采取智谋的方法对待臣民；自己的德性修养可与日月齐辉，也决不表露出来，以致天下达于治，皆是臣民自己的所为，就是人民自己创造了历史。这里用了一个"玄"字，表示玄妙与隐而不显。第五十一章说了类似的话："生而不有，为而不恃，长而不宰，是谓玄德。""玄德"，既是超越的、玄妙的德性，又是隐而不显的德性。如果张扬自己的德性，居功自傲，就不是圣人之德了。第七十七章也说："是以圣人为而不恃，功成而不处，其不欲见贤。"也是说圣人不愿意显示自己的贤德与良能。为政之德本来是世间的，也是一个并不至上的、不够超越的德性，自古"功德"相连，建了功就意味着有了德，也都会昭告天下，为自己树碑立传，生怕人所不知，但老子提出的是至上的、超越的要求，即用超越的、出世间的德性作为为政之德。[①]

在第八章，老子提出了一个"水德"：

> 上善若水。水善利万物而不争，处众人之所恶，故几于道。居善地，心善渊，与善仁，言善信，正善治，

---

① 《庄子·天地》："同乃虚，虚乃大。合喙鸣，喙鸣合，与天地为合。其合缗缗，若愚若昏，是谓玄德，同乎大顺。"

事善能，动善时。夫唯不争，故无尤。^①

"上善若水"，所说的善良就是一种德性，最高的善良是像水一样的德性。德性本是涵养出来的，如果说人性本初有一种善良的话，依照孟子的观点，那也只是一种善端，人性的完善也要经过涵养操存的。老子在这里就提出了一个水德的要求，但是，德性既然是人的修养结果，水德何以成为一种德性，就是一个问题。其实，老子说的水德，指的是水的品性，并不是修养之德。借水的品性来喻人的品德，这是老子的用意。"水善利万物而不争，处众人之所恶，故几于道。"在万物当中，水总是容让他物，不与之争先后、论高低，却总能有利万物。通常说，水是生命之源，水是利他的，没有自身的利益。水总是选择处身于众人所厌恶的地方，这里运用的也是借喻的方式，以此来比喻人的高尚品格。什么是众人所厌恶的地方呢？比如处在少数人的位置，处在卑下、柔弱、委屈的位置，而不是高贵、刚强与光鲜的位置。正是由于如此，水的品性最接近于道。^②这么说，道的要求也就是如此的了。《庄子·大宗师》中有一段描写"真人"的文字，其中说道：古代的真人，不违逆自己所处的少数人的位置，不以自己的成功而逞强，不用心谋事情。如此，事情有了过错不会反悔，事情做得当了也不会得意。如此，登上高处不会感到战栗，进入水里不会打湿衣服，跳进火

---

① 河上本与王弼本同。傅奕本写为："故几于道矣""政善治""夫惟不争，故无尤矣"。帛书本写为："上善如水""水善利万物而有（争）""予善天，言善信，政善治"。

② 王弼《老子注》："言水皆应于此道也。"

里也不会灼伤。像这样的人，我们知道他能够达到道的境界。[①]

"居善地，心善渊，与善仁，言善信，正善治，事善能，动善时"，这是对上述水德善利万物而不争的详述。几个"善"字的运用，表明水的品格的一贯、通透与活脱。居处善于选择卑下之地，不愿意与他物争高；心地善于选择沉静敛藏，不至于恍惚波荡；与他物相交善以仁慈相待，而没有利益算计；言论善于流露出诚信道义，而不虚骄造作；为政善于治理国家，而不是为了耍弄威权[②]；做事情则是机敏能干，而不拖沓懈怠；行动善于选择时机，而不轻举妄动。

上述的种种品相结合起来说，就两个字："不争"，所谓"夫唯不争，故无尤"。何以不争而没有过咎呢？水由于没有自己的利益，所以，它总是给别人带来利益，它自己不争先、不争高、不争荣耀。依照老子的理念，得到了某些东西，同时也就意味着会失去某些东西，如得到了权势，失去了亲情；得到了地位，失去了平凡；得到了金钱，失去了朋友；得到了显赫，失去了隐私，凡此等等。再说，得到了某些东西，反而容易走向相反，就像祸福相依的道理一样。而水德从不得到什么，它也就不会有过咎了。

在第七十八章，老子又说道：

> 天下莫柔弱于水，而攻坚强者莫之能胜，其无以易之。弱之胜强，柔之胜刚，天下莫不知，莫能行。是以圣人云：受国之垢，是谓社稷主；受国不祥，是为天下

---

① 《庄子·大宗师》："何谓真人？古之真人，不逆寡，不雄成，不谟士。若然者，过而弗悔，当而不自得也。若然者，登高不栗，入水不濡，入火不热，是知之能登假于道者也若此。"

② "正""政"通用，朱谦之《老子校释》："作'政'是也。"（第32页）

王。正言若反。^①

水看起来柔弱无比，却能无坚不摧，老子说它"其无以易之"，就是想表明它是唯一的，没有什么东西可以与水相比。如此，就像是一种德性。在老子看来，德性其实就是事物的品性，在人就成为德性。柔弱，有谦逊、容让、卑下、处后不争等品性。"弱之胜强，柔之胜刚，天下莫不知，莫能行"，柔弱胜刚强，这个道理天下人皆知，问题是谁也不愿意像水那样，因为人多是利己主义的，人总是着眼于眼前的利益，而不会从长远看问题，人不会为了长远的利益牺牲眼前的利益，这是人之常情。"天下莫不知，莫能行"，正是从人之常情来论述这个问题的。另外，社会也总是从当下的势力大小、富贵与贫贱、名誉的高低来评价人的，这也助推了这种"常情"。不计眼下利益，登高望远，从民众的根本利益着眼，只是少数人才能做得到的。

"是以圣人云：受国之垢，是谓社稷主；受国不祥，是谓天下王。"所谓"圣人云"，不必是确定的某人历史人物，只是老子所设定的理想的圣王，即现实中不曾有过的。老子说到这里的时候，其论题突然转入政治哲学，个人德性的修养直接决定了可否做国君与天下王，老子并没有表明他的政治哲学是德性政治，但毫无疑问，德性是为"社稷主""天下王"必备的条件。而且，这个德性也不是老子时代的周人的仁义德性，而是像水一样的天德，能够像水一样的谦柔、容让、卑下，能够承受得了国人的所有批评与指责，能够担当得起国人的所有

---

① 河上本与王弼本基本同，这里采取王弼本。河上本写为："天下柔弱，莫过于水""故圣人云""受国之不祥"。傅奕本写为："而攻坚强者莫之能先""以其无以易之也""天下莫不知，而莫之能行""故圣人之言云""正言若反也"。帛书本写为："以其无以易之也""水之胜刚也，弱之胜强也""天下莫弗知也，而□□□行也""是以圣人之言云，曰"。

灾祸，这才配称君主，才能做天下之王。[①]中国历史上，许多明君能够下"罪己诏"，公开检讨自己执政的过失；有的君主对自己的执政过失公开处罚，如三月不茹荤，睡草席等。"正言若反"，这是从事物发展的规律性看待世间的道理，正面的话如同反面的。[②]"弱之胜强，柔之胜刚"，"受国之垢，是谓社稷主；受国不祥，是谓天下王"，这在老子来说都是正面的话，却又似乎是反面的、负面的话。然而看似反面的话，恰恰表达了真实与终极的道理。宽容、谦逊、处下的人，才能胜人；承受得了批评、屈辱，担得起他人的灾祸与不幸，才能成为万众之首长。这就是承受与担当的一致性。

处雌守弱，像水一样不与物争，这是善意和德性，对待他人或他物的普遍的善意。水无处不在，水德也无处不在，无论是在具体的事物当中，还是在国家政治生活中，构成了一种调和万物的境界。这种善意作为德性，也体现在社会关系中，如公平、正义、宽容等。在第十六章中，老子说道：

> 知常容，容乃公，公乃王，王乃天，天乃道，道乃久，没身不殆。

"知常容"，意谓能够知道恒常之道，就能够无所不包容。[③]

---

① 《老子河上公章句》："人君能受国之垢浊者，若江海不逆小流，则能长保其社稷，为一国之君主也。""人君能引过自与，代民受不祥之殃，则可以王有天下。"陈鼓应《老子注译及评介》引蒋锡昌语："凡《老子》书中所言：'曲''枉''洼''敝''少''雌''柔''弱''贱''损''啬''慈''俭''后''下''孤''寡''不穀'之类，皆此所谓'垢'与'不祥'也。"（第337页）

② 《老子河上公章句》："此乃正直之言，世人不知，以为反言。"李道纯《道德会元》："与物相反。"

③ 《老子河上公章句》："能知道之所常行，则能去情忘欲，无所不包容也。"王弼《老子注》："无所不包通也。"林希逸《道德真经口义》："知常则其心与天地同大，何物不容？"

这里的"容"，就是包容、宽容的意思。既包括容纳不同的东西、不同的人和阶层、不同的意见，也包括宽谅、宽容别人的过失、冒犯与批评。通常意义上，我们说某人懂道理，就意味着称赞这人比较能够宽谅别人，如是，懂道理是宽谅的前提。而要作为一种德性修养，一种人生态度，要做到彻底、通透的包容与宽容，就需要懂得恒常的道理，也就是根本的道理。懂得多少，心胸就有多大，当心胸如天地时，还有什么东西容纳不下的呢！

"容乃公"，宽容才会做到公平，这个"公"字，或解为公平，或解为公正、公道，两者意思相近，细分起来略有异趣，公平更多指向人与人之间的平等，公正更多指向作为道理上的没有私心的正义。[①] 为何公平需要宽容呢？无论是公平，还是公正、公道，都是"公"字在先，也就是与"私"相对应的共同的、公共的、公认的。一个欲念私心重的人，一个只讲自己的道理、不讲公众道理的人，一个怀揣着个人或集团利益算盘的人，一个心胸褊狭的人，难以想象他能做出公平与公正的事情来，所以，公平、公正是以宽容、包容作为前提的。公平、公正还包括做正确的判断、做正确的事情，同样地，也是要以宽容、包容为前提。私心私欲遮蔽了人的智慧，偏执褊狭阻碍了对事情的全面了解，集团利益则会令人缺乏公正判断，这些却都与人的容量、见识相关。庄子有一句话说得贴切："其嗜欲深者，其天机浅。"

---

① 王弼《老子注》："无所不包通，则乃至于荡然公平也。"《老子河上公章句》："无所不容，则公正无私，众邪莫当。"成玄英《老子疏》："公平也。既能包容庶物，所以公正无私。"唐玄宗《御注道德经》："含容应物，应物无心，既无私邪，故为公正也。"林希逸《道德真经口义》："知常则其心与天地同大，何物不容？既能容矣，何事不公？"

"公乃王，王乃天，天乃道，道乃久，没身不殆"，意思是有了公平，才可以做王；有资格做得了王，才可以称为如天如地；如天如地，才可以得道；得了道，才可长久；慎终如始地守持住道，就可以终身没有危殆了。这里说的有了公平，是说社会实现了公平；而实现了社会公平的领导人才是令人膺服的，所以称为"王"；①这里所说的"天"，指像天地一样，就是与天地同德，也就是像天地那样普遍。②"知常容，容乃公"，说的是个人修养及其德性问题；从"公乃王"到"天乃道"，说的是国家与天下大治的问题；但"道乃久，没身不殆"，则又说到人自身修养问题。这个回合论述表明，治身与治国的一致性，修得了身，才能治得了国，治得了国，还是要回复到生命本身的存在意义上去。③

老子既然把天道与人道分别看待了，那么对于人间的德性也就是与此一致的。人由于不能超越自身的利益关系，人总是有缺陷的。老子其实是不相信人自身是可以完善的，所以作为普遍的德性，在人的德性应当根源于在天的德性，或者说人的德性是第二性的德性，第一性的德性应该而且只能是天的德性，这就是老子所说的"上德"与"下德"。第三十八章说道：

上德不德，是以有德；下德不失德，是以无德。上德无为而无以为；下德为之而有以为。上仁为之而无以

①　《老子河上公章句》："公正无私，则可以为天下王。"王弼《老子注》："荡然公平，则乃至于无所不周普也。"

②　王弼《老子注》："无所不周普，则乃至于同乎天也。"《老子河上公章句》："能王，德合神明，乃与天通。德与天通，则与道合同也。"与王弼略异，河上公认为"王乃天"主要是讲与天相同。

③　《老子河上公章句》："能公、能王、通天、合道，四者纯备，道德弘远，无殃无咎，乃与天地俱没，终不危殆也。"

为；上义为之而有以为。上礼为之而莫之应，则攘臂而
扔之。故失道而后德，失德而后仁，失仁而后义，失义
而后礼。夫礼者，忠信之薄，而乱之首。前识者，道之
华，而愚之始。是以大丈夫处其厚，不居其薄；处其实，
不居其华。故去彼取此。①

"上德不德，是以有德；下德不失德，是以无德"，老子于此
提出了一个"上德"与"下德"的区别。不称为德的才是"上德"，
是真正的德；称为德的是"下德"，其实是无德。既然"下德"
是无德，而"上德"又是不能说出来的，说出来的就不算是德，
但是，不能说出来的也不能都叫作"德"。那么"德"是什么？
王弼在注释这段话的时候，给出了一个界定："德者，得也。
常得而无丧，利而无害，故以德为名焉。何以得德，由乎道也。"②
意思是，德就是得到了某种东西，得到什么东西才算是"德"
呢？得到了"道"，变成了自己的品性就是"德"了。在把得
到的"道"变成自己的东西的过程中，需要自始至终地"常得
而无丧，利而不害"，即从点滴开始，日积月累，修道证得，
培植它而不有害于它，最终才能形成自己的德。王弼的理解一
是表明了"德"的来源，二是表明了"德"是涵养出来的，这
个理解是很合乎老子的思想逻辑的。《韩非子·解老》也提出
了"上德"是"神不淫于外"，是涵养充足的"盛德"，意谓

---

① 河上本与王弼本基本同，这里采取王弼本。河上公本写为："则攘臂而仍
之""不处其薄""不处其华"。傅奕本写为："上德无为而无不为，下德为之而无
以为""则攘臂而仍之""而乱之首也""而愚之始也""不处其薄""不处其华"。
帛书本写少"下德为之而有以为"一句。此外，其他文字与王弼本基本同，只在
"上德无为而无以为"至"上礼为之而莫之应"，句末少语气词"也"字。
② 王弼：《老子注》。

表现于外的"德"就不是"上德"了。①

"上德无为而无以为；下德为之而有以为"，"上德"无为，其实是无不为，但它不表现出所为，故此，看起来是"无以为"——不作为；"下德"有作为，也表现出有所为了，但因为有所求、有所为，但这样的"为"拥有"德"的名声，不免于过失、偏狭，所以为"下德"。这也就是王弼所说的："凡不能无为而为之者，皆下德也，仁义礼节是也。"②即无为而为之者为"上德"，有为而为之者皆为"下德"，故而，仁义礼节皆属"下德"。

"上仁为之而无以为"，"仁"，韩非子认为："仁者，德之光也。"③意谓仁乃是内修之德所发散出的光芒，即有了德，就会有仁。"上仁"与"上德"的做法有区别，"上仁为之"，即"上仁"不能像"上德"那样"无为而成，不兴而治"，还是有所作为了，只是它的结果如同"上德"一样是"无以为"，即看不出作为，这种情形应该且只能理解为"上仁"无私心私

---

① 《韩非子·解老》："德者内也。得者外也。上德不德，言其神不淫于外也，神不淫于外则身全，身全之谓得，得者得身也。凡德者，以无为集，以无欲成，以不思安，以不用固。为之欲之，则德无舍；德无舍则不全，用之思之则不固，不固则无功，无功则生有德，不德则有德，故曰：'上德不德，是以有德。'……德盛之谓上德，故曰'上德无为而无不为也'。"

② 王弼《老子注》："是以上德之人，唯道是用，不德其德，无执无用，故能有德而无不为。不求而得，不为而成，故虽有德而无德名也。下德求而得之，为而成之，则立善以治物，故德名有焉。求而得之，必有失焉；为而成之，必有败焉。善名生，则有不善应焉。故下德为之而有以为也。无以为者，无所偏为也。凡不能无为而为之者，皆下德也，仁义礼节是也。"

③ 《韩非子·解老》。

欲，无亲疏远近，实现普遍广大的仁慈与博爱。① "上义为之而有以为"，"义"字作为德性，在层级上低于"仁"，它的基本意思应当指君臣、父子、夫妇、亲戚、朋友关系之"宜"。韩非子说："义者仁之事也。""义者谓其宜也。"② 也就是适宜、恰当之义。儒家在解释"义"的时候，也是如此理解的。但王弼把"义"解释为一种含有正义内涵的"义理"，所谓"则有抑抗正直而义理之者"③，则是一种创造性的概念转换，其义近乎现代意义上的道义或正义。无论是作为"宜"，还是作为道义、正义，都是无法敛藏的行为，都要表现出来的担当，所以说"上义为之而有以为"。什么是"上义"？也应当与"上仁"一样，是排除了私心私利、亲疏远近的"义"，因为"义"的行为可以是为了公益，也可以是出于保护自身与自家的利益而为之。"上礼为之而莫之应，则攘臂而扔之"，"礼"本是礼则、礼仪，是一种外在的行为规范，但其中包含着长幼、尊卑、贵贱等价值观念，相对于仁、义来说，它属于外层的修饰。韩非子认为："礼者，义之文也。"礼只是"情貌者也"，为质所饰的文采而已。"上礼"，或许指礼法制度，不同于具体的礼

---

①《韩非子·解老》："仁者谓其中心欣然爱人也，其喜人之有福，而恶人之有祸。生心之所不能已也，非求其报。故曰'上仁为之而无以为也'。"韩注没有强调"仁"的私人性质，有博爱之意味。王弼《老子注》："不能无为而成，不兴而治，则乃为之，故有宏普博施仁爱之者。而爱之无所偏私，故上仁为之而无以为也。"王注甚当。

②《韩非子·解老》："义者，君臣上下之事，父子贵贱之差也，知交朋友之接也，亲疏内外之分也。臣事君宜，下怀上宜，子事父宜，贱敬贵宜，知交朋友之相助也宜，亲者内而疏者外宜。义者谓其宜也，宜而为之，故曰'上义为之而有以为也'。"

③ 王弼《老子注》："爱不能兼，则有抑抗正直而义理之者。忿枉祐直，助彼攻此，物事而有以心为矣。故上义为之而有以为也。"

则。①而至美的质料无须文饰也依然是美，只有不好的质料才需要文饰。②既然礼只是外在东西，不足以感人，那么礼的实行未免强人所难，所以老子说"上礼为之而莫之应"，即人们对此未必反应积极，推行者就会"攘臂而扔之"。"攘臂"，即撸起袖子，伸出手臂。《庄子·人间世》："上征武士，则支离攘臂于其间。""扔"，河上公本写作"仍"，这里指的是强加拽牵，意思为勉强实行。③

"上德""下德""上仁""上义"和"上礼"，因为表达的是人的行为，故此，又都可以解为上德、下德、上仁、上义、上礼之人，像《老子河上公章句》所理解的那样。④在王弼看来，尽管仁、义、礼有上下之分，作为一种德性，却都属于"下德"。在上德与仁、义、礼等下德之间，上德属于本，下德属于末，所谓"本在无为，母在无名。弃本舍母，而适其子，功虽大焉，必有不济；名虽美焉，伪亦必生"⑤。

"故失道而后德，失德而后仁，失仁而后义，失义而后礼"，这里既叙述了一个道、德、仁、义、礼的先后序次，也

---

① 吴澄《道德真经注》："上礼者，在礼之上义也。"

② 《韩非子·解老》："礼为情貌者也，文为质饰者也。夫君子取情而去貌，好质而恶饰。夫恃貌而论情者，其情恶也，须饰而论质者，其质衰也。何以论之，不饰以五采；隋侯之珠，不饰以银黄。其质至美，物不足以饰之。夫物之待饰而后行者，其质不美也。是以父子之间，其礼朴而不明，故曰：礼薄也。"

③ 《老子河上公章句》："言礼烦多不可应，上下忿争，故攘臂相仍引。"王弼《老子注》："直不能笃，则有游饰修文礼敬之者。尚好修敬，校责往来，则不对之间愤怒生焉。故上礼为之而莫之应，则攘臂而扔之。"林希逸《道德真经口义》："'扔'，引也。民不从强以手引之，强挈拽之也。只是形容强民之意，故曰'攘臂而扔之'。"吴澄《道德真经注》："义不足以感人，故为之而莫之应，人不来就我，则我将往就人矣。故揔邻其袂于臂，以行而就之也，甚言其劳拙之状。"

④ 《老子河上公章句》："上德谓太古无名号之君""下德谓号谥之君""上仁谓行仁之君"。

⑤ 王弼：《老子注》。

表明了一个价值关系。道是本原、本体，它是普遍的、流行的宇宙精神；德是得到了道，经历涵养，化为自己的品性，当道落实为德的时候，虽然德是落实的、具体的，但以丧失普遍性为代价；仁是德性的一种，它是内在的、慈爱的，但它无法排除私人性，可能丢失了德当中的质朴、公平等品性；义既然旨在处理君臣、父子、长幼、亲戚、朋友、贵贱、上下之间的关系与事，与仁相比，它属于辅助性质；至于礼，它只是维持上述关系的形式，更外在一些了。故此，由道至于礼，逐步地降落，逐步的落实，也逐步地外在化。^① 在道、德、仁、义、礼的道德序次中，礼是最外在的要求，尽管有一种说法，认为礼是通达人心的东西，但礼则的要求本来只是道、德、仁、义不足的时候，才强行对人提出了守礼的要求。依照王弼的观点，既然发于内心的仁、义都还有可能虚伪不实，又何况于依靠外饰之礼而能持久呢！^② 所以，礼是忠信的衰薄，而大乱之首。

在第五十一章里，老子还说道：

> 道生之，德畜之，物形之，势成之。是以万物莫不尊道而贵德。道之尊，德之贵，夫莫之命而常自然。

在这段话里，老子明确地表明了德的来源，道生万物，道是宇

---

① 王弼《老子注》："夫大之极也，其唯道乎！自此以往，岂足尊哉！故虽德盛业大，富有万物，犹各得其德，而未能自周也。故天不能为载，地不能为覆，人不能为赡。万物虽贵，以无为用，不能舍无以为体也。舍无以为体，则失其为大矣。所谓失道而后德也。以无为用，则得其母，故能己不劳焉而物无不理。下此以往，则失用之母。不能无为，而贵博施；不能博施，而贵正直；不能正直，而贵饰敬。所谓失德而后仁，失仁而后义，失义而后礼也。"

② 《韩非子·解老》："礼繁者实心衰也。然则为礼者，事通人之朴心者也。众人之为礼也，人应则轻欢，不应则责怨。今为礼者事通人之朴心，而资之以相责之分，能毋争乎？有争则乱，故曰：'夫礼者忠信之薄，而乱之首也。'"王弼《老子注》："夫礼也，所始首于忠信不笃，通简不阳，责备于表，机微争制。夫仁义发于内，为之犹伪，况务外饰而可久乎！故夫礼者，忠信之薄而乱之首也。"

宙的总根源；德是作为宇宙精神的道的具体与落实，得了道，养成自己的品性就是德。万物各有自己的品性，万物各有自己的德，所谓"德畜之"，是说德使得万物成为自己本身，没有德就没有万物各自的规定性。"物形之"，物之成为物，皆有其形状，正是物的形状赋予万物的外表。"势成之"①，万物皆在生长发育、发展，从而都有自己的变化、发展的倾向和态势，从而有轨迹可追求其过去，也可依据其倾向预知其未来，正由于此，万物才得以完成。②

万物当中道与德最尊贵，故言："是以万物莫不尊道而贵德。道之尊，德之贵，夫莫之命而常自然。"这是一个价值判断。道、德何以是最尊贵？因为天下万物皆是道所产生，皆是德所蓄养，没有道就没有天下万物，没有德就没有万物的规定性，道是天下万物的根源、宗本，德是天下万物的本质、本性。王弼说："道者，物之所由也；德者，物之所得也。由之乃得，故不得不尊；失之则害，故不得不贵也。"③所以说道、德是"莫之命而常自然"，在于道、德在天地万物中的尊贵地位是自然而然地形成的，并非人为地强加上去的，或者说不是依靠权势才确立其地位，道、德的尊贵，如同百川归海、万物归宗一样。所谓"常自然"，意谓这是一个恒常的自然而然的过程，并不会因什么时间、空间的变换而改变。道与德具有同一性，但是同质相因的两个概念，道德合为一个概念，当从《庄子》书开始。所谓："余愧乎道德，是以上不敢为仁义

---

① 帛书本写作"器成之"，但王本、河上公本、傅奕本皆写为"势成之"。
② 王弼《老子注》："凡物之所以生，功之所以成，皆有所由。有所由焉，则莫不由乎道也。故推而极之，亦至道也。随其所因，故各有称焉。"
③ 王弼：《老子注》。

之操，而下不敢为淫僻之行也。"[1]"道德不废，安取仁义！性情不离，安用礼乐！五色不乱，孰为文采！五声不乱，孰应六律！"[2]

这里所说的"德"皆为上德，即来源于道第一德性，人间的德性皆为下德，属于第二德性。修下德而通上德，修上德而通道。道是普遍的、流行的，德是具体的、落实的。道与德的上通而下达，由此构成一个人间社会的道德境界。

---

① 《庄子·骈拇》。
② 《庄子·马蹄》。

第九章　庄子的境界论

与老子一样，庄子也是主张在道体实在论的基础上建构境界论。只不过，老子更为关心现世中的自在、和谐与合目的性，在尘世中建立起道的境界；庄子则更看着个人的解脱、自在与自由，主张在超越中追求通透、彻底的道的境界。

一　道之域

如果说道家最讲求宇宙本体论的话，那么这种宇宙本体论其实是从两个方面展开的，其一是宇宙论的，其二是本体论的。宇宙论推溯一切事物的源头，追究根源，而且主张最初的源头和根源是某种实在；本体论则讲究本质与现象，所有的现象背后存在一个共同的本质。道家实际上尊崇的是在宇宙根源的基础上追求现象背后的本质，相信那作为万物根源的东西，也就是所有现象背后的本质。相对来说，老子哲学更偏向于宇宙论，庄子哲学更偏向本体论，也就是都认为道是一个实在，从这个实在分离出无限多样的现象。

在《大宗师》里，庄子描绘了"道"的存在：

夫道有情有信，无为无形；可传而不可受，可得而不可见；自本自根，未有天地，自古以固存；神鬼神帝，

> 生天生地；在太极之先而不为高，在六极之下而不为深，
> 先天地生而不为久，长于上古而不为老。

这个表述与《道德经》第二十一章所说的类似，"窈兮冥兮，其中有精，其精甚真，其中有信"。也是说道是一个真实的实在，但它超越时空，也就是时空不能规范、定义它的存在。这里庄子提出了一个"自本自根"的观念，就是说它自己就是自己的宗本，自己就是自己的根源。"神鬼神帝，生天生地"，则是从"生"的根源性上讲的，意谓天地都是道"生"的结果。[①]"本"与"根"在这里虽然分开来说，但意思差不多，本也就是根。方家大都以为这个本根就是根源义。[②] 在《知北游》里面，更是本、根合用：

> 物已死生方圆，莫知其根也，扁然而万物自古以固存。……惛然若亡而存，油然不形而神，万物畜而不知，此之谓本根，可以观于天矣。

这是《庄子》书中唯一的一次本根作为复合词使用，而其意思也不出根源之义。[③]

　　在《应帝王》中，庄子借用隐喻方式表达了对浑沌的理解：

> 南海之帝为儵，北海之帝为忽，中央之帝为浑沌。儵与忽时相与遇于浑沌之地，浑沌待之甚善。儵与忽谋报浑沌之德，曰："人皆有七窍以视听食息，此独无有，

---

①　章太炎认为"神"也是"生"的意思。他说："神与生同义。《说文》，神，天神，引出万物者也。"（《庄子解故》，浙江图书馆校刊。）

②　成玄英《庄子疏》："虚通至道，无始无终。从本以来，未有天地，五气未兆，大道存焉。"（郭庆藩《庄子集释》，中华书局2004年版，第247页）方以智《药地炮庄》："神鬼神帝，生天生地之根因耶！"王夫之《庄子解》："自为本根，无有更为其根者。"（《庄子解》，中华书局2009年版，第137页）

③　参见李大华：《自然与自由：庄子哲学研究》，商务印书馆2020年版，第105页。

尝试凿之。”日凿一窍，七日而浑沌死。

浑沌首先是一个未分的物。[1]庄子以南海、北海、中央三帝为喻，虽则只是象征意义，但它们都被赋予了实体与实在之义，只是一种人格化的实体与实在而已。这也是庄子特有的表现手法，在《庄子》书里，许多的动物、植物，乃至风、云、影子都被赋予人格，使之富有情性，这种随意与夸张当中其实隐藏了严肃的哲学含义。这未分的物，没有食听视息的感官，也无智识明觉的分辨，这是就他本身的情形而言；但他待人待物厚道笃诚，他接洽万物而不计其功，这是就他的德而言。庄子从南海、北海二帝对浑沌的感念态度中折射出其普济万类的大恩德，然而如此的大恩德，他却没有常人所拥有的东西，这不合情理，似乎也不公平。于是，南海、北海二帝试图依照人的形状给他凿出七窍，没想到的是，当七窍凿完时，浑沌却死了。从浑沌之象看上去，他（它）乃是没有窍穴的浑厚之物，庄子欲以表示他（它）的无分别、无界定。这与《齐物论》里说的话相类似：

> 夫道未始有封，言未始有常，为是而有其畛也。请言其畛：有左有右，有伦有义，有分有辩，有竞有争，此之谓八德。

“封”，郭象、成玄英理解为“封域”，也即界限；而把“畛”理解为“分域”“界畛”，如成玄英所说：“道无所不在，所在皆无，荡然无际，有何封域也。”[2]又如郭象所说：“道无封，故万物得恣其分域。”[3]这是从道之大来说的。然而，仅从道之大来理解是不够准确的。从庄子所表述的过程来说，是从无封

---

① 《经典释文》引崔撰注云：“浑沌，无孔窍也。”
② 成玄英：《庄子疏》，引自郭庆藩《庄子集释》，中华书局1961年版，第83页。
③ 郭象：《庄子注》，引自郭庆藩《庄子集释》，中华书局1961年版，第84页。

域、无界畔说到有封域、有界畔的，从无分别说到有分别的，所以，不仅道大，道也是无分别的。"封"不仅向外无外，向内也是无内的，它是一个整体无差别的物。所有的差别都是从这无差别的物中生出来的。浑沌无食听视息的象征意义也在于此。《老子》说："有物混成，先天地生，寂兮寥兮，独立而不改，周行而不殆，吾不知其名，字之曰道，强为之名，曰大。""混"与"浑"同。"混成"是就其原始状态而言的，也就是无分别、无界际，混成也可说为浑沌。

这个浑沌也被称为"造物者"：

> 彼方且与造物者为人，而游乎天地之一气。（《大宗师》）

> 予方将与造物者为人，厌则又乘夫莽眇之鸟，以出六极之外，而游无何有之乡，以处圹埌之野。（《应帝王》）

> 上与造物者游，而下与外死生无终始者为友。（《天下》）

"造物者"即是所有物的创造者，是一个实在，也就是人们所欲追求的道。因为它使物成为物，庄子又称其为"物物者"：

> 有先天地生者物邪？物物者非物。物出不得先物也，犹其有物也。犹其有物也，无已！（《知北游》）①

庄子先是确定"物物者"的存在先于物，是一个确实的存在，但它不是物，如果是物，那么它就类同于物了，而物不能在先于物之前存在。在这个意义上，使物成为物的一定是不同于物的东西，所以称它为"无"。这个"无"不是空无，只是相对于具体的物而言。在《庄子》书里，道——物物者，从来就不

---

① 宣颖曰："'物物者非物'，道也。"见王叔岷：《庄子校诠》下册，中华书局2007年版，第844页。

是一个被动的存在者，而是一个主动的存在者。如《齐物论》所说："道行之而成，物谓之而然"；又如《天地》所说："行于万物者道也"。"物物者"的表达本身就是一个为行动所表征的存在者，也就是说，它并不是因为它的存在而有它自身，而是因为它使物成为物的行动而有它自身。

在分析了作为宇宙论的道的存在之后，我们再来分析庄子作为本体论的道。在上述中可见，庄子所说的"本"，多指根本、根源的意思，不过，在一些别的场合，庄子在使用"本"的概念时则有了差异。

刖者之屦，无为爱之。皆无其本矣。（《德充符》）

夫王德之人，素逝而耻通于事，立之本原而知通于神，故其德广。……而终身道人也，终身谀人也，合譬饰辞聚众也，是终始本末不相坐。（《天地》）

本在于上，末在于下；要在于主，详在于臣。……极物之真，能守其本。（《天道》）

谓盈虚衰杀，彼为盈虚非盈虚，彼为衰杀非衰杀，彼为本末非本末，彼为积散非积散也。（《知北游》）

大乱之本，必生于尧、舜之间，其末存乎千世之后。（《庚桑楚》）

吾观之本，其往无穷；吾求之末，其来无止。（《则阳》）

是为蓍艾，年先矣，而无经纬本末以期年耆者，是非先也。（《寓言》）

配神明，醇天地，育万物，和天下，泽及百姓，明于本数，系于末度，六通四辟，小大精粗，其运无乎不在。……以本为精，以物为粗……其于本也，弘大而辟，

深闳而肆；其于宗也，可谓稠适而上遂矣。虽然，其应
于化而解于物也，其理不竭，其来不蜕，芒乎昧乎，未
之尽者。(《天下》)

《德充符》所说的"本"，不是在根源之义上使用的，而是在
体用语境下的本，也就是质体、实体的意思。《天地》所说的
"本"，也是指"体"，有本体的意思。①《天道》《知北游》《庚
桑楚》《则阳》《寓言》《天下》各篇皆用"本末"。"本""末"
二字，原本指树木的根基与末梢。这就是说，本末原本不是哲
学问题，是具体之物的本根与末梢之间的关系，然而，当这个
意思引申之后，便具有了哲学意义。当它们意指原因与结果的
时候，就是哲学问题（像《庚桑楚》那样），当它们意指本原
与现象的时候（像《天地》那样），就是哲学的本体论问题。
后来的中国哲人把本末更直接理解为本体与功能，像王弼那样，
以无为本，以有为末，主张崇本而息末。我们看到，"本"有
用作表示根源的时候，也有用在表示实体与作用的时候，当前
者引申到具象义的时候，它表达的是本根，是宇宙论；后者引
申到抽象义的时候，无论它是体用语境下的体（本），还是本
末意境下的本，它是本体，是本体论的。②

———

①　"体用"作为一对哲学范畴，应该是魏晋以后的事情。王弼《老子注》："本
其所由，与极同体，故谓之天地之根也。"（六章）又说："虽贵以无为用，不能舍
无以为体也。"（三十八章）然而，其根源在于老子和庄子，只是没有像王弼讲得
那么显明而已。

②　有一种观点认为，本体是西方借用过来的，这是现代意义上的说法。如果要
把王弼所说的"本"表达为现代的话，只会把它解释成"本体"。可这个表达是
借用了西方的本体才会有的吗？我以为不尽然。因为王弼本来就是这个意思。在
王弼的《老子注》中可以看到，他在解注《老子》的根时，多理解为"本"，而
这个"本"并不是有形质的东西，而是"无"，所谓"有之所始，以无为本"
（四十章）。以无为本，才可以应有之用。

由于是宇宙论的，所以要讲根源、宗本，又由于是本体论的，所以要讲体用。道是有"体"的，这符合宇宙论；道是有"用"的，这符合本体论。体用范畴是中国哲学的一个独特概念，虽然在魏晋以后才流行起来，但在老子那里已经包含了这样的问题，在庄子那里则是呼之欲出了。老子说："道冲，而用之或不盈。渊兮，似万物之宗。"（第四章）这里说的就是道体与道用了。"道冲"是道体，"用之或不盈"是道用。尽管老子更偏向宇宙论，但道是讲求运用的，而不仅仅讲求生成关系，如果没有讲究运用，那就不存在"天之道"与"人之道"的关系了，即超越的"天之道"必定要落实到"人之道"，整个人间社会也都是道的实际运用。这个关系如第十一章所说："三十幅共一毂，当其无，有车之用。埏埴以为器，当其无，有器之用。凿户牖以为室，当其无，有室之用。故有之以为利，无之以为用。"老子这里是打比方，任何一个物体都有其实际运用，车轴有车轴的用处，陶器有陶器的用处，房子有房子的用处，同样，道也有道的用处。只不过，道有天地最大的用处。老子是拿实物与作用来表达道体与道用，也就是本体与现象的关系。故而，中国语境中的"体用"就有形下的理解和形上的理解，形下的就是实物与功用，形上的就是本体与现象。在庄子这里，道的本体论意味更为显明了，道不仅是一个根源性的存在，更是各种现象的共同的本质，它既可以是古老的存在，更应该是鲜活地存在于现象当中。由于庄子有着独特的相对主义观点，从而道体在那里有了更为广阔的解释空间，如道体既可以是无限大的，也可以是无限小的，当它是无限小的时候，它无所不在；当它是无限大的时候，它生天生地，承载万物。

在《大宗师》中，前面对什么是道做了描述，后面进而了描述道在社会历史当中的运用。

> 豨韦氏得之，以挈天地；伏戏氏得之，以袭气母；维斗得之，终古不忒；日月得之，终古不息；勘坏得之，以袭昆仑；冯夷得之，以游大川；肩吾得之，以处大山；黄帝得之，以登云天；颛顼得之，以处玄宫；禺强得之，立乎北极；西王母得之，坐乎少广，莫知其始，莫知其终；彭祖得之，上及有虞，下及五伯；傅说得之，以相武丁，奄有天下，乘东维、骑箕尾而比于列星。

"道"不仅可以是安静的、平和的、深邃的，也是活泼的、情信的、应变的。豨韦氏、伏戏氏、黄帝、颛顼等人因为得了道，可以南面而为天下之帝王，也可以生命长久；日月、维斗（北斗）得到了道，可以运四时而永不停息；堪坏、冯夷、肩吾等了道，可以做山神、河神；西王母、彭祖得了道，可以超越时空，不知其从何而始，从何而终；傅说得了道，可以辅佐帝王成就大业，其精神可与列星相媲美。从天地自然之事到社会历史之事，再到生命之事，不同的事，充满了变化，但对于道来说，这些差别是不存在的，它不仅能够使所有的这些人物充当起自己本来的角色，且能够使人们因为得了道，从此变得更好。

《在宥》：

> 得吾道者，上为皇而下为王；失吾道者，上见光而下为土。[1]

---

[1] 成玄英《庄子疏》："丧无为之道，滞有欲之心，生则睹于光明，死则便为土壤。迷执生死，不能均同上下，故有两名也。"（郭庆藩《庄子集释》，中华书局1961年版，第384页）

《天地》：

> 夫道，覆载万物者也，洋洋乎大哉！

道作为彻底的意志的存在，有其独特的性质。它不是把自己的意愿强加于人与万物，而是以人与万物的意愿为意愿；它也不向人与万物发号施令，而是让其听命于本来的自己（也即本我），让其做回自己，充当自己本来的角色，完成自己的使命，并使人们之间、万物之间更加和谐。《知北游》中的一段话记述了老子与孔子之间的对话：

> 孔子问于老聃曰："今日晏闲，敢问至道。"老聃曰："女斋戒疏瀹而心，澡雪而精神，掊击而知。夫道，窅然难言哉！将为汝言其崖略。夫昭昭生于冥冥，有伦生于无形；精神生于道，形本生于精，而万物以形相生。故九窍者胎生，八窍者卵生。其来无迹，其往无崖，无门无房，四达之皇皇也。……天不得不高，地不得不广，日月不得不行，万物不得不昌。此其道与！"

老子说道"难言"，却还是可以说出了一些内容。虽然没有直接说出道是什么，而是在"生"的关系中来说它，"冥冥""无形""道"异名同实，在那个"生"的关系中，人们可以窥测到道的存在。至于"天不得不高，地不得不广"等句，则是表达了道在万千世界中的作用，天的角色在于高，地的角色在于广，日月的角色在于运行不息，万物的角色在于茂盛繁荣，而道恰恰就是使它们成为它们自身。当宇宙中的所有事物完美地扮演好了它们各自的角色，那么宇宙就是自然和美的；当人世间的所有人与物都扮演好了各自的角色，那么人世间就是顺畅和谐的。

道既然是一个使物得以完成的存在，那么它与物之间是一种什么样的关系？相对于万物来说，道既然是一个他者，超越于物、超越于时空的存在，它何以能够进入有限的、处在时空之内的物之中的？《知北游》里面这段对话颇具典型意义。东郭子问道在哪里，庄子回答说"无所不在"。接着在一连串的问答中，庄子说在蝼蚁、在稊稗、在瓦甓、在屎溺。东郭子越来越不解，怎么越说越低下了。庄子则说既然最低下的屎溺中都存在道，那还有什么地方道不存在其中呢！对于"道"在哪里的问题，东郭子的问话中，其实已经对庄子的回答有了某种期待，而庄子则在东郭子问话一开始就意识到了他的偏颇，所以，庄子的回答故意往低下的东西说，却不向王道、治道等高上的事情上说。最后，庄子对他说道：

> 汝唯莫必，无乎逃物。至道若是，大言亦然。周遍咸三者，异名同实，其指一也。

意思是，不要说一定有某种东西是逃于道的，至道是这样的，至道之言也是这样的。"周""遍""咸"，这三者名称相异，其实相同，指的是同一个东西。在庄子看来，道既是周延的、普遍的、无所不在的，那还有某些东西能逃于道之外吗？换句话，道会嫌弃那些低下的东西而不顾吗？由此证明道"无所不在"。

从道体与道用的角度看，道体是道的本然存在，也是超然的存在；而道用则是道的流行与落实，是一种广泛的运用。而从境界论的角度看，道的运用就是道的境域，也就是我们所说的道的境界。当道体与道用之间建立起来确定的联系的时候，即道用总是表现道体，而道体又总是内在且规定道用的时候，就构成了这样的境域，而人能够见识到道体与道用的时候，就成了境界。有的学者有见于道之运用，而没见道之体，故而把老子、庄子的哲学看作为境界论，而没有看到老子、庄子哲学的本体论性质。[①]

　　与老子有所不同的是，庄子虽然也主张在世俗社会里建立道的境域，却还是主张能远离世俗就尽量远离它。从价值观上来说，庄子认为治国理政毕竟不是最高价值选择，乃是不得已而为之，这在《逍遥游》里面已经充分表露出来了。他说道："故夫知效一官，行比一乡，德合一君，而征一国者，其自视也，亦若此矣。而宋荣子犹然笑之。且举世而誉之而不加劝，举世而非之而不加沮，定乎内外之分，辩乎荣辱之境，斯已矣。"意思是，无论你有多么睿智，其德其行有多么好，哪怕举国的人都在赞誉你或者骂你，你全不上心，因为你要追求的远非这些东西。当尧要把天下让给许由的时候，许由说：您已经把天下治理好了，我还要去占据那个位干什么，是为了名吗？许由举了一个"越樽代庖"的典故，说"庖人虽不治庖，尸祝不越樽俎而代之矣"。《人间世》里说颜回想要去救助卫国，说卫国处于水深火热中，"治国去之，乱国就之"，自己打算去劝说卫国国君改弦更张。庄子借孔子的话说，你要是不抱获取任何名利动机的话，就可以进去，在一个乱世当中安心住下来，那君主能听得进去就讲，听不进去就不要勉强讲。庄子还提出了"知其不可奈何而安之若命"，以及"乘物以游心，托不得已以养中"的应世原则，把无法改变的遭遇看成是命运，把一切的社会遭遇都看成是成就自身的有益经历。庄子虽然写了《应帝王》《人间世》等应世的文章，但还是倾向于出世。他的那个出世之后的去处，大多是远离尘嚣的自然境界与

---

　　① 参见李大华：《自然与自由：庄子哲学研究》第二章第三节"老子之道与庄子之道"。

自由境界，也就是他推崇的道的境界。在《逍遥游》里面，庄子提出了"藐姑射之山"，"无何有之乡，广漠之野"；《天地》提出了"帝乡"，《山木》提出了"道德之乡"，等等。

二　自由境界

（一）逍遥与自由

庄子的境界可以说就是自由境界，其中统摄了生死境界及道德境界。自由这个词在中国的出现应该是在东汉时期。《孔雀东南飞》里面焦母在骂儿子不听自己的话时，就说了"你岂得自由"，汉末郑玄在为《礼记》作注的时多次用到了自由，至于唐朝自由一词便广为流行。而逍遥（先秦写为"消摇"）一词则在庄子书里是一个关键词，而且是庄子最想表达的意思。对逍遥这个词最有效的解释就是自由，有人说庄子可能是那个时候最渴望自由的人，可是仔细思量，如果从人的天性、本性而不是世俗性来看，谁不是如此呢！所以，庄子其实是发自人的天性、本性的呼喊，而且他把自己的整个思想建构在这种天性和本性的基础之上，从这个最简单的事实看待世事，并由此引导出他的天地、社会与人生的学说。

虽然《庄子》一书的首篇取名"逍遥游"，但"逍遥"一词在篇中才出现了一次，不过，这并不妨碍此篇名为"逍遥游"，因为这篇的基本精神就是这个。惠子说自己有大树，因为不成材，不知道把它安置在什么地方。庄子对他说了他这段话：

> 今子有大树，患其无用，何不树之于无何有之乡，广莫之野，彷徨乎无为其侧，逍遥乎寝卧其下。不夭斤

斧，物无害者，无所可用，安所困苦哉！（《逍遥游》）
庄子的意思是，一物自有一物的用处，哪里存在无用之物？只
是惠子不会用它罢了。这里有两个角色：一个是大树本身，因
为"无所可用"，故而"不夭斧斤，物无害者"；另一个是对
于他者，这树的无用，恰是大用。"彷徨乎无为其侧，逍遥乎
寝卧其下"，正是他者的大用。在这里，"彷徨乎""逍遥乎"
都是表示某种状态，不表示动作，后面的"无为"与"寝卧"
才表示动作。彷徨具有徘徊之意，逍遥具有自适之意。从庄子
行文看来，这里的逍遥还有逃脱利害、远离危险之意。

《大宗师》里，在描写子桑户、孟子反、子琴张三人形成
的方外之交的时候，庄子写道：

> 假于异物，托于同体；忘其肝胆，遗其耳目；反覆
> 终始，不知端倪；芒然彷徨乎尘垢之外，逍遥乎无为之
> 业。彼又恶能愦愦然为世俗之礼，以观众人之耳目哉！

这里的"彷徨"与"逍遥"都成了动词，成玄英疏为："彷徨
逍遥，皆自得逸豫之名也。……是以放任于尘累之表，逸豫于
清旷之乡，以此无为而为事业也。"[1]"尘垢"，当指世俗社
会；"无为"，就是"无事"。[2]依照成玄英的理解，这里的彷徨、
逍遥，都有自在、快乐之意。而这样的理解又是合乎庄子文意
的。然而，如此的自在与快乐，并非没有痛苦的经历，而是经
历过了，然后超越了它，从而获致那样的境地。既然生死都不
在乎，还在乎"世俗之礼"么！

《天运》写道：

---

[1]　见郭庆藩《庄子集释》，中华书局 1961 年版，第 270 页。

[2]　王叔岷《庄子校诠》上："《达生篇》亦有此文，'无为'作'无事'，《淮南
子俶真篇》《精神篇》并作'无事'。"（中华书局 2007 年版，第 253 页）

> 古之至人，假道于仁，托宿于义，以游逍遥之虚，
> 食于苟简之田，立于不贷之圃。逍遥，无为也；苟简，
> 易养也；不贷，无出也。古者谓是采真之游。

"假道于仁，托宿于义"，意谓仁义是可以作为借道或旅舍来使用的，只是不可以久处。（同篇有言："仁义，先王之蘧庐也，止可以一宿而不可久处。"）依庄子的意思，仁义可以成为实现"游逍遥之虚"的凭借、媒介。《人间世》里有"乘物以游心，托不得已以养中"，故而仁义也是所乘之"物"与"不得已"，亦即人生必然遭遇到的处境。既以"无为"解释"逍遥"，那么"逍遥之虚"，也就是无为之虚。"虚""田""圃"乃是某种境地，之所以称为"虚"，就因为它不在现实中的某个地方；之所以称为"田""圃"，因为它仍旧是一个地方，是在世俗之外的某个地方。只是这"无为"二字，有两种境况，一是君王的无为，属于政治举措；二是常人的无为，意犹自在自为的徘徊，"无为在歧路"即其例。《达生》：

> 扁子曰："子独不闻夫至人之自行邪？忘其肝胆，
> 遗其耳目，芒然彷徨乎尘垢之外，逍遥乎无事之业，是
> 谓为而不恃，长而不宰。"

这段话是扁子对孙休提出问题的回答。孙休抱怨自己种田没有遇到好的年成，事奉君主又没有遇到圣明之主，为乡里人摈弃，为州部所放逐，问自己有什么事开罪于天，而遭遇到如此的命运？扁子则给他指出了"至人之自行"。"忘其肝胆，遗其耳目"是遗形忘知，也即内忘自我；"芒然彷徨于尘垢之外，逍遥乎无事之业"，是外忘万境，独立自在于人间社会之外。"为而不恃，长而不宰"，则是转引《老子》之语，言状圣人之行，虽然成就了万物却不居功，长育了万物却并不宰制它们。依照

庄子的意思，至人只做他自己认为该做的事情，他做的事情可以是"为而不恃，长而不宰"的天地大事，却还是依了自有的情性，图了个彷徨与逍遥。天地大事也只是自有情性当中的事情，并非情性之外做了那等的事。《让王》里面说：

> 舜以天下让善卷，善卷曰："余立于宇宙之中，冬日衣皮毛，夏日衣葛絺。春耕种，形足以劳动；秋收敛，身足以休食。日出而作，日入而息，逍遥于天地之间而心意自得。吾何以天下为哉！悲夫，子之不知余也。"遂不受。于是去而入深山，莫知其处。

这段话与《逍遥游》里面尧让天下于许由的故事相当，都是圣王让贤。从圣王让贤的这个举动来说，是高尚其事，但是，尧与舜都还是不解至人之心意。所谓至人之心意，乃在于不求显达，只求做一个平常的自我，以劳动来养形，以逍遥来养德。至人可以做尧舜那样的治理天下之事，却不必做。这里的"逍遥"之后，有一个明确的界说："心意自得"。如此的逍遥，当然可以是自适、自在、自由。而且，这个逍遥可以在"天地之间"进行，而不必在天地之外。

从《庄子》文中之意看，"逍遥"二字，无论在状态意义，还是行为意义，都有自得、自适、自在、自由乃至逸豫之意。这些在《庄子》文中都是积极而非消极意义的。所谓积极意义，在于它是人们所欲追求的，是一种向往，而不是被动接受的。如果将《庄子》文中的彷徨、逍遥联系起来，可以看到逍遥这个词的特殊意义。彷徨，无论《经典释文》所理解的"翱翔"，抑或成玄英理解的"纵任"，都有围绕某地来回徘徊之意，而徘徊既可能是惬意的，也可能是惶惑的，却都是自主自为的。逍遥，在《逍遥游》里面，这个词与彷徨略显差别，彷徨表示来回地走动，逍遥表示适意地躺下；而在《大宗师》里面，彷徨与逍遥表达的都是自由自在之意，只是彷徨表身体的作为，逍遥表心意的自适。彷徨与逍遥的相关性，似乎是表外与表内，又表前后相续的连续的身体与心理反应，总与行为的自主与内心的自决有关。所以，单就逍遥自身的词性说来是中性的，或者说，"逍遥"并没有特别的指向，并非逍遥就一定是适意与惬意的，有的人以逍遥而哀伤，有的人逍遥而快乐，如同有人因自由而得解放，有的人以自由而迷茫。但当逍遥作为一种人生价值追求的时候，它便是积极向上的。在《庄子》书中，我们看到的正是这样的情形。

　　"游"字本身是表达一种行为，在《庄子》书中用的次数很多，其意思根据语境的差异也不尽相同。在庄子看来，人来到世间，都是一场"游"，所以，人生的所有经历都可以称为"游世"。有论者称：《庄子》一书，其宗旨专在游之一字。"①但遭遇到的情况不同，其处境也就不同，故而其"游"之义也呈现出差别。在拙著《自然与自由：庄子哲学研究》中，我从五个方面论述了庄子"游"字的不同意思。有表示到哪里去的意思，如《逍遥游》："乘云气，御飞龙，而游乎四海之外"；有表示放任的意思，如《人间世》："乘物以游心，托不得已以养中"；有从学、交友的意思，如《徐无鬼》："吾所与吾子游者，游于天地"；有处世、闲处的意思，如《大宗师》："彼游方之外者也，而丘游方之内者也。外内不相及，而丘使女往吊之，丘则陋矣"；有玩耍、游说的意思，如《列御寇》："巧者劳而知者忧，无能者无所求，饱食而敖游，汎若不系之舟，

---

　　① 方以智《药地炮庄》引刘须溪语，华夏出版社 2011 年版，第 102 页。

虚而敖游者也"。而"游"则有身游与心游的区别。"南伯子
綦游乎商之丘""游于羿之彀中""黄帝游乎赤水之北""孔子
西游于卫""孔子游于匡""庄子与惠子游于濠梁之上""庄子
游于雕陵之藩"等属于身游;而"游乎尘垢之外""以游逍遥
之虚""游心乎德之和""游心于淡""游心于无穷"等属于心
游。除此之外,还有难以分辨是身游,还是心游,如"以游无
穷者""游乎四海之外""而游无何有之乡""以游无极之野"
等属于此类。而这正是问题之所在。有一种观点认为,庄子的
"逍遥",就是一种精神的自由。①我则以为不然。逍遥当然是
精神上的感受,可是没有身体上的自在与逍遥,哪里谈得上精
神上的自在与逍遥?这从来就是一体的两面。从庄子所叙述的
逍遥的实现过程看,如果只承认精神上的自由,等于只承认心
游而不承认身游,即便为了实现心游,也要身游于外,如同我
们要散心,也要走出去才能实现一样。或许我们身体走得并不
算远,而我们的心却行得很远,所谓"心有天游"即是,但否
认身体的游,就难以想象心游是彻底的和无障碍的。庄子所言
的"以游无穷者""游乎四海之外"等,所以难分清是身游还
是心游,就在于这种游乃是身心一体的,没有身体的直接感受
性,也难以说清精神的感受性;没有身体的自由,也难以说有
真正的精神自由。庄子的"游世"观念更表明了这一点。游世
是处世,而处世是在尘世里面经历、体验一番,包括许多的遭
遇与不愿面对的处境,如果只把经历、体验看作精神的游历,

---

①　张岱年先生认为:"庄子的'逍遥游'其实是驰骋在自由想象的天地之中。能
够在想象的天地里自由驰骋的不是人的躯体,而只能是人自己的心,所以庄子
的'逍遥游'也叫作'游心'。"张先生称之为"玄想的自由"。见《中华的智慧:
中国古代哲学思想精粹》,上海人民出版社1989年版,第73、75页。

那是不可想象的。

（二）有待与无待的自由

自由、逍遥是否有条件的，这在《庄子》书中，是以"有待"与"无待"表达出来的。《逍遥游》《齐物论》等《庄子》内篇首先提出来，然后内、外、杂篇的许多篇章都围绕着它而展开，其基本意思还是：自由、逍遥是绝对的，还是相对的？《逍遥游》：

> 夫列子御风而行，泠然善也，旬有五日而后反。彼于致福者，未数数然也。此虽免乎行，犹有所待者也。

> 若夫乘天地之正，而御六气之辩，以游无穷者，彼且恶乎待哉！

这里的"待"，指的是"依待""依持""凭借"，现代的说法就是"条件"。《齐物论》：

> 化声之相待，若其不相待。和之以天倪，因之以曼衍，所以穷年也。忘年忘义，振于无竟，故寓诸无竟。

这里的"相待"，指"相须""相对"，也就是"非彼无我，非我无所取"的意思，彼我互以对方作为自己的存在前提。[①]

世上所有人和物都是有待的。因为任何的人和物都处在"化"的过程中，都被置入了"化"的链条，都处于某种关系之中，没有什么事情可以独立存在，或者说任何的存在之物都要依待他物的存在而存在。也就是说，没有无待之人、无待之物。只有道才是无待的。既然如此，庄子又为何要追求无待

---

① 王夫之《庄子解》认为："詹詹如冷风，炎炎如飘风，皆化声耳。化声者，本无而随化以有者也。怒者为谁，则固不可知也。以为必有怒焉者，则疑于有待；不知怒者之为谁，则疑于无待；皆滑滑然而不得端倪，不得已而言之。"（中华书局2009年版，第102页）

呢？《逍遥游》整篇谈论的其实就是两个东西：一个是小大之辩，另一个就是无待与有待的逍遥问题。"列子御风而行"那段话就是谈论有待与无待的问题。庄子以"冷然善也，彼于致福者，未数数然也"，表达了对列子超常能力的肯定。却又说："此虽免乎行，犹有所待者也。"列子需要待风才能行得起来，因而他的"待"也就是他所获逍遥与自由的限制。列子的状况与前面所说的"知效一官，行比一乡，德合一君，而征一国者"情形相同，虽然"举世而誉之而不加劝，举世而非之而不加沮，定乎内外之分，辩乎荣辱之境"，"犹有未树者"。两者都是通过超越自己的局限，获致了一定程度的自由与逍遥。区别只在于，这里是在社会关系上超越自身，列子则是从行为上超越自身。接下来，庄子说出了"无待"的情形："乘天地之正，而御六气之辩"。乘天地之本性，御六气之变化，如何可以是"无待"呢？乘、御似乎已经是有待了，庄子却说是无待，根据不在于是否有乘与御，而在于所乘所御没有选择，只要是天地本来的东西，也不管天地流行的是何种气，都做了所乘与所御，这样也就没有什么不适合，没有什么不能够被利用了。这与庄子"乘物以游心，托不得已以养中"的人生哲学是完全一致的。庄子列举了三种无待的人："至人无己，神人无功，圣人无名。"不过，这里庄子并没有说出这三种人超人的本领，而是说出了他们内在的品质。所说内在的品质，指的是他们不受自我、功名的牵累，亦即他们是通过放弃来实现自己的无待逍遥的。也就是说，人们通常是以拥有某种东西而实现自己的人生目的，而这三种人却是通过不拥有任何东西来实现人生目的，这种"不拥有"就是无待了。

　　"尧让天下于许由"的那段话，也是谈论这个问题。尧觉得自己应该让位于贤者许由，说：日月都已经出来了，可是有人还不肯熄灭火把，要与日月比光辉，那不是难为了么！应时的雨已经降下来了，却有人还要继续灌溉，要与时雨比灌溉作用，那不是太累了么！先生立为天下之主，那么天下就可以太平了，而我还要占据君主的位子，我自己看来做君主很不够格的。请接受天下吧！而许由则回答说：你把天下已经治理好了，还需要我干什么，我要是接了你的帝位，不过是为了帝王之名，而名只是"实之宾"。又说，鹪鹩巢林，不过一枝；偃鼠饮河，不过满腹。我还需要什么呢！庄子借这个寓言故事，无非想表明，人需要的越少，获得的自由就越大。

庄子虽然提出了至人、神人与圣人逍遥无待，但这属于最高境界的超人，只能作为最高境界与理想的类型，并非一般人可以做得到。可是，生命的意义在于追求和超越，从有待到无待是一个追求与超越的过程，而且每个人的生活处境与遭遇都不尽相同，其超越之路也各不相同，也并非只有像鲲鹏那样高飞九万里才算是超越。在这个意义下，我们来看超越有待的种种情形。

《养生主》里面"庖丁解牛"讲述的虽然是一个肢解牛的小故事，但是寓意深远。当庖丁当着元惠君的面把一条整牛肢解完了之后，让元惠君看得眼花缭乱，他为庖丁的技艺感叹不已，问道："技盖至此乎？"然而，庖丁对宋元君回答说："臣所好者道也，进乎技矣。"技艺与求道是两个层面，庖丁是把肢解牛视为求道的方便，技艺只是通向超越的道的一个凭借与手段，而求道自有其特殊的快乐与自在，所谓"提刀而立，为之四顾，为之踌躇满志"。从庖丁肢解牛的出神入化的全过程，可以明了，事情无论巨细繁简，都有道可寻，即便是交错繁复的节骨，也有路可走。骨节再错杂，也有空间，所谓"彼节者有间而刀刃者无厚，以无厚入有间，恢恢乎其于游刃必有余地矣"。刀刃并非无厚度，只是比较起骨节之间的空隙来说，它的厚度就可以忽略不计了，所以，它是"无待"。这里所说的养生，并非身体的调养，而是在社会中间的生存。庄子通常借别人说故事，却在表达自己的处境。（当然，他也时常拿自己"开涮"，自嘲本身是一个思想家和艺术家的表现手法。）庄子处在一个战国的乱世，他却以这种"游刃有余"的宽闲态度，求得了自在自由。

《山木》记述的"虚己以游世"，是一段极富美感意趣的寓言故事：鲁国君主以为自己效法先王，敬仰鬼神，崇尚贤明，就应当没有祸患了，可是，他仍旧逃脱不了祸患。原因不在于他不谨慎、不勤劳，而在于他是鲁国的国君，其显赫的权位被人觊觎，就如同狐狸与豹子怎么小心谨慎都难脱逃陷阱，就因为它们身上的皮招引了人们的惦记。有了地位可以使唤人，免不了祸患；没有地位想要地位，所以被人使唤，这也免不了祸患。只有放弃既有的地位，甚至也不想取得任何地位，就没有了连累，也就可以无忧无患了。追求天道，追求逍遥自由，并非需要很多的资财，也非无"车船"的方便就游不远，只要"心有天游"，就没有什么可以阻隔的了。人实际需要的东西很有限，求道之人身不可留恋地位，心不可滞留名利，只要忘身忘己，就能行得远。

> 吾愿去君之累，除君之忧，而独与道游于大莫之国。方舟而济于河，有虚船来触舟，虽有偏心之人不怒。有一人在其上，则呼张歙之。一呼而不闻，再呼而不闻，于是三呼邪，则必以恶声随之。向也不怒而今也怒，向

也虚而今也实。人能虚己以游世，其孰能害之！

庄子从两条相碰撞的船这个简单事情，看出了人的两种不同态度。第一种情况，无人的船撞了你的方舟，你没有骂，不是不想骂，是因为被骂的对象不存在，如果你仍然要对着没有人的船开骂，在旁人或自己看来，都是一件极其无聊的事情。第二种情况，你朝着撞向自己方舟的人连续警告了三次，而对方听而不闻，你一定会追着对方骂，就因为有这个被骂对象存在。可是作为一种处世的方式，如何才能够让人把你看成是不存在呢？那就是要"虚己"，就是要无待于物，无求于物，从而不占地方，不挡道，不被人惦记，也就是让人觉得那个"被骂的对象"不存在，所谓"虚己以游世，其孰能害之"！

在庄子看来，对逍遥与自由的获得是与人们对于超越的道的体悟相关的，得道而超越，超越就意味着逍遥与自由。反之，奢欲越多，越与道无缘，所谓"其耆欲深者，其天机浅"（《大宗师》）。庄子是如此说的，他也是如此做的。《山木》篇记述了庄子闭门思过的事情。一天，庄子在雕陵的一个栗树园里游玩，见到一只巨大的异鹊从南方飞过来了，那鹊突然一下子撞到了庄子的额头，出于好奇，他跟随了那鹊，想看个究竟。这个时候，他看到了另一种景象：有一只蝉为了躲在树荫下乘凉，忘了自己处境的危险，被螳螂张开双臂逮住了；而螳螂为了获得蝉，也忘了自己的形体暴露在外，异鹊乘机捕捉了它；异鹊则忘了自己的本性，撞到了庄子的额头。看到这里，庄子突然警觉起来，他说："噫！物固相累，二类相召也。"于是，他扔了弹弓往回走。恰在这个时候，守栗园的人看到庄子闯进了他的园子，怀疑庄子偷了他的栗子，斥骂了他。庄子一声不响地回到了家里，把自己关子屋子里，三天不出门庭，反省自己。当徒弟问其缘故时，庄子回答说：

> 吾守形而忘身，观于浊水而迷于清渊。且吾闻诸夫
> 子曰："入其俗，从其令。"今吾游于雕陵而忘吾身，异鹊
> 感吾颡，游于栗林而忘真。栗林虞人以吾为戮，吾所以
> 不庭也。

所谓"物固相累，二类相召"，也就是人们之间相互牵连，利
害相召。人们之间存在着一个利益的链条，彼此处在这个链条
中的某个环节，彼此追逐，有意或无意地都在做着输送利益的
事情，要么是输送，要么被输送。只要有利益关系，你就必定
处在输送与被输送的利益链条中。你得到了某种利益，同时也
就有了某种害。令庄子"三日不出庭"的原因，且不仅因为此，
还在于他意识到自己本来处于"清渊"，而"观于浊水"，不
为利害相召，无意中也被利益牵连了进去，异鹊是"忘真"（能
飞的本性），而自己则是"忘身"，即观浊水而忘了身处是非
之地。

《山木》篇还记述了一件"竖子烹雁"的故事。庄子进山
里去，见到一棵枝叶繁茂的大树，伐树的匠人走近了树却没有
砍它，问其缘故，匠人说：这树没什么用处。庄子于是感叹
道："此木以不材得终其天年。"出山之后，庄子在一个朋友家
里做客，主人叫竖子杀一只鹅款待客人，竖子问：杀哪一只，
一只能鸣，一只不能鸣？主人令杀那只不能鸣的。这两件事让
庄子的学生感觉到了其中的冲突，问庄子：昨天山中之树因其
不材（无用）而得以终其天年，今日这鹅却因不材（不能鸣）
而死，那么先生将做何选择？庄子笑了，回答道：

> 周将处乎材与不材之间。材与不材之间，似之而非
> 也，故未免乎累。若夫乘道德而浮游则不然，无誉无訾，

> 一龙一蛇，与时俱化，而无肯专为。一上一下，以和为量，浮游乎万物之祖。物物而不物于物，则胡可得而累邪！此神农、黄帝之法则也。若夫万物之情，人伦之传，则不然：合则离，成则毁，廉则挫，尊则议，有为则亏，贤则谋，不肖则欺。胡可得而必乎哉！悲夫，弟子志之，其唯道德之乡乎！

庄子先说在不得已的情形下，他只能选择"有用与无用之间"，既不站在"有用"一边，也不站在"无用"一边，因为选择任何一方都使自己陷入难以自圆其说的境地。可是，他又补充说，这个选择似乎可以圆自己的场，但是并没有摆脱违逆其间的尴尬，中间路线其实不免忽左忽右的，你自己并没有能力驾御左右。如何才能出脱得利索呢？庄子说要"乘道德以浮游"，"乘道德"其实就是追求"道德"，内心有了"道德"，才会无誉无毁，可以逶迤，可以飞扬，一句话：主宰事物而不被事物所主宰。当然，这个道德不是人伦社会的道德，只是天地道德，方家解为"玄道至德"[①]。也就是老子曾经表述过的"玄德"。接着，庄子列举出人间社会的种种龌龊的事情，也就是说，无论你怎么做，都不得如愿，你的愿望总被别人抵消了，所以，只有出游于道德境界，才是好的去处。庄子所说处材与不材之间，之所以"未免于患"，也在于无论处在哪一边，甚或处于中间，也都还是"有待"于物，而"物物而不物于物"，主宰物而不被物所主宰，也就是不依待于物。郭象在此注解道："不可必，故待之不可以一方也，唯与时俱化者，为能涉变而常通

---

① 成玄英《庄子疏》："夫乘玄道至德而浮游于世者，则不如此也。既遭二偏，又忘中一，则能虚通而浮游于代尔。"引自郭庆藩：《庄子集释》，中华书局1961年版，第668页。

耳。"①应当说，这个解释是合理的。这里所说的"浮游"，不是别的，正是人在世俗社会当中的生活，也就是经历社会的所有事物，做该做之事，却能超越于这些物事。

在庄子的表述当中，表达了这样的思想，一切事情都是相对的，都是有条件的，人的处境决定了其所享有的自由也是相对的、有条件的，没有人生来便可以享有绝对的、无条件的自由；但是，人所要追求的是绝对的、无条件的自由。在一个世俗的社会里面，无论你怎么圆滑、钻营、混世，也都难免为世俗的利益和社会关系连累（"未免乎累"）。庄子认为自己虽然是清流，但还是"观于浊水而迷于清渊"，在浊水面前是清醒的，在清渊面前还是迷失了。只有彻底超越于世俗利害关系，才能获得绝对的无条件的自由，也就是庄子所说的"乘天地之正，而御六气之辩"，即无论什么条件都可以为己所用，所以是无条件的高飞远行。而"乘道德而浮游""浮游万物之祖""其唯道德之乡"，是给人开出的进入绝对自由境界的路径。

与有待和无待相关的问题是自由与逍遥是否是合乎"性分"的问题。这个问题是庄子哲学中包含的，却又是魏晋时期的郭象挑明的。《逍遥游》里描述了大鹏与小鸟的故事，大鹏要击水三千里，抟扶摇而上九万里之高，才能获得飞翔的自由，而蜩与学鸠则只需要在蓬蒿之间就能获得自己的自由，他们不理解大鹏为何要飞那么高。郭象的理解就是各有各的"性分"："夫小大虽殊，而放于自得之场，则物任其性，事称其能，各当其分，逍遥一也，岂容胜负于其间哉！"（《逍遥游》篇名注）"苟足于其性，则虽大鹏无以自贵于小鸟，小鸟

----

① 引自郭庆藩：《庄子集释》，中华书局 1961 年版，第 670 页。

无羡于天池，而荣愿有余矣。故小大虽殊，逍遥一也。"（"蜩与学鸠笑之曰"注）"物各有性，性各有极，皆如年知，岂跂尚之所及哉！自此已下至于列子，历举年知之大小，各信其一方，未有足以相倾者也。"（"小知不及大知"注）大鹏只有飞九万里高才能舒展适意，而蜩与学鸠则只需要狭小的蓬蒿之间就可以得志了，所以自由与逍遥就是满足"性分"而已。但郭象的理解不能解释庄子后面的评议"之二虫又何知"，庄子是承认这种本性的差别的，但不可以这种相对的自由与逍遥来限定自由的大小。既然人受生存处境的限定，其所分享的自由和逍遥也受限制，但人可以通过追求"道"而获得无限的自由，就像大鹏一样，大鹏在飞上九万里高空之后，再向南飞去，其目的就是获得更大的自由。由此来说，不能以"性分"来限制对于自由的追求。

生死问题是人的终极关怀，自由境界也是关乎这个问题的。《养生主》讲了一个事，说老聃死，朋友秦失前去凭吊，秦失学着众人的样子，哭了三遍，然后出来了。老子的弟子问他是不是先生的朋友，秦失回答道："是的，是他的朋友。""您既是先生的朋友，却用这种方式凭吊，可以吗？""是这样的，刚才来的时候，我以为那些人都是先生的朋友，现在我才清楚他们其实不是的。刚才我进去凭吊，看到有年长的人在痛哭，像是自己的儿子死了；有年少的人在痛哭，像是自己的母亲死了。我想了想才明白了，他们这些人之所以聚集在这儿，一定在心里并不想说却不得不说，也一定不想哭而不得不哭。这就叫作逃脱天性而背离真情，忘了天生的禀受，古人把这叫作逃离天然本性的惩罚。先生出生的时候，那是适应了天时；现在先生走了，这是顺应了天理。安于天时，顺应天理，喜怒哀乐都不入其心，古人把这种情形叫作天然束缚的解脱！"①

在庄子看来，生死都是一个自然之理，人们不应该违逆生死的轮次，也不必为死而悲哀。《大宗师》说道：

> 古之真人，不知说生，不知恶死。其出不䜣，其入不距。翛然而往，翛然而来而已矣。不忘其所始，不求其所终。受而喜之，忘而复之，是之谓不以心捐道，不以人助天，是之谓真人。……夫大块载我以形，劳我以生，佚我以老，息我以死。故善吾生者，乃所以善吾死也。

这是一个达观的生死观，来到这个世界不必特别地欢喜，将要离开这个世界也不必特别地厌恶，这一切都是天道的一个自然安排，乃至人生要经历的每一个阶段，都是自然过程，只需坦然接受它而已。当死亡真的来临的时候，也未必是一件坏事，我们既把生看成一个好的事情，那我们也当把死看成一个好的事情，死是一种安息和慰藉。所以，当庄子的妻子死的时候，他没有悲哀，而是鼓盆而歌！对待生死的达观，源于对于天地、社会、人生的通透的认知，而这种认知又是通向庄子所开启的超越的向度，在这种向度之下，生生死死，皆循天地自然之道，生是一个开始，死是此一过程的结束，又是另一个新的开始。

> 生也死之徒，死也生之始，孰知其纪！人之生，气之聚也。聚则为生，散则为死。若死生为徒，吾又何患！
>
> （《知北游》）

---

① 《庄子·养生主》：老聃死，秦失吊之，三号而出。弟子曰："非夫子之友邪？"曰："然。""然则吊焉若此可乎？"曰："然。始也吾以为其人也，而今非也。向吾入而吊焉，有老者哭之，如哭其子；少者哭之，如哭其母。彼其所以会之，必有不蕲言而言，不蕲哭而哭者。是遁天倍情，忘其所受，古者谓之遁天之刑。适来，夫子时也；适去，夫子顺也。安时而处顺，哀乐不能入也，古者谓是帝之县解。"

生死互为徒儿，哪里知道生与死必定如此的界限。生死的智慧
与达观，支撑了生死的境界，而道的向度，又支持了超越自我、
私我，走向天地万物为一体，与道为友的自由境界。

（三）自然、自由与道的关系

自由与自然是一对有关联的概念，人们经常会问：自由
的是否是自然的？自然是否合乎自由？先说自然这个概念，
在《老子》书中，"自然"这个词的意思就是自然而然，即
自己成为这个样子的，其中包含了两层含义，一是"自在"，
即自己独立存在，不仰仗他物；二是"自为"，自己就是行
动，就是目的，自己成就自己。《老子》在前后六章中使用了
"自然"一词，如："功成事遂，百姓皆谓我自然"（十七章）；
"希言自然"（二十三章）；"人法地，地法天，天法道，道法
自然"（二十五章）；"道之尊，德之贵，夫莫之命而常自然"
（五十一章）；"以辅万物之自然而不敢为"（六十四章）。依照
老子的意思，万物皆有其自身的自然，这些自然构成了事物
自身的合目的性，"道法自然"，则是天地万事万物的总自然，
也就是道的存在方式。还有，第五十七章里虽然没有出现自然
一词，其意思也是事物自身的"自然"之义："我无为而民自
化，我好静而民自正，我无事而民自富，我无欲而民自朴。"
在老子所描述的"自然"诸义当中，自然都只是事物自身的存
在方式与实现自己的过程，没有将"自然"看作是一个实体，
更没有将自然看作是存在于"道"之上的绝对实体。

在《庄子》书里，"自然"与《老子》书的意思一样，也
是自然而然的意思。

> 吾所谓无情者，言人之不以好恶内伤其身，常因自
> 然而不益生也。（《德充符》）

汝游心于淡，合气于漠，顺物自然而无容私焉，而天下治矣。(《应帝王》)

夫至乐者，先应之以人事，顺之以天理，行之以五德，应之以自然。(《天道》)

吾又奏之以无怠之声，调之以自然之命。(《天运》)

《德充符》中所说"常因自然而不益生"，说的是对待自己的生命，不应当以情绪的好恶伤害它，也不应当奢求永远不死，而应当护持其自然性，享尽自然给予的生命。《应帝王》所说"顺物自然而无私容"，说的是治理天下的关键在于先治理好自己，游心于淡漠，然后顺应人的自然性，而不藏有偏私之心。《天道》所说"应之以自然"，言天籁之音皆禀之于自然而然，即合人事、顺天理、行五德、应自然。庄子与老子所说的"自然"都包括了万物的自然过程，也包括了社会历史过程，但区别则在于：老子的"自然"更多地涉及社会历史，彰显了社会的自然历史过程；庄子的"自然"则更多地涉及事物的自然性质，以及这种性质的合理性。应当注意的是，老子只在两章中到讲过"命"："归根曰静，静曰复命。复命曰常，知常曰明"（十六章）；"道之尊，德之贵，夫莫之命而常自然"（五十一章）。且这两章中所讲的"命"都是命令的意思，不是命运的意思，也没有性命的意思。而庄子那里，"命"也是一个重要的概念，上述《天运》所说的"调之以自然之命"，其命就不是命令的意思，而是指称性命，或者命运的意思。[①]
庄子说：

---

① 郭象《庄子注》："命之所有者，非为也，皆自然耳。"成玄英《庄子疏》："凡百苍生，皆以自然为其性命。"见《南华真经注疏》，中华书局1998年版，第293页。

> 自状其过以不当亡者众；不状其过以不当存者寡。
> 知不可奈何而安之若命，唯有德者能之。游于羿之彀中。
> 中央者，中地也；然而不中者，命也。……死生存亡，穷
> 达贫富，贤与不肖，毁誉，饥渴寒暑，是事之变，命之
> 行也。日夜相代乎前，而知不能规乎其始者也。(《德充
> 符》)

> 死生，命也；其有夜旦之常，天也。人之有所不得
> 与，皆物之情也。……天无私覆，地无私载，天地岂私
> 贫我哉？求其为之者而不得也。然而至此极者，命也夫!
> (《大宗师》)

《德充符》的那段话取自伯昏无人门下两个弟子申徒嘉与子产
的对话，为申徒嘉谴责子产的话。一个曾经犯了错而被兀足的
人意识到，生命中有些事情不是自己可以把握的，所以对于不
幸遭遇采取一种达观的态度，把它看作命运的安排，乃是有德
之人才可以做到的。反过来讲，你要是走进了神射手的靶心却
没有被射中，那也算是你的幸运了，这个幸运也就是命。如此
类推，死生、存亡、穷达、富贵等也都有命运关系存在其中了。
《大宗师》不仅将生死看作是命，也同样把遭遇看成是命，一
个遭恶劣天气围困的人，饿得快要死了，发出了"天无私覆，
地无私载，天地岂私贫我哉"的感喟。既然天地无私，就不会
有意将这个人陷于如此的困境，故而，结论只能是命了。

此外，庄子的"命"还另有玄音。《人间世》借了孔子的
话表达了庄子的心里话：

> 天下有大戒二：其一命也，其一义也。子之爱亲，
> 命也，不可解于心；臣之事君，义也，无适而非君也，
> 无所逃于天地之间。是之谓大戒。是以夫事其亲者，不

> 择地而安之，孝之至也；夫事其君者，不择事而安之，
> 忠之盛也；自事其心者，哀乐不易施乎前，知其不可奈
> 何而安之若命，德之至也。

人们爱自己的"亲"，是命中注定的，是无法排解的心结，所以才"不择地安之"。这里也用了"知其不可奈何而安之若命"，如果人们也认为这是宿命论的话，那么应当说，这样的宿命论是人人所愿意认同的，并不表示消极主义，而只表明人对不可选择的境域的坦承与担待。

庄子虽然与孔子都讲求命的关系，却不像孔子那样把命看成超越意志的着意安排，而是把"命"与"时"联系起来，命运似乎是一个依照时间不断的轮转过程，如"事之变，命之行""日夜相代乎前"，又如"夜旦之常"，人所不得与、不能窥。既不是意志的安排，又有必然性，那么这种情形只能用一个观念表达，那就是自然必然性。这就是《达生》所说的："不知其所以然而然，命也。"可是，当我们把庄子的命的观念分析到这个地步的时候，却突然发现这里的"命"已经与"自然"存在着某种关联，似乎"命"就是"自然"了。[①] 既如此，可不可以在命与自然之间画一个等号呢？从自然必然性上说，"自然"与"命"都是如此的，但是，这两个概念的立足之地不同，看出的结果不同。"自然"是从本体论方面看待事物的，强调自在与自为，乃是主动的实现，故而，依照道的行迹与事物本身的性质，无论发生何种变化，都不出意外，都是道以及事物所必定要经历的。"命"是从决定论的方面看待事物的，只是庄子的决定论是非意志的，也乃是被动的，无论

---

① 郭象其实就是如此理解的，他在《大宗师》注中对"命"下注道："言物皆自然，无为之者也。"见郭庆藩：《庄子集释》，中华书局1961年版，第286页。

发生何种事情，对于被决定者来说，都是不可预知的，所以只能将其视为无法知晓的轮次，无论是幸运的或不幸运的事情，对于被决定者来说，都是偶发的。常人会因此而欢喜，或抱怨；对于达观者来说，知道这是造物者以事物的本性所为，而安之若命。

那么，自然与道又是什么关系？自然与道及其两者的关系是道家哲学的根本问题之一，但概念及其关系的表述却不是很复杂。自然，它既不是本体，也不是根源，它表达的是活动，既作为本体或根源的道实现自身的活动，它以非目的性的方式实现目的性，即看起来是盲目的、非可控制的，却在过程中实现了道的目的性。由于这个缘故，道可以说是自然之道。但是，作为道的存在方式，自然不是道本身。在这个观念上，老子与庄子没有差别。后世的道家将自然视为道本身，那毕竟是后来的事情，至少在老庄那里不是如此的。

道与自由之间的关系又如何呢？庄子说了个有待与无待的问题。有待表达了自然及其社会关系的复杂性，人只要存在，无论他存在于什么地方，都处于相互制约的关系中，都是有待；无待表达了人对于自然与社会关系的彻底的超越，世上没有什么东西可以限制他，他不依赖于任何他者与他物。有待并非无自由可言，只是自由有局限，不充分；无待当然是最充分、无局限的自由，却不是容易得到的。在庄子看来，处在世俗社会中的人们没有谁得到了无待的自由，只有至人、神人、圣人及真人才可以得这样的自由。他由此开出了这样一个路径：凡得道者，皆得自由！至人、神人、圣人及真人之所以得自由，是因为他们得道。《大宗师》里所说："若然者，登高不栗，入水不濡，入火不热，是知之能登假于道者也若此。"这是超越了利害关系而得自由。又说："与其誉尧而非桀也，不如两忘而化其道。"这是超越了是非关系，同化于道而得自由。《在宥》所说："至道之精，窈窈冥冥；至道之极，昏昏默默。无视无听，抱神以静，形将自正。必静必清，无劳女形，无摇女精，乃可以长生。"这是指得道而超越了生死所获得的自由。又说："得吾道者，上为皇而下为王；失吾道者，上见光而下为土。"这是广成子告诉黄帝得道可以得心应手地治理好天下。又说："不通于道者，无自而可；不明于道者，悲夫！"这是说若不能与道相通，对任何事都难得做出合理的判断和规摹。《天地》所说："以道观言而天下之君正；以道观分而君臣之义明；以道观能而天下之官治；以道泛观而万物之应备。"这是说以道来观察国家治理当中的问题，都可以寻求到正确与合理的解决办法。以上这些方面，未必都属于无待的自由，但即便得了有待的自由，也是因了道的缘故。而《大宗师》里面所描绘的"狶韦氏得之""伏戏氏得之""维斗得之""日月得之""勘坏得之""冯夷得之""肩吾得之""黄帝得之""颛顼得之""禺强得之""西王母得之""彭祖得之""傅说得之"，等等，皆是说得了道就能得到最彻底的、最充分的、无待的自由。

再说自然与自由的关系。自然与自由，作为词语，它们可以作为某种对象来看待，如果它们不是作为对象，那么便无从谈论它们。但是，并不能由此把它们看成某种实体或物，因为它们表达的都只是实体或物的存在方式或状态，而不是实体或物本身。如自然，它表达的是过程或存在方式；自由，表达的是存在样式或状态。所以，在谈论到这两个词语的时候，虽则把它们作为对象看待，却不应忽略与它们所联系的实体或物。

如此来说，就是要清楚庄子所说的自然，不是后来郭象等人理解的作为天地万物总和的自然，后人理解的自然为实体或实物，是大自然，庄子的自然不是那个意思。

当自然表示必然关系的时候，自然的未必就是自由的。因为有两种自然的东西，一是作为自然的道，它是自在与自为的，故而，它是超越的、自由的；二是作为自然的物，它是被决定的，因而不是自由的。自由的道与不自由的物之间的关系，就是"造物者"与"物"之间的关系。"造物者"不受时命的局限，而"物"则总是处于被时命所局限的处境，如同"朝菌不知晦朔，蟪蛄不知春秋"（《逍遥游》），又如"井蛙不可以语于海者，拘于虚也；夏虫不可以语于冰者，笃于时也；曲士不可以语于道者，束于教也"（《秋水》）。任何的物与人，都被抛进了某个特定的处境，而不能自由选择。可是，当你意识到自己的面目及其被时命所局限的处境的时候，就有了获得自由的可能性，这也就是"乃知尔丑，尔将可与语大理矣"（同上）。"语大理"即是谈论如何得道的问题，得道就意谓得自由。

依照庄子的意思，人生来其实都是不自由的，但他同时表达了这样的意思：人的天性都是要求自由的。庄子在《人间世》里所说的"内直而外曲"，其中的"直"，正是不愿意委屈的自由天性；其中的"曲"，则是处世过程中的柔和圆融。尽管"内直而外曲"还不是最好的选择。而《庄子》书自始至终表达的逍遥与自由，其实也就是依本来的天性，去追求应该属于自己的东西。在《庄子》书中，"自然"这个词虽然与天性、本性有关，却不是天性、本性的意思，表达本性与天性的，就是"性"（也包括某些时候所用的"生"）。既然自由是追求的结果，那么自足其性是否是自由？应当说，自足其性也是自由，但这种自由非但是有条件的，而且，它只有在被意识到的时候，才是自由的；如果它没有被意识到，也不会是自由的。如同小鸟长着翅膀，其本性是会飞的，然而会飞的鸟未必了解到自己拥有飞的自由。与此相关的问题便是，当人们意识到自己的自由时，同时也意识到自由的局限，于是才有了追求与超越的自由问题。追求与超越的自由，只存在于得道的过程中，而得道总是以出离自身及其生存与社会环境作为前提。

依境界的角度看，获得了出于自然的自由，就是得了道，得了道就拥有了道的境域，也就是把自己的身心安顿在这个道的境域里了。

第十章　道教的境界论

一　自由与境界

　　如果说自由是一个价值取向、一个追求的话，而自然是表明它的合理性，那么境界就是其预期达到的目的。它为自由提供了空间的大小、程度、层面、方式，规定着自由的性质。自由虽然是对于必然的超越，只有建立在必然的基础之上的价值，才能够成为可追求的东西。境界，在其基本的意义上来看，就是某种际界、境地，道家佛家对此没有多大的分歧，而且它所反映的基本事实是理智所面对的那个客观现象世界。成玄英可谓唐朝对于庄子自由境界的一个最具影响的人物，而他的立场则是宗教的，故而他的理解可称典范。他说道：

> 夫知必对境，非境不当。境既生灭不定，知亦待夺无常。唯当境知两忘，能所双绝者，方能无可无不可，然后无患也已。①

"知"指有认知能力的理智，"能"指理智的能力；"境"指

---

① 《大宗师》"其所待者特未定也"疏。

理智认知的对象，"所"指理智的能力欲施展的场所。这是说，认知对象的不确定性，招致了认知活动及其结果的不可靠性，解决这个问题的办法只能是超越这两者本身，既不有赖于现象，也不满足这相对的理智与知识。在这个意义上，境界不是一个主观的问题，而是存在于主观之外的对象。只是世俗看不出这种对象与主体的不确定与不真实性，只有"玄悟之人"能够了知万境虚幻，能够"心境两空，物我双幻"①。然而，主观与客观的对应性决定了两者之间的不可分割的关系，离了主观，客观便没有了它自身，因为它得不到肯定，没有进入对象范围的存在是无意义的。同样，超越这两者的生命冲动，则为重构两者新型关系提供了可能性。

世俗的对象界无须追索就能得到，如同睁开眼睛就看到，伸出手就能触到，周围的现象界对于人来说，似乎是有使用价值而无价值一样，它现成地摆在人的面前，人会使用它，却不会满足它。改变世界是一回事，不改变它，而另外构造一个世界，则是另一回事。成玄英所追求的正是这"另一回事"，就是所要追求的境界。他所说的"六合以内"为现象界：

　　　六合以内，谓苍生所禀之性分。夫云云取舍，皆起
　　妄情，寻责根源，并同虚有。②

"六合以外"则是超现象界：

　　　六合之外，谓众生性分之表，重玄至道之乡也。夫
　　玄宗周象，出四句之端；妙理希夷，超六合之外。既非
　　神口所辩，所以存而不论也。③

----

① 《齐物论》"恶乎不然？不然于不然"疏。
② 《齐物论》"六合之内，圣人论而不议"疏。
③ 《齐物论》"六合之外，圣人存而不论"疏。

六合即上下四方的空间，"超六合之外"虽在六合空间之外，它表示的仍然是空间观念，只是这个空间不是现实可感的，它是超越的结果，是超越者所寄寓的世界。你可以说这个空间是想象的，是非现实的，却不可以说它是不真实的，在成玄英看来，它比现实更真实，反倒是现实的现象界不真实。这里存在一个现实与真实的差异。按照习惯思维，我们说只有现实的才是真实的，之所以是真实的，在于它是感觉和理智所能够把握的。这实际上是以现实性来界定真实性，但问题是真实性的论域远远大于现实性。我们能够接触到的现实性非常有限，而存在的真实性则是无限的，我们只能说现实性是已经证实了的真实性，因为我们总是依据经验和实践来证实，对于未被证实的真实，至多我们只能说"存而不论"，不可以说它不真实。当然，成玄英所孜孜追求的"重玄至道之乡"，其本身不是可以证实的，在世俗与超世俗之间永远存在着断裂，如果欲以世俗的观点来证实超世俗世界，只是徒劳。但是，我们可以通过他的描述来了解这个世界。因为描述寄寓了描述者的想象与意图，能够表现出某些特征，尽管描述者总是把描述对象说得极其隐晦不明。

对于这个超越的境界，成玄英还有多种说法，如"重玄之域"：

> 三绝之外，道之根本，所谓重玄之域，众妙之门，意亦难得而差言之矣。[1]

又如"重妙之境"：

> 既残三王，又毁五帝，蘧庐咸尽，刍狗不陈，忘筌忘蹄，物我冥极，然后始可与论重妙之境，议道德

---

[1]　《大宗师》"参寥闻之疑始"疏。

之遏也。[①]

再如"自然之境"：

> 天均者，自然均平之理也。夫达道之人，虚怀不执，故能和是于无是，同非于无非，所以息智乎均平之乡，休心乎自然之境也。[②]

这些说法表达的是同一个境界，即超于现实世界的另一个世界，这个世界乃是"无限域"。无限，在于对有限的超越，突破任何的限制和界定，从而没有是非困惑，没有贵贱等分，人人按照自己的本能所愿意的方式生活。这即是宗教追求的对象，是获得解脱的人的自由之乡，也就是我们所说的自由境界。作为对象化了的境界，它就不纯粹是一个意义或精神性的，它是超越的精神所对应的那个客观世界，是其安顿之处，所以它不是现实的空间，但它具有空间性。但是，境界虽有客观性，它却是主观参与的结果，是主观世界和客观世界共同构成了它，离开了主观精神活动，便无法了解境界为何。在这个意义上说境界是主客、天人合一，有一定的道理。但是，合一本身不是境界，而是主客、天人合一会产生出境界来，它不是合一的活动，而是结果。一旦它作为一个结果呈现出来，它就是一个世界，一个境地，冯友兰先生所说的"天地境界"即此。这里所说的"产生"，其实是在主客合一的情景下，会看到一个新的境地。正是由于境界有这样的性质，故而成玄英说"反照心源，洞见道境"[③]，即境界从内心浮现，即见识到之前所见识不到的境界。

---

① 《胠箧》"殚残天下之圣法，而民始可与论议"疏。
② 《齐物论》"是以圣人和之以是非而休乎天均"疏。
③ 《逍遥游》"尧治天下之民，平海内之政"疏。

但是境界不是唯一的，不仅有层次高低的区别，甚至也人人相异。人人相异，是因为人人都能产生境界，故言人人殊，如艺术境界、道德境界等。境界之有层次的高低，是因为人们的精神生活所要求的程度与范围有不同，"蓬心"所见境界与"游乎四海"之心所见境界迥异，所谓"境有大小，智有明暗"①。对于宗教来说，境界虽然是从内心浮现，它却是人心所见到的真实存在，境界就是人们的生活世界，人们生活在什么样的世界里，就处在什么样的境界里，如同有俗界与仙界的区别一样。对于成玄英来说，超世俗的境界就是道的境界，所谓"道者，可通之境"②。从而，得道入道就是进入道的境界，道构成了具无限空间性质的生活世界，"夫道无不在，所在皆无，荡然无际，有何封域也"③。如何进入这个生活世界？成玄英给出的路径是反复出离自身，他说："故知彼我彰而至道隐，是非息而妙理全矣。"④他所说的忘筌忘蹄、物我冥极、双遣三绝、空有双照，都是出离自身的方法。越是能够将自己的意识出离得干净，就越可能进入这个超世俗的世界，因为出离的过程即是脱离世俗生活世界的过程。在这个意义上讲，这个境界也是一个超出自我意识的客观境界。从成玄英所描绘的来看，进入这个境界即得妙理之全，能够"通鉴""玄鉴"，即能够澄明、照亮，所谓"悬镜高堂，物来斯照"⑤。同时，这个境界又是玄远而幽深的，所谓"重玄"，即是"玄玄"，它如同清潭碧水，通透而不见底；又如同浩空天穹，极目而不见际。虽

---

① 《齐物论》"故知止其所不知，至矣"疏。
② 《天地》"故形非道不生，生非德不明"疏。
③ 《齐物论》"夫道未始有封"疏。
④ 《齐物论》"是非之彰也，道之所以亏也"疏。
⑤ 《齐物论》"此之谓葆光"疏。

然成玄英将世俗的和超世俗的境界做了严格的区分，但并不意味着两者之间无关系，相反，他认为得道进入无限域，不是遗弃有限域，而是进出自如，不以世俗的眼光来看待事物，即事物而能超事物。他说：

悟于至理，故均彼我，涉于世事，无亲疏也。[①]

超越，在这里意味着人自身起了变化，看问题的眼光和态度不同了，从而彼我、是非、亲疏等固定的界限也起了变化。

郭象提出了"玄冥之境"，又称"绝冥之境"，与他的性分说相关，他主张从个体与自性来看待自己与外部世界的关系。以物观物，等差无限；以内观物，物无差别。所以，他主张"内我而外物"，即从我自身看待，而不应"与物同波"，从等差的物看待。只要将性分发挥到极致，就能"体玄极妙，会通万物之性"，也即玄同彼我，冥灭内外，达到天地万物为一体。他举例说："夫尧实冥矣，其迹则尧也。自迹观冥，内外异域，未足怪也。世徒见尧之为尧，岂识其冥哉！"[②]世人只知尧是为帝之尧，这是从"迹"上看；却不知尧的内心世界早已冥寂玄同，看待世事无等差，此是从"所以迹"上看。这无疑是一个天地境界。成玄英也把道的境界称作"玄冥之境"，但异其趣。他所说的境界有一个普遍本质做基础，而且它是超世俗的宗教境界。郭象不承认普遍本质，而本质就在自身存在中。从而郭象的境界乃是自性定分所见的那个世界，是一个具

①《应帝王》"于事先无与亲"疏。
②《逍遥游》"窅然丧其天下焉"疏。

有天地关怀的非宗教境界①，而成玄英的境界，则完全是一个宗教境界。

二　重玄与境界

南北朝时期到隋唐时期，在道教界流行一种称为"重玄"的学说，其意在重新解读老子"玄之又玄"深意，又结合佛教三论宗两边不落的"中道"方法，在宗教超越的意义上从宗教哲学上构筑道教的宗教境界。②成玄英提出"重玄之道""重玄之域""重玄之境"，张志和提出"真无之域"，杜光庭提出"造重玄之境"。这个重玄境界到底是什么？实际上，从宗教体验上来说，境界是不可以说的，但从理论上说，这个重玄境界就是用重玄方法建立起来的宗教哲学体系，即包括以重玄方法展开的宗教哲学论证及其宗教神灵境界。对于道教来说，

---

①　在《自然、自由与境界》一文中，我曾写道："海德格尔的'澄明之境'的说法，对我们理解郭象和成玄英的境界说提供了一个相关性说明。在澄明之境里，我们在追问现象之际也从现象中学习，让现象（事情本身）对我们有所道说。也就是使现象以某种自明性向我们显示，成为无遮蔽的东西，所以澄明就意味着无蔽。它是一切在场者与不在场者的敞开之境，允许给予、接纳和自明性保持其自身并且在其中运动，故而，又叫作'自由之境'。但是，海德格尔说：'追问无蔽本身，并不是追问真理。'因为真理只是在正确性和可靠性上使用的，而没有涉及无蔽。而无蔽则表明的是在场性之澄明，即澄明允许了真理的可能性，真理本身却不是澄明。真理只是表明'被揭示'，'从晦蔽状态中取出来而让人在无蔽状态（揭示状态）中来看'。在成玄英那里，只是因为得到了真理，才得以进入那澄明而无蔽的自由之境，自由之境与真理就是同一存在的两面，真理是作为本体的现身与显现，自由之境则是这个本体的现身与显现的场域。"原文发表在《中国哲学史》，收录在《中国宗教的超越性问题》，四川大学出版社2015年版。

②　成玄英说："玄者，深远之义，亦是不滞之名。有无二心，原乎一道，同出异名。异名一道，谓之深远。深远之玄，理归无滞，既不滞有，亦不滞无，二俱不滞，故谓之玄。"引自顾欢《道德真经注疏》"同谓之玄"疏，见《道藏》第13册。

道的境界就是宗教哲学的境界，道的境界要靠人的宗教哲学来建构与体认，这里的建构与体认，也是认知和发现的过程，而认知与发现是要以论证与说理的方式表达出来的。在建构道的境界时，却不能不关心道境与人境、神灵世界与世俗世界的关系，以至于将两种世界以某种同质的东西来加以会通，以表示两个世界之间既严格区分，又可以特殊的方式开出由此岸到达彼岸的路径。

所谓道的境界、神灵的境界，也就是道体的境界，整个重玄学说都是以此为核心而展开的。道教一方面认为道是神秘不测的，另一方面又认定道有个道体，并对这个"体"给予界说。所谓体，也即宇宙本体。这个本体被道教学者赋予多种名号。

第一，为了表明道体极其幽深玄远，《本际经》讲"无无曰道"，《道教义枢》讲"玄玄道宗"，并依次提出了多层次的境界，诸如：太易、太初、太虚、太始、太无、太素、太空、太极、太有、太神、太眹、太玄、太上、太一，等等。《玄真子外篇》讲"真无""玄真""真玄"：

> 无自而然谓之玄然，无造而化是谓真化，之玄也，之真也，无玄而玄是谓真玄，无真而真是谓玄真。

第二，为了表明道体是高度抽象的，不同于具体实物，成玄英认定道体即"妙理"：

> 道者，虚通之妙理，众生之正性也。[1]

李荣进而明确地称道体即是"理体"：

> 道者虚极之理体，不可以有无分其象，不可以上下

---

[1]　顾欢《道德真经注疏》"道者万物之奥"疏，见《道藏》第13册。

极其真。所谓妙矣，难思，深不可识。①

强思齐则认为：

> 道是虚通之理境，德是志忘之妙智。境能发智，智
> 能克境，境智相会，故称道德。②

在中国哲学史上，把宇宙的本体确定为"理体"，这是具有历史意义的。"理体"与"理境"，这个对子极具意义。"理体"指的是道之实体、实在，也是宇宙本体；"理境"指的是道之领域、境域和境界。这个对子体现了道的两个向度，"理体"需要用"理境"来解释，意味道虽是实体和实在，却是以"虚通"为特性的；"理境"虽然是领域、境地和境界的，却是以实在、实体和本体为根性的，不可以把它看成是顽空的虚无。

第三，为了避免理本体带来的空疏的偏颇，表明道体不仅表现为某种永恒的客观精神，又有实在的内容贯彻其中，重玄学家称道体为"道炁"。成玄英说："炁，道也。"③这是明确地以炁（气）的实在特性来限定道体。《升玄经》说："人之若鱼，道之若水。鱼得水而生，失水而死。炁不居人身，人身则空，人身既空，何得长久？"唐玄宗进一步肯定："身是道炁之子。"④人身与宇宙本体的关系是如此，道体与宇宙万物的关系更是如此。杜光庭说："阴阳虽广，天地虽大，非道炁所育，大圣所运，无由生化成立矣。"⑤如果说早期道教所称"道炁"，只是不自觉地将道与炁偶合起来的话，那么，到了隋唐时期重

---

① 强思齐《道德真经玄德纂疏》"道可道"注，见《道藏》第13册。
② 《道德真经玄德纂疏·开题义》，见《道藏》第13册。
③ 《道德真经玄德纂疏·开题义》"专气致柔，能如婴儿乎"疏，见《道藏》第13册。
④ 《御注道德经》"既知其子，复守其母"疏，见《道藏》第11册。
⑤ 《道德真经广圣义·释老君事迹氏族降生年代》，见《道藏》第14册。

玄学家将道与炁合称为"道炁"，则是完全自觉的、深思熟虑的。道、炁相贯是道教的根本点，从道、炁互释到道炁合成二元绝对体，表现了道教文化的本位意识，这一点并不因为重玄学吸收佛教大乘空宗的思想而有任何改变。重玄学家在做道体的抽象提升时，援引了佛教的空论，但正如王玄览所表明的："道体实是空，不与空同。"① 不同处就在于道体中有"炁"。因而《升玄经》在论及"道根"时说："请问道根。……夫道玄妙，出于自然，生于无生，先于无先。挺于空洞，淘育乾坤，号曰无上玄老太上三炁。三炁，玄元始也，无上正真道也，神奇微远，不可得名。"

　　第四，为了表明"道不远人"，道与人之间有着相通之处，重玄学家摄取了佛教的"佛性说"，称道体为"道性""真性"。《太玄经》说："道性众生性，皆与自然同。"《道教义枢》说："道性者，理存真极，义实圆通，虽复冥寂一源，而亦备周万物。"唐玄宗说："道性清净，妙本湛然，故常无为也。"② 道性既抽象地表现为宇宙万物的本体——道体自身，又能生动具体地表现为人的本性，所谓"无极大道，众生正性"③。当它作为宇宙本体时，"道性常一不异"④；当它作为人的本性时，称为"众生道性"，"其道无常性，所以感应众生修"⑤。因而宇宙道性与众生道性有着直接的同一性，故道性又称"真性"。《升玄经》说："思维分别，得其真性。"成玄英说："修道善人达见

① 《玄珠录》，见朱森溥：《玄珠录校释》，四川大学出版社1986年版，第114页。
② 《御注道德经》"道常无为而无不为"疏，见《道藏》第11册。
③ 顾欢《道德真经注疏》"非常道"成玄英疏，见《道藏》第13册。
④ 《云笈七签·道性论》，齐鲁书社1988年版，第515页。
⑤ 《玄珠录》，见朱森溥：《玄珠录校释》，四川大学出版社1986年版，第79页。

真性，得玄珠于赤水，故能宝而贵之。"① 杜光庭《清静经注》说："道性既清静，乃得真性，返归于无得之理，如此清静，渐入真道。"② 又说："凡欲得成真性，须修常性而为道性。得者动也，动其本性也。"③ 其谓"真性"，意在说明人性之中有不变之真常道性，不过这种真常道性须经过修炼才能得到。在这个意义上，《升玄经》倡导"真一之性"：

> 真一之一，不能不一。不能不一，则有二。有二，非一之谓。不一之一，以不见二故，则无一。无一者，是无二义。

> 念一者，想不散。一念者，心得定也。心定在一，万伪不能迁，郡耶不能动，故谓真一。④

实际是说，以真一不二之心守一，就能得到那不变的真一之性，所谓"真性常一"。"道性"说在六朝、隋唐时期甚为流行，这个时期的道教文献几乎无例外地要就道性问题讲论一番。就外在因素来说，道教受佛教的影响。东晋以后，佛教中佛性论流行，逐渐摆脱玄学本体论的影响。与佛教竞相争高的道教，在佛教大量摄取老庄哲学的同时，也大量地吸收佛教的观念。就内部因素来说，道性说根源于《老子想尔注》"道性不为恶事"的说法，却又是重玄哲学兴起的产物。把道体理解为"理""性"，并把道性与人性联系起来，包含了从早期道教的空洞的抽象到具体的抽象的意义，也包含了从本体论向认识论深化的内容。认识自我，就已隐括了对道性的认识，从而也找到了从个体通

---

① 顾欢《道德真经注疏》"善人之宝"疏，见《道藏》第13册。
② 《老子说常清静经注》"常应常静"注，见《道藏》第17册。
③ 同上书，"真常得性"注。
④ 参见〔日〕山田俊：《稿本升玄经》，日本东北大学文学部1992年印。

向道体，从世俗通向仙境的超越之路径。自此仙境不仅是高深玄妙，又似是天涯咫尺，如同谭峭所说："蓬莱信道无多地，只在谭生拄杖前。"[①] 此外，道性说与道教内丹学说关系甚为密切。六朝到隋唐，也正是道教从外丹学转向内丹学的时期，内丹学说在形成过程的一个重要内容便是心体与道体的关系问题。道性说在将宇宙精神本体的道性与人性联系起来考虑时，实际上执着人与道所同者"心"，心作为同质的东西可以沟通天人，如《道教义枢》主张的"神凝于重玄"。《常清静经》主张道性只是清静之心，《升玄经》称此心为"道心"，所谓"盖是修善，行合道心"。"道心"又叫作"道意"，正如《道教义枢》所说："道意者，谓是正道之心。"心体与道体沟通的形式为"感应"，人有正道之心，就能感通道体，"要在精进，存念至真"[②]。这样一来，便比魏晋六朝盛行的服不朽之金以成不死之仙更为抽象与神秘。

　　作为一种宗教，道教的各种学说都是为如何成仙服务的。唐后期，外丹学说逐渐被内丹学说代替，重玄学逐渐与内丹学合流。重玄哲学的本体论融会、落实在内丹学说中了，这突出地表现在两个方面：第一，作为宇宙本体学说的"道炁"论逐渐占支配地位，道炁是道（理）与炁的绝对同一体，道炁就蕴含着理；第二，作为道与人之间终极关怀的"性命"说取代了"道性"说，性命是人的整体表现，性命当中就隐括了道性。这两个方面又关联一致，在内丹家看来，"性"即是"神"，即是"道"，"命"即是身，即是"炁"。修炼性命，就是要从后天返还先天的道炁，道炁长存，人则不亡。至于说重玄方

　　① 沈汾：《续仙传》，见《道藏》第 5 册。
　　② 《太上灵宝升玄内教经中和品述议疏》，见《道藏》第 24 册。

法和境界论，则作为内丹修炼的方法融会在内丹修炼的过程中了，诸如内丹学说所追求的"炼精化气""炼气化神""炼神还虚""化身五五"，以及与万物同在，即是由实化为虚，身体生命化为精神生命，个体有限生命化为宇宙无限生命的境界提升。[①] 这无异于说，生命的哲学降落在生命修炼以及境界提升的实践中了，这也合乎思想的逻辑，生命的哲学起于生命修炼的需要，最终回复到生命修炼。

三　神仙与境界

道教的境界，是离不开仙人的境界的，而且，道教的境界论是引导人们从世俗生活处境、从生存境界通向超越的神仙境界的。仙人乃是超越于世俗生活、超越生死的人，可以说凡是称为仙人的人，都是得了道的神仙。然而，虽然都是得了道，却彼此有境界的高低，道教区分境界高下的方法，依据的是其所居住境地的高下与大小。宋人张君房编辑的《云笈七签》卷二十一把所有的境地由下而上分为"三界四梵"，加上"三清境"与"大罗天"，共三十六天。第一重欲界：

> 有色有欲，交接阴阳，人们胎生，是故举其重，因名为欲界。

其中又分为六天："一曰太皇黄曾天，二曰太明玉完天，三曰清明何童天，四曰玄胎平育天，五曰元明文举天，六曰七曜摩夷天。"在这层境地里，人们有物欲，有情欲，有物象等差，男女交媾，生养繁息。第二重色界十八天：

---

① 在《钟吕传道集》中也表述为："炼形成气，炼气成神，炼神合道。"

> 其界有色无情欲，不交阴阳，人民化生。但绁香，
> 无复便止之患，故曰色界。

此重境地里，人们有了宗教的修养，尚有物象等差之分别，却无情欲，也无须行男女交媾之事。这十八天分为："七曰虚无越衡天，八曰太极蒙翳天，九曰赤明和阳天，十曰玄明恭华天，十一曰曜明宗飘天，十二曰竺落皇茄天，十三曰虚明堂曜天，十四曰观明端静天，十五曰玄明恭庆天，十六曰太焕极瑶天，十七曰元载孔升天，十八曰太安皇崖天，十九曰显定极风天，二十曰始黄孝芒天，二十一曰太黄翁重天，二十二曰无思江由天，二十三曰上揲阮乐天，二十四曰无极昙誓天。"第三重天为无色界四天：

> 无复色欲，其界人微妙无色想，乃有形长数百里，
> 而人不自觉，唯有真人能见，故曰无色界。

其中分为皓庭震度天，渊通元洞天，翰宠妙成天，秀乐禁上天。此重境界，人们无欲无识，无物象，无等差，达到了与物同体，似乎是一种气化状态，故而能够"形长数百里"，但人自身意识不到自己的这种存在，只有"真人"能够识见。第四重天为四梵天，即"人断生死，三灾所不能及"。也就是人已经了断生死，不再受自然灾害的困扰，分为常融天，玉隆天，梵度天，贾奕天。第五重天为三清天，即玉清、上清、太清之境。第六重天为大罗天，为最高境界。前面的"三界四梵"，加上后面的"圣境四天"，即"三清天""大罗天"，就是三十六天。

上述这个重重叠叠的境象，乃是一个从古代延续、发展成的道教境界图说，并不是一次性地从某个人物撰写完成的，从引述的道教经典有《大洞真经》《玄妙经》《玄门论》《玉京

山经》《三界图》《赤书》《九天谱》《消魔经》《三天正法经》《大洞玉经》《元始经》《诸天灵书经》《放品经》《度人经》《东方品章经》《灵书正经》《大洞隐注经》《生神经》，等等。也就是说，这些神仙境界说，是历代道教共同完成的。

在《老子》《庄子》《文子》《列子》及其他道家经典中，皆没有这样明确的境界区分，甚至在道教的早期经典中也没有如此的分别，或者说，从老子所说的"古之善为士者"，到"圣人"，至于庄子所说的"至人""神人""圣人""真人""德人"等，也都表明这些超越的人以其见地的高低，生活在不同的境地里，但并没有分出境地的高下，更没有分殊出如此多的境地。在东晋葛洪撰写的《神仙传》里，依老子《道德经》的"上士、中士、下士"说，将道教神仙分为三类："上士举形升虚，谓之天仙；中士游于名山，谓之地仙；下士先死后蜕，谓之尸解仙。"道教最为重视的三清天（三清境），也不是一次确认的，而是有一个认知的过程。最早对道教的境界提出系统分殊的当属南北朝时期的陶弘景的《真灵位业图》，这就是一个神仙谱系图。在这个谱系图中，最高的神仙境界为：玉清境，其神为元始天尊；上清境，其神为玉宸玄皇大道君；太极境，其神为金阙帝君；太清境，其神为太上老君。这里还是四个平等的境界，而不是三清。但四个境界并不符合《道德境》的"三一模式"："道生一，一生二，二生三。""视之不见，名曰夷；听之不闻，名曰希；搏之不得，名曰微。此三者不可致诘，故混而为一。""三一模式"的基本理路是：从同一个源头可以分化为三个东西，三个东西又可以还原为同一个源头。《升玄经》："三气，玄元始也，无上正真道也。神奇微远，不可得名。"这三者的关系，虽为同一层次，"玄"字与"元"字相同，可以互写；"元"字又与"始"字相通，可以互释。但道家的理解，它们之间有时间上的先后关系。由此再来理解"玄元始"所表征的玉清、上清、太清三境的关系也如此，三境平行，只是依照道家宇宙论的观点，玉清最先，上清居次，太清居三，这就合乎《道德经》的"三一模式"了。故而作为宗教，道教在从南朝的陶弘景那里的玉清、上清、太极、太清的"四境说"，就逐渐地落定为"三境说"；而最高的神也就从四位落实为元始天尊、灵宝天尊和道德天尊了。从道到元始天尊，从元始天尊到灵宝天尊，再到道德天尊，是一个由隐到显、由虚到实的过程。道是一个绝对的精神性的存在，而老子则是一个中国式的"道成肉身"。尽管老子从没有称自己是道，他只是道的述说者，但作为宗教教主的存在，则必然地采取道的化身的形式。一般说来，道德天尊直指老子本人，而前两者未必不是老子，只是前世与后世的关系，这有些像是佛教的三世佛。在这个过程中，这种嬗变既合乎道教的逻辑，同时，也的确受到了佛教的巨大影响。而且，"色界""欲界""三界""四梵天"等也都是从佛教的词语，进一步说，"境界"作为双音节词也应当是从佛教传入的，尽管道家和道教早已有这个观念，却无明确的概念。

《云笈七签》卷二十一所论"三清境"，引述了《消魔经》的"三清上境三十六天"的说法，而《太玄真一本际经》中也说道："无宗无上，而独能为万物之始，故名元始；运道一切为极尊，而常处三清，出诸天上，故称天尊。"《道教义枢》引《太真科》也说："大罗生玄元始三气，化为三清天：一曰清微天玉清境，始气所成；二曰禹余天上清境，元气所成；三曰大赤天太清境，玄气所成。"《元始无量度人上品妙经四注》

和《道门经法相承次序》等也称三清天为"无上三天，皆是证果极地"。可见《道教义枢》对三清境描述得最为清晰。由于《道教义枢》的作者孟安排为唐高宗、武则天时期人，故而学界认定三清之说在唐朝成为定说。三清之上，还有大罗天，为最高境界，虽然如此，它与三清境具有同一性。《云笈七签》引《玉京山经》曰："玉京山冠于八方诸大罗天，列世比地之枢上中央矣。山有七宝城，城有七宝宫，宫有七宝玄台。其山自然生七宝之树。一株乃弥覆一天，八树弥覆八方大罗天矣。即太上无极虚皇大道君之所治也。"无极虚皇大道君也即元始天尊。又依《道门经法相承次序》的说法，"大罗天，元始天尊居其中施化行教"。而在《元始经》中所描绘的大罗天，则是没有"真宰"，弥漫其中的只是"大梵之气"："大罗之境，无复真宰，惟大梵之气，包罗诸天。太空之上有自然五霞，其色苍黄，号曰黄天。黄天之上，其色青苍，号曰苍天。苍天之上，其色玄空成青，号曰青天。故颂曰：三界之上，眇眇大罗，上无色根，云层峨峨。"①

　　《云笈七签》卷二十一虽然把道教的境界做了三十六天的区分，却不像陶弘景《真灵位业图》那样把众神仙的位置做了分门别类的安排，而是只在高层境界上做了排位，只是说："梵行之上则是上清之天，玉京玄都紫微宫也。乃太上道君所治，真人所登也。自四天之下，二十八天，分为三界，一天则有一帝王治其中。"就是说，三清境里由玉清元始天尊、上清灵宝天尊和太清道德天尊治理，能登三清之境者则都是"真人"。三清之下则是"四御"，即东华、南极、西灵、北真，辅佐三

---

　　① 《云笈七签》卷二十一。

清天尊，三界二十八天，皆有一天帝治理。而在《真灵位业图》中，则明确地依其神仙的位阶，把各路神仙排定在一个谱系当中，如陶弘景所说："虽同号真人，真品乃有数，俱目仙人，仙亦有等级千亿。"在仙品当中还是有等级区分的，如此元始天尊、玉宸玄皇大道君与太极境金阙帝君、太清太上老君各自统领了左右两班神仙、七个等级的谱系。值得注意的是，在各自的谱系中，等级分明，且不仅包括了道家、道教的神仙，也包括了儒家以及世俗社会的许多人士，如"孔子弟子三千人，数得道"，孔子、颜回与帝尧、帝舜、颛顼，以及道家人士被衣、啮缺、许由、葛玄同列金阙帝晨后圣玄元道君的麾下；秦始皇、汉高祖、北魏武帝、晋宣帝，与何晏、孔融、虞翻一起位列酆都北阴大帝麾下。陶弘景为何这么安排这个神仙谱系？在《真灵位业图序》中，他说的明白："搜访人纲，究朝班之品序；研综天经，测真灵之阶业。但名爵隐显，学号进退，四宫之内，疑似相参。"首先，他依据的是世俗政权的朝班的次序，建立了这个天堂的次序；其次，他只是一个测度，甚至不像《真诰》那样的"降授"。但是，能否由此断定他把世俗的秩序与位阶搬到天国呢？其实不能得出这样的结论，他的确是依世间的爵位次序与位阶建立了天国的谱系，就是说，天国也如世间一样，有爵位的高低，有统治者，但是，他不是按照世间已有的次序来安排的。世间的帝王（当然是得道的帝王）到了天国，未见得也处于统治地位，他可能只是与在人间的一个普通的人士同列仙班。既然如此，凭什么来安排仙阶次序呢？能够位列仙阶的人，虽然都是得道者，但得道有高下之分，高者居上，低者居下。而所谓得道之高下，其实就是获得境界的高下，获得自由的多少，见识到的境界越高越宽广，超越的界限越多，获得的快乐与自由也越多。故而，世间的贵贱不能够说明什么问题，进入天国的次序全然依修道得道的次序，这也如孟子所表达的"天爵"观念，人们虽然可以"世爵"测"天爵"，但"天爵"不等于"世爵"。由此来说，秦始皇、汉高祖是否能够进入仙班，也只是陶弘景的测度而已。

再看神仙谱系中所罗列的各位神仙，除了"天尊"以外，各路神仙皆属人间社会的升班人士。神仙谱系的确立，向人世间释放了这样的消息：人皆可以成为神。人皆有一条可能通往神圣的路，只要自己努力修道，就能把可能变成现实。《云笈七签》卷二十一："其天人皆是在世受持智慧上品之人，从善功所得，自然衣食，飞行来去，逍遥欢乐。但死生之限不断，犹有寿命，自有长短。"在神仙谱系里的人，也都是从世俗社会、从生死困苦中得道、得解脱、得自由的人，其中能入三清境界的人，称为"真人"。"真人"在《庄子》书中有各种描绘，如"不逆寡，不雄成，不谟士。若然者，过而弗悔，当而不自得也。若然者，登高不栗，入水不濡，入火不热，是知之能登假于道者也若此"；"不以心捐道，不以人助天"；"喜怒通四时"。①不像《庄子》书中所描绘的至人、神人，至人、神人似乎并不生活在凡俗的世界，而圣人、真人却生活在其中，并且他们还要履行人间社会的诸多责任，诸如刑法、礼乐、智慧、德性等，就是说"真人"既能够登三清圣境，也能生活在凡俗世界。②

在道教的神仙境界里，不仅把各路神仙所处的境界看作某种境地，如大罗天、三清上境、三界四梵，共三十六天，每一

---

① 《庄子·大宗师》。

② 参见李大华：《自然与自由：庄子哲学研究》第六章，商务印书馆2020年版。

个层天，都是一个世界；也有与神仙的位阶相匹配的宫殿与处所，大罗天玉京山玄都紫薇宫为太上道君所居，玉清宫为元始天尊所居，上清宫为灵宝天尊所居，太清宫为道德天尊所居。三清天尊的四位辅佐，玉皇大帝居太微玉清宫，后土皇地祇居天效法宫，紫薇皇天上帝居紫薇上宫，中天紫微北极大帝居北极星宫。每一层天，都是一个生活世界和一个境地，而且都有一个处所，这样一种安排是出于何知考虑呢？从欲界、无欲有色界、无欲无色界、四梵天、三清界、大罗天，表明从低到高的生活世界，表明获得自由的程度，然而，获得自由的神仙，虽然都是破除了世俗生活的狭小境地，但也不是居无定所的游神，那些所居的宫殿，既表明他们的尊位，也表明他们于此安顿身心。

主要参考书目

一 道家经典

1.《周易参同契》，见《道藏》20 册。

2.葛洪:《神仙传》，上海古籍出版社 1980 年版。

3.葛洪:《抱朴子外篇》，见《道藏》28 册。

4.葛洪:《抱朴子内篇》，见《道藏》28 册。

5.陶弘景:《养性延命录》，见《道藏》18 册。

6.陶弘景:《真诰》，见《道藏》20 册。

7.《黄帝阴符经集注》，见《道藏》2 册。

8.《太上老君说常清静经》，见《道藏》17 册。

9.《黄庭经》，见《云笈七签》。

10.《西升经集注》，见《道藏》14 册。

11.《无上秘要》，见《道藏》25 册。

12.〔日〕山田俊:《稿本升玄经》，日本东北大学文学部
1992 年印。

13.《老子想尔注》，见饶宗颐《老子想尔注校证》，上海
古籍出版社 1991 年版。

14.《老子河上公章句》，见王卡校点《老子道德经河上公
章句》，中华书局 1993 年版。

15. 吴筠:《宗玄集》,上海古籍出版社1992年版。

16. 王太霄:《玄珠录》,见《道藏》23册。

17.《老君太上虚无自然本起经》,见《云笈七签》。

18.《太上老君内观经》,见《云笈七签》。

19. 孙思邈:《摄养枕中方》,见《云笈七签》。

20. 司马承祯:《服气精义论》,见《云笈七签》。

21. 司马承祯:《坐忘论》,见《云笈七签》。

22.《张果先生服气法》,见《云笈七签》。

23.《道体论》,见《道藏》22册。

24.《玄门大论》,见《云笈七签》。

25. 孟安排:《道教义枢》,见《道藏》24册。

26. 顾欢:《道德真经注疏》,见《道藏》13册。

27. 强思齐:《道德真经玄德纂疏》,见《道藏》13册。

28. 张志和:《玄真子外篇》,见《道藏》21册。

29.《唐玄宗御制道德经疏》,见《道藏》11册。

30. 杜光庭:《道德真经广圣义》,见《道藏》14册。

31. 谭景升:《化书》,见《道藏》23册。

32. 施肩吾:《西山群仙会真记》,上海古籍出版社1989年版。

33.《钟吕传道集》,上海古籍出版社1989年版。

34.《灵宝毕法》,见《全真秘要》,中国人民大学出版社1989年版。

35. 崔希范:《入药镜》,上海古籍出版社1989年版。

36.《悟真篇集注》,上海古籍出版社1989年版。

37.《道枢》,见《道藏》20册。

38.《道法会元》,见《道藏》28册。

39. 白玉蟾:《紫清指玄集》，见《道藏精华录》，浙江古籍出版社 1989 年版。

40. 白玉蟾:《海琼问道集》，见《道藏》33 册。

41. 尹真人弟子:《性命圭旨》，上海古籍出版社 1989 年版。

42.《太玄真一本际经》，见大渊忍尔《敦煌道经》。

43.《规中指南》，上海古籍出版社 1989 年版。

44.《金丹大要》，上海古籍出版社 1989 年版。

45.《中和集》，上海古籍出版社 1989 年版。

46.《金丹大成集》，上海古籍出版社 1989 年版。

47.《大丹直指》，见《道藏精华》，岳麓书社 1993 年版。

48.《三洞珠囊》，见《道藏精华》，岳麓书社 1993 年版。

49.《修真十书》，见《道藏精华》，岳麓书社 1993 年版。

50.《道书全集》，见《海王古籍丛刊》，中国书店 1990 年版。

51.《古本伍柳仙宗全集》，上海古籍出版社 1989 年版。

52.《乐育堂语录》，见《黄元吉养生静功心法注释》，中国文史出版社 1990 年版。

二　道家、道教研究著作:

1. 朱谦之:《老子校释》，中华书局 1984 年版。

2. 张松如:《老子校读》，吉林人民出版社 1981 年版。

3. 郭庆藩:《庄子集释》，中华书局 1961/2004 年版。

4. 郎擎霄:《庄子学案》，商务印书馆 1934 年版。

5. 刘笑敢:《庄子哲学及其演变》，中国社会科学出版社 1987 年版。

6. 崔大华:《庄学研究》，人民出版社 1992 年版。

7. 李轨注:《扬子法言》,上海古籍出版社 1989 年版。

8. 刘文典:《淮南鸿烈集解》,中华书局 1989 年版。

9. 刘向:《列仙传》,上海古籍出版社 1990 年版。

10. 钱穆:《先秦诸子系年》,中华书局 1985 年版。

11. 郭蔼春:《黄帝内经素问校注》,人民卫生出版社 1992 年版。

12. 楼宇烈:《王弼集校释》,中华书局 1980 年版。

13. 王明:《抱朴子内篇校释》,中华书局 1980 年版。

14. 杨明照:《抱朴子外篇校释》,中华书局 1991 年版。

15. 傅勤家:《中国道教史》,上海书店 1990 年版。

16. 许地山:《道教、因明及其他》,中国社会科学出版社 1994 年版。

17. 许地山:《道教史》,上海书店 1991 年版。

18. 蒙文通:《古学甄微》,巴蜀书社 1987 年版。

19. 王明:《道家和道教思想研究》,中国社会科学出版社 1984 年版。

20. 陈国符:《道藏源流考》,中华书局 1963 年版。

21. 任继愈主编:《中国道教史》,上海人民出版社 1992 年版。

22. 张舜徽:《周秦道论发微》,中华书局 1982 年版。

23. 汤一介:《魏晋南北朝时期的道教》,陕西师范大学出版社 1988 年版。

24. 卿希泰主编:《中国道教史》,四川人民出版社 1992 年版。

25. 柳存仁:《和风堂文集》,上海古籍出版社 1991 年版。

26.〔日〕福永光司:《道教思想史研究》,岩波书店 2002

年版。

27.〔日〕福井康顺:《道教》,上海古籍出版社 1992 年版。

28.龚鹏程:《道教新论》,台湾学生书局 1991 年版。

29.〔日〕小野泽精一,福永光司,山丹涌编:《气的思想》,上海人民出版社 1990 年版。

30.李存山:《中国气论探源与发微》,中国社会科学出版社 1990 年版。

31.王家祐:《道教论稿》,巴蜀书社 1987 年版。

32.李养正:《道教概说》,中华书局 1989 年版。

33.冯达文:《回归自然》,广东人民出版社 1992 年版。

34.〔日〕小林正美:《六朝道教史研究》,创文社 1990 年版。

35.〔日〕砂山稔:《隋唐道教思想史研究》,平河出版社 1990 年版。

36.陈樱宁:《道教与养生》,华文出版社 1989 年版。

37.王沐:《悟真篇浅解》(外三种),中华书局 1990 年版。

三 其他著作:

1.高亨:《周易古经今注》,中华书局 1984 年版。

2.高亨:《周易大传今注》,齐鲁书社 1979 年版。

3.孙诒让:《墨子间诂》,中华书局 1986 年版。

4.梁启雄:《荀子简释》,中华书局 1983 年版。

5.韩非:《韩非子》,上海古籍出版社 1989 年版。

6.郭璞注:《山海经》,上海古籍出版社 1981 年版。

7.尹文:《尹文子》,上海古籍出版社 1990 年版。

8.庚桑楚:《亢仓子》,上海古籍出版社 1990 年版。

9. 汤用彤:《理学、佛学、玄学》,北京大学出版社 1991 年版。

10. 汤用彤:《汉魏两晋南北朝佛教史》,中华书局 1983 年版。

11. 冯友兰:《三松堂学术文集》,北京大学出版社 1984 年版。

12. 冯友兰:《中国哲学史新编》,人民出版社 1964 年版。

13. 冯友兰:《贞元六书》,华东师范大学出版社 1996 年版。

14. 方东美:《生命理想与文化类型》,中国广播电视出版社 1992 年版。

15. 吕澂:《中国佛学源流略讲》,中华书局 1979 年版。

16. 萧萐父,李德永主编:《中国辩证法史稿》,武汉大学出版社 1990 年版。

17. 庞朴:《一分为三》,海天出版社 1995 年版。

18. 朱伯昆:《易学哲学史》,北京大学出版社 1988 年版。

19. 郭齐勇:《熊十力思想研究》,天津人民出版社 1993 年版。

20. 邓小芒:《思辨的张力》,湖南教育出版社 1992 年版。

21. 傅伟勋:《生命的学问》,浙江人民出版社 1996 年版。

22. 赖永海:《佛道诗禅》,中国青年出版社 1990 年版。

23. 僧佑:《弘明集》,上海古籍出版社 1991 年版。

24. 道宣:《广弘明集》,上海古籍出版社 1991 年版。

25.《大乘起信论》,真谛译,中华书局 1992 年版。

26.《佛性论》,真谛译,《大正藏》No.1610,大正一切经刊行会。

27.〔英〕马林诺夫斯基:《巫术科学宗教与神话》,上海文艺出版社 1987 年版。

28. 陈鼓应:《悲剧哲学家尼采》，生活·读书·新知三联书店 1994 年版。

29. 李超杰:《理解生命》，中央编译出版社 1994 年版。

30.〔法〕亨利·柏格森:《创造化论》，湖南人民出版社 1989 年版。

31.〔德〕埃德蒙德·胡塞尔:《现象学的方法》，上海译文出版社 1994 年版。

32.〔德〕埃德蒙德·胡塞尔:《逻辑研究》，上海译文出版社 1994 年版。

33. 张庆熊:《熊十力与胡塞尔的现象学》，上海人民出版社 1995 年版。

34.〔德〕海德格尔:《存在与时间》，生活·读书·新知三联书店 1987 年版。

35. 陈嘉映:《海德格尔哲学概论》，生活·读书·新知三联书店 1995 年版。

36.〔德〕黑格尔:《哲学史讲演录》，商务印书馆 1995 年版。

37.〔德〕黑格尔:《精神现象学》，商务印书馆 1996 年版。

38.〔德〕弗里德希·尼采:《权力意志》，商务印书馆 1993 年版。

39.〔美〕W. 考夫曼:《存在主义》，商务印书馆 1994 年版。

40.〔美〕威廉·巴雷特:《非理性的人》，上海译文出版社 1992 年版。

41.〔德〕马克斯·韦伯:《儒教与道教》，商务印书馆 1995 年版。

42. 叶秀山:《思·史·诗》，人民出版社 1988 年版。

43. 徐友渔，周国平，陈嘉映，尚杰:《语言与哲学》，生活·读书·新知三联书店 1996 年版。

44. 熊十力:《新唯识论》，商务印书馆 2010 年版。

45. 蒙培元:《心灵超越与境界》，人民出版社 1998 年版。

46.《20 世纪西方宗教哲学文选》，生活·读书·新知三联书店 1991 年版。

47. 王国维:《人间词话》，见《王国维集》第一册，中国社会科学出版社 2008 年版。

后 记

　　午后时分，独自在山路上散步，只见山色青青，水色清清，花草放香，飞鸟嘶鸣，感时光日新，万物依旧。在路的上方，有几条横幅，提醒居民进山凭吊祖先时，只献花而勿烧香，徒增了清明时节的气氛。这自然使我联想到了家父，过去每到我的新书出来，家父总爱要一本去读，似乎近在眼前，可是那究竟是过去的事情了，五年前的春节过后，他离我们而去了。如今新书将出，却无从寄出。

　　人就是这样，既活在当下，却又活在过往。

二零二二年四月